U0032663

Intellectual History

專號：五四百年

賀本刊通過科技部 2018 年
「台灣人文及社會科學期刊評比暨核心期刊收錄」評比為核心期刊 (THCI) 第二級

9

2019年12月

思想史第9期編輯委員

呂妙芬　　　　　中央研究院近代史研究所
Miaw-fen Lu　　Institute of Modern History, Academia Sinica

沙培德　　　　　康乃狄克大學歷史學系
Peter Zarrow　　Department of History, University of Connecticut

陳正國　　　　　中央研究院歷史語言研究所
Jeng-guo Chen　Institute of History and Philology, Academia Sinica

黃克武（主編）　中央研究院近代史研究所
Ko-wu Huang　　Institute of Modern History, Academia Sinica

蕭高彥　　　　　中央研究院人文社會科學研究中心
Carl K.Y. Shaw　Research Center for Humanities and Social Sciences,
　　　　　　　　Academia Sinica

編輯顧問

王汎森　　中央研究院　　　　David Armitage　　Harvard University
余英時　　普林斯頓大學　　　Peter K. Bol　　　Harvard University
村田雄二郎　同志社大學　　　Benjamin Elman　　Princeton University
林毓生　　威斯康辛大學　　　Knud Haakonssen　University of St. Andrews'
張　灝　　香港科技大學　　　Jonathan Israel　　Institute for Advanced
陳弱水　　國立臺灣大學　　　　　　　　　　　　Studies, Princeton
黃進興　　中央研究院　　　　Nicholas Phillipson　University of Edinburgh
葛兆光　　復旦大學
羅志田　　四川大學／北京大學

（依姓名筆劃排序）

目錄

【特稿】

毛澤東如何綁架五四歷史？

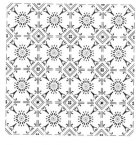

陳永發

中央研究院院士。

毛澤東如何綁架五四歷史？

摘要

　　本文爲中央研究院「五四運動100週年」國際學術研討會的主題演講。文章主要談三點：第一點是記憶中的五四，主要是學者周策縱的兩個定義，用以說明我對五四的粗淺理解。其次兩點，標題分作「五四歷史的馬克思主義化」和「五四自由主義淪爲延安的眾矢之的：偷樑換柱」。前者主要憑藉毛澤東在1940年1月寫的〈新民主主義論〉，討論毛澤東如何把廣的五四運動納入其新民主主義的史觀。後者則是利用毛澤東1942年公布的整風22個文件之一，叫〈反對自由主義〉，說明他在1942年年底掀起的反對自由主義運動，反對的其實是非常寬鬆定義的自由主義態度，根本不涉及五四運動流行的歐美自由主義內容，但毛澤東祭起反對自由主義檄文以後，自由主義在毛澤東的中國便成爲思想鬥爭中人人力求擺脫的錯誤思想根源。

關鍵詞：五四運動、毛澤東、新民主主義、自由主義、三民主義

引言

今年是五四運動100週年，奉命在今天的會議上作主題發言。不過，我還是要強調，只是以研究中共歷史的學者身分作這次發言。今天主要談三點：一點是記憶中的五四，主要是學者周策縱的兩個定義，用以說明我對五四的粗淺理解。其次兩點，談的分別是毛澤東的兩篇文章。一篇是毛澤東在1940年1月，國共兩黨在抗日戰爭中再次走向內戰爆發邊緣時所撰寫，題目作〈新民主主義論〉。另一篇是毛澤東1942年公布的整風22個文件之一，題目叫〈反對自由主義〉。後面這篇文章其實是毛澤東在1937年寫的，以後好像一直珍藏在百寶箱中，沒引起太大注意，1942年延安整風學習運動時拿出來要全體黨員仔細學習。

一、周策縱的兩個五四運動

周策縱在1960年出版《五四運動》（*The May Fourth Movement: Intellectual Revolution in Modern China*）一書，差不多要十年後我才在美國看到。這是我看到的第一本關於五四運動的英文著作，也是我看到的第一本深入而有系統探討五四運動的著作。四十幾年前看的書，內容記不清楚，記得的也可能與其它書籍混在一起。周策縱對五四運動有兩個定義，一個狹義，一個廣義。狹義的是1919年5月4日那天發生的學生愛國示威，以及稍後連串的國人反日活動。廣義的則是指1917年蔡元培改革北京大學，任命陳獨秀、胡適、周樹人（魯迅）等人為文科教授，掀起新文學運動，到1921年中國共產黨正式成立為止，或稱「啟蒙運動」，或稱「文藝復興」，內容十分豐富。

先談狹義的。一百年前的5月4日，北京發生大、中學生走上街

頭的抗議運動，要求政府拒簽巴黎和會提出的「凡爾賽條約」，不承
認帝國主義列強擅自把德國人占領的青島交由日本管理。這個愛國運
動引發北京學生罷課抗議，隨後在上海等全國各大城市出現各種響
應。許多工商界人士陸續參與行動，工人罷工，商人罷市。學生、工
人、商人三罷，終於逼迫北洋政府下令其出席巴黎和會的代表中途退
席。這一場愛國行動，是中國現代史上最重要的學生抗議行動，從此
學生自認爲是政治的先知先覺者，每遇到國家有事，即挺身抗議。

　　對狹義的五四運動，最先讀到學生激於義憤，上街遊行，高喊口
號，深爲感動。但是後來每次想到學生毆打任事官員的年邁家屬，火
燒趙家樓寓所，並在隨後的反對日貨運動中，逕自組織隊伍亂闖商
家，蒐查、沒收和燒毀販賣日貨，事後更以愛國無罪爲詞，拒絕承擔
刑責，我總是不以爲然。再想到這次抗議活動的勝利，此後形成學生
萬能的心理，動輒上街，尤其不論做出任何暴力、破壞和失序行爲，
都以愛國無罪自解，殊難同情。我希望不要誤會，認爲這樣說是有意
爲統治者鎮壓開脫。必須強調，我反對政府對學生運動採取任何暴力
鎮壓。毛澤東曾說，這種鎮壓是北洋軍閥和國民黨的專利，不可爲
法。很不幸的，在他的共產黨統治之下，不僅發生，還變得更大規
模，也更加血腥暴力。

　　廣義的五四運動，開始是1917年陳獨秀和胡適掀起的白話文運
動，鼓吹新文學、新思想、新道德、新倫理。當時歐美日等先進國家
所能發現的新思潮幾乎都被引進了中國，至少有實驗主義、無政府主
義、自由主義、馬克思主義，與反對階級鬥爭的各種社會主義。引領
一時風騷的知識分子，特別強調民主和科學，也就是德先生和賽先
生。同時他們中間有人對傳統和保守思想進行全面攻擊，攻擊儒家文
化，反對讀四書五經，反對被認爲束縛個人發展和自由的小共同體，

譬如家族和家庭，爭取個人和婚姻自主，最後則是運動分裂，形成左右兩翼。右翼溫和，繼續未竟之業；左翼激進，參加已經至少有十幾年歷史的國民黨和1921年7月才成立的共產黨，走上武力推翻北洋政府的新政治之路。周策縱認為狹義的五四運動，若沒有廣義的五四運動累積底蘊，不可能突然爆發成對歐美日的深刻失望，而廣義的五四運動，若沒有狹義的五四運動增添薪火，也不可能形成後來對社會主義俄國的嚮往和師法。

這場新文化運動領導人之一胡適，認為此一運動像歐洲脫離中古神權時期的文藝復興運動，使中國知識分子重新發現人的價值。2015年清華大學的歷史教授秦暉撰寫〈新文化運動百年祭〉，則視五四新文化運動為中國近代史上的啟蒙運動，因為它講個人主義，強調從愚昧、權力和傳統文化的束縛和壓制中解放出來，是向歐美日等先進國家學習的運動。但在五四愛國運動發生以後，越來越多的知識分子揚棄對英美日等資本主義國家的仰慕和學習，轉而向建立世界第一個社會主義國家的俄國學習。秦暉認為在新文化運動以前，中國其實已經向這些資本主義國家學習，五四新文化運動只是第二波啟蒙運動，更加深化而已，但暗示從此走入歧途。他說，李澤厚《中國近代思想史》中救亡壓倒啟蒙的說法，其實就是說以資本主義歐美日等國家為師，改弦易轍到以社會主義俄國為師，只是話說得漂亮，並稍帶惋惜之意。

二、五四歷史的馬克思主義化

毛澤東在抗日戰爭的1939年5月初，為了紀念五四運動二十週年，特別發表短文〈青年運動的方向〉。他說，五四運動表示中國的資產階級民主革命已經發展到了一個新階段。什麼是資產階級民主革命？什麼是新階段？他沒有任何解釋，便強調在中國資產階級民主革命過程中出現了一支新隊伍，由工人階級、學生群眾和新興的民族資產階級組成，而中間學生群眾尤爲主力。毛澤東又說，中國資產階級民主革命，從鴉片戰爭開始，經辛亥革命，再經五四運動、北伐戰爭、土地革命戰爭，到抗日戰爭，一脈相承，雖然中國共產黨出現前後，出現差別，但並沒有改變他所謂資產階級民主革命的總奮鬥目標，亦即建立一個把帝國主義和封建勢力全部推翻和掃清的民主國家。如果中國確實有所謂資產階級革命，這到底是場什麼樣子的革命？爲何到了五四運動，因爲工人階級、學生群眾和新興的民族資產階級結爲一支新隊伍，這個民主革命就進入了資產階級民主革命的新階段？當時所謂工人無產階級，人數頂多不超過中國人口的千分之四，爲什麼五四運動發生後的第二年，自認爲工人無產階級先鋒隊的共產黨就在中國登場，沒有幾年卻放棄馬列主義理論預言爲工人無產階級所嚮往的社會主義革命，而回過頭來支持國民黨領導的北伐戰爭，推翻北洋軍閥政府？北伐戰爭以後，爲什麼共產黨不擁護國民黨的資產階級革命，反而到農村倡導階級鬥爭的土地革命，而與國民黨不共載天，進行十年內戰？爲什麼1937年，也就是這篇紀念短文發表的兩年前，共產黨停止土地革命，並取消中共紅軍和蘇維埃共和國的名義，將其分別重組爲中華民國國軍和國民政府的一部分，宣布與國民黨攜手合作，共赴國難，且強調國民黨的三民主義爲當時中國之必須，誓言爲其實現而奮鬥。對這些重要問題，毛澤東這篇紀念文章都沒有考量，只是強調，中國的未來一定走向社會主義革命，因爲那是人類「歷史的必由之路」，完全沒有提到在當時資產階級民主革命的新階段中共產黨對國民黨應採取什麼立場，是合作還是鬥爭，是團結還是分裂。毛澤東更絕口不提，他所謂以工人無產階級為領導的多階級聯合，其實就是共產黨領導；在這個以史達林五個階段唯物史觀預設的中國革命階段中，共產黨遲早要徹底消滅所謂封建地主階級，更不可能放棄在未來實現與蘇聯一樣社會主義革命的誓言，伺機要徹底消滅所有資產階級，包括毛澤東所說的買辦資產階級、官僚資產階級、民族資產階級和大小資產階級。

1940年元月毛澤東在抗日戰爭中，國共兩黨可能再啓內戰的第一個危機時取得軍事勝利，擴大其在日本華北敵後，尤其是山西的占領區，並透過實際以地主富農為目標的減租減息、合理負擔（改變各階級負擔）和打「漢奸」（如何證明誰是真漢奸？）政策，動員和組織貧苦農民，以鞏固其基層的四位一體政治結構，也就是各鄉政權、民兵、農民團體和黨支部。他認為中共此時已具備足夠的實力與地方的閻錫山和中央的國民黨政權公開對抗。為鼓舞和爭取人心，遂針對「中國向何處去」這個大問題，發表〈新民主主義論〉一文。題目原作〈新民主主義的政治與新民主主義的文化〉。他把先前提到的新階段一詞具體化，賦予內容，並將之命名為新民主主義革命，宣稱這個新階段，雖未脫離資產階級革命階段的總範疇，但其領導階級應由資產階級改變為工人無產階級；共產黨既然是工人無產階級先鋒隊，當然應由其領導，先完成新民主主義革命的目標，再伺機追隨十月革命的道路，進行下一歷史階段的社會主義革命，建立社會主義國家。毛澤東又說，新民主主義革命的歷史任務，就是實現孫中山三民主義。在這篇文章中，毛澤東公開提出了新民主主義革命的領導權問題，強調國民黨並沒有根據歷史的要求，完成其資產階級民主革命的歷史任務，共產黨便應當仁不讓加以領導。毛澤東顯然需要解釋，為什麼完成資產階級民主革命任務要落在工人無產階級身上，也就是自稱為工

人無產階級先鋒隊的共產黨身上？他們要完成的資產階級民主革命與
國民黨應該完成卻沒有完成的資產階級革命到底有何異同？

　　爲回答這個問題，毛澤東在〈新民主主義論〉這篇文章中，不單
接受了德國馬克思的唯物史觀，更接受了俄國列寧和史達林的革命理
論，認爲中國歷史渡過了原始公社、奴隸社會、封建社會三個革命階
段，到19世紀中葉開始更進步的資產階級民主革命。但這個資產階
級民主革命，在俄國十月革命的勝利後，成爲列寧和史達林領導的世
界革命的一部分，已邁向更高級的新民主主義革命階段。毛澤東因此
改變對中國革命的原有看法，不再強調鴉片戰爭經辛亥革命、五四運
動到北伐戰爭和抗日戰爭的資產階級民主革命的連續性，轉而強調十
月革命和中國工人階級興起帶來的中國歷史斷裂性。他說鴉片戰爭以
來，中國新生的資本主義力量，遭到歐美日先進資本主義國家的壓
迫，始終無法清除所有的封建社會力量，所以中國淪落成半封建、半
殖民地國家。在這種國家要建立眞正的資產階級民主共和國，其先決
條件爲資產階級讓位於新興的工人階級，因爲後者反帝國主義和反封
建最爲堅決且徹底。據毛澤東所說，十月革命前，歐美日的先進資本
主義國家發展到帝國主義階段，在全世界各地，到處建立殖民地和半
殖民地。在殖民地和半殖民地激起反帝國主義運動，則可以削減各資
本主義國家用以安撫和賄買國內工人階級的財富。所以中國在反封建
以外，更要徹底反帝國主義，並奉社會主義的俄國爲上國，加入實際
由列寧和史達林領導的共產國際，成爲其下級中國支部。

　　其次，毛澤東強調五四運動中，中國的工人階級已成爲「一個覺
悟獨立的階級力量」，登上政治的舞台，所以新民主主義革命的歷史
任務，必須由工人階級領導農民階級、小資產階級的知識分子和民族
資產階級來完成。在此情況下，作爲工人階級先鋒隊的共產黨成立乃

是歷史必然性的表現，歷史任務則為領導工人階級完成新民主主義革命，並在成功後，再進行第二階段革命，把中國變成像俄國一樣的社會主義國家，再向共產主義更高階段邁進。

毛澤東更把孫中山的三民主義分成新舊兩種。他以1924年孫中山的第一次全國大會宣言為理據，強調此前的三民主義是舊三民主義，已經過時，此後取而代之的是新三民主義，一種全新版的三民主義。毛澤東所說的這份宣言，其實是孫中山的俄國政治顧問鮑羅廷起草的，得到孫中山認可。其中揭櫫聯俄、容共、扶助工農三大政策（毛澤東改容共為聯共，強調兩黨平起平坐），到底是孫中山的一時權宜之計，還是永久性和顛覆性地改變了三民主義的性格？孫中山墓木已拱，迄今無人可以說明白。對毛澤東而言，一錘定音，有了三大政策的三民主義才是新三民主義，與舊三民主義有涇渭之別：前者是真三民主義，後者是假三民主義。毛澤東強調，新三民主義與共產黨的最低綱領確有差別，以宇宙觀為例：前者唯物，後者唯心。何謂唯物，何謂唯心，其實有沒有人說得清楚其中差別，我也越來越不關心。我關心的是毛澤東指出的其它差別：三民主義不夠徹底，需要再加上徹底實現人民權力、徹底實行八小時工作制和徹底實行土地革命等三個條文，纔能構成中共的最低綱領。其實，毛澤東在1942年一次內部講話中就指出，八小時工作制在延安是好高騖遠，根本無法做到。何謂徹底實現人民權力，則連稍為具體一點的三三制政府方案（共產黨、左派、中間分子各占三分之一議席）也尚未出現。其後不久雖然成為政策，卻也很快地名存實亡。另外，抗戰期間不搞土地革命（命毛澤東否認取消土地革命就是取消階級革命，階級革命是歷史鐵律，非人力所可以取消），是中共1937年所作的政治承諾。無論如何，毛澤東雖指出新三民主義與中共最低綱領之間的差異，卻更強調

兩者基本相同，重申這是共產黨何以在抗戰爆發時表示，願意為三民
主義的實現而奮鬥的理由。只是此前尚無明確的新舊三民主義之分的
觀念，現在則改口說，完成新三民主義是中共的第一個歷史使命，完
成新民主主義革命後，還要領導中國人民完成第二個歷史使命，實現
馬克思所預見人類歷史必然走向的社會主義革命。毛澤東不談何時可
以實現，只說時間可能要等很久。

　　毛澤東在這一篇文章中公開指責蔣中正及其國民黨已經揚棄新三
民主義，回到舊三民主義，所以實行的只是代表大資產階級的一黨專
政，既非所有資產階級的專政，更不是工人無產階級領導的多階級聯
合（工人、農民、小資產和民族資產四個階級），所以反帝、反封建
不堅決，在抗日戰爭中表現動搖和妥協；而另一方面則脫離工農階
級，尤其從來無意實行孫中山的「耕者有其田」主張，因此共產黨領
導新民主主義革命，越俎代庖，實乃名正言順。毛澤東這個新民主主
義理論，對不滿於國民黨統治知識分子提供了中國革命何去何從的答
案，也為共產黨在日本敵後發展獨立自主的抗日力量提供了充分理
由。

　　毛澤東的五階段中國歷史進化論，今天看來，恐怕不會有幾個人
繼續相信。因為只要看一下世界政治地圖，便立即發現社會主義的蘇
聯已不存在，而原來宰制世界的幾個資本主義國家仍屹立不搖，而所
謂中國特色的社會主義竟然需要資本主義補課。然而即使以當時的歷
史情況來看，也大有可以商榷之處。毛澤東在文章中便承認，他關於
中國革命在1917年俄國十月革命時已蛻變成為世界革命一部分的說
法，源自史達林理論的權威，是得自史達林的教導，共產黨要遲至
1924年到1927年期間的所謂國共第一次合作或北伐戰爭期間，才有
人提出。不少人即使心有戚戚焉，卻仍然迷迷糊糊，不知道史達林所

提出來這一個理論命題的真正歷史意義。其實，孫中山本人便不相信他領導的革命已變成俄國領導的世界革命一部分，所以他同意國共合作，卻堅持共產黨員須以個人身分參加國民黨，根本不容許兩黨分庭抗禮、平起平坐，何況任由共產黨以合作為名實際控制國民黨的中樞運作。

再說，毛澤東關於工人已成為一個覺悟獨立的階級力量的論斷，也殊成問題。十月革命發生於1917年，為何已成為一個覺悟獨立的階級力量的中國工人無產階級要到火燒趙家樓後約一個月才參加反日行動？他們當時所扮演的角色和五四運動前的被動追隨，究竟有何區別？毛澤東從他們參加遊行和罷工怎麼能看出他們不是學生的運動對象和行動扈從？最近讀法國學者畢仰高比較毛澤東和史達林的著作，我就被再次提醒。毛澤東所說的中國工人階級，當時有200多萬人，好像人數不少，但如果想到中國的總人口大約是五億，則立即發現他們僅占總人口的百分之零點五，跟十月革命前夕的俄國根本不能相比。十月革命時，俄國工人無產階級有350萬人，占總人口的百分之二。畢仰高還說，俄國的工人階級人數已經夠少了，集中在主要城市，中國的工人階級則少到不能再少，更看不出他們有什麼馬克思所說的階級意識，倒是反帝國主義意識比較強烈。

前面已說過，作為「工人階級的先鋒隊」的中國共產黨要遲到1921年才出現。日本學者石川禎浩說，中共第一次全國代表大會到底是七月哪一天召開的，中國共產黨建國後也搞不清楚。因為沒有保留下確切文獻，便任意找了一天當生日。這姑且不論，毛澤東說工人階級已經成為一個覺悟獨立的階級力量，自稱為工人階級先鋒隊的共產黨當時到底有多少現代產業工人黨員？1921年成立時，中共全部黨員不超過50人，幾乎全是學生和知識分子，頂多只有一、二個工人，也都不是現代產業工人，若非校役，即為店員。五年後，中國共產黨的黨員人數才打破一千大關，逐漸擴大到六萬人左右。這並不是因為工人有了階級覺悟，蜂擁加入，而是因為他們看到在中國的日本人和英國人欺負和殺害中國工人和學生，所以大批參與國共兩黨者都參與領導的五卅運動和省港大罷工，表達他們的反日、反英心理。蔣中正也是強烈反英，為了黃埔學生被殺，隨後學勾踐臥薪嘗膽，曾連續數年每天在日記上寫一句「必殺英夷」之類的反英誓言。1927年國民黨蔣中正和汪精衛結束與共產黨的合作，捕殺和驅逐共產黨黨員。共產黨面臨鎮壓，也有不少人自動脫離，剩下不到萬人。一年以後黨員總數總算勉強恢復，其後更大幅增加，工人黨員卻越來越難看到。增加的黨員絕大多數都是貧苦農民，後來也增加不少知識分子黨員。工人黨員確有增加，但這些工人黨員不是馬克思所說的現代產業工人，而主要是傳統手工業工人和農村僱工。這種情形一直持續到中共建國初期，才有工人無產階級大量入黨，只是所占比例仍然遠遠不如農民或知識分子。

毛澤東相信政治和經濟變動，帶來文化變動。在俄國十月革命和工人無產階級崛起帶動下，五四運動期間的中國出現新政治和新經濟，繼而帶來新文化，新文化又反過來服務和影響新政治和新經濟。毛澤東所說的新政治和新經濟是由工人階級領導小資產階級和一部分資產階級所創造出來的多階級專政。在共產黨領導多階級聯合完成新民主革命以後，才會接著實行社會主義革命，把中國由幾個革命階級聯合專政的共和國變成單純無產階級專政的蘇聯式共和國。在出現新政治和新經濟之前，中國已有知識分子主導的改革和革命活動。毛澤東說，這些都是資產階級民主革命，所以清末民初倡導的學校、新學和西學全部被他打上資產階級的烙印，甚至連引進中國的自然科學、社會科學或社會政治學說，也都被他說成是應資產階級需要，以及為他們服務的東西，還說其中摻雜了許多難以清楚言說的舊社會封建餘毒，所以容易、也必然被帝國主義的奴化思想和封建社會復古思想所壓倒。毛澤東沒有解釋何謂封建餘毒、奴化思想和復古思想，在這方面完全要仰賴讀者自己去想像。

相對於舊政治和舊經濟下的舊文化，毛澤東說，新民主主義革命的新文化有兩個不同。第一個不同是，內涵為共產主義的文化思想、宇宙觀和社會革命論。第二個不同是，其性質是民族、科學和大眾的。又說所謂大眾的，就是民主的。關於共產主義，他是這樣說的：它是「無產階級的整個思想體系」，是「最進步、最革命、最合理的」。只是對於五四青年知識分子而言，絕大多數人對最進步、最革命、最合理的共產主義文化思想宇宙觀和社會革命論，可能嚮往，卻不甚了然。倒是民族、科學、大眾、民主四個新字眼，大家如雷貫耳。

毛澤東很清楚在五四運動期間，中國已有「民族主義」和「國家主義」之類論述，也已有「愛國主義」這一名詞，但他為新民主革命的文化定性時，單挑民族主義的民族兩字，並將其變成形容詞，而強調其中反對帝國主義和維護中華民族尊嚴和獨立兩義。這種揀選名詞的作法，並不是偶然，毛澤東有其理論和邏輯上不得不然的理由。在文章中，他提共產主義，不提馬列主義，是想突顯這個主義的所謂普世性質，而且十分清楚，在列寧和史達林這些馬克思主義者的思想裡，凡是強調族界和國界的民族主義或是國族主義，都不可能具有理論的正當性。所謂工人無產階級無祖國，就是這個意思。列寧和史達林對殖民地和半殖民地的民族問題有了新理論，是因為他們觀察到先進的資本主義國家，發展到當時被認為的最高階段，無一例外，都變

成帝國主義國家，在海外各地區擴展殖民地和半殖民地。殖民地和半
殖民地國家如果爆發激烈的反帝國主義運動，可以削弱各資本主義母
國的實力，間接有助於其國內的工人無產階級革命。列寧和史達林因
而特別支持反帝國主義，並以此為理由創立共產國際，提供各種思
想、財政和軍事援助。後來中共第一任總書記陳獨秀就是因為需要俄
國革命經驗和金錢的援助，才萬般無奈，勉強同意加入共產國際成為
其東方的一個支部，服從列寧和史達林的間接指揮。因為這個歷史原
因，毛澤東在說明新民主主義革命的新文化時，特別強調反帝國主
義，避免民族主義和國家主義這些名詞所包含的國家至上或民族至上
觀念，尤其不讓民族主義和國家主義凌駕共產國際所強調的國際主義
性格。他另外強調中國的新民主主義革命文化應該具有民族形式。毛
澤東並沒說明什麼是民族形式，僅特別指出如不採用民族形式的文
化，在新民主主義革命的中國便無存在的意義及位置。

　　毛澤東給新民主主義文化的第二個形容詞是「科學的」。什麼是
「科學的」？他在文章中的另一個地方說，五四愛國運動發生前，中
國的知識分子從歐美日等先進資本主義國引進了不少自然科學、社會
科學和社會政治學說，但這些自然科學、社會科學和社會政治學說都
是階級社會的產物，不可能超階級，所以一定是為歐美日等先進國家
的資產階級服務。到了中國，當然也是中國資產階級的工具和奴婢。
如前指出，毛澤東強調，這些科學和學說由於中間摻雜了許多中國封
建社會的遺毒，所以碰到帝國主義的奴化思想和中國封建主義的復古
思想就打敗仗了。新民主主義革命的新文化不然，不僅一定會打勝
仗，而且其進一步發展可以成為社會主義革命新文化的基礎。毛澤東
沒有解釋，新民主主義革命文化的科學是什麼自然科學、社會科學和
社會政治學說，但他繼承廣義五四視宗教迷信為推動科學理性精神的

障礙物，強調新文化反對封建迷信，但避開馬克思的反宗教主張而不談，絕口不談宗教是資產階級和更落後統治階級麻醉人民鴉片的理論。1942年，他在黨內談話中重申這一反宗教立場，但強調消滅宗教只是共產黨員的終極理想，在新民主主義革命階段，則因為必須接近、聯繫和動員工農群眾，千萬不可強壓消滅，而必須化宗教為工作的助力。其實，五四運動前後，無論國民黨和共產黨都有不少黨員基於科學理性與宗教迷信互不相容的信仰，投身反宗教和反迷信運動的行列，而國民黨跟共產黨一樣，很快變得務實，也有部分人因為改變想法，而不再熱心投入。不過，這裡毛澤東已經透露，他相信馬列主義是科學的唯一最高真理，後來因為這個原因，雖然不能以之取代他認為有資本主義烙印的西方自然科學，卻將打上同樣烙印的西方社會科學，貶之為「偽科學」，而試圖將其連根從社會剷除。

毛澤東在解釋新民主主義革命文化大眾特質時，雖然視「大眾的」為民主的同義語，但可能因為這裡談的是新文化而不是新政治，尤其新文化在他看來，本來就不包括五四運動前被他認定為只是服務於資產階級的民主價值和制度，所以特別標舉大眾一詞。大眾指占人口八、九成的工農群眾。毛澤東很清楚了解，工農支持是共產黨的權力基礎，共產黨進行所謂革命所需要的人力、物力和財力，端賴工農群眾提供，尤其是農民。他在解釋新民主的文化時，固然以「民主的」為「大眾的」同義語，主張成立各級人民議會，但沒說明民主的制度基礎，只強調民主是民主集中制，在一次黨內會議上還表示，黨要透過黨團嚴格管理議會及政府。另外毛澤東坦承，所謂大眾文化就是提高農民文化。因此特別強調知識分子黨員與工農群眾的結合，從這個角度出發，他也特別強調文字的通俗易懂，然而他提到五四新文化運動時提出的平民文學口號，卻隻字不提陳獨秀和胡適兩人對白話文運動和文學革命的貢獻。

　　毛澤東說新文化運動已經發展了二十年，還要繼續很長時間。他
把五四新文化運動放在這二十年中的第一期。在這一期裡，五四新文
化運動在當時世界革命、俄國革命和列寧主義三大影響下發生，共產
主義的知識分子、革命的小資產知識分子和資產階級分子三部分人組
成統一戰線的革命活動，最初沒有工農參加。他們反對舊道德、提倡
新道德，反對舊文學、提倡新文學，影響不到一般工農群眾，就是提
出平民文學口號，影響也只能達到市民階級知識分子。其中資產階級
知識分子是五四運動右翼，不久以後離開了戰線。毛澤東提到的共產
主義知識分子，到底是什麼人呢？毛澤東只提到魯迅，並把他變成最
偉大和英勇的旗手，其實，魯迅是後來才變成共產主義的同路人，在
五四運動前期，他還是一個有強烈尼采超人主義色彩的作家。當時，
共產黨並不存在，不可能有魯迅受共產黨領導的事情。後來，魯迅的
學生蕭軍在延安的文藝座談會上表示，魯迅乃天縱英明，就是沒有共
產黨領導，也能夠成為一流的馬克思主義作家，為此遭到毛澤東秘書
胡喬木的痛斥。毛澤東心有戚戚焉，會後召其秘書吃飯慶祝，藉資獎
勵。

　　毛澤東說，五四的新文化是反帝反封建的，又是人民大眾領導
的，或工人無產階級領導的，又或是共產黨領導的，好像共產黨、工
人無產階級和人民大眾三位一體。但中共從1921年成立以後，究竟
如何提供領導？工人無產階級和人民大眾領導又是怎麼一回事？毛澤
東一味強調這三個領導中心是最徹底和最堅決的，卻避免正視一個事
實：即1927年以後，中共才注意到農民，並開始土地革命，而到
1937年卻停止土地革命，甚至承認所謂封建地主階級裡面有所謂開
明地主存在，要與他們合作抗日。

　　王汎森在〈「主義時代」的來臨——中國近代思想史的一個關鍵發展〉一文中指出，五四運動以後，中國出現一個強調「主義、組織、行動」三者合一的思想要求，應運而起的是孫中山三民主義和毛澤東所說的共產主義。這兩個主義與過去的主義不一樣，有強烈的宗教和排他性格，都是主張「惟此一家，別無分號，包辦一切真理和一切是非」的主義，其實共產主義比三民主義擁有更強烈的宗教和排他性格。這裡針對王汎森的研究，想問一個他可能想到卻沒有時間追問的問題：到底五四運動後有多少知識分子因為渴望主義、組織和行動的結合，並了解三者如何結合，從而決心參加工人無產階級先鋒隊的中國共產黨？我們現在從 1920 年代直接跳到 1940 年代初期。當時，中共估計延安的黨員有二、三萬人，其中 1927 年以前入黨的一千多人，其他百分之九十五，或甚百分之九十七的人，不是土地革命時期因為打土豪、分土地而得以改善生活的貧苦農民，就是 1931 年以來因為不滿於國民黨施政，尤其對日本侵略的軟弱的知識分子青年。他們投奔延安，是討厭和痛恨國民黨，而不是因為他們懂得和接受馬列主義的大道理，他們甚至不知道成為中共黨員後，要在共產黨領導下，先後徹底實現新民主主義和社會主義革命兩大目標：亦即打倒和消滅所謂封建地主階級和資產階級，並把工人和農民都納入一個實際上由共產黨專政的黨國體制。這些知識分子青年到了延安，遲到 1943 年 5 月共產國際宣布解散，多少還幻想國共兩黨在抗日立場上求同存異，相互容忍和合作。

　　王汎森討論主義、組織和行動三合一時代的來臨時，講了 1920 年代國民黨如何在軍隊和政黨方面因應時代潮流的情形，但沒有提到中共在 1930 年代後來居上，無論在組織的廣度、深度和密度三方面都遠遠超過此前以俄為師的國民黨。畢仰高指出，姑不論毛澤東的馬

克思主義是不是放諸四海而準的歷史法則和眞理，中國的馬克思主義
信徒爲了在中國推動社會主義，引進列寧和史達林發明的共產黨組
織。這個組織也大談民主，但卻明白表示，他們所謂民主是民主集中
制，無關權力制衡，而且講求高度中央集權，以領導實現社會主義革
命，建立比歐美資本主義社會更進步更優越的新世界爲終極目的。在
中國憑藉這個組織，先動員工人無產階級，失敗碰壁後，動員占總人
口八成的貧苦農民，建立自己的軍隊，奪取整個國家的政權，成立一
個龐大無比的組織體系。共產黨不但在各個行政層級，由中央到地
方、再到城鄉基層，都有黨員和組織，也建立了幾個從中央經地方再
到基層的平行的管理系統，譬如政權和軍隊。隨著土地革命和社會主
義革命的展開，尤其消滅了所謂封建地主階級和各種資產階級之後，
毛澤東又把國家權力和黨組織的權力擴大到全部經濟和文化部門，建
立一個以黨領政、以黨領軍、以黨領群的龐大官僚體系。所謂群，指
工人、農民、婦女、文藝和學科團體，以及其它所有可以想像到的部
門，譬如各級議會（政治協商會議和人民代表會議）。黨組織掌管一
切人事，也壟斷一切政治、文化、道德和經濟資源的管理權。所謂工
人無產階級專政其實只是馬列主義共產黨的專政，而共產黨專政總難
逃一個人專政的命運。在這樣一個龐大蜘蛛網體制下，每一個層次的
核心領導都總是要求行動要服從上級指揮。延安時代是中共最講究意
識形態信仰的時代，毛澤東便深入理解，理性的政治說服並不是他驅
策黨員和幹部的唯一工具，政治權力和雄心、生活待遇、恐懼、福利
和特權制也都是不可或缺的治理利器。

　　毛澤東強調五四運運動最大的意義是，標示愛國的知識分子在尋
找救國工具中，找到馬克思主義，並開始以實際行動來實現資產階級
民主革命，並爲中國的社會主義革命鋪路。可是投奔延安的知識分子

並不瞭解，他們在抵達延安後，將會在什麼樣的政治體制下生活和工作，在這個政治體制會親歷什麼思想領導。很多文藝青年要到1942年召開延安文藝座談會後才知道搞文藝創作，需要站在工農階級的立場，認同工農階級的價值，滿足工農階級的需要，以及深入浸潤於馬克思和列寧主義的理論。

這裡用1942年中共黨內思想鬥爭中王實味和吳奚如兩個例子，說明共產黨的組織可以管到什麼地步？1942年毛澤東在延安發動整風，在整風正式發動以前，王實味寫〈野百合花〉雜文，諷刺延安「歌囀玉堂春，舞迴金蓮步」，「衣分三色，食分五等」。同時，延安中央研究院成立全院工作檢查委員會，他主張選舉委員可以不按上級指定秘密投票，並在大字報上公開諷刺習慣於奉承，卻動輒以黨紀威脅下級的代院長。對王實味的這些言行和文章，當時延安的知識分子幹部絕大多數人都懷抱支持或同情的態度。多少人出於對五四運動自由主義信仰的堅持，不得而知。只知道中央研究院的同仁一旦得知毛澤東和黨中央指出，上述王實味言行和文章犯了極端民主作風和絕對平均主義等種種思想錯誤，並對他發動思想鬥爭，全院便在上級領導核心的精心擘劃下，結合院內積極分子對他進行批評和揭發，形成巨大心理壓力，以致原來同情王實味的青年知識分子大多數也紛紛承認自己因為有「自由主義」，缺乏政治警覺，看不清楚王實味黨員面目後面的各種錯誤思想，簡直麻木不仁。他們因此競相暴露王實味更多的所謂錯誤言行，譬如批評史達林粗暴，跟托洛斯基反對派人物來往。在思想鬥爭過程中，王實味試圖退黨，以求停止對他的群相指責、聲討和辱罵，但是上級決不容許就此了事，堅持對他繼續「治病救人」，也就是對他進行嚴格的思想鬥爭，終於把他救治成為人人喊打的托洛斯基派分子、日本特務和國民黨特務，長期囚禁，最後予以殺害。

　　吳奚如，黃埔軍校畢業，長期在國民黨區做情報和統戰工作，建議延安的文藝作家不要動輒高喊黨或階級立場，最好多強調些抗日立場，沒想到就這樣被總司令朱德指斥為喪失無產階級立場。他回到延安中央黨校，遭到同樣激烈的思想鬥爭，也同樣被挖出是國民黨特務。對王吳兩人的思想的鬥爭，都是「毛澤東中國」用以教導黨員幹部上綱上線的示範案例，完全不是就事論事，而是把事情放在階級鬥爭和路線鬥爭的高度上來聲討，結果也都在他們的思想中發現更可怕的所謂資產階級思想。王實味和吳奚如因為毛澤東的思想鬥爭和思想改造，淪為暗藏黨內的敵人；吳奚如比王實味幸運，後來被取消國民黨特務的叛徒罪名，但他在釋放後拒絕回到黨裡，從此長期淪為政治賤民。

三、五四自由主義淪為延安的眾矢之的——偷樑換柱

　　1946年春，蔣中正第二次看到延安的整風二十二個文件，他驚為曠世之作，有相見恨晚之感，也想要國民黨員學習。其中一篇〈論反對自由主義〉。不知道他讀後是否同樣擊節稱賞，只知道我在台灣做中、大學生的時候，總是聽到官方聲討自由主義。但是上大學以後卻聽到一些師長鼓吹自由主義，好像應該是相信和追求的思想主張。王汎森曾說1920和30年代是中國的主義時代。主義包羅萬象，有各種哲學和思想，其中最風靡知識分子的十一種主義是民族主義、社會主義、帝國主義、國家主義、門羅主義、國民主義、自由主義、無政府主義、民生主義、個人主義和共和主義。自由主義赫然榜上有名。又讀清華大學教授秦暉的文章，他特別指出，五四新文化運動的西

學，就是歐美的自由主義和個人主義。思想史家李澤厚說，中國近代思想史的主旋律是救亡壓倒啟蒙，奉暉將其翻成易懂的白話文，說就是馬列主義取自由主義而代之，把以歐美爲師改爲以俄爲師。

　　毛澤東是五四知識分子，讀過嚴復翻譯的經典著述，對約翰彌爾（J. S. Mill）的《群己權界論》（*On Liberty*）不可能陌生，應該知道英國學者如何談論自由主義。可惜他沒留下像讀泡爾生（Friedrich Paulsen）《倫理學原理》一樣的讀書筆記，不曉得他對這一本中譯的西方重要經典有何感想。不過，知道他在私下談話中對「自由」倒是萬分嚮往。他曾經對作家朋友蕭軍說，眞是「不自由、毋寧死」啊！隨即又告訴蕭軍，打從加入中共組織以後，便受到很大拘束。加入以前，想到什麼地方就到什麼地方，想做什麼事就做什麼事，非常自由。可是加入中共組織和軍隊以後，沒了自由。不論是寫一篇文章、作一個演說或是到外面走走，都要由各種組織決定。毛澤東感慨眞不自由。蕭軍沒反駁，只是回應說，難怪叫化子要了三年飯，縣長都不肯做了。其實，蕭軍很快就會體認到，在毛澤東的延安國度做叫花子，或許自由，但是想要遠離政治，在窮鄉僻壤獨立門戶，自力更生，若得不到黨組織關注和援手，則必定飢寒凍餒而不免，根本難以爲生，還不如放棄個人踟躕，毅然決然加入中共，早日結束農村種田的日子，回延安接受黨組織的安頓和照顧爲佳。後來只是忘不掉在延安整風審幹過程中看到的爲服從黨紀和指示而違心整人和違心認罪的眾多事例，加上黨組織只要他做同路人而無其它更高期望，才沒有遞出入黨申請書，自動接受嚴格黨紀對忠貞黨員的重重約束。

　　毛澤東談自己在組織中的不自由時，忘記嚴復在翻譯彌爾的著作時，刻意把書名改爲與英文原書名不同的《群己權界論》，原因是彌爾相信群己各有權利，而此書宗旨在討論兩者之間的界線何在，如何決定。毛澤東處在中共黨組織和軍隊的大群體中，當然言行受到拘束，但是大群體實行嚴格的民主集中制，揭櫫少數服從多數、局部服從全部和下級服從上級等列寧主義的三大組織原則，黨內若無決定或指示可以表達意見，一旦已有決定和指示，則必須認真執行，不容有任何藉口拒絕遵守。他入黨後受組織宰制，服從組織的紀律、命令和指示，所以儘管不認為自己的主張或言行有錯誤，卻先後受了十一次處分，然而始終保持緘默，隱忍不發。時移勢變後，他進入中共中央核心圈，取得政治局的多數支持，才對原來的黨上級，毫無客氣地算舊賬，逼他們公開自我批評認罪。總之，毛澤東進入的組織，名為民主集中制，實為集中壓倒民主，並不重視個人權利，更不會保障個人自由，凡指定為專政對象的反革命者，更是理所當然地被剝奪一切自由和權利。另一方面，從晚清以來，中國知識分子談論自由，鮮少重視群己權界，從個人權利和個人自由的角度出發，反而把自由解釋成不受任何限制，隨心所欲。毛澤東則在接受馬列主義後發展出另一種想法，人類歷史的發展有一定規則，逆天行事不是自由，真正自由來自發掘歷史必然性和歷史鐵律，並加以遵循。反過來，他把自由主義定義成不服從組織意志、指示和命令，不以組織的利益為利益。無論如何，他在1943年成為中共最高領袖，而他領導的政治局負責五大領導：思想、軍事、政治、政策、組織，而他作為書記處、政治局和中央委員會主席，享有關於重大事務的最後決定權。

　　儘管可能知道自由兩字不等於自由主義，毛澤東在〈反對自由主義〉一文中，特別強調思想鬥爭的必要性，把自由主義解釋為主張無原則的和平，就是取消黨內思想鬥爭，而大加撻伐。這一篇文章只有一千五百字不到，開宗明義後便羅列自由主義的十一種表現，作為十一條大罪狀，發出聲討檄文：

因為是熟人、同鄉、同學、知心朋友、親愛者、老同事、老部下，明知不對，也不同他們作原則上的爭論，任其下去，求得和平親熱。或者輕描淡寫的說一頓，不作徹底解決，保持一團和氣。結果是有害於團體，也有害於每個人。這是第一種。（**對小集體或小共同體的忠誠，或謂小資產階級溫情主義。括號內為講者批語，下同**）

不負責任的背後批評，不是積極地向組織建議。當面不說，背後亂說；開會不說，會後亂說……。這是第二種。（**破壞紀律**）

事不關己，高高掛起；明知不對，少說為佳；明哲保身，但求無過。這是第三種。（**明哲保身**）

命令不服從，個人意見第一。藉口幹部政策〔後改為：只要組織照顧〕，不要組織紀律。這是第四種。（集體的命令，什麼命令？上級的命令）

不是為了團結，為了進步，為了把事情弄好，向不正確的意見鬥爭和爭論，而是個人攻擊，鬧意氣，洩私憤，圖報復。這是第五種。（**無原則鬥爭**）

聽了不正確的議論並不爭辯，甚至聽了反革命分子的話，也不報告，泰然處之，行若無事。這是第六種。（**誰是反革命分子？**）

見群眾不宣傳，不鼓動，不演說，不調查，不詢問，不關心其痛癢，漠然置之，忘記了自己是一個共產黨員，把一個共產黨員混同於一個普通的老百姓。這是第七種。（**不做黨工作**）

見損害群眾利益的行為不憤恨，不勸告，不制止，不解釋，聽之任之。這是第八種。（*何謂群眾利益？*）

辦事不認眞，無一定計劃，無一定方向，敷衍了事，得過

且過，做一天和尙撞一天鐘。這是第九種。（**不努力工作**）

自以爲對革命爲功，擺老資格，大事做不來，小事又不

做，工作隨便，學習鬆懈。這是第十種。（**功臣思想**）

自己錯了，也已經懂得，又不想改正，自己對自己採取自

由主義。這是第十一種。（**有錯不改**）

　　毛澤東列舉自由主義的十一個大罪狀後，又爲自由主義挖根。他說，自由主義源自小資產階級的自私自利性，把個人利益放在第一位，革命放在第二位，不爲人類解放而奮鬥。其次，他指責黨內的自由主義者，有思想而不實踐，嘴裡贊成馬克思主義，實際沒有實踐和行動，是閹割馬克思主義。第三、毛澤東把自由主義和黨內聲討的機會主義兩者之間劃上等號，指責自由主義就是不積極實行馬克思主義，不積極根據馬克思主義形成的正確路線辦事，隨著各種各樣的所謂機會，或是過左，或是過右，大搖大擺，全不受路線約束。毛澤東要求以馬克思主義積極精神，克服上述十一種自由主義的表現。

　　毛澤東這篇文章不是爲整風運動撰寫的，而是1937年9月初應抗日軍政大學政治部副主任、後來1980年代當過中共黨主席和總書記的胡耀邦所撰寫的，是學校《思想戰線》牆報的開篇宣言。當時由原張國燾紅四方面軍主力組成的西路軍剛在河西走廊全數覆亡，毛澤東伺機在1937年3月進行對張國燾的思想鬥爭，以期徹底毀滅張國燾威望，半年後胡耀邦卻發現，抗大的學員對此鬥爭仍然耿耿於懷，更有人公開肯定1935年1月遵義會已被打倒的秦邦憲和周恩來的中共中央領導。他們不僅竊竊私語，即便毛澤東前來視察，當著毛澤東的面也敢公開表露。胡耀邦認爲這有損於毛澤東的領導威望，對此現象有意

矯正，率先寫了一篇文章，叫〈自由主義和反自由主義〉，內容不詳，同時則請毛澤東另寫一篇以爲壓軸。可惜，不知道此篇文章發表後，學校有何反應。1942年4月，毛澤東決定在全黨進行整風學習，以肅清黨內不良學風的主觀主義（教條主義和經驗主義）、不良黨風的宗派主義和不良文風的黨八股，中央宣傳部又把這一篇文章找出來列入必須學習的22個整風文件當中，要求全黨學習。從這個故事可知，毛澤東和胡耀邦對自由主義撻伐，目的是在清除黨內對上級領導的異議和批評。

有意思的是，毛澤東反對自由主義，雖然是抽樑換柱，但早在1930年代初期，在江西蘇區擔任臨時中央宣傳部長的楊尚昆就寫過一篇叫〈反對腐朽的自由主義〉的報紙文章。他說當時福建省委的大多數同志，對省委書記羅明的所謂機會主義只有部分的反對與批評，不夠徹底嚴厲，也不夠深刻入髓，所以用腐朽的自由主義一詞來針砭和鞭策。當時他顯然怕讀者誤解，所以在自由主義一詞上加上腐朽的這個形容詞。只是後來時移世變，楊尚昆批評的自由主義者被毛澤東認爲是有爲有守，一點都不自由主義；他們不願遵奉黨中央命令，用毫不留情的語言批評同情毛澤東軍事和政策主張的羅明，哪有自由主義錯誤？但在1942年，毛澤東用同樣的自由主義罪名鞭策那些不願意用尖銳和挑剔語言進行批評和自我批評的同志。此時，毛澤東仍在延安強烈反對江西時期的思想鬥爭，說那是殘酷鬥爭，無情打擊，但同時用自由主義罪名鞭策同仁進行黨內思想鬥爭，卻正好重蹈覆轍，把黨內同志趕上違反實事求是原則的殘酷鬥爭、無情打擊老路。毛澤東強調江西時期的思想鬥爭是非原則性的，而他鼓吹的思想鬥爭是有原則性的，所以兩者不可比擬。但原則性和非原則性之間的分野，如何清楚劃分，始終沒有人能講得清清楚楚。

　　更值得注意的是；毛澤東批評的自由主義跟五四運動時期流行的
自由主義並無多大關係，而是他自己心裡的十一種「自由主義」態
度。但他的國民黨敵人看到文章以後，完全無視於毛澤東反對自由主
義一文背後的馬列主義信仰，竟然心有戚戚焉，拿來訓練自己的黨員
或幹部。我的年輕同仁汪正晟正在研究國民黨的戰時政工隊，就發現
有國民黨政工幹部抄襲毛澤東這篇短文，把馬克思主義改成三民主
義，把共產黨員改成國民黨員，然後拿來當政治教材使用。毛澤東使
用的反革命分子一詞倒是一字未改。當時共產黨叫國民黨反革命分
子，國民黨也叫共產黨反革命分子，同樣都是一個反革命分子的負面
名詞，兩個不共載天的革命政黨竟然可以共同享用！

　　毛澤東不僅在1942年2月把〈反對自由主義〉列為整風二十二個
文件，要每個黨員在各軍隊學校機關單位仔細學習，討論作筆記，再
根據其精神進行批評和自我批評。1942年年底，他宣布從遵義會議
以來黨的路線都是正確的，但是因為很多人誤解政策，以為黨組織抨
擊關門主義，要求大量吸收知識分子青年入黨，就連是否壞分子也不
管，一律廣開大門；以為黨組織主張對「敵對分子、俘虜、特務分
子」採取寬大政策，就不管他們是否已經認錯悔改，就當成同志來對
待。毛澤東不問到底有多少敵對分子、俘虜、特務分子，因為對開門
主義和寬大政策如此誤解，甚至聽任它們遭到歪曲，而潛伏在黨內，
只是強調他們無所不在，到處都是，連帶指責自由主義也無所不在，
到處瀰漫：

> 在各方面生長了自由主義，我們的黨務工作有自由主義，
> 政權工作有自由主義，軍隊工作有自由主義，我們的財經
> 工作有自由主義，鋤奸工作有自由主義，我們的宣傳工作
> 有自由主義。（中共廣東省直屬機關委員會編，〈布爾什

維克的十二條——在西北高幹會議上的報告（1942年1月
23日）〉，收入中共廣東省直屬機關委員會，1967，頁
246-247）。

毛澤東當時仍在整風，整主觀主義和教條主義，因此之故，還重
覆以前的說法，強調自由主義就是不拿馬列主義實行，就是對馬列主
義採取自由主義，另外反過來說，自由主義就是教條主義，也就是主
觀主義，將幾個主義牢牢綁在一起。他還當場舉了後來證明都是上綱
上線錯誤產物的四個實例來說明自由主義瀰漫。他錯誤地指控王實味
和吳奚如是兩個內奸、兩條心，朱理治和郭洪濤是兩個機會主義錯誤
路線的壞分子、半條心，都沒有徹底清除思想上的小資產階級意識，
把自己完全無產階級化，卻戴著黨員的招牌，到處不斷散播不利和破
壞黨的言論和主張，而所有黨員竟然均熟視無睹：

有一部分黨員名為黨員，實際上與黨不利，是反黨的，就
是黨棍，我們黨內包括一部分反革命奸細，托派反動分
子，他們以黨員為招牌進行活動，吳奚如就是這樣一個的
人。吳奚如是個文化人，是參加高級學習組的人。皖南事
變時候，國民黨把他抓住了，以後又把他放出，叫他到這
裡來鬧亂子。現在新四軍打電報，證明他是被俘過的，他
也承認怎樣當特務，怎樣訂條件，怎樣放他的。王實味最
近也發現了，怎樣發現的呢？他是以共產黨員資格在這裡
講話，他們組織了五個人的反黨集團。中央研究院政治研
究室，一共有一百幾十人，他們五個人就組織了一個反黨
的集團。這些人就是王實味、成全、王里、潘蘇（芳）、
宗真（錚）。什麼人知道呢？都只知道他們是共產黨員，
哪曉得他們反黨呢？讀他們的文章還說很好。整頓三風

時，他們就要先來整頓三風。我們有許多黨員在這個時期
麻木了，不自覺了。許多黨員馬列主義的作風看不見，容
忍這樣的人。這樣的人在現在暴露了，這樣的人他終於要
說話作事，在他（們）的說話作事表現中間，不像一個共
產黨員的樣子，但是我們有些同志不懂得，以為這樣也算
個共產黨員，而不把共產黨員和這些人加以區別，許多同
志沒有嗅覺，沒有警惕性，這都是麻木現象。這次會議我
希望同志們要注意這個問題，我們黨要來一個清理。這算
什麼呢？是不是自由主義呢？他們是<u>自由主義</u>態度（底線
為作者所加），對於主觀主義、宗派主義、黨八股殘餘不
說話，不鬥爭，是<u>自由主義</u>態度。在郭洪濤的破壞黨，朱
理治的鬧獨立性，以前不講，這次會上講了，是馬克思主
義，沒有<u>自由主義</u>。過去有些同志不報告，聽了他的造謠
不反映，這次會議反映了很多關於過去採取<u>自由主義</u>的態
度。

我們反對主觀主義、宗派主義、黨八股，這些不是統治的
路線⋯⋯對這個歪風的殘餘，不應該採取自由主義的態
度，應該採取批評的態度，糾正的態度⋯⋯。遵義會議以
前，是一種「左」傾的錯誤，對馬列主義的態度來說，拿
政治鬥爭、黨內關係來說，是一種「左」傾的錯誤；遵義
會議以後路線是正確的，但是黨內⋯⋯產生了⋯⋯自由主
義的一種壞現象，而不是一種（遵義會議前）過火的鬥
爭。〈黨的布爾什維克化（十二條）——毛主席在西北高
幹會議上的報告〉（一九四二年十一月二十一日）

毛澤東再次嚴厲批評自由主義，指出其具體表現為「沒有紀律，

鬧獨立性，小廣播（亂講話），講價錢（工作待遇），調工作不動，不服從決議案，講了不做，見了壞分子不批評，見了不好的思想不作鬥爭」。

毛澤東為什麼在1942年年底講這些話，是有道理的。其中一個道理是，當時中共面臨財政資源枯竭的危機，實行精兵簡政政策，光是陝北的中央軍委機關就要把幹部減掉三分之二，也就是把14,000人減成只有5,000到6,000人。精減下來的幹部不是派往鄉下基層，就是派往日本敵後根據地，或是更危險的國民黨地區及日偽占領區，而且分配的工作是各種技術、經濟、後勤工作，沒有太多當時年輕人嚮往的政治和軍事工作。許多幹部能上不能下，尤其不願做經濟和後勤工作。當時組織部需要十幾個東北來的知識分子幹部回老家做地下工作，可是不論如何動員和號召，就是沒人同意。中央組織部部長陳雲親自前往說服，也沒有絲毫效果。為此他大為沮喪和光火。認為過去審查幹部不注意黨性服從問題，結果助長了幹部中毛澤東已經大肆撻伐的自由主義。因此建議針對這一點，改變對審查幹部的重點。同時，毛澤東認為過去審查幹部，既然有此一嚴重疏失，就應該重新審查全部黨員，尤其借機審查出戴著黨員面具的半條心和兩條心。所謂半條心就沒有完全無產階級化，還有非無產階級意識，所以老犯錯誤的人；所謂兩條心，則根本是反革命分子，也就是中共所說的內奸、叛徒和反革命分子，躲在黨內暗中做所謂破壞活動。

1943年年初，毛澤東在整風告一段落後，開始全面審（查）幹（部），不僅在審幹過程中要求撰寫各種自傳和歷史資料，交代政治關係，還要求定期填寫小廣播，要每一個幹部在黨小組中報告自己歷史，自我批評，並邀請同仁就其歷史上的疑點進行澄清。小廣播則須列舉自己不該講的話，以及聽到別人違反黨紀的言論。質疑的重點是

對黨的忠誠，但是自己和別人有無自由主義也是重點之一。這一年三
月，中共中央就發出〈關於繼續開展整風運動的指示〉。這一個指示
是誰起草，不得而知，但原件上有毛澤東修改的字句。它指出當時中
共有七十萬新黨員和幾萬老黨員，他們中間還有嚴重的自由主義傾
向。自由主義的第一個來源是沿海城市來的所謂青年知識分子，他們
絕大多數出生資產階級和小資產階級家庭，參加中共時，只懷有民族
主義的目的，要打日本人，對中共的共產主義信仰可能也懷有同情，
但是不曾接受馬列主義的嚴格訓練，對馬列主義一知半解，不願意服
從無產階級也就是黨組織的紀律。第二個自由主義傾向的來源是老黨
員，他們因為對馬列主義和無產階級的紀律還認識不夠，所以有主觀
主義和鬧獨立等毛病。第三個來源則是國民黨利用抗日派青年知識分
子潛伏。這個文件，擴大毛澤東所謂自由主義的尋找範圍，除了說沿
海知識分子可能有問題以外，也指出老黨員未必沒有遭到污染，更要
求以反對自由主義，來完成審幹和肅清半條心和兩條心的任務。我想
要說的是，自由主義這一個名詞，本來因為定義不夠精確，成為不服
從黨紀律行為的總匯或中共黨史學者何方所說籮筐主義的籮筐，凡是
不聽黨指揮號令者都很難躲開自由主義的批評和指控。此時又因為它
無所不在，任何人在整風、審幹、肅奸或其它黨的工作，連在整風審
幹過程中，沒有做出上級滿意的自我批評，像是虛應故事，或對其他
人不肯批評和揭發，以至被認為未能積極配合，都有可能頭上飛來自
由主義的帽子。中共當時為了推行各種工作，曾經掀起反自由主義運
動。自由主義，不論內容是什麼，從此成為人人可得而誅之的東西，
不知道當時有沒有人想過，毛澤東批評的自由主義並不是五四運動中
流行的那一種自由主義，結果五四運動的自由主義，因為不是本身學
理上的問題，遭到中共全黨聲討，被置於萬劫不復的死地。

四、結論

　　毛澤東的兩篇文章，均非學術文章，而是政治文章，但影響重大且深遠。中國大陸奉為最高真理，用以指導歷史研究，包括五四運動。這裡只是以兩文說明他如何收編和綁架五四歷史。五四知識分子追求民主，被認為是不容質疑的歷史事實，卻鮮有人講得清楚，民主這個詞到底所指為何。如果民主是人民當家作主，誰是人民？人民如何當家作主？採用什麼制度保障其實現？毛澤東不問這些問題，更不問五四知識分子追求的民主是否真的代表當時中國資產階級追求的民主，只相信史達林的五階段唯物進化史觀乃不證自明，進而將五四運動納入其解釋架構，用以闡明五四運動的歷史意義，並以中國資產階級民主革命的舊革命標籤加諸五四知識分子追求的民主身上，用以突顯五四知識分子追求的民主是過時的，是馬列主義認為低階段的，另外更有比較進步和更高階段的無產階級領導的四階級聯合追求的民主，由先鋒隊的共產黨代表工人無產階級具體領導農民階級、民族資產階級和更難定義的小資產階級的聯合來加以實現，而且在未來還要進行俄國式的社會主義革命，消滅這三個作為聯合對象的階級，實現更高階段的共產主義社會民主。毛澤東透過馬列主義如此重新解釋五四知識分子思想中的民主，把他們追求的民主解釋成人類社會進化階段較低級由資產階級追求的民主，另外提出由工人無階級領導農民、小資產階級和民族資產階級的更高級的資產階級民主，也就是毛澤東這篇文章所揭櫫新民主主義的新民主，作為中國人民奮鬥的新目標，當然這裡毛澤東對其認為已在走資產階級舊民主老路的國民黨及其政權進行公開挑戰。

　　毛澤東透過史達林的五階段唯物史觀，同時也把五四運動時從西

歐輸入的自由主義打上資產階級的烙印。自由主義這個西方政治學理
論，本來因此就難逃毛澤東階級鬥爭史觀的口誅筆伐，1942年他又
用偷樑換柱的方式，將自由主義等同於各種反組織行為，大肆撻伐，
以加強黨內鐵的紀律。黨員和幹部經此種教育和訓練，不可能再把五
四運動發生前的自由主義當作超階級的學問來深入認識和討論，何況
是作為一個政治學理和主張來探討。這裡，我想強調中共馬列主義的
排他性。建黨初期中共便把無政府主義信仰者全部排出或改造，後來
當然也不可能容許自由主義和異於馬克思列寧主義的社會主義在其建
構的黨國體制內存在。毛澤東強調理論與實踐的結合，不容許馬克思
主義的真理性格受到任何實踐的質疑和挑戰，如果在中國的實踐過程
中出現碰壁或嚴重問題，那就是實踐者思想裡有主觀主義和教條主義
作祟。他走了一條王汎森所說主義、組織、行動三者結合的道路，主
義是馬列主義，組織是共產黨，行動是毛澤東所說的兩階段革命：即
新民主主義革命和社會主義革命。毛澤東在〈新民主主義論〉一文批
評國民黨一個主義、一個政黨、一個領袖。但是在他根據馬克思、列
寧和史達林理論規劃出來的新民主主義革命和社會主義歷史道路的過
程中，由於採取了列寧和史達林有關共產黨組織和無產階級專政的理
論，終於在1956年把中國改造成只有工人無產階級和半工人無產階
級化農民階級的新國家，然而仍然是一個主義，一個政黨，一個領
袖。在鄧小平實行改革開放、開始資本主義補課之前，毛澤東一元化
黨領導的新中國內，我們從來不曾見到毛澤東在1940年元月〈新民
主主義論〉一文中所承諾的「政治上自由」、「經濟上繁榮」，以及
「文化上先進」。如果民主是指人民來當家作主，我們也看不到一個
真正由人民當家作主的國家。

How Mao Zedong Hijacked the May Fourth Movement

Chen Yungfa

Abstract

This lecture was delivered for the International Symposium of the One Hundred years' Anniversary of the Mao Fourth Movement. It divides into three parts. The first is my understanding of the historical May Fourth, primarily Chow Tse-tsung's two definitions of the movement, one being narrow and the other broader in denotation. Next two deal successively with a new Marxist Interpretation of the May Fourth Movement in history and the vilification of western liberalism, actually discussing Mao's essay On New Democracy and How to Oppose Liberalism. The first essay was written in January 1940 marking Mao Zedong's challenge to Chiang Kaishek's "orthodoxy" on the rule of China. The second was dabbed earlier and later included into a collection of 22 documents for cadres' rectification. Without examining the western meaning of the term, Mao Zedong reinterpreted it into a manifestation of 11 kinds of attitudes detrimental to Party discipline.

Keywords: May Fourth Movement, Mao Zedong, New Democracy, liberalism, Three People's Principles

【特稿】

當「五四」成為啓蒙與革命的複合體：
百年學運省思

呂芳上

國立臺灣師範大學歷史學博士,現任中央研究院近代史研究
所兼任研究員。著有《朱執信與中國革命》、《革命之再起
──中國國民黨改組前對新思潮的回應（1914-1924）》、
《從學生運動到運動學生（民國八年至十八年）》、《民國史
論》等專書,及論文八十餘篇。

當「五四」成為啓蒙與革命的複合體：
百年學運省思

摘要

　　新文化運動與五四運動糾纏不清，可確定的是學界澆灌了反傳統、反威權的思潮，孕育了抗議種子。五四事件背景雖屬單純，民族主義、民族復興的追求則已內化爲本質，日後易爲政治勢力牽引。當 20 年代，「革命」開始有了嶄新的內容與意義，與「文化啓蒙」成爲複合體後，「革命」固爲救時手法，「啓蒙」也成了救國手段，學生運動與文化運動互補，又雙雙變質，影響日後學運至鉅。

關鍵詞：五四運動、革命、學生政治、黨權、學權

一、前言

　　今年（2019）五月是中國五四學生運動的100年。五四之後70年，距今30年前（1989），北京發生「六四天安門事件」，或稱「八九學運」，緣於大學生與民衆組織追悼胡耀邦紀念活動，稍後發展爲要求黨政當局肅清腐敗、加速民主化，最後演變成大專學生主導的全民民主運動。六月四日，中共當局以強硬手段對付，派出軍隊鎮壓天安門廣場，造成流血事件後收場。五四之後95年，距今五年前（2014），台北發生「太陽花學運」，或稱「三一八學運」，緣於台灣海基會與中國大陸海協會簽訂「兩岸服務貿易協議」，並送國會立法院備查，在統獨之爭的背景下，此案被貼上「親中賣台」標籤。在逐條審查過程中，3月18日引發學生抗議，衝入立法院占領國會，五天後又衝入行政院，被強力驅離，行政部門因此背負鎮壓學運罪名。4月10日學生退出國會議場，導致兩岸交流停滯，在野黨則護航有功，在下一輪的選舉中贏得全面勝利，台灣政治生態丕變。以上海峽兩岸晚近的學運事例，說明近代中國從五四以來的學生運動，無時或已，不同政權下學運可能隨時重演，就此而言，百年來的學運史，實值得反省、深思。

　　近代中國的愛國運動，政治、社會改造浪潮，多半是由大專學生發動。清末康有爲、梁啓超有「公車上書」，顯示受西潮衝擊的傳統知識分子已蠢蠢欲動；辛亥革命的起源多半是海外留學生集結，進而結合反滿力量以成。民國以後1915年反二十一條運動、1919年五四運動、1925年五卅反帝運動、1931-1935年間的反日運動、1946-1949年間反美、反蘇、反貪污、反內戰運動；兩岸分裂後，中國大陸1966-1976年文革、1976年四五、1989年六四；台灣1957年五二四反美、1970年保釣運動，乃至1990年野百合學運、2014年的太陽花學運，多可看到學生的活躍身影。每次學運總會牽動時局，造成政治、社會變動，其中屆百年的五四運動之影響，既深且鉅，引人注目。

　　五四以後的學生運動，明顯看到幾個趨向：一、學生自認代表年輕知識分子，有權參與並議論時政；二、少數人發聲，多數人共鳴，有聲勢，有行動；三、學運易與校外勢力結合，利用或被利用，奮鬥目標是成是敗，結果看當下，影響看未來。

　　傳統的學生和近代的學生很不相同。近代之前的太學生多是飽學之士，他們因學問獲得財富與社會地位。太學生讀經典，最後走上仕途，所謂「秀才造反，三年不成」，因爲他們沒有近代教育所孕育「新學生」的條件：如學校體系中的行伍易於集結、深受中外新知影響刺激、易受新思潮感染、勇於付諸行動等，科舉時代的學生是統治政權的預備成員，而現代學生求新求變、求富求強，則往往容易與政權唱反調，這種改變以五四爲分水嶺，五四可說是近代學運發展的里程碑。

二、「新學生」迎來了五四

(一) 五四學運

　　眞正的近代學生運動只能發生在現代教育機構裡，第一所西式教會學院（聖約翰）於1879年建立於上海，第一所國立大學——京師大學堂（後來的北大）1898年建立於北京。1905年實行一千三百年的科舉考試廢除，從此之後，再沒人願浸淫於古典的記誦之學，也沒有人認爲那些課程的學習，會是人生事業成功的不二法門。年輕知識分子學生這時陷入了史無前例不安之中，他們的困局是中國落後，引致的國恥感和對付列強的無助感。很多人或入新式學堂，或即出洋留學找出路。清廷鼓勵學生出國，僅1905-1906年間，留日學生人數已經多達八千人以上之多。[1]從政府的觀點，改革會是一場災難，對絕望的年輕人言，從傳統中國中獲得解放，以追求西方的新思想，進以改造國家是最熱切的目標。由中國各地出洋聚集在東京的學生，返國後激起了革命的浪潮，政治及學界已受新思潮影響者，也直接間接在辛亥年拖垮了滿清政府。

中國歷史的華夏榮光與現代的國家恥辱混合的矛盾驅使下，學生運動的潛能開始醞釀且可能隨時爆發。他們的動機與目標是解除外力的壓迫與清除政府的無能。對年輕的愛國者而言，期望中國成爲現代強國，則內憂外患便可解除，新教育正強化了這一感受。當1915年，日本向袁世凱提出有名的「二十一條要求」時，中國數千留日學生，從日本返回中國參加制止有損國權的示威運動。這一運動顯示了學生是對政治有影響力又不可忽視的群體，他們拉開北京五四運動的序幕。學生激烈的示威也是對外國帝國主義者的一種抗議，應放在中國逐步升高的社會與知識革命所具有之重要意義中來瞭解。中國東南沿海地區大城市，在不平等條約保障下引進了外國模式的新制度，各式各樣的新社會階層：如使用雙語的商人、金融家和企業家、西式教育的知識分子與現代學生，人數逐步成長。從小範圍來說，「家庭革命」導致老一代的經驗、教訓與制度動搖；年輕人多半漸漸拋棄前一代的習俗、制度，而更多不同的報刊雜誌和政治團體，正散播改革和革命

---

1 黃福慶，《清末留日學生》（台北：中央研究院近代史研究所，2012，三版），頁1。

思想，這些都使得有近代商業頭腦的企業家、政治家與新知識分子聚集的大都會上海，或文化古都北京，有了走向劇烈變革的效應產生。

　　1916 年 12 月 26 日，北大新校長蔡元培上任，使北大出現新學風，學術自由與多元發展出現了契機，許多有名的知識分子進入北大，如倡導白話通俗文學的胡適；稱讚布爾什維克革命又協助中國共產黨成立的李大釗；擔任北大文學院長，後來更是中共第一任書記的陳獨秀，他們齊聚北京。這期間，具新思想的北京故都的教授群，提出激進到令人震驚的新文化口號：「打倒孔家店！」，他們要重估傳統、引進新知，更提倡「賽先生」（科學）與「德先生」（民主），用來醫治中國的宿疾。

　　這時打先鋒破壞教條的教授們，發現有一批易於接受新知的聽眾──大學生。北大的學生走向反傳統的原因有幾種，有的出於個人關係，有的出於國家民族未來之考量，例如：他們個人的前途不確定、共和革命在混亂中結束、整個國家又被腐敗軍閥與外國列強所操弄，他們的生活態度與價值信仰，顯然與上一代人有了落差。

　　這時期求知若渴的年輕知識分子，正被許多新名詞和新觀念所包圍：例如克魯泡特金（Peter Kropotkin）、羅素（Bertrand Russell）、杜威（John Dewey）、蕭伯納（George Bernard Shaw）、易卜生（Henrik Ibsen）、威爾遜（Woodrow Wilson）與列寧（Vladimir Lenin）等洋人，有的親履中土，有的引介他們的主張，影響一時；還有許多人對「革命」、「平等」、「科學」、「社會主義」、「個人主義」、「自主」、「解放」、「民族主義」、「國際主義」與「布爾希維克主義」等新名詞，均朗朗上口。以新替舊，盡情吸收新知，如囫圇吞棗，正是當時知識界的寫照。

　　這時的中國年輕改革者，認爲一戰之後，中國即將迎接一個充滿希望的未來。1918年歐戰結束，威爾遜人類平等、民族自決的宣示，使中國人大爲振奮。許多中國知識分子深信凡爾賽和會必會接受且維護一個派遣二十萬勞工（苦力）到西方盟國戰場之參戰國的權利。從國際正義原則出發，中國要求恢復久爲德國租界，後在1915年爲日本覬覦的山東主權，不料此一期望卻落空。1919年1月底，北京報紙登出英、法、意簽了秘密協定，支持日本擁有山東主權，加上日本不合理利用濟順、高徐鐵路抵押借款的訊息傳開，學生團體代表齊聚北大，準備抗議行動。五四當天，一開始學生示威十分平和，但結果卻因一群學生衝入親日官僚的住宅，凌辱毆打「賣國賊」，放火燒房子，演變成暴力相向。透過現代的傳播媒介，五四的消息迅速傳遍中國各大城市。天津、上海、南京、武漢、廣州及其他城市的學生相繼示威。工人進行同情罷工，商人也開始抵制日貨，教授要求釋放被捕的學生和交涉者。各地學生團體跟著發展起來，1919年6月16日，學生代表群集上海，正式成立了「中華民國學生聯合會總會」。[2]這一個全國性的組織，有效率又能順暢運作，對學運擴散有重大的作用。學生集結形成的社群組織，是過去沒有的，社群模仿與繼承則是後來展現學生力量的法寶。無論如何，五四學運能翻轉歷史，是有跡可尋，但又有幾分偶然。胡適是這麼說的：「五四運動是一個沒有組織、沒有領導、自動的、爆發的。一個秘密而可靠的消息，引起了這樣的一個人運動」。[3]胡適的話可能是對的，但五四之後的學運未必如

2　關於「中華民國學生聯合會總會」的成立經過與發展始末。參見，呂芳上，《從學生運動到運動學生：民國八年至十八年》（台北：中央研究院近代史研究所，1994），第4章，頁328-395。

3　胡適，〈胡適先生五四談〉，收入潘光哲主編，《胡適全集：胡適時論集》（台北：中央研究院近代史研究所，2018），6，頁59-65。此文原載，城

此。

　就文化啓蒙意義而言，新文化運動發生在前，學界已澆灌反傳統、反威權的思潮，孕育了抗議種子，故而山東主權問題在和會受挫訊息一到，立刻引發大規模的五四愛國運動，而這一學生運動，背景雖屬單純，而民族主義、民族復興則已內化爲本質，日後易爲政治勢力牽引，亦源於此；相對的說，學生抗議運動也引致新文化運動重估價值與批判精神的擴散，形成爲傳統文化劇變的一個關鍵時期。正和辛亥革命代表帝制改革的變動意義一樣，五四運動之後多年的新思潮，更標誌著世界激進思潮——社會主義，全面輸入中國的起點。特別值得注意的是新文化運動中引介西方思潮，也包括歐美各種新政治模式的引入，先是有濃濃的個人主義色彩，後來是有強烈集體主義味道。於是俄國革命的影響下，本具文化啓蒙教師角色的知識分子如李大釗、陳獨秀，同時又是中國共產黨的催生者。而孫中山也受到後五四激進思潮影響而有所回應，他抓住五四脈動，依「列寧黨」模式改組國民黨，接著與中共的聯合陣線宣告成立，於是，「革命」開始有了嶄新的內容與意義。這其中顯示的正是五四時期「啓蒙」與「革命」自此成爲複合體，而革命力量尤凌駕於文化運動之上，革命固爲救時手法，啓蒙也成了救國手段。從這時到北伐「三黨競革」時期，國、共加上青年黨演出激烈政黨動員學生、爭取青年大戲。[4] 1920年代國共聯合陣線下，動員性的政黨建立了包括「青年部」在內的群眾

北，〈胡適先生五四談〉，《雪風》，第3號（1947年5月），頁9-12。

4　當時國民黨倡國民革命、共產黨主共產革命、青年黨倡全民革命，王奇生稱此政黨鬥爭爲「三黨競革」，參見王奇生，《革命與反革命：社會文化視野下的民國政治》（北京：社會科學文獻出版社，2010），頁67。又參呂芳上，《從學生運動到運動學生》，第4章，頁248-304。

運動組織，同時在校內各自設立黨團，尤見近代中國的學生運動已走向運動學生，正式開啓學運政治化的新頁。此後長時間學運被特定政治勢力擺布，文化發展也遭掌控。

(二)「學生民族主義」下的學運

　　1920年代中期，國、共兩黨領導下的學生，組織了爲政治行動需要，得和工人、農人呼應的聯結。這時，軍閥與外國人的一連串暴行，激發了易社強（John Israel）所說「學生民族主義」（student nationalism）興起，[5]進一步強化國共合作的走向。1925年「五卅事件」是其中最有名的事例，就如五四的學運，「五卅事件」觸發的導火線是帝國主義者的暴行：在上海日本工廠中的一位日本工頭開槍打死了一名中國工人。學生在公共租界進行抗議，被英國巡警逮捕，當群眾聚集在租界英國巡捕房要求釋放被捕者，一位英國官員下令對群眾開槍，外國警察在中國租界公然屠殺無武裝的學生，激起了全國性的抗議怒潮。24天之後，廣州沙基接著爆發英法軍警射殺黃埔學生和遊行青年的暴行，南方「五卅事件」後的衝突發展到高峰。北方1926年3月18日，更多反帝國主義者的示威學生在天安門廣場，竟慘遭北京執政段祺瑞政府軍隊的殺戮，學生的慘烈傷亡，助長北伐聲威。同一年7月9日，蔣介石揮師北伐，中國知識菁英熱烈的回應並聲言：「打倒軍閥、打倒帝國主義！」。這一時期，國共合流，學生有宣傳利器，能形成組織，發生群體效應。時人謂學生不必擔心「左

5　John Israel, *Student Nationalism in China, 1927-1937*（Stanford, Calif.: Published for the Hoover Institution on War, Revolution, and Peace by Stanford University Press,1966）.

黨」、「右黨」的分野，深入農工、滲入軍隊，多印幾張「農工聽
諸」、「軍人聽諸」的傳單便能聳動聽聞。[6]這種巨大潛能，可以引爲
政治運動的後備力量，並且其能量豐沛成爲可資利用的「政治資
源」，已愈來愈爲國、共及青年黨所共同認知，而學生與政治越走越
近，離書齋越來越遠，有心人已引以爲憂。[7]

　　在國共合作的假面具下，兩黨的對抗，終到了不得不攤牌的地
步。1927年4月12日，國民黨實行清黨。反共運動由上海點燃，然
後遍及全國，結果是有一部分激進的學生難逃噩運。清黨，從青年運
動的角度來看，顯示國民黨與激進年輕一代分道。從青年學生看來，
更大的打擊是執政的國民黨決定修正群眾路線，學生聯合會被政治化
的學生協會所取代，在國事如麻的當兒，年輕人心不甘、情不願的從
街頭被迫走回教室。[8]

　　1931年9月，日本侵占東北，青年學生在民族主義的熱潮下，按
捺不住了。由於國民政府尋求國聯調解，無力抵抗外力入侵，導致青
年學生把要求對外抗日的矛頭轉爲對內指責南京政府不抗日的錯誤。

6　李壽雍，〈給國民黨員的一封公開信〉，《現代評論》，第1卷第3期（1925
　　年1月），頁20。

7　「自『五四』運動以後，中學校始有所謂學生自治，但因爲無訓育的歷
　　史，一旦解放，反流於放縱；加以不健全之輿論以迎合青年心理爲手段，
　　提倡所謂『學生即國民』、『教師爲公僕』的議論：學生自治竟轉變爲學
　　生治校，而中學教育界的風潮亦日多一日。近因政黨之利用，更變本加
　　厲，學生與教師竟成爲對抗的兩種階級，而演『階級爭鬪』的活劇。因政
　　治之素亂，生活之不安定，教育界常爲外界勢力所侵侮，政治者、教育者
　　且常利用學生爲政爭及教爭之工具，於是學生的氣焰更張，導率青年的教
　　師反至不仰學生鼻息，幾不能自存」。舒新城，〈近代中國中學教育小
　　史〉，原載《新教育評論》，此處引自舒新城，《近代中國教育史稿選存》
　　（上海：中華書局，1936），頁89。

8　〈滬學聯反對取消青運之宣言〉，《申報》，1928年8月3日，13版。

於是數千狂熱的學生湧向首都，進行抗議，9月28日，中央大學學生打了國民政府外交部長王正廷，學潮有擴大趨勢。12月15日國民黨中執委蔡元培、行政院代院長陳銘樞接見學生，發生衝突，兩人竟也遭學生毆辱。暴力性的示威者脅制了國民黨要人、搗毀中央日報社，迫使政府採取鎮壓行動，校園才得稍復平靜。這期間蔣委員長三次接見學生進行安撫，直到次年一二八事變後學運始見緩和。1935年秋天，因日本挑釁，煽動華北自治運動，學運再起。到了12月初，從北平南下的少數激烈分子把學運推向激烈，當日本人要求華北成爲「自治區」時，讀書人更悲憤地說：「華北之大，已經安放不得一張平靜的書桌」。[9]北平學生對蔣委員長的回應頗表不能滿意，蔣所說的不放棄和平，不輕言犧牲，先安內後攘外，被學生視爲不抵抗主義、消極、無能，因爲他們真的很害怕淪爲華北滿洲國的子民。

　　這次學生有組織的抗議運動，可注意的一是共黨操控學運的模式，已首開其端。[10]二是學運分子不單是來自北大，而且很多是來自有外人影響下的燕京和清華。1935年「一二九」與「一二一六」的大規模示威遊行，激起全國學生與知識分子對五四的記憶，同時也孕育出另一個救國運動，最終迫使國、共兩黨組成抗日聯合陣線。

　　1931年九一八事變後，學生拋下課本，扔開實驗，走出教室，

9　見蔣南翔，〈我在清華大學參加「一二‧九」運動的回憶〉，《清華校友通訊》，復12期（北京，1985），頁6。

10　見北平中共學生南下負責人薛迅的回憶。薛迅，〈九一八事變後北平學生南下請願鬥爭〉，《青運史研究》，1984：3（北京，1984），此處轉引自沈成飛，〈蔣介石對「九‧一八」事變后學生運動的態度──兼論影響其處理方式的主客觀因素〉，《學術研究》（廣州，2018），2018：4，頁137。共黨在學運主動角色，在「一二一六」學運十分明顯，次年一月接著在青年學生中組織的「中華民族解放先鋒隊」，乃人所皆知的共黨外圍組織。

踱出校門「做愛國事業」。有很多學生參與學運動機是基於救國義憤的
自覺，他們並不一定以政治黨派的意識形態爲前提。例如日後成爲國
民政府名流的沈昌煥、楊西崑、薛光前、余紀忠、余夢燕、吳相湘、
沈雲龍、周世輔、劉毅夫等，當時是參與學運的要角，他們多出於愛
國熱誠，傾向於效忠抗日的領導人。[11]由於高亢的民族主義氣氛下，
他們認爲只有南京政府有力量承擔這個角色，故當蔣介石提出抗日保
證要領導抗戰時，就願大力支持蔣。西安事變後的情況更是如此。

（三）戰後風起雲湧的學潮

　　八年抗日戰爭時期，在蔣的領導下中國青年確有空前的大結合。
1938年夏到1945年12月間，沒有眞正的學生運動，即使生活在伙食
粗劣、宿舍簡陋、克難求學的環境中，都沒有太多怨言。事實上，在
戰爭初期，國民政府把「戰時教育」當「平時教育」辦，爲學生辦理
公費生活貸款，都算善盡政府角色。[12]1941年12月8日，珍珠港事變
後中國與盟國並肩作戰，戰爭也還看不到任何勝利跡象。當戰爭中後
期，國府財經陷於困境時，重慶、成都、昆明等地的學生和教師節衣
縮食，甚至典當書籍和衣物。資源短缺下，學生改用煤油點燈，以艾
草驅蚊，在物資條件不足下，許多人營養失調，甚至肺病頻生。國仇
家難下，學生也很能體會艱困時局，體諒政府的政策，留在書桌前，
的確爲戰後國家累積可貴的人材資源。面對這群受教的精英，政府也

---

11 李雲漢，〈抗戰前中國知識份子的救國運動〉，收入周陽山主編，《知識份
　　子與中國》（台北：時報文化，1980），頁387-411。
12 陳立夫，《成敗之鑑：陳立夫回憶錄》（台北：正中書局，1994），第5
　　章，頁235-320。

一時無法滿足他們愛國理想的出路，至1943年後期，學生響應青年從軍的熱潮令人印象深刻，這也顯示戰爭持續長久並未拖垮學生的愛國熱忱。

這一時期共黨陣營另成局面，他們在邊區根據地將所轄學生送進特別成立的學校，如延安抗大，接受訓練，成為鄉村動員群眾、組織游擊武力的骨幹。在戰爭中，共黨有充足受過訓練的兵員，青年的幹部統理了上億人口的區域。相對而言，此時國民政府聲稱接受大專高等院校教育的學生（如附表一），穩定成長卻危機四伏。由於戰爭的困境及政府治理的失敗，許多學生對國府執政感到失望、不滿，反之，對中共則親善、友好，已約略可嗅出未來國、共之爭的最後趨向。

附表一：民國17（1928）學年度至35（1946）學年度
**　　　大專院校數及學生數統計表**

學年度	校數	學生數	學年度	校數	學生數
17（1928）	74	25,198	27（1938）	97	36,180
18（1929）	76	29,123	28（1939）	101	44,422
19（1930）	85	32,566	29（1940）	113	52,376
20（1931）	103	44,167	30（1941）	129	59,457
21（1932）	105	42,170	31（1942）	132	64,097
22（1933）	108	42,986	32（1943）	133	73,669
23（1934）	110	41,708	33（1944）	145	78,909
24（1935）	108	41,128	34（1945）	141	88,498
25（1936）	108	41,922	35（1946）	185	129,838
26（1937）	91	31,188			

資料來源：教育部年鑑編委會，《第二次中國教育年鑑》（上海：商務印書館，1948），第14編〈教育統計〉，頁1400。

　　抗戰勝利後，沿海許多剛從日本統治解放出來的華東城市中，出現因戰爭隔絕而壁壘分明的兩個群體：一類是從大後方離散回來的難民，一類是那些主動或被迫與日本及敵後偽組織合作的居民。兩群人都因八年抗戰，導致心靈的矛盾、崩潰。流離回來的難民抱著自憐自艾，甚至怨恨的心理，與那些留下來與敵人合作的讀書人相比，他們自認為是忍受了近十年為國家平白遭受苦難，卻又未被稱頌的無名英雄，若還要他們再犧牲，便是極不公平的事。另一方面，那些留在淪陷區的人們認為他們也有不得已的苦衷、困難及處境，理應得到諒解。戰後這兩類人馬各懷委屈，怨聲四起，政府似乎一時也難以擺平。

　　聚集在戰後校園，上述兩類人馬中的激進青年，到1947年5月反飢餓、反內戰、反迫害風潮（五二〇學運）逐漸增強反政府的聲浪，飢餓與內戰相聯，鬥爭由經濟面轉到政治面，加上外力的煽動，激情再也按捺不住，學生的抗議聲因此帶向高峰。戰後接收失敗、經濟崩壞、復員陷入困境，知識分子感受尤深。「偽軍」之外竟又有「偽老師」、「偽學生」甄審，令讀書人難堪又氣憤。戰時淪陷區的學生在現實與心理上都比較同情共黨，而那些受戰時流亡之苦的青年在復員中亦心生不滿，認為遭受到差別待遇，所有一切都歸諸國民黨腐敗無能。相較之下，中共使出對付國民黨策略，以組織對組織、以宣傳對宣傳、以行動對行動三原則，再灌輸青年的是具有遠大理想、有前瞻性的形象，加上毛澤東視學生運動為「第二條戰線」，[13] 刻意拉攏青

---

13 毛澤東視學運為國共軍事鬥爭之外的第二條戰線。見毛澤東，〈蔣介石政府已處在全民的包圍中〉（1947年5月30日），收入中共中央毛澤東選集出版委員會編，《毛澤東選集》（北京：人民出版社，1991），第四卷，頁1120-1121。

年，尤其是知青。學生更加義無反顧的想要拋棄舊包袱，投身所謂具
有新希望的未來陣營。國共鬥爭情勢下，中共激烈批判當時被視為
「一黨專政」代表的國府，這使得帶理想主義的青年，在反內戰與學
運壓制下自然而然傾向共黨。處於這樣的劇變關頭，中共可說掌握了
學生的挫折感受，順勢引導他們走向「反內戰」、「反饑餓」、「反美
軍暴行」與「反軍警殘害」的學潮中。國共內戰時期，不論就宣傳或
行動，國府的表現可說難滿人意，有時甚至濫捕學生，這些暴力相向
的舉動，反給了共黨指責政府專制獨裁的藉口，其結果是給毛的支持
者製造更多煽惑的機會。稍後人民解放軍南進，學生的反應是由冷漠
轉向歡迎，可見一斑。毛的「第二條戰線」奏功，勝負大局，在國軍
兵敗如山倒之後，再難挽回。

　　1949年，海峽兩岸政權對峙，中國大陸中共展開社會主義一黨
專政的建國之路，在嚴密組織與社會控制下，學生只能跟著「黨」
走。1950到70年代，從三反、五反、反右到文革，黨國體制日漸鞏
固確立。儘管黨國體制內有制式改革、抗議空間，但已極度壓縮學生
的自主性。不過，學運也不會真的偃旗息鼓，一個時代有一個時代引
發抗議行動的議題。20世紀80年代在中共改革開放十年後，爆發訴
求民主化的六四天安門學生運動，這場學運至今中共仍不允學界公開
討論。但世人都知道，一個以群眾運動起家的黨，最後竟動用武力壓
制學潮，執政者最初利用學運，最終防制甚至迫害學運，這個結局正
好說明近代中國學運的歷史悲劇命運。相較中國大陸，在台灣國民黨
統治下，1950至70年代戒嚴時期，執政者也不希望也不容許學校發
生風潮，因此白色恐怖就波及年輕學子。但學生要求民主化的聲浪日
漸高漲，解嚴之後不過幾年，1990年3月台北爆發「野百合學運」，
學生呼籲撤廢舊國會、廢除動員戡亂時期臨時條款以及召開國是會議

等，執政當局妥協接納，結束了國府遷臺後第一次大規模學運。野百合後又近20年，在臺灣統獨之爭延燒下，2014年3至4月的「太陽花學運」爆發，帶頭抗議的學生占領國會殿堂一個多月，甚至搗毀行政院，事雖平息，餘波則震盪未已，影響所及，兩岸關係停滯，港臺學運甚至互通聲氣，困局甚至至今難解。綜合觀察五四百年後兩岸學運史，可看出一個世代的青年學生自有他們世代的理想與問題，百多年來的中國學運生生不息，也的確看到青年知識分子屢屢率先吹出推動國家社會改革與轉型的號角。

三、「學生政治」的解讀

一如易社強所說的，研究近代中國學運應先了解學生是些什麼人？他們來自中國的哪個社會階層？[14]

中國的學生一直是屬於社會精英分子。傳統上升至士紳階層的，非單靠財富或職業，主要靠教育。到了二十世紀，現代學制確立，大學生或高中生要遠離家鄉進入學校，求學的成本增加了，家裏還是得有些資財。同時，要想出人頭地，最好是出國深造以獲取洋學位，那花費就更多了。二十世紀上半葉中國都市化也使學生來自城市者占多數，並且普遍都屬中上或上等階層，即使隸籍共黨的學生也不乏是家庭饒富資產者。不論學生是否在政治上表現積極，他們都算得上是擁有特權的精英分子。留洋的精英群體，在1905至1925年間的中國學生運動中，發揮重要影響力，1930年後，他們是國家建設骨幹。他

---

14 參考John Israel, "Reflections on the Modern Chinese Student Movement," *Daedalus,* 97:1（Winter, 1968）, pp. 238-240. 本文以下諸多觀點是獲自易社強教授的啟發，不贅註。

們受到19世紀末、20世紀初日本、法國及蘇俄的激進思潮和組織的影響，許多中國留學生邁步傾心於革命與現代化運動。

從歷史變化來看，二戰後學運特色之一是共黨宣傳的勝利，而這一宣傳可說弔詭，它主要利用大眾宣傳作武器，結果是中國青年深受宣傳影響，問題就出在：爲什麼共黨的口號有如此動人的訴求力，爲什麼知識精英對列寧主義會有如此多的共鳴，又爲什麼學生會毫不懷疑推翻一個「弱勢獨裁」者，[15]卻迎來一個更大的獨裁者而不能自覺。

在很多觀察者的眼中，認爲近代中國的大學生因敵視正統威權，所以容易受激進主義驅使。從歷次學運的因果來說，學校罷課和全國性的學運，目標是分歧而多元的，但共同的特徵是對既有統治者的威權失去耐心。最突出的兩個時期，一是1919至1927年，學運對象是北洋政權、一是1946至1949年，學運對象是國民政府。顯然政治問題的吸引力，加上熱中某些簡化觀點，又依附於帶有烏托邦想像的組織中，青年學生大批投身學運，風起雲湧下，激成猛烈風潮。但是，也得留意的問題是，一般人很少注意那些對學運持旁觀態度的學生群。事實上，學潮的形成並非所有學生甚至不是多數學生，都願意爲國家社會重建新秩序，乃至爲國家發展短程目標，丟下書本，走上街頭。根據統計，活躍於學運的大學生不會超過總數十分之一，而在地方、省級或全國居領導地位的大學生甚至不超過百分之一。[16]1919年5月4日，雖有三千學生上街遊行，1935年12月16日，有近八千學生走上街頭，這些最高數字多是在衝突事件發生時才被動員起來的。

---

15 借用王奇生的説法，參見王奇生，《黨員、黨權與黨爭：1924-1949年中國國民黨的組織形態》（上海：上海書店，2003），頁408。

16 John Israel, "Reflections on the Modern Chinese Student Movement," *Daedalus,* 97:1, p. 252.

　　學生從事政治活動本非學校生活的常態,學運、學潮的發動,有
些很受師長的影響。有的教師,特別是自由主義色彩較濃的學者,反
對學生過早浸淫政治漩渦中,如蔡元培、胡適、蔣夢麟、梅貽琦,通
常言者諄諄、聽者藐藐;有的教師深涉學運,甚至成為學運導師,如
聞一多。其實,運動學生去做群眾運動的最大幕後黑手,是動員性的
政黨。

　　中國近代學生運動史還揭示了挑戰既有權威,並不必然就須走激
進抗議道路。二十世紀的前二十年,算來屬激烈的無政府主義在學生
中風靡一時,這一思潮與同一時期社會主義、民族主義彼此競爭後,
後繼乏力,日趨微弱。同此情況,浪漫與自由的個人主義也有相同命
運。學生追隨中共及國民黨在列寧主義式的組織領導下,他們更歡迎
民族革命氣氛下所宣稱的紀律。事實上為了建造一個統一的、不受敵
人威脅的國家,許多人認同胡適的看法遠超激進論者。胡適提出的文
學改革主張、倡導知識分子的容忍、政治的實驗主義以及對學術及社
會問題採取科學方法的應用等,從五四時代的學生一路下來,均博得
一些同情的聲音。不過在反帝、反封建、反軍閥、反獨裁、反侵略與
反內戰口號下,胡適的主張的確難與高亢的民族主義匹敵。舊社會秩
序的迅速崩解,使中國求富求強迫不及待,他「點點滴滴」的改革主
張,自然難於派上用場,青年人更沒法耐著性子跟著慢慢走。以胡適
為代表的自由主義知識分子的困難是他們從中國農村走出,出洋受
英、美的洗禮訓練,在社會與心理上所生出特殊形態,造成他們與學
生的斷裂。這些留洋知識人多數據守大學的教職,難接地氣,確無法
贏得具有激進改革社會理想,且又帶高昂民族意識學生們的附和支
持。

　　又有一些擁護民主的知識分子羣體,他們有進步觀念和理想,但

通常既無組織又乏武力。例如北伐時期的青年黨、國社黨，二戰後的第三勢力多屬書空咄咄者流，未嘗不想結合青年學子，但在政治動盪的夾縫中求存，不易成事。1949年之後，小黨和其學生追隨者，有的選擇是流亡香港或海外，或即留在大陸或台灣，似乎只能作個「花瓶」而已。五四運動後，學生對現狀的不滿實源之於國、共兩黨領導與鬥爭的問題，而二十世紀中國在現代化的過程中，學生、新知識分子作為急先鋒、先驅者，無法避免的各自走向各自不同道路。

　　曾經擁抱學生的國民黨，從1920年代起就有出自政治意識形態方面內在弱點的問題。十分清楚的是作為執政黨本身一旦嚴重分裂，或主張背離五四潮流（如德先生），又為對立陣營利用（如一黨專政），就會使學生心生不滿，轉而變成離心勢力。在近代學生社團的歷史變遷中，確有許多原本對國民黨抱持希望的青年，但激進者對於黨面對政治、外交難題束手無策時，便大失所望。20世紀後中國政局擾攘不安，許多青年知識分子之所以日益集結於給人美好願景，又有政治手腕，如善宣傳、懂組織、有手段的共黨陣營，實無足怪哉。同樣的脈絡，中國大陸1950年代之後，鞏固黨國體制是硬道理，學運不只不被鼓勵，甚至受到強力壓制。可是威權一旦稍為放鬆，學潮便乘勢而起，1989年天安門事件便是一例，歷數學運經驗，實有其侷限性也有其共通點。

　　這也就是說，1920年代國共在聯合陣線初建時，都有領導學運的事實和經驗，不過國、共兩黨一旦掌權，就不免和青年世代漸行漸遠。觀察過往歷史，國民黨對學運的挑戰，回應十分消極無力，1928年後，依靠訓導、監管方式，大有重拾傳統家父長體制的意味，與時代脈動格格不入。中共50年代建政初期，學生政治活動是由黨與青年團控制，成為一連串「群眾運動」中重要的一環。到1960年代，

毛澤東一手促成的紅衛兵「革命無罪、造反有理」的激進學運，先是
作政治鬥爭的手段，繼而紛亂失控，至此之後，中共與學生的關係比
起國民黨更形矛盾、緊張。20年代國共都明白學生在組織工人、農
民和知識分子運動中的作用，故亦願加以附和、利用。兩黨在定義學
生的階級屬性時，認定他們是全部或部分是「小資階級」。在進行聯
合陣線時，利用並拉攏學生做盟友，但一旦失敗，學生也成了替罪羔
羊，當然國共兩黨同有現實與意識形態的兩難問題，但中共操縱學運
的靈活遠遠超越國民黨，則是事實。延安時期之後，中共的權力來源
不再單單依靠知識分子為主的組合體，而是一個以鄉村為基礎的政治
軍事運動組織。抗戰時期的整風運動，便已開始後來一連串改造學生
與知識分子的嘗試。

　　一如國民黨，中共也步入他們自己的陷阱，因為無法滿足青年人
由黨喊出的空洞教條而導致失敗。國民黨失去學生是因為無法有效的
實行民族主義，共產黨後來也似乎必須面對叛逆青年要求實踐共產主
義建國理想目標的威脅。回顧中國學生運動的形成，不能脫離近代中
國的歷史與現狀，學生運動的目標多含有民族主義，始終都帶有加強
內部團結以抵抗外來侵凌的想法，以及經由現代化求強，或由社會革
命以建構國家認同。亦即是說，誰能掌握民族主義的走向，便易於掌
握青年學生，便能掌握國家的未來。放在長時間觀察，國共統治權的
得失，這不失為一種指標。

　　雖說後來中國幾代的學生仍具民族主義性格，這也並不表示代與
代間沒有改變。政治環境促使民族主義本質在後來的幾十年間有所變
化，最大的改變力量，來自黨派政治滲入操縱學生活動的各種領域，
因此無明顯黨派色彩的「五四」運動固與六年後高度政治化的「五
卅」有絕大不同，與1935年、1947年更截然有別。當學運變成黨控

制的工具時，1949年後這種滲透所形成而可推斷的結論已十分明顯。黨派政治對中國人生活的大小領域都有同樣深刻的烙印，特別顯著的就是革命理念、文宣口號，20年代強調社會意識逐步轉變，進入30年代就變成革命論爭，然後是戰爭時代的愛國口號，最後是1945年之後的黨國教條。

「學生政治」其實也產生極大的變化。當政府顯得軟弱無能時，運動便會遍地開花。只有在政府能保衛國家主權、有效維護健全的教育體系，成功的推動內政與外交政策時，才能避開學生大規模的抗爭。因此，晚清和軍閥時期學生在校園內外的騷動十分頻繁。戰前十年（1928-1937）南京政府呼籲團結加上政治社會改革的承諾，的確減少了學生運動發生的次數。不過外力的威脅加上外交政策搖擺，華北問題復成學運的導火線。在戰時，舉國抗日下，學生的抗議聲不多，但當1945年政局不安時又導致學運的重啓。1950年以後海峽兩岸學運令執政當局戒愼防備，這說明不同時代有不同問題需要面對與解決，學生對時代變化，可說是既敏感又勇於付諸行動的群體。

四、結論

就文化啓蒙意義而言，新文化運動發生在前，學界已澆灌反傳統、反威權的思潮，孕育了抗議種子，故而山東主權問題在和會受挫訊息一到，立刻引發大規模的五四愛國運動，而這一學生運動，背景雖屬單純，民族主義、民族復興的追求則已內化為本質，日後易為政治勢力牽引，亦源之於此；相對的說，學生抗議運動也引致新文化運動重估價值與批判精神的擴散，形成為傳統文化劇變的一個關鍵時期。當20年代，「革命」開始有了嶄新的內容與意義，與「文化啓蒙」成爲複合體後,「革命」固爲救時手法,「啓蒙」也成了救國手段,學運與啓蒙互補,又雙雙變質。

　　五四學生的勝利,證明學生力量是近代中國不可忽視的新社會勢力。影響至少有三方面:(一)學生本身自認勢力的偉大,以爲政府都可懾服,何況其他,於是逐漸離開學生的本分,積極從事各種運動。自此以後,凡有外交、內政問題發生,學生無不干預,即關於學校行政也要參一腳,以致風潮時起,權威掃地,無底於止。(二)過去中國的政治活動是少數士大夫的把戲,即使戊戌、辛亥也看不到大批讀書人投入,但五四運動表現人民對威權不客氣的鄙棄。乳臭未乾的青年學子,竟燒了部長房子,商人、工人又跟著起鬨,而政府竟又屈服,罷免曹、陸、章三高官。這一變局指出民眾組織與力量,難予忽視,後來的國、共能組成大黨,運用各種群眾運動,匯成革命大潮,其來有自,影響深遠。(三)社會上看到學生勢力巨大,於是群起利用,小的爭校長、謀經費,大的利用學生爭政權。[17]五四後,尤其是五卅後,群體壓倒個人,政治凌駕文化,行動取代言論,國、共兩黨爲爭取學生,在校園設支部、建黨團,自是之後學生運動目標趨於分歧、行動更不盡一致。1920年以後,政黨明顯主動介入學生組織和學生運動,這也會導致學運往往會隨政黨鬥爭而起舞。於是因組織派系紛紜,糾紛不斷,國、共之間,除了「黨權」之爭,加上了「學權」之爭。「學生政治」不再單純。

　　對五四之後百年的學運發展史的考察中,值得注意的現象是:第一、近代青年學生對國家、社會多半具有高遠理想、美好憧憬並滿懷熱情,一旦碰到政府無法適當回應要求,學生理想幻滅、正義失落,

---

17 參王造時,《中國問題的分析》(長沙:商務印書館,1935),頁245-246。

學運就可能發生；第二、近代中國的學生，個別或集體的抗議與不滿，對國家的現代轉型和走向，十分重要；學運是中國共產主義勝利的重要因素之一。許多研究指出毛澤東對共產黨得民心、得天下的實際貢獻，並不是他對學生的利用，而是他在政治軍事的劇變中透過學生運用了其他群眾，如農民、工人等，[18]學生對中共的壯大是有重要作用的，但同時對國民黨則形成相當困擾也是事實。二戰後國民政府丟掉中國大陸，學潮風暴導致「學權」喪失，應是原因之一。第三、學生運動的發生，多半是知識分子對時局不能滿意，對政府有所訴求；學運的結束，或因當局適當的回應，滿足學生的需求，最壞的結局是出以武力鎮壓、用暴力相向，留下政、學兩界長時間的惆悵和遺憾。革命政黨與學生的關係曖昧，在野時多半想方設法利用、動員學生，挑起學潮作爲奪權手段，所謂「第二條戰線」的開闢，是明顯寫照；細究動員性政黨的本質，在心態上，爭奪政權時，認爲誰能獲得青年便能獲得天下；獲取政權後，誰能控制青年便能控制國家。因此政黨取得政權後，便會強力監控校園，防範學潮發生，一旦發生學運，不惜以高壓、甚至武力解決，「支持者」變成「迫害者」，史跡斑斑，能不警惕。

　　發生在1919年的五四運動，是北京地區的大學生，爲了抗議北

---

18 20年代即有人看到，五四只有學生，六三才有工人，五卅出現了由學生主導的工商學聯合運動。尤其五卅慘案後，逼出學生激進革命意識：學生會成了負責對外交涉的主要團體，而上海的市民運動幾全由學聯會支配。毛澤東與中共當已注意及此。參劉治熙，〈愛國運動與求學〉（1925年9月8日），《現代評論》，第2卷第42期（1925年9月），頁19-20。又〈中華民國學生聯合會總會對時局宣言〉，《中國學生》，第38/39期（上海，1926），頁378-379。碩壎，〈我們的回答：爲「共產黨把持下之全國學生總會」一文而作〉，《中國學生》，第22/23期（上海，1926），頁136-145。

京政府對日本的屈辱政策而引起的學生運動，同時由此造成全國各地
一連串的罷課、罷工、罷市，終於造成整個社會的變動，加速了思想
界與社會的革新。無疑的，五四運動是近代中國歷史上的一件大事，
生活在百年後的中國人，還感受著「五四」餘波蕩漾，五四當年所面
臨的問題並未完全解決，當時青年知識分子所追求的國家理想似乎也
沒全部達成。因此歷史上的「五四」實仍然具有當代意義。革命政黨
與學生的關係曖昧，政治黨派在野時多半想方設法利用、動員學生，
挑起學潮作為奪權手段，學生則因此獲得奧援，膨脹勢力；不過，政
黨一旦取得政權，往往會有兔死狗烹、鳥盡弓藏之虞。於是「校園不
政治，學術要獨立」的呼聲一再出現，如何不是空中樓閣，「德先
生」還得加油。

徵引書目

〈中華民國學生聯合會總會對時局宣言〉，《中國學生》，第38/39期（上海，1926），頁378-379。

〈滬學聯反對取消青運之宣言〉，《申報》，1928年8月3日，版13。

毛澤東，〈蔣介石政府已處在全民的包圍中〉（1947年5月30日），收入中共中央毛澤東選集出版委員會編，《毛澤東選集》，北京：人民出版社，1991，第四卷，頁1120-1124。

王奇生，《黨員、黨權與黨爭：1924-1949年中國國民黨的組織形態》，上海：上海書店，2003。

＿＿＿＿＿，《革命與反革命：社會文化視野下的民國政治》，北京：社會科學文獻出版社，2010。

王造時，《中國問題的分析》，長沙：商務印書館，1935。

呂芳上，《從學生運動到運動學生》，台北：中央研究院近代史研究所，1994。

李雲漢，〈抗戰前中國知識份子的救國運動〉，收入周陽山主編，《知識份子與中國》，台北：時報文化，1980，頁387-411。

李壽雍，〈給國民黨員的一封公開信〉，《現代評論》，第1卷第3期（1925年1月），頁20。

沈成飛，〈蔣介石對「九・一八」事變后學生運動的態度——兼論影響其處理方式的主客觀因素〉，《學術研究》（廣州，2018），2018：4，頁133-141。

城北，〈胡適先生五四談〉，《雪風》，第3號（1947年5月），頁9-12。

胡適，〈胡適先生五四談〉（1947年5月），收入潘光哲主編，《胡適全集：胡適時論集》，第6冊，台北：中央研究院近代史研究所，2018，頁59-65。

教育部年鑑編委會，《第二次中國教育年鑑》，上海：商務印書館，1948。

陳立夫，《成敗之鑑：陳立夫回憶錄》，台北：正中書局，1994。

舒新城，〈近代中國中學教育小史〉，收入舒新城，《近代中國教育史稿選存》，上海：中華書局，1936，頁79-89。

黃福慶，《清末留日學生》，台北：中央研究院近代史研究所，2012，三版。

碩壎，〈我們的回答：爲「共產黨把持下之全國學生總會」一文而作〉，《中國學生》，第22/23期（上海，1926），頁136-145。

劉治熙，〈愛國運動與求學〉，《現代評論》，第2卷第42期（1925年9月），頁19-20。

蔣南翔,〈我在清華大學參"加一二‧九"運動的回憶〉,《清華校友通訊》,
　　復12期(北京,1985),頁1-13。

薛迅,〈九一八事變後北平學生南下請願鬥爭〉,《青運史研究》,1984：3
　　(北京,1984)。

Israel, John. *Student Nationalism in China, 1927-1937*. Stanford, Calif.: Published
　　for the Hoover Institution on War, Revolution, and Peace by Stanford
　　University Press, 1966.

　　＿＿＿＿＿. "Reflections on the Modern Chinese Student Movement," *Daedalus*,
　　97:1(Winter, 1968), pp. 229-253.

When "May Fourth" Combined Enlightenment and Revolution:
Some Reflections on the Student Movement after One Hundred Years

Lu Fang-shang

Abstract

The entanglement of the New Culture Movement with the student movement in the May Fourth era surely indicates the characteristics of anti-tradition and anti-authority among the students who had participated in these movements.

The motivation that lay behind the student movement was simple: students had internalized nationalism and national revitalization. This sentiment was very easy for political forces to then mobilize. In the 1920s, when "revolution" began to have a brand new content and meaning—saving the country—revolution and enlightenment were combined: enlightenment became a means to achieve this goal and so did revolution. The student movement and the enlightenment movement, while mutually beneficial to one another, were thus distorted. This development exerted tremendous influence on subsequent student movements in modern China.

Keywords: May Fourth Movement, revolution, student politics, the power of political parties, the power of students

【論文】

日本駐華使領館對五四學生愛國運動的觀察

黃自進

日本慶應大學博士。曾任立命館大學客座教授、慶應大學特別研究教授、國際日本文化研究中心外國人研究員；現任中央研究院近代史研究所研究員。著有《吉野作造對近代中國的認識與評價：1906-1932》、《北一輝的革命情結：在中日兩國從事革命的歷程》、《和平憲法下的日本重建：1945-1960》、《蔣介石と日本：友と敵との狹間で》、《蔣介石與日本：一部近代中日關係史的縮影》、《阻力與助力之間：孫中山、蔣介石親日、抗日50年》等專書。

日本駐華使領館對五四學生愛國運動的觀察

摘要

本文以日本駐華公使館以及各地領使館的報告爲研究線索，探討這些駐華部門是如何認識及評價五四運動，尤其是聚焦於學生運動以及其所涉及的四個不同面向：

第一、學運經費的來源

第二、學運訴求的知識來源

第三、支撐學運繼續發展的能量

第四、學運爲何能與罷市、罷工接軌

本文即針對上述四個主題，逐一論述，希望能藉由四個觀察角度的互相比對，能對日本政府的五四運動觀察作一全面性整理。

關鍵詞：五四運動、日本駐華使館、學運

一、前言

　　五四運動原本就是爲了抗爭日本而起。誠如五四當日示威運動的宣言所示，學運的目的是「外爭國權、內懲國賊」，而此等訴求，無論是對外或對內，也皆以日本爲標的，以前者論，擬集合全國民心爲後盾，反對政府簽署凡爾賽合約，不讓日本得以繼承德國在戰前山東所享有的特殊權益。以後者論，則是企圖藉由遊行示威，排貨、罷市以及罷工等各種群眾抗爭活動的方式，表達對曹汝霖、陸宗輿及章宗祥等三人斷送山東權益之不滿，並要求政府以罷免三人的方式，追究他們在主持對日外交政策不當的政治責任。

　　蓋這些抗爭，雖皆以日本爲目標，尤其是排貨活動，讓兩國的衝突，從外交領域擴及到民生層次，特別是讓眾多在中國從事商業活動的日本僑民頓時生計無以爲繼，其對日本衝擊之大，是無遠弗屆。然以此爲研究線索，追溯日本朝野是如何理解五四運動，以及日後日本政府的對華政策又是如何受該運動影響之相關研究，至今尚不多見。

　　易言之，中日兩國以五四運動爲時代背景的大部分研究，仍無法擺脫以國別史爲研究主軸的傳統窠臼。例如日本京都大學，曾於1973年起就開始組織研究群，利用群策群力的方式，全而探索五四運動在近代中國的形塑過程中所發揮的關鍵角色，並從1982年起至1992年止，陸續將研究成果付梓出版，總計有18本專書之多。

　　不過，這些巨作的焦點，還是集中於五四運動所帶來的變化，其中包括對中國的社會、[1]產業、[2]工運、[3]學術、[4]區域發展[5]等等。其中，唯

---

[1]　川井悟，《華洋義賑会と中国農村》（京都：同朋舍，1983）。

[2]　森時彥，《五四時期の民族紡績業》（京都：同朋舍，1983）；林原文子，《宋則久と天津の国貨提唱運動》（京都：同朋舍，1983）。

一以日本爲對象的論述，也僅止於介紹日本對中國實施的侵略政策以及中國民衆反制的來龍去脈，並未探討日本視野中的五四運動。[6]

此等只在意中國近代史演變過程中，五四運動時代意義之研究傾向，也同樣的反映在小野信爾於2003年所出版的《五四運動在日本》[7]的大作中。該書將留日學生在民國初年爲抵制日本政府的侵華政策，在日本所從事的一連串抗爭活動皆納入視野，尤其是爲反對二十一條要求，中日軍事協定以及巴黎和會時期的日本對華政策，留日學生的所見所思及所行，皆有鉅細靡遺的全面解析，其中雖對五四運動所衍生而起的新思潮以及留日學生對此等思潮的反應也皆有所涉獵，但所有的陳述，只限於留日學生，五四運動對日本社會所造成的衝擊，反而沒有著墨。

雖然近年來，中國大陸在此一領域的研究，是日漸興盛。例如中國社會科學出版社於2017年及2018年，就相繼出版了高瑩瑩撰寫的《第一次世界大戰與中國的反日運動》[8]及于文浩撰寫的《民國初期的中日民間經濟外交：以商人組織爲主體的歷史考察》[9]。然前者的研究

3　江田憲治，《五四時期の上海勞働運動》（京都：同朋舍，1992）。

4　狹間直樹，《五四運動研究序說》（京都：同朋舍，1982）；小林善文，《平民教育運動小史》（京都：同朋舍，1985）；島田虔次，《新儒家哲學について：熊十力の哲学》（京都：同朋舍，1987）；竹內弘行，《後期康有爲論：亡命·辛亥·復辟·五四》（京都：同朋舍，1987）；小野和子，《五四時期家族論の背景》（京都：同朋舍，1992）。

5　片岡一忠，《天津五四運動小史》（京都：同朋舍，1982）；清水稔，《湖南五四運動小史》（京都：同朋舍，1992）。

6　藤本博生，《日本帝国主義と五四運動》（京都：同朋舍，1982）。

7　小野信爾，《五四運動在日本》（東京：汲古書院，2003）。

8　高瑩瑩，《第一次世界大戰與中國的反日運動》（北京：中國社會科學出版社，2017）。

雖聚焦於美日兩國在中國的文化衝突，並將該運動所蘊含的美國因素，作一全面梳理，但研究的重心在於介紹美國政府以及該國僑民為何會對中國民眾的抗日運動寄予同情並願給予支援的緣由，對日本方面的論述，反而不多。至於後者的論述，則集中在探討中國商人在反對二十一條要求，發動籌款贖回膠濟鐵路爭取關稅自主權益上的各項努力，然對五四運動時期杯葛日貨運動中商人所扮演的角色，卻是全沒觸及。

　　如同上述，[10]當大多數論者皆著眼於中日國別史之際，也有少數的研究者將五四運動置於東亞國際政治視野脈絡中解讀。例如笠原十九司所撰寫的〈第一次世界大戰期的中國民族運動〉，就將五四運動與反對二十一條要求，反對中日軍事協定並列，視為是近代中國青年學子為抵抗日本的帝國主義侵略，而掀起的一股自覺的保家衛國運動。這股反日的熱潮能歷久不衰，與第一次世界大戰期間中國民族工業的成長，新興教育的有成以及美國傳教事業在中國的蓬勃發展皆有密不可分的因果關係。[11]

　　此外，單篇論文中，也有以宏觀的角度，概論日本朝野對五四運

---

9 于文浩，《民國初期的中日民間經濟外交：以商人組織為主體的歷史考察》（北京：中國社會科學出版，2018）。

10 日本最新出版一本研究五四運動的專作是武藤秀太郎所撰寫，主旨是探討五四運動思想脈絡中的日本淵源，指陳在眾多影響五四運動走向的關鍵人物中，像陳獨秀、李大釗、魯迅等人皆是留日生。他們的選擇抗日，在在說明近代中國的形成，是以五四運動為起點，亦是以抗日為起點。武藤秀太郎，《「抗日」中国の起源　五四運動と日本》（東京：筑摩書房，2019）。

11 笠原十九司，《第一次世界大戰期の中国民族運動：東アジア國際關係に位置づけて》（東京：汲古書院，2014）。

動的觀測，[12] 或探討日本媒體對五四運動的報導 [13] 或以社會主義與五四運動的交流爲焦點的少數論文。[14] 但這些研究，因爲主題與研究途徑各有不同，未能充分討論五四運動因發展階段的不同，而在中國各地有不同面貌的呈現，以及此等多重面貌所帶來的多元文化特質。

　　有鑑於此，本文特以日本駐華公使館以及各地領使館的報告爲研究線索，探討這些駐華部門是如何認識及評價五四運動，尤其是聚焦於學生運動以及其所涉及的四個不同面向：

　　第一、學運經費的來源

　　第二、學運訴求的知識來源

　　第三、支撐學運繼續發展的能量

　　第四、學運爲何能與罷市、罷工接軌

　　本文即針對上述四個主題，逐一論述，希望能藉由四個觀察角度的互相比對，能對日本政府的五四運動觀察作一全面性整理。此外，爲了彰顯日本政府的立論偏差，文中特援用國內外學者對五四運動的詮釋觀點，冀望藉由不同論述的互相比較，除更能掌握日本政府的對華外交戰略的脈絡之際，亦能更深刻勾勒出日本政府觀察五四運動的盲點以及此等缺失對日後中日關係的走向所帶來的具體影響。

---

12 野原四郎，〈五四運動と日本人〉，收入中国研究所編，《中国研究所紀要第 2 号》（東京：中国研究所，1963），頁 77-116；林明德，〈日本與五四〉，收入汪榮祖編，《五四研究論文集》（台北：聯經出版公司，1987），頁 89-110。

13 王潤澤，〈政治、外交與媒體：1919 年日本政府關於五四運動的報導研究〉，《安徽大學學報（哲學社會科學版）》，2011：4（合肥，2011），頁 128-135。

14 松尾尊兌則在其專書中特闢一章，專論「吉野作造の五・四運動觀」，收入氏著，《大正デモクラシーの研究》（東京：青木書店，1966），頁 293-306。

二、內鬥的延伸

　　日本駐北京公使館對五四運動的關注始自1919年5月4日，學生在北京天安門廣場集合的當下起，就有四封不同時段的電報向東京彙報示威活動的進行情況，前三封是發自小幡酉吉公使，後一封是武官坂西利八郎少將。兩人彙報的對象不一，前者是內田康哉外務大臣，後者則是參謀次長福田雅太郎中將。

　　至於彙報內容，也因對象不同而有所差異。公使的電報顯然是為了掌握學生集會的最新發展狀況，而採即時回報形式。第一封的內容是彙報當日下午2時，約有千名身穿學生制服或家居便服的年輕人，手拿「還我青島」的小旗，群擁在天安門廣場齊集，隨即因北京、中國兩大學及高等師範、法政專門學校學生陸續抵達，使會場人數急增至2千人左右。下午3時，學生們在兩面國旗及一面「北京學會遊街大會」大橫幅的導引下開始遊行。遊行隊伍中，不少學生手舉大小不一的旗子，分寫著「中國被判死刑了」、「抵制日貨」、「賣國賊」、「國賊曹汝霖章宗祥陸宗輿」等字樣。

　　遊行隊伍首先往公使館方向前進，然在美軍防區的軍營前突被警察攔住，爾後看到美國公使出來，在軍營前與學生代表進行短暫交談後，遊行隊伍開始改往市中心行進，並沿途散發傳單。[15]

　　第二封電報旨在回報示威遊行變調，學生改而搗毀交通總長曹汝霖的住宅，並在曹宅毆傷駐日公使章宗祥等的最新發展。[16]第三封則

---

15 〈在中國公使小幡ヨリ內田外務大臣宛電報〉（第667号）（1919年5月4日），收入外務省編，《日本外交文書：大正八年》冊2卷下（東京：外務省，1970），頁1144-1145。

16 〈在中國公使小幡ヨリ內田外務大臣宛電報〉（第668号）（1919年5月4日），頁1145。

是報導章宗祥的傷勢，說他頭部有三處深及骨膜的重傷，而且肩兩側
及膝蓋亦各有被毆打的傷痕，現人雖仍處於昏迷狀態，但只要傷口不
發炎，想必近日內就可康復。此外，還提及曹宅的被毀狀態、章氏如
何因中江丑吉的及時救援而倖免於難的經過，遊行隊伍沿途所發「北
京學界全體宣言」傳單的主要內容，尤其是摘譯「中國的土地可以征
服，不可以斷送；中國人民可以殺戮，不可以低頭」的兩句經典。[17]

　　至於坂西少將的彙報內容，主要是兩點：一是他已代表日本政府
親自到北京同仁醫院慰問章宗祥，說他傷勢不輕，另一是章氏被學生
痛毆時，還有3位西方人士在場，他們雖沒有動手，但亦表示學生在
襲擊曹氏住宅時，自始就有西方人在場助陣。[18]

　　自5月4日發生學生示威活動以後，接連4天，公使館的主要工
作在於蒐集相關資訊，並向外務省彙報他們初步觀測所得。他們的主
要徵詢對象，一是曹汝霖本人，另一則是時任京畿衛戍司令的段芝
貴。按前者的觀測，除了認為示威活動與林長民等人事先的惡意煽動
有密不可分的互動關係以外，示威活動的變調，他的主宅被搗毀一
事，責任則在於現場維持治安秩序的警察之刻意不制止。[19]

　　至於後者的觀測，卻認為學生只是眾多政治勢力哄抬下所浮出水
面的打手，其中的曲折，還須分幾個層面來解析。首先是英美留學生
與留日學生之間的鬥爭，在留日學生當道的情況之下，屈居非主流地

17 〈在中國公使小幡ヨリ內田外務大臣宛電報〉（第669号）（1919年5月4
　　日），頁1145。
18 〈在北京坂西陸軍少將ヨリ福田參謀次長宛〉（坂極密第32号）（1919年5
　　月4日），頁1145-1146。
19 〈在中國公使小幡ヨリ內田外務大臣宛電報〉（第672号）（1919年5月5
　　日），頁1160。

位的英美留學生，自然會將巴黎和會的失利，視爲奇貨可居，急欲利
用此爲政爭手段，而部分英美在華僑民亦樂見中日兩國的摩擦再起，
這也是在華的英文報紙一再炒作青島及朝鮮問題的緣由。復次，山東
主權問題之爭，表面上雖是梁啓超、林長民等研究系大老出面，事實
上在後面的卻是熊希齡、汪大燮等北洋政壇老將，而這些人的人際網
路最終可以向上追溯到前代理總統馮國璋處。[20]

　　在將上述與北洋政壇兩位政要的訪談記錄彙報給東京的外務省之
餘，小幡於5月8日針對學生示威的同樣議題，又寫了一篇更長的觀
察報告。[21]這篇報告分五個子題，首先著眼於觸動學生發動示威的導
火線，國民外交協會與留英美學生社團所扮演的煽動角色，復次介紹
當天的示威情況、媒體的報導及今後的可能發展。

　　依小幡的觀測，示威活動此一意念緣自於梁啓超的率先主張抗
爭。當梁氏於4月24日[22]從巴黎發了一封電報給國民外交協會汪大
燮，林長民兩位理事。[23]請他們兩位將此一電報代轉給該協會的會員
時，而林氏則藉以轉述此一電報的方式，於5月2日在該協會的機關
報《晨報》，發表《外交警報敬告國民》[24]一文，文中首先轉引梁氏電

---

20 〈在中國公使小幡ヨリ內田外務大臣宛電報〉（第692号）（1919年5月8
　　日），頁1147-1148。

21 〈在中國公使小幡ヨリ內田外務大臣宛電報〉（公第182号）（1919年5月8
　　日），頁1148-1160。

22 關於山東問題交涉生變之事，北洋政府也是在同日收到巴黎和會專使陸徵
　　祥的示警電報才知。〈收陸總長（徵祥）電〉（1919年4月20日），收入林
　　明德主編，《中日關係史料：巴黎和會與山東問題（中華民國七年至八
　　年）》（台北：中央研究院近代史研究所，1990），頁86。

23 〈青島問題失敗警耗〉，《申報》，1919年5月4日，6版。文中指稱國民外
　　交協會收到梁氏電文之日期爲4月20日。

24 林長民，〈外交警報敬告國民〉，《晨報》，1919年5月2日，2版。

文,「對德國事,聞將以青島直接交還,因日使力爭結果,英法爲所動,吾若認此,不啻加繩自縛,請警告政府及國民,敕責各全權,萬勿署名,以示決心」。接著林氏則以「膠州亡矣,山東亡矣,國不國矣……國亡無日,願念四萬萬眾誓死圖之」,等語作爲結尾,藉此鼓動群眾的情緒。

除了上述對國內民眾呼籲抗爭以外,國民外交協會亦於5月1日,先後致電給出席巴黎和會的英美法義等四國代表以及中國代表團的陸徵祥代表。前封電報旨在強調1915年的中日條約,是中國政府在日本政府所發出的「最後通牒」壓力下的被逼產物,從不被中國國民接受以外,1918年9月,中國駐日公使與日本政府之間有關山東問題換文,更是未經政府批准、國會認同等的合法程序,故此一密約現已被國人唾棄。是以,若巴黎和會不能主持正義,強要將山東交給日本的話,我四萬萬國人會誓死抗爭。而後者電報旨在警告代表團絕不可簽署斷送中國在山東主權的和平條約。

在對內呼籲持續抗爭,對外要求代表團拒簽和約,該協會爲了提升抗爭氣勢,更於5月3日,召開會員大會,會中決議,堅不承認二十一條條約及山東換文密約,若巴黎和會不採用中國主張,即要求政府撤回專使,並定於5月7日在北京中央公園開國民群眾大會。

該協會既然決定要動員群眾抗爭,對原本就不甘寂寞的學生們而言,自然更希望能奪得先機,率先有所表現。故這次北京學運,除了直接受林長民等所主掌國民外交協會的煽動影響以外,下列外在因素所發揮的推波助瀾作用,亦不可輕視。例如,日前駐日公使章宗祥離東京回國,組織中國留學生羣集車站高呼「打倒賣國賊章宗祥」[25]的

25　〈章宗祥歸國情形〉,《新聞報》,1919年4月29日,5版。該報導指稱章氏

主事者，皆已返國並與北京的青年學子們取得聯繫，他們的投入是一具體事例以外，北京大學近年來亦深受全世界所盛行的激進自由派思想之影響，校園中不乏專以否定傳統，主張要勇於挑戰舊秩序的新進教授，這些新銳教授的平日論述，自然皆成為鼓舞學生們敢冒破壞社會秩序的大不韙，勇於上街頭抗議的理論基礎。

再則，此次學生們所撰寫的「北京學界全體宣言」，竟然能與國民自決會的通電以及國民外交協會的對外宣言，於5月4日同時被刊登於《晨報》、《益世報》、《京報》等各大媒體上。從種種跡象看來，在在顯示學運是有受到有力人士加持，若沒有像國民外交協會此等具官方背景的有力社團之力挺，絕無可能享有此種特別待遇。

此外，學運當天，學生們曾走訪英美法義等四國公使館，準備呈遞請願書。除美國公使館有書記出面收取外，其他三個公使館則因星期六不辦公，無人出面。但重點是此份請願書是用英文所寫，這等語文能力，應非這些學生能力所及。是故，這些英文文書應是歐美同學會代為操刀。再者，從國民外交協會成立後，就與歐美同學會有密切合作關係來看，似可斷言，此次學運是北大學生與國民外交協會以及歐美同學會三個社群組織共同籌劃下的反內閣活動。

然當此次示威活動變質，學生們開始群擁轉赴曹宅，並試圖破門而入時，現場雖有眾多警察，但並未出面阻止，一直到曹宅火起才有消防隊出動，也因火起，才見到警察總監吳炳湘匆匆趕到現場，並開始命令逮捕肇事學生，在眾多學生一哄而散的情況下，也只抓了帶頭的33人。

特意繞路經高麗返國，且有日方偵探保護，奉天都督張作霖亦派中國偵探保護。

對學生要示威一事，維持北京治安秩序的軍警高層，事先並非不知情，尤其是遊行隊伍在天安門集合還未出發之前，步兵統領李長泰就到過現場，要求學生們懸崖勒馬中止遊行。可是當學生們未聽勸阻，決定示威活動照舊舉行，治安當局下達給負責維持遊行秩序的軍警之指示，竟然是要「文明對待」。當軍警面臨遊行失序時，以維持社會秩序為首要工作的警察，卻必須執行高層「文明對待」的命令，認為其立場不便強力干預學生活動，讓人覺得有許多不盡情理之處，更顯示其中內情並不單純。

然北京學運所呈現的詭異，除了軍警的刻意呵護以外，輿論的報導也同時發聲一面倒地支持學生運動。5日及6日的北京報刊，如《晨報》、《國民公報》、《益世報》、《京報》等，對學生抗議遊行之報導，無一不是鉅細靡遺，並給予高度肯定。至於種種脫序行為，特別是對曹、章兩人所蒙的池魚之殃，反而引以為快事，毫無譴責之意。還有更荒誕者，如《時言報》者於5日，還特列一專欄，題「中國亡乎」，揭下列論述：

> 昨日北京學生三千餘人結隊遊行，彼等是文明集合，於熱誠中再再呈現無比森嚴的秩序。彼等所反映的大無畏精神，將足以逼使敵人心驚膽寒。三千餘人的精神無異就是我等四萬萬同胞的縮影。此等至大至剛百抗不屈撓的愛國熱誠，將足以救中國矣。

此種對學運所持的全面肯定態度，亦反映在北京學政兩界所發動的援救被捕學生的釋放運動。首先，在學界方面，5月5日起，北京各同盟大學群起罷課以外，各大學校長亦決議今後要一致行動以謀善後，而首要之舉就是要求釋放學生。在後者方面，5日當天，汪大燮就上書給徐世昌總統，要求釋放學生，同時他又與林長民，王寵惠兩人一起連名，向吳警察總監提出保釋申請。在這些請願行動皆未達成目的後，5月6日，熊希齡、王家襄、范源濂、張一麐、高而謙等5人，又與天津十個學校校長聯名參予連署活動。

面對這些一波又一波的連署壓力，北京政府則於7日宣布同意釋放學生，其中包括北大23名，高等工業學校8名及高等師範大學2名。在釋放學生的前一日，徐總統還特別訓令國務總理錢能訓，表達其對學運的基本態度，其要旨為：一、學生糾眾集合之初，警察未能即時制止；二、爾後的縱火傷人，應歸咎為警察人員防範無方；三、今後倘再有借名糾眾，擾亂秩序，不服彈壓者，著即依法逮捕懲辦。

此一訓令，充分展現徐總統無意深究參與運動的學生責任，反將其歸咎於警察未能及時制止與防範，換言之，徐氏並未將北京政壇所盛行的眾多反日言論，視為對他個人政治權威的挑戰。此種無意抑止反日言論的態度，自然對反日運動是一種鼓舞，讓他們更加事無忌憚。例如眾議院中，原就有謝鴻濤、沙明遠等議員認為曹、章在山東換文問題上的所作所為，應已觸犯刑法第109條，主張要按條例規定的外患罪處置他們。現則有張濂、葉雲表等議員，提出要糾彈曹、章的賣國外交以及不可再追究原被捕學生刑責等等。

是以，綜合以上陳述，小幡最後還特別指陳五四運動以後，有以下五項事例，可做為觀察北京今後發展的指標：（一）曹汝霖已提辭呈；（二）學運滋事被捕學生雖一度釋放，但即刻將被移送法庭追究刑責；（三）國民外交協會雖因中央公園被封鎖，5月7日不得順利舉行廣邀市民參與的國民大會，但仍在當日召開會員代表大會，通過：1.取消二十一條條約2.要求直接歸還青島3.取消高徐、濟順兩鐵路及山東問題換文（四）若巴黎和會上，無法爭回山東主權，則應拒絕簽署和平條約等4點決議，並將上述決議內容以通電方式分致各省商

會、省議會、各報館等。（五）近兩日來，北京的新聞媒體大量刊載
國民自治會、救國十人團等類似社群的宣言，呼籲中國民眾拒買日
貨、拒用日幣、拒與日本銀行往來、拒與日本人交友等等激烈反日言
論。

三、運動的擴大

　　5月4日的學生反日示威，不僅立即成為全國輿論的關注焦點，
更可能演變為全國各地學生相互呼應的連鎖運動。是以，如何防範反
日運動的蔓延，不僅是北洋政府高度關切的項目，亦被日本駐華各地
領事視為重要外交事務，無一不採積極干涉態度。

　　針對5月4日北京學生的訴求，第一個有積極回應者是濟南。按
濟南領事館的彙報，該地於5月7日12時所舉行國恥紀念大會，計有
5000餘名的市民參與，主要是齊魯大學的學生以及山東省議會、外
交商權會、國貨維持會等政商界的代表。

　　學生對籌備此次大會頗為積極，在開會的前一日，就挨家挨戶散
發「毋忘國恥」、「毋忘四年五月七日之事」的傳單，而當地亦有不
少居民，將這些傳單貼在自家門口。但是這些舉動，並未影響市區的
安寧，主要是因為地方當局防範得宜，除市中心的每一條幹道上，皆
佈有警察站崗以外，還加派一個步兵中隊在市區巡視。

　　大會於下午4時結束，其中有數十人登台演說，主要內容為追討
曹、章等人賣國罪刑、要求釋放北京學運被捕學生、要求直接歸還青
島主權，表揚北大學生愛國熱誠等，並依據上述內容，分別致電給徐
總統、巴黎和會中國代表團，上海的南北和會代表、北京大學等四個
單位及個人。

　　對於大會的和平結束，自然有人意猶未盡，據聞有聶姓議會議員，張姓律師公會會長，及新《齊魯公報》劉姓記者等人還計畫於10日再籌辦一公開演講會，並準備會後還要有學生示威遊行等等。不過，經張樹元督軍及沈銘昌省長於10日當天，特將本地各學校校長聚集一堂，表達當局決不再允許學生參加集會，若有違例者，該校校長一律免職處分等訓詞後，此一演講會也就未見痕影中途取消。[26]

　　蓋大規模的公開紀念5月7日國恥日的群眾運動，除濟南如期舉行以外，全國只有上海一地。但按上海有吉明的回報，當天的群眾大會主要是由國民黨的孫洪伊主導，其言辭雖然激烈，但呼應不多，尤其是學生們的反應尚屬溫和。只是國民黨中素以親日標榜的張繼、戴季陶、何天烱等3人，反而於是日在上海召開了一個只邀請日本記者出席的招待會，會中雖未要求歸還青島，卻頻頻攻擊日本霸占朝鮮及台灣的不當，直斥日本外交為侵略主義，反日意味濃厚。至於他們對日態度為何有如此巨變，箇中原因還待今後觀測。[27]

　　關於南京方面，學生原本為了表達對北京學運被逮捕學生的聲援，而擬於5月9日舉行示威遊行。為此，60餘名學生代表還特別於5月7日早上，在雞鳴寺集合，舉行籌備大會。幸得利於南京警察廳長王桂林及教育廳長符鼎升於當日一早趕抵會場，表達政府的嚴禁立場以後，順利逼使學生散會。此外，按南京警察當局提供的資訊，可知徐總統對學生示威活動是採嚴厲禁止態度，但亦強調在執行任務時，絕不允許開槍。故南京當局對學生運動的底線，是不准演講，但

26〈在濟南山田領事代理ヨリ內田外務大臣宛電報〉（政公第68号）（1919年5月11日），頁1167-1169。
27〈在上海有吉總領事ヨリ內田外務大臣宛電報〉（第221号）（1918年5月8日），頁1161-1162。

可接受請願。[28]

　　相較於內地各領事館對反日活動的高度戒備，東北傳回的報導卻是一片祥和。例如駐齊齊哈爾領事的報告，就強調該領事館特於 5 月 7 日國恥日當天，在館內舉行皇太子成年慶賀晚會，鮑貴卿督軍雖因身體抱恙無法出席，但也特別不忘派鍾代表來會致意。當日館內衣冠雲集，本地的文武官要員皆連袂出席，晚會中大家還爭相致詞，同賀中日友好，最後還與我們共呼三聲皇室萬歲。[29]

　　蓋日本駐華各領事館之所以對 5 月 7 日國恥日的高度重視，無非是認為只要熬過 5 月 7 日國恥日，中國國內的反日情勢就可趨緩。然出乎他們的預期，當每年皆行禮如儀，為應景而高掛的抗日圖騰，不僅並未因時過境遷，而使得抗日情緒似同往年可逐漸緩和以外，反而是日趨激烈。

　　首先，讓日方意料之外的是，5 月 9 日南京如期舉行的反日示威活動，當日南京練兵場集合了以金陵大學為主的 2,000 餘名學生，現場旗幟飄揚，尤以耶穌青年會、耶穌教團等宗教團體的大旗最為顯著。學生成員們在集合後，就分成數個不同的大隊，在市區遊行外，並沿途散發傳單，進行街頭演講等等。所幸遊行秩序尚佳，並未對日本商家造成任何困擾。[30]

　　繼南京的反日示威活動以後，繼之而起的是天津。5 月 12 日的天

---

28 〈在南京清野領事事務代理ヨリ內田外務大臣宛電報〉（第 58 号）（1919 年 5 月 8 日），頁 1160-1161。

29 〈在齊齊哈爾山崎領事ヨリ內田外務大臣宛電報〉（本第 124 号）（1919 年 5 月 8 日），頁 1162-1163。

30 〈中國派遣艦隊司令官ヨリ加藤海軍大臣宛電報〉（1919 年 5 月 13 日），頁 1179。

津公園，有一個由北洋大學、南開中學、師範學校、成美學校、新學書院、第一女子師範等學校學生共同主持的追悼會，名義上是追思日前死於北京學運的郭欽光同學。雖然出席的3,000多位同學，每人右臂皆綁了白紗布，略表哀悼，但從每人皆人手各持一支「殺亡國賊」、「還我青島」、「抵制日貨」等不同標語的小旗幟來看，所謂追悼會只是名義，反日示威才是主旨。特別是各校學生皆是由老師親自帶隊，在前有喇叭樂隊及學校大旗引導下進場。在在顯示，這是一場事先有完備策畫並有學校當局直接參與的反日活動。

蓋天津的教育人員敢公然參與反日示威活動，其動力來自於南開中學張伯苓校長的率先試法。他於5月7日在該校盛大舉行國恥紀念日，當日除廣邀友校同學參與以外，並親自主持，除面對學生一一細述國恥的由來外，並激勵大家勇於抗日。

在他鼓舞下，天津各校學生代表亦於同日成立學生聯合會組織。該會成立後，除即刻向北京學生聯合會要求聲援以外，並派員赴該地的省議會、商務會、教育會等各社群進行串聯，希望能在天津召開國民大會。

首先響應該聯合會訴求的是北京學生聯合會。北京方面於5月10日派了27位學生代表來天津，雙方於翌日在新學書院召開聯席會議，會議中除達成要求收回青島、抵制日貨、打倒軍閥等抗日救國的大原則以外，天津方面也同意加入北京大學蔡元培校長的挽留運動以及派學生代表赴上海，參與全國性學生聯合會的籌備工作。

復次，河北省省議會亦於5月10日決定加入學生組織所倡導的抗日救國活動。同日，該議會還決議要罷免拒絕替學生及商會傳遞他們要發給巴黎中國代表團電文的天津市電報局長、向國會提出曹汝霖彈劾案，以及向全國各省議會致電，要求共同籌組全國各省省議員聯合會。

　　5月12日，省議會邊守靖會長還特地邀集地方各界代表百餘人，共同商議籌組「直隸各界公民聯合會」，以求貫徹落實青島主權得以收回的全省省民之主張。該提議除當場獲得表決同意以外，並同時選出地方仕紳、商會、學會及學生代表各5人組成評議會，負責今後聯合會的運作。[31]

　　5月12日廣州康園廣場也有一場約2、3千人參與的反日聚會，相較於多數地區的反日活動多由學生發起，廣州的抗議活動是由廣東外交後援會宋以梅會長所主持，參加者仍多為學生。是日大會通過三項決議：第一、致電巴黎和會中國代表團，表達倘若青島主權無法收回，就應拒絕簽署和約的嚴正立場；第二、向各省代表致電，表達願與全國民眾共爭國權的基本態度；第三、絕不承認以地租為抵押品的外國貸款。

　　三項決議中，很顯然的有一項要求，與其他城市一同爭取爭青島主權的訴求不同，屬廣東地區的特殊要求，是廣東地區的地方父老藉此次群眾大會，伺機向上海正在召開南北和會的南方代表唐紹儀表達立場。而此等特殊要求，也能夠成為反日集會的主要議決項目，也反映廣東地區群眾運動的主導權自始掌握在「民黨」手中，意即是隸屬於原革命黨系統。[32]廣東的事例，彰顯出此一全國性的反日運動會因人因地的不同，而會有多重面貌的呈現，尤其是為了要鼓舞群眾，故也必須要能適時反映地方利益。

---

31 〈在天津龜井總領領事代理ヨリ內田外務大臣宛電報〉（本第124号）（1919年5月12日），頁1172-1175。

32 〈在広東太田總領領事ヨリ內田外務大臣宛電報〉（1919年5月12日），頁1170-1171。

　　5月4日北京學生的示威活動，所引爆的一連串政治連鎖反應，特別是學生為貫徹訴求，所展現出的高度動員能力，亦使得青年學子爾後得以成為近代中國社會一股新興的政治勢力。

四、失控的原由

　　然五四學運雖緣起於北京，但北京學運能夠持續發展，主要的關鍵是得到全國民眾的奧援。面對北京學生運動的向外蔓延，日本政府將其視為是反日勢力的對外擴張，因此五四運動時期日本駐華各領使館的首要工作，就是要全力圍堵反日風潮的蔓延。

　　按5月14日徐世昌所發給的內務部訓令，是嚴禁學生干預政治。訓令中，強調「自此次通令之後，京外各校學生，務各安心向學，毋得干預政治，致妨學業。在京由教育部，在外電省長督同教育廳長，隨時申明誥戒，切實約束，其有不率訓誡，糾眾滋事者，查明斥退」。[33] 故依此訓令，督促各省省長嚴厲要求學生不得任意串聯，召開群眾大會，就成為日本駐華領事的例行工作之一。

　　但此等欲藉由行政部門來管束學生行動的作法，卻成效有限。主要原因，是來自兩方面，一則是有些城市根本拒絕北洋政府的號令，二則是大部分的省市的教育廳長在接到內務部轉來的訓令後，皆有轉達給各學校，但屬於教會系統的學校或與英美領事館一向相善的學校，顯然並不在意此等訓令。

　　以前者論，上海市是最好的事例，在沒有當地政府的約束下，學

---

33 中國社會科學院近代史研究所、中國第二歷史檔案館史料編輯部編，《五四愛國運動檔案資料》（北京：中國社會科學出版社，1980），頁192-193。

生於5月26日就已全面罷課。爾後上海工商界爲抗議6月2日北洋政府的大規模逮捕學生，而於6月5日發動全面罷市，[34]日資紡織工廠的工人隨即於6月8日開始以罷工方式表達聲援，[35]翌日更多的菸草、印刷、運輸公司及鐵路員工等跟進。[36]此等罷市罷工所營造而出的統一戰線，在成功鼓動長江流域的沿岸通商埠市陸續加入罷市行列以後，也讓上海自此代替北京成爲全國抗日運動的領導中心。[37]

以後者論，從天津南開中學張伯苓校長[38]敢公然於5月7日在校內舉辦國恥紀念日，[39]南京金陵大學於5月9日率先舉辦反日示威運動，[40]這些事例雖皆發生在大總統發布訓令之前，但他們膽敢開風氣之先，無非皆是因他們屬於教會系統或與英美領事館一向相善，可享有西方勢力保護傘的呵護。

按日本領事的眼光來看，這些因平日就仗洋人之勢而得以藐視教育法規的教會學校，在此次的學運當中，不僅無視當局亟欲維繫善鄰外交的苦心，卻是一再挑撥兩國國民情感之能事。例如在濟南，5月17日張督軍與沈省長特別召集全市的學校校長，再度重申學生不可

34 〈在上海有吉總領事ヨリ內田外務大臣宛電報〉（第260号）（1919年6月6日），頁1239-1240。
35 〈在上海有吉總領事ヨリ內田外務大臣宛電報〉（第265号）（1919年6月8日），頁1246。
36 〈在上海有吉總領事ヨリ內田外務大臣宛電報〉（第266号）（1919年6月9日），頁1246-1247。
37 Chou Tse-tsung, *The May Fourth Movement: Intellectual Revolution in Modern China*（Standford CA: Standford University Press, 1967), pp. 151-152.
38 南開中學雖不屬於教會系統，但因校長張伯苓爲基督徒，並曾赴美國哥倫比亞大學留學，故創校以來就一直與英美領事館及教會皆保持密切聯繫的友好關係。
39 〈在天津龜井總領事ヨリ內田外務大臣宛電報〉（機密第18号），頁1172。
40 〈中國派遣隊司令官ヨリ加藤海軍大臣宛電報〉，頁1179。

參與排斥日貨運動，然齊魯大學不爲所動，濟南也因齊魯大學的勇於抗爭，使其5月18日起，該市的排斥日貨運動反而更趨激烈。[41]

至於5月18日，安徽蕪湖發生日本商人在市區被群眾狂毆之暴力事件。而日本駐南京總領事於事後檢討此一事件時，就事件起因歸咎爲當地兩所教會學校整日在外宣揚抗日運動所致。被其指名的學校，分別爲蕪湖神學中學及皖南中學，領事強調該兩校雖皆是中學生，然反日態度異常蠻橫。例如5月13日，兩校學生還特地在市區舉辦遊行示威，除前面有鼓樂隊引導以外，還挨家挨戶散發傳單。至5月17日時，學生們甚至開始在日本人所經營的商店門口站崗，除恐嚇來購物的客戶以外，更於當晚在每一日本商家門口張貼恐嚇狀。此外，還公然要求該市的人力車伕今後不可再載日本客人。[42]

廣州開始爆發大規模毆打日本居民的事件，始自5月30日，起因是廣州的學生團體於該日在長堤及雙門底一帶的市中心，開始進行排斥日貨的勸阻活動。雖然剛開始只是進行演講，並逐戶訪問每一商家，勸導不要販賣日本商品。然進行一段時間後，卻突然見到路人有戴日本製麥秆草帽者，就一律將其強奪，並當場撕毀。爲此，圍觀群眾越來越多，在大家起鬨下，就不問青白，只要遇到經此下班回家的台灣銀行日籍職員等就群毆，爲此並逼使不少日人爲躲避毆打，只得跳河逃生。[43]

---

41 〈在濟南山田領事代理ヨリ內田外務大臣宛電報〉（通機第28号）（1919年5月21日），頁1187-1188。

42 〈在南京清野領事館事務代理ヨリ內田外務大臣宛電報〉（南領第51号）（1919年5月29日），頁1219-1220。

43 〈在廣東太田總領事代理ヨリ內田外務大臣宛電報〉（第99号）（1919年6月2日），頁1229-1230。

　　按廣州發生如此驚人暴行，雖可說是意外，但始作俑者，尤其是
領導學運的嶺南學堂及培英學堂皆爲美國人所創辦的教會學校，雖該
地的高等師範學生亦有不少投入，然而教會的責任更大。[44]

　　除了蕪湖與廣州教會學校在各城市的學運中皆扮演樞紐角色之
外，還有長沙的湘雅醫學專門學校。該校爲美國耶魯大學捐助所設，
不僅不受中國政府管束，亦是中國軍警不可踏入的治外法權之地。是
以，該校成爲此次學運的總部，平日除了成爲聯繫各學校的平台以
外，亦是大家聚會開會之處。日前長沙觸目所及的所有反日傳單，也
皆是在該校編輯印刷。[45]

　　日本駐漢口領事報告指出，6月10日起漢口開始罷市，並於翌日
起開始影響武昌，日方認爲此乃痛中之痛，[46]原因出於漢口的反日浪
潮皆因受武漢學生聯合會的鼓舞所起，武漢市政當局雖已盡力制止學
生運動，但5月18日及20日仍爆發兩次大規模遊行，軍警強力取締
下，雙方發生多次衝突，有多人因此受傷。爾後又因聯合會開始發行
會刊，刊載反日言論，被認爲破壞兩國邦誼，當局勒令停刊以外，並
要求該會解散。在面對當局強力壓制下，學生聯合會的反日業務，由
武昌的文華大學學生協進會接手，會刊亦改由大學負責發行。但文華
大學學生之所以毫無顧忌地承接相關活動，無非是因該校隸屬於美國
聖公會，爲中國官憲鞭長莫及之處。[47]

44〈在廣東太田總領事代理ヨリ內田外務大臣宛電報〉（第97号）（1919年6
　　月2日），頁1228-1229。

45〈在長沙八木總領事代理ヨリ內田外務大臣宛電報〉（公信第89号）（1919
　　年6月9日），頁1250-1251。

46〈在漢口瀨川總領事ヨリ內田外務大臣宛電報〉（第84号）（1919年6月11
　　日），頁1264。

47〈在漢口瀨川總領事ヨリ內田外務大臣宛電報〉（第157号）（1919年10月

　　蓋各地的教會學校既然皆是當地反日活動的大本營，自然表示經營該等學校的教會對學生的活動至少是持包容及同情的態度。然這種包容的態度，對日本政府的外交人員來說，無疑就是一種挑釁，他們皆認為若沒有此等西方勢力對反日運動的公然庇護，反日的示威運動是不可能如此失控，故他們抱怨的對象，除了上述的教會以外，還包括新聞媒體以及歐美的商會及外交領事等。

　　在五四運動時期，認為公然聲援學生運動，極盡反日宣傳能事的西方在華發行報刊中，被指名者有《益世報》、《字林西報》（*The North China Daily News*）、《京津泰晤士報》（*The Peking & Tientsin Times*）等。[48]

　　日方外交人員的指控，主要集中在美國，最具體的事例莫過於在天津。天津因新警察局長楊以德繼任以後，開始嚴厲取締反日運動，並勒令天津各界聯合會及救國十人團解散時，但此兩大反日團體卻將會址移到法租界裡的衛斯理教堂（Wesley Church），繼續籌組天津的各種反日活動。

　　為求反制此等社團的反日活動，日本駐天津總領事首先向法國領事交涉，然法領事卻說此一教會為美國人的私有財產，只要不違反法租界的公共安寧秩序，法國租界當局不便出面取締。在與法國領事交涉不得要領以後，該日本領事只得轉與美國領事交涉。可是美國領事卻強辯，這兩個團體在教堂集會的目的則是為了討論宗教、教育等諸多社會改良問題，雖然他們也倡導獎勵購買國貨等有礙日本商品在中

　　24日），頁1454-1455。
48〈在天津龜井總領事代理ヨリ內田外務大臣宛電報〉（機密第18号）（1919年5月12日），頁1174。〈在上海有吉總領事ヨリ內田外務大臣宛電報〉（第284号）（1919年6月15日），頁1292。

國的銷路，可是以此爲題來阻止中國人的愛國行爲，似乎也有違文明
國家規範。

　　在與美國領事交涉兩次皆得不到首肯情況之下，日本領事只得到
處蒐集他們的活動紀錄，當透過多重管道找到他們的會議紀錄，詳細
記載他們目前活動的目標爲排斥日貨，打倒安福俱樂部，懲罰馬良[49]
等，在在證實他們的行爲不僅是反日，也反政府之後，美國領事總算
願出面，開始保證教會今後再不會爲該等社團所用。[50]

　　前文所舉之事例，是有文書紀錄者，但也有事例雖無法驗證，可
是日本的外交人員卻深信不疑的，並特地回報給東京外務省。例如，
他們指稱 5 月 4 日學生去搗毀曹家住宅，曹家家人擬開車逃離現場
時，卻有一部私家車故意擋路，而這部車經查證，卻是美國公使館所
有。[51]此外，在《華北明星報》（*The North China Star*）以 C.M 署
名，[52]專報導各地排日新聞者，卻是出自於美國公使館使館人員的手
筆。[53]

　　關於歐美企業亦熱衷支援抗日學運，對排斥日貨更是幸災樂禍的
指責，也是散見於各地領事的觀測報告中。例如認爲上海商人中，熱
心推動排斥日貨運動者以棉布業居多，這是因此一行業原本是歐美企

49　馬良時任濟南鎭守使兼戒嚴司令。
50　〈在天津船津總領事ヨリ内田外務大臣宛電報〉（機密第 71 号）（1919 年
　　10 月 1 日），頁 1443-1444。
51　〈東在中國日本公使館附武官ヨリ上原參謀總長宛電報〉（支極密第 183
　　号）（1919 年 5 月 12 日），頁 1171-1172。
52　C.M 本名爲伯爾（Roger A. Burr），曾任美國駐華公使副領事，但在五四
　　運動爆發的前三天，於 5 月 1 日離職。高瑩瑩，《第一次世界大戰與中國的
　　反日運動》，頁 126-127。
53　〈東在中國日本公使館附武官ヨリ上原參謀總長宛電報〉（支極密第 183
　　号），頁 1171-1172。

業的獨占的市場，然因第一次世界大戰的爆發，交通中斷，使得日本商品得以趁隙而入，如今若能藉支援上海的排日熱潮之便，讓歐美商品重新回到中國，將可得一石二鳥之利，不僅能順利奪回原有的市場，亦可深化與中國商人的合作關係。[54]

此種從企業競爭的角度，來解析歐美商人為何熱衷支持排日運動的事例，亦可在其他城市出現，例如5月30日在廣州市區所發生的群毆日本居民事件，表面上是因學生在市區遊行演講，鼓動群眾不要購買日貨，爾後因現場反日情緒高漲進而導致暴行出現。但日本領事卻指稱，所謂群眾皆是當地歐美留學生聯合會出資所僱的苦力，其中背後的關鍵，還是當地與留學生聯合會有密切關係的英美菸草公司欲藉機鬥垮日本人經營的南洋兄弟煙草公司。[55]

蓋北京的英美協會成立於1918年5月，按其對外的說明，成立目的是加強英美兩國旅華人士的聯誼，以及提供會員與中國各界聯繫的溝通平台。此等增進聯誼性質協會的成立，本無可厚非，然該會卻於6月15日，在天津進入罷市最緊張時期，各向英美兩國政府致電，要求兩國政府為維繫東亞地區今後的安全以及門戶開放政策，務必要幫助中國直接收回青島主權等等。此等表態雖無助於改變英美在青島問題上的既定政策，但對鼓舞中國商人的抗日熱誠，卻有巨大影響力。然究其實質，這些英美在華僑民心中所圖，無非還是希望要恢復往日在中國的地位，想爭回往年的市場占有率。

這是天津日本人商業會議向日本外務大臣呈遞的陳情書，對於他

---

54 〈在上海有吉總領事ヨリ內田外務大臣宛電報〉（機密第52号）（1919年5月16日），頁1181-1183。

55 〈在廣東太田總領事ヨリ內田外務大臣宛電報〉（機密第97号）（1919年6月2日），頁1228-1229。

們的所見所思，日本駐天津總領事也表示深具同感，並在替他們轉呈
的電文中特別加注簽呈。[56]

　　對日本而言，五四學運所掀起的反日浪潮，要到12月中旬以後
才逐漸緩和。主要的原因是中國商人不再願意配合學人的要求，雙方
的矛盾逐漸浮出檯面。例如在上海，就有商家公然抵抗學生不准販賣
日貨的要求，這也是上海學生會於12月8日特發表今後冀望能以和平
手段繼續推動杯葛日本商品聲明的由來。[57]

　　此等類似的情況也逐漸在其他城市出現，例如在南京，商務總會
長就於12月8日，親赴警察廳要求警察今後要加強維繫商家安全，不
可再讓學生搗毀日本商家以及任意搶擄日本商品出外燒毀示眾等等。
然若憶起5、6月間該商務會長卻是一位極端替學生辯護，並曾時常
主動干涉警察執行公務的當時面貌，會有恍如隔世之感。[58]

　　上海、南京的事例，適足以證明中日兩國的經貿關係，已有一定
程度的相互依存性。無限期的排斥日貨，除了造成日本在華商人的巨
大損失以外，亦會影響眾多仰仗銷售日本商品的中國零售商之生計。
故認定此次學運所掀起的排貨運動，已走到極限，今後此類大規模的
杯葛運動不易再起，是這批駐華領事館官員的共同結論。

　　回顧這次反日風潮，各地日本僑民飽受居家生命危脅之苦不在話
下以外，經濟上損失之大，則可從下面所列的兩個航運數字圖片一窺

[56] 〈在天津船津總領事ヨリ內田外務大臣宛電報〉（機密第31号）（1919年8
　　月5日），頁1389-1393。
[57] 〈在上海山崎總領事ヨリ內田外務大臣宛電報〉（第447号）（1919年12月
　　9日），頁1480。
[58] 〈在南京岩村領事ヨリ內田外務大臣宛電報〉（南領第139号）（1919年12
　　月11日），頁1484-1486。

其究。長江的內河航運是以漢口作爲中繼站，上接宜昌，下往上海，圖表上所列的日本輪船於1919年1月至10月間的運載貨物噸數，沒有國別，故其中有可能是日本商品、國貨或其他第三國商品。但因長江航運，英、美、法等國皆有自己國籍之輪船，按各國商人既皆有自己慣性的商業行爲，這些數字應可單純的歸類爲日貨及國產品。

　　是以，此等總體數字的大規模減少，不僅表示日貨需求減少，也是表示國人響應號召，不願使用日本輪船運載自家商品所致。

圖表1. 日清汽船公司的載貨統計[59]

一、上海漢口線

1919年 （大正八年）	航數	上海	漢口	鎮江	南京	蕪湖	九江
3月	24	9,504	6,166	1,233	44	1,905	3,710
4月	24	8,166	6,022	818	15	1,182	5,932
5月	24	3,376	2,721	689	0	1,304	2,287
6月	22	39	19	0	0	0	0
7月	24	0	32	0	0	0	41
8月	24	53	99	△	△	△	△
9月	23	10	121	△	△	△	△
10月	23	△	177	△	△	△	△

（註1：計算單位爲「噸」）

（註2：「△」標記者，表示幾乎沒有資料，或數字極少）

59〈若宮遞信省管船局長ヨリ田中通商局長宛電報〉（1919年12月22日），頁1491-1492。

二、漢口宜昌線及漢口湘潭線

1919年（大正八年）	航數	漢口宜昌線		航數	漢口湘潭線	
		漢口	宜昌		漢口	長沙湘潭
3月	7	2,261	1,038	9	1,378	388
4月	9	3,304	703	9	1,400	429
5月	9	1,832	548	8	930	267
6月	10	148	55	9	276	34
7月	10	77	41	9	54	6
8月	9	極少	極少	9	極少	極少
9月	9	極少	極少	8	極少	極少
10月	8	極少	極少	9	極少	極少

（註：計算單位為「噸」）

　　除了從上述航運貨物的驟減，瞭解排貨對日商打擊之重以外，天津的日商遭遇，也可提供另一參考事例。7月22日，日本領事召集天津僑民代表舉辦籌組天津日本商務維持會。原因是眾多在天津經營零售商品的日本店家，因無商機，生活困頓，需要救濟，他們希望政府出面擔保，讓他們能向當地的日本銀行貸款成立一基金會，幫助他們能捱過這段毫無收入的困難時期。[60]

　　然從天津的事例，就可看出日本政府以及日本商人，並不會因中國社會的反日浪潮，而想到從中國社會撤退。渠等一直深信，反日浪潮只是短暫的現象，他們深信局勢在短期之內一定可以改善。

　　至於讓他們對中國市場保持一定樂觀的原因，可歸諸兩點：一是

---

60 〈在天津船津總領事ヨリ內田外務大臣宛電報〉（第124号）（1919年7月23日），頁1359-1360。

中日兩國經貿的依存關係，使他們深信過度的排斥日貨，並不符合中國的經濟利益，杯葛運動不會持續太久。此外，他們對中國政府有信心，這也是主因之一。認爲徐世昌總統領導的北洋政府，是一個重視中日友好的政府，北京學運之所以失控，實與徐總統無力掌控中國全局有關。認爲分析此次反日風暴，應須分前後兩個不同時期解讀。以前者論，學運初期的舞台是在北京，學生於5月4日之所以膽敢挑戰政府當局，實因受到研究系林長民等政客的挑撥，而後學生運動能持續抵抗取締，並發揮高度動員力，除了因學運訴求得到在華發行西方媒體之高度肯定，爲學生爭取到抗爭的合法性以外，馮國璋透過熊希齡，適時提供的40萬經費，更是學運能持續保持動能的主要原因。[61]

　　然當商人罷市、工人罷工成爲反日運動的主軸時，學運的重心已移至上海，而此一轉到上海後的反日運動，尤其是策動罷市及罷工的幕後，顯然就有國民黨活動的身影，孫文、孫洪伊、戴季陶等人皆是主要的幕後操縱者。[62]故在上海總領事眼中，上海的反日運動，國民黨與學生並列，已是主導的兩大力量之一。[63]也因此等政治力量的介入，學運才能持久，才能得到眾多奧援的原因。

　　但上海的事例，並不是特例，凡是有激烈的反日運動之處，皆可看到政治力量的介入。例如濟南，日本領事就將眾議員王納及省議會副議長張介禮視爲該地反日運動的幕後領導人。[64]而漢口的領事亦指

---

61 〈在上海山崎總領事ヨリ內田外務大臣宛電報〉（第436号）（1919年11月26日），頁1467。

62 〈在上海山崎總領事ヨリ內田外務大臣宛電報〉（第258号）（1919年6月5日），頁12380。

63 〈在上海山崎總領事ヨリ內田外務大臣宛電報〉（第261号）（1919年6月7日），頁12420。

64 〈在濟南山岡總領事ヨリ內田外務大臣宛電報〉（通機密第29号）（1919年

稱武漢學生聯合會是該省省議會譚壽堃議長一手籌組而成，譚議長爲舊進步黨黨員，素與林長民相善。[65] 天津的總領事則認爲天津排日運動的罪魁禍首爲商務總會長卜蔭昌，爲此他特地寫信給農商部江天鐸次長，要求農商部應設法讓卜會長自動辭職。[66]

　　易言之，五四運動所呈現的反日現象，是因地而異，其不僅與當地民眾的對日觀感有關，也與日本在當地的政治勢力以及北洋政府對當地政治的控制力度有密切的因果關係。

五、因地而異的反日現象

　　在檢驗日本使館在五四運動時期，對中國 21 個城市所作的觀察報告，可依各地的反日激烈程度，由高至低，分成以下五個不同層級：

　　第一級：北京、上海、天津、濟南

　　第二級：南京、漢口、長沙、蕪湖、廣州、廈門、九江、蘇州、杭州

　　第三級：青島、福州

　　第四級：重慶

　　第五級：瀋陽、吉林、鐵嶺、齊齊哈爾、哈爾濱

　　相較於關內普遍所呈現的反日浪潮，東北的各大城市顯然是比較平靜，主要的原因，不是在於學生或民眾不願與關內同胞同表敵愾，

---

6 月 7 日），頁 11950。

65 〈在漢口瀨川總領事ヨリ內田外務大臣宛電報〉（第 157 号），頁 14550。

66 此一信函，爾後被《華北明星報》全文刊載，還引起美國在華商業會議抗議。〈在天津船津總領事ヨリ內田外務大臣宛電報〉（第 221 号）（1919 年11 月 22 日），頁 1462-1464。

而是在於東北當局的大力取締以及東北對日本經濟的高度依存性，讓商人不願輕易發動排外貨運動。例如5月12日，瀋陽領事在向東京彙報當地情勢時，就提及得利於東三省巡閱使張作霖曾於5月7日國恥日當日嚴禁學生集會以外，並發出對學生的任何群眾運動採殺無赦的命令，使得市面迄今一切如常，沒有任何不尋常的異況出現。[67]

　　而在同一天，吉林市也曾有500名學生於省議會集會，並於當日遊行至督軍署，要求負責省政的孟思遠督軍不得阻礙省民大會，以便讓省內民眾能即時聲援關內的排日運動。爲此，孟督軍除極力安撫學生情緒以外，也適度提醒學生絕不可在吉林市有任何輕舉妄動之舉。並自當日起，在該市的所有日僑經營商店附近，配署士兵守衛，確保日僑安全以及市面平靜。[68]

　　至於東北的其他地方，鐵嶺的領事於6月1日在答覆東京的詢問彙報上，是強調該地平靜如常，市面沒有任何杯葛日貨的現象。[69]而6月12日，從哈爾濱所發回的電報中，雖指稱該地的商務總會曾一度決議，要求會員們不得使用日本銀行本票以及販售日本商品，但由於沒有任何商家積極回應，也使得此一決議，形同具文沒有任何效果。[70]

---

67 〈在奉天赤塚総領事ヨリ内田外務大臣宛電報〉（第128號）（1919年5月12日），頁1169-1170。據《大公報》紀載張作霖在5月7日，下令嚴重取締學生運動。見〈張作霖之諭誡學生〉，《大公報》，1919年5月9日，2版。

68 〈在吉林森田領事ヨリ内田外務大臣宛電報〉（第38號）（1919年5月13日），頁1178。

69 〈在鐵嶺小倉領事ヨリ内田外務大臣宛電報〉（機密第15號）（1919年6月1日），頁1224。

70 〈在ハルビン佐藤総領事ヨリ内田外務大臣宛電報〉（公第143號）（1919年6月12日），頁1274-1275。

　　此等因顧及商業成本，而拒絕投入杯葛日貨運動的現象，也在重慶出現。根據日本駐重慶領事報告，該市於5月29日，開始有自稱學生救國團的組織成立，並於當日發表排日宣言。6月3日，該學生團體並在市區舉行示威活動，召集了百名左右年齡13歲至17歲的中學生。由參與者皆是中學生一事，就可看出，此等反日運動，皆非學生自動自發而起，幕後應另有高人指點。尤其是這些學生皆來自教會學校，他們的反日言論可能皆是他們的外籍老師所授意。在這些教會學校所撰寫的反日傳單的熱烈鼓舞下，以新聞記者為主體的民國後援會於6月9日在該市成立，並於12日在該市的商務總會舉行大型演講會，號召全市市民奮起抗日。

　　在他們的極力煽動之下，現重慶市區不僅看不到任何敢戴日本製麥稈草帽的重慶市民，而一般日本僑民所經營的百貨商店也已呈現無中國顧客敢光臨的蕭條慘狀。但即使如此，這些反日團體還不滿足，他們進而希望能組織一個能結合學界、政界、商界的聯合反日總會。

　　但此一嘗試，卻因商業總會會長拒絕參加，而不得成形。該會長強調，任何影響商家權益之事，旁人皆無資格妄言。再則，以強制方式，阻礙民間商業往來，更有礙國人的文明形象。此外，對中日合資的企業，更不應隨便作賤傷害。然也因該會長的明言拒絕，使得該市沒有商人罷市，以及杯葛日貨的反日行動出現。[71]

　　這種因地而異的現象，也在其他內地的城市出現，只是呈現的面貌更多元。例如青島，相較於同屬山東省境內的濟南市已成為全國反日急先鋒標竿的同時，青島就相對顯得平靜。主要原因在於當時的青

---

71 〈在重慶松岡領事館事務代理ヨリ內田外務大臣宛電報〉（機密第24號）（1919年6月26日），頁1320-1321。

島，還是處於日本的軍事管轄，日本的占領當局一旦發現青島已有學運正醞釀成形時，就即刻命令學校停課以外，並將校長驅逐出境。[72]

　　因日本勢力的直接介入，而使得反日運動不得順利開展的現象，亦同樣出現在福州。五四運動初期，福建反日浪潮的熱度，不遜於長江流域的各開埠城市。例如廈門，學生為聲援北京學運，於6月6日起在全市舉旗遊街，要求商家加入罷市活動。為此，市中心有一半商家被逼響應。[73]此後，學生們更是變本加厲，每日皆到台灣銀行門前示威，逼迫銀行不得營業。而販售日本商品的店家，卻因怕激怒學生，而不敢到碼頭提貨。[74]至7月24日時，當地的國民大會更決議，要對近日查獲私自販賣日本商品的商家，依商品價格要另徵兩成的罰金。[75]影響所及，由日本輸出廈門的日本商品已較往年減少七成，[76]可見該市杯葛日貨運動之激烈。

　　至於福州，在6月中旬時，其激烈程度並不遜於廈門，學生們自組糾察隊，除禁止日貨在市面流通外，並擅自將眾多中國商人經營的

---

72 按青島占領軍的報告，主事者為明德中學校長王守清。王欲利用該校為美國耶穌長老會所設，享有治外法權之便，擬鼓動學生發動學運，投入反日運動。在掌握確鑿證據後，已於5月26日強制王校長離開青島。〈秋山青島守備軍民政長官ヨリ幣原外務次官宛電報〉（高秘第50號）（1919年5月26日），頁1205-1206。

73 〈在廈門市川領事館事務代理ヨリ內田外務大臣宛電報〉（第34號）（1919年6月6日），頁1241。

74 〈在廈門市川領事館事務代理ヨリ內田外務大臣宛電報〉（第40號）（1919年6月21日），頁1310。

75 〈在廈門藤田領事ヨリ內田外務大臣宛電報〉（第45號）（1919年7月24日），頁1360。

76 〈在廈門藤田領事ヨリ內田外務大臣宛電報〉（第49號）（1919年8月13日），頁1404。

日本商品強制沒收，並予以公開損毀。[77]而日本駐福州領事，認爲學生的無法無天是因警察無意管束。爲求反制，他於6月16日特要求停泊在馬尾的日本艦隊派遣30名海軍上岸，聽其差遣以備不時之需。[78]

但福州的反日情勢，並未因海軍士兵的進駐而獲得改善。尤其是學生自組糾察隊，不僅不准市面販賣日本商品，並在路上隨意攔截商品，只要發現是日本商品，就當場搗毀。當地的日本商人爲了反制，在商得領事館相關人員的默許之下，開始僱用台籍員工組織日貨保護隊，除要求他們負責運送商品之外，並允許他們可對意圖攔截的學生施以暴力制裁，以求自力救濟。[79]11月16日的所謂「福州事件」，就是緣起此一計畫，結果導致有中國學生市民十餘人受傷。[80]此一事件，雖然引起全國國民公憤，11月20日外交部還特爲此事，向日本小幡酉吉公使抗議，並要求中止派艦赴閩。[81]但「福州事件」後，日本外交文書中再無當地領事館向東京彙報情勢緊急的相關電文之紀錄，反映該地的反日情勢已緩和到無需特別報導之地步。

像學生自組糾察隊，可在市區隨意攔截商品抽查，對所發現的日本商品亦可隨即搗毀等情況，不是福州的特例，而是在南京、漢口、

---

77 〈在福州森領事代理ヨリ內田外務大臣宛電報〉（第45号）（1919年6月15日），頁1293-1294。

78 〈在福州森領事代理ヨリ內田外務大臣宛電報〉（第47号）（1919年6月16日），頁1295-1296。

79 〈內田外務大臣ヨリ在福州森領事代理宛電報〉（第50号）（1919年12月18日），頁1118。此一電報是東京總部根據其自己的管道得到的資訊，特指出福州領事館內部有領事人員涉及此一暴力事件，提醒該館要留意事件的後續發展。

80 郭廷以，《中華民國史事日誌》第一冊（台北：中央研究院近代史研究所，1979），頁470。

81 郭廷以，《中華民國史事日誌》第一冊，頁471。

長沙、蕪湖、廣州、九江、蘇州、杭州等城市日日皆可見到的街景。
而這些城市也皆在6月上旬，全面發動罷市，學生抗日情緒亦是歷久
不衰，一直持續到年底，故可歸類爲反日激烈的第二級戰區。

　　至於濟南、天津之所以與北京、上海並列爲反日的第一級激烈戰
區，前者的理由在於該市不僅是華北地區最早響應罷市運動，亦是延
續時間最長的城市。該市所成立的商學各界聯合會更於7月20日召集
數千群眾攻占省議會，假藉議會會堂通過問責《昌言報》親日言論之
決議。爾後又率眾搗毀該報，並將該報編輯及記者7名綑綁遊街，最
後還將此等7人送到省長公署，要求繩之以法。[82]

　　《昌言報》是安福俱樂部的機關報，該報館之所以被公然搗毀，
無非是表示該市已完全失控。爲穩定局面，北洋政府即刻於當日宣布
山東全省戒嚴。該市的抗日之烈，由此可見一斑。[83]

　　至於天津市的抗日激烈，除了論文中已提及全市的日本僑民因沒
有收入而落得生活無以爲繼的窘狀之外，還有另外兩件資訊，可爲理
解該市的排貨之積極，提供見證。首先，該市的學生組織爲徹底掌握
日貨的流通情況，竟然闖入北京京漢鐵路辦公室，強行調閱日貨運進
天津的相關資料。[84]復次，還多次擅自闖入經營日本商品的店家，隨
意封存他們的商品，對任何沒有學生組織加蓋認可章的商品不僅不可
以販賣，也不可以搬運。[85]

---

82 〈在濟南山田總領事代理ヨリ内田外務大臣宛電報〉（政機密第36号）
　　（1919年7月25日），頁1361-1364。
83 郭廷以，《中華民國史事日誌》，第一冊，頁456。
84 〈在中國小幡公使ヨリ内田外務大臣宛電報〉（第1038号）（1919年7月23
　　日），頁1358。
85 〈在中國小幡公使ヨリ内田外務大臣宛電報〉（機密第351号）（1919年8
　　月8日），頁1394-1397。

　　綜合而論，五四運動的反日情況，雖因地而異，然按日本駐華外務系統的認知，卻認定 5 月 4 日的學運，之所以能迅速擴大，並能動員眾多社會力量，成為一個全國性的反日政治活動，主要是能得到不同政治勢力的奧援。因此，他們認為當務之急，莫過於要緩和中國民眾的反日情緒，不能再讓此一反日統一陣線繼續滋長壯大。

　　6 月 20 日，在中國總統府擔任軍事顧問的青木宣純中將亦特別為此，向上原總參謀長提出以下建言：首先，他認為要檢討目前對華政策，中國之所以會掀起全國性的反日風潮，主因是近年來的日本外交，專注於協助皖系軍閥奪權，並藉此攫取利權。這等不計公義只顧權益的擴張政策，被中國民眾不齒以外，而這些樂於被日本政府所用的政客，像曹汝霖、陸宗輿、章宗祥、段祺瑞與徐樹錚等人亦因而被視為賣國賊。

　　是以，如今為求改善日中關係，惟有棄皖系，全力支持徐總統一途。依人格特質來看，徐總統有不少缺陷，例如為人溫厚，且無要領，並欠果斷力。但此人一向與日本親善，又是中國目前唯一能夠得到國際承認的大總統，支持他反而是最安穩之路。

　　復次，有鑑於皖系軍閥反對南北和談，一心欲假助日本之力一舉武力統一中國，對此日本政府不僅要明言反對以外，今後反而要善用日本的影響力，要求該等軍閥以及隸屬於該派系的安福俱樂部等國會議員組織，要全力支持徐總統，勵行和平統一中國政策為要。[86]

---

86 〈在北京坂西陸軍少將ヨリ上原參謀總長宛電報〉（坂極機密第 62 号）（1919 年 6 月 20 日），頁 1307-1308。

六、日本政府的回應

　　面對青木中將及駐華外務系統的各項報告及建言，日本政府針對五四學運以後的中國新變局，有兩項重大決議。第一項是山東問題，首先於5月17日，日本內田外務大臣正式宣布，「將山東半島及完全主權還附中國」。[87]復次，又於8月2日，再度宣布將放棄在青島設置租界。[88]

　　1919年9月9日，日本政府為因應北洋政府的緊急經濟求援而召開閣僚會議，並對中國情勢做了以下的綜合性評估。[89]基本上，日本政府並不否定五四運動是由學生主導，但強調林長民、熊希齡、汪大燮等政客的唆使，以及英美在華人士的煽動，都是促使運動爆發的主因。同時，日本政府也承認中國的學運團體在五四運動爆發後，已成為中國政壇上最具聲勢的壓力團體。而這批學生立志純潔，有新的智識，是不可忽視的政治力量。但是，鑑於五四運動以排日為傾向，只能提出消極性的抗日口號，卻無法對國家建設提供積極性的建議，日本政府遂認定五四的學運，並沒有救國救民的抱負，不值得日本政府同情。在學運不值得支持的決策下，相對的，北洋政府再度成為日本政府如何與中國官方勢力繼續維持關係的考慮重點。

　　依日本政府的分析，徐世昌總統並非反日政客，他所以容忍五四運動的爆發及擴大，只因中國的中央政府並無實質權力之故。因此，當務之急莫過於對勢單力薄徐世昌伸予援手，以日本政、經支援與聲

---

87 外務省編，《日本外交文書：大正八年》第3冊（東京：外務省，1970），上卷，頁283。

88 外務省編，《日本外交文書：大正八年》，第3冊，上卷，頁894-897。

89 外務省，《日本外交年表並主要文書》（東京：原書房，1965），上卷，頁503-505。

固徐氏政權，提高徐氏的威望與實力。尤其是今後經援的對象，除了
徐總統以外，也擬撥一部分給唐紹儀所代表的南方勢力，以及北洋體
系中非皖系的政治派系等。[90]如此，不僅能鞏固徐氏政權，日本更可
在中國圖謀更進一步的擴展。於是日本內閣根據以上的考量，在9月
9日的閣僚會議中做出經濟援助徐世昌的決策，並表達不支持五四運
動的立場。

　　從這次內閣會議的決策過程中，可以理解日本政府觀察五四運動
的基本角度。日本政府充分理解五四運動是由學生主導，因此對發起
學生運動的政治實力，給予「不可忽視」的評價，對五四運動在輿論
界所掀起的反日浪潮，也有正確的掌握。但在考慮對策時，很顯然是
以自身國家利益為主導，從而認為林長民等政壇人士主張在巴黎和會
對日採取強硬態度，是對北洋政府親日政策的一大挑戰。同時，英美
在華人士支持學生運動，也被認為是英美兩國欲重振在華勢力之舉，
因而支持中國的學生運動。這些利益上的衝突，導致日本政府自始就
排斥五四運動，並堅決主張繼續援助徐世昌，以遏阻類似的反日運動
再現。因此對五四運動的起因，日本政府基本上是抱持「煽動說」。[91]

　　綜合以上所述，可知日本政府全面忽視，中國在一次世界大戰期
間的政治思潮演變。自1918年1月8日美國總統威爾遜（Thomas
Woodrow Wilson），宣布「十四點和平原則」以來，鼓動了中國知識
分子對國際民主時代的殷切期待。以五四時期領政論雜誌風騷地位的
《每週評論》的創刊辭為例，北京大學教授陳獨秀就是基於上述的期
待，認為威爾遜主義（Wilsonianism）的宗旨，是在「主張公理，反對

90　外務省，《日本外交年表並主要文書》，上卷，頁502。
91　外務省，《日本外交年表並主要文書》，上卷，頁505。

強權」，換言之，不許各國政府以強權侵害百姓的平等自由。以陳獨秀的說法印證於中國當時情勢，無疑地，其一是反對侵略，其二就是抨擊段祺瑞政權的專制。[92]

此外，開全國學術界風氣之先的北京大學校長蔡元培，曾在當時提出「戰後國際新秩序觀」，更是另一個明顯的例證。蔡氏認為以威爾遜主義為戰爭目標的協約國勝利，意味著國際間一切不平等黑暗主義都將消滅，今後將是黑暗強權論的消滅，光明的互助論發展；武斷主義消滅，平民主義發展的時代即將來臨。蔡元培以上的立論，可知他對威爾遜主義充滿期待，不侷限於中國在威爾遜所倡導的民族自決、主權國家平等論中，爭取平等的國際地位，更著眼於中國要跟上威爾遜所帶動的民主大潮流，能一躍成為民主國家。[93]另外，北京大學教授李大釗認為一次世界大戰的結果，就是宣告民主主義的戰勝，以及象徵著庶民的勝利。[94]這些論調，無疑是當時中國知識分子在威爾遜主義的鼓舞下，對戰後國際民主時代所持樂觀態度的真實反映。是以，五四運動雖因巴黎和會交涉失敗而起，但五四運動所呈現出「強權絕對不是公理」的運動理念，可謂是來自於中國知識分子在一次世界大戰期間，藉由新文化運動，長期推廣民主觀念所得。

易言之，新文化運動之所以能從一個以反孔孟、反禮教、提倡白話文為起點的學術思想爭辯活動，進而成為中國改革的先鋒，在中國知識界掀起一股勇於挑戰傳統，全面求新求變的熱潮，無疑是受到威

---

92 陳獨秀，〈發刊辭〉，《每週評論》，第1號（1918年12月22日），1版。
93 蔡元培，〈黑暗與光明的消長〉，收入蔡元培，《蔡元培選集‧演說》（台北：文星書店，1967），頁70-74。
94 李大釗，〈庶民的勝利〉，收入袁謙等編，《李大釗文集》（北京：人民出版社，1984），上卷，頁594。

爾遜主義的鼓舞。在中國知識分子看來，威爾遜主義的出現，象徵著
國際民主主義時代的來臨。[95]既然民主主義已成為國際新理念，對反
傳統、反舊政治的中國新文化運動推動者而言，其推廣民主概念不只
是中國國內政治改革的需要，也是順應世界潮流的必然之舉。[96]至
於，五四運動時期中國青年知識分子願意挺身而出，用血肉與專制政
府對抗，這份勇氣當然也和他們深信民主觀念已成時代思潮有關。

　　是以，新文化運動建構了五四運動發展的理論基礎，而五四運動
則加速了新文化運動的成長。[97]尤其五四運動是以群眾運動的方式開
展，是代表：（一）學生自覺、（二）民眾運動、（三）社會制裁的三
股力量整合，使得中國社會經歷五四運動的洗禮後，有一連串嶄新的
變化。[98]它促使學生運動和勞工運動抬頭，國民黨改組，中國共產黨
誕生，反軍閥主義和反帝國主義得到發展。新白話文學從此建立，而
群眾的普及教育也因此大為推廣。中國的出版業，和民眾輿論的力量
都大有進展。[99]在這些眾多的改變過程中，尤以國民黨的改組最為突
出，也最有成效。[100]

　　蓋五四運動在思想層面上對中國社會的最大衝擊，莫過於儒教權

---

95 黃自進，《吉野作造對近代中國的認識與評價：1906-1932》（台北：中央
　研究院近代史研究所，1995），頁172-173。

96 黃自進，《吉野作造對近代中國的認識與評價：1906-1932》，頁173。

97 Chou Tse-tsung, *The May Fourth Movement: Intellectual Revolution in Modern
　China*, pp. 2-3。

98 吳相湘，《孫逸仙先生傳》（台北：遠東圖書公司，1982），下冊，頁1381。

99 Chou Tse-tsung, *The May Fourth Movement: Intellectual Revolution in
　Modern China*, p. 2。

100 呂芳上，《革命之再起：中國國民黨改組前對新思潮的回應：1914-1924》
　　（台北：中央研究院近代史研究所，1989），頁553。

威和傳統的倫理觀念受到致命打擊，轉而大力推崇西方思想。[101] 在舊
有的傳統價值觀念被唾棄，新的價值觀念卻期待由西方引進之際，革
命黨人的適時呼應，並給予適時的評介、討論和指導，是革命黨人爾
後又能主宰時代思潮的關鍵所在。[102]

　　尤其是五四運動的重心南移到上海，擺脫北洋政府的直接監控以
後，使革命黨人無論在「時間與空間」上，比往常有更多機會去觀
測、去參與此一蘊含深層思想改造意義的群眾運動。尤其是此一運動
充分表現了「公同意志於公同行動」，顯示出群眾力量之偉大。此
外，白話文的流行，有助於新學理的傳播及擴大革命宣傳影響等，皆
反映了中國社會的新動向，替革命黨人提供許多新的啓示與新的思索
方向。五四運動爆發後一個月零四天，繼《每週評論》之後，廣爲知
識分子歡迎的《星期評論》，是由革命黨人所創辦，再兩個月，代表
革命黨建設理論的《建設》雜誌也在上海問世。上海革命黨的機關報
《民國日報》和及其副刊「覺悟」，則更早迎合時代需要，以白話體
刊行。革命黨的這三份刊物，代表了五四新文化運動在南方的發展，
也代表革命黨迎接五四運動的具體措施。[103] 鑑於革命黨人能立即掌握
時代脈動，又能吸收革新力量，立即出版改造中國政治與社會的報
刊，與時代需要相呼應。是以，革命黨的轉型，也成功獲得五四新文
化運動這股革新力量的尊重和贊助。在新興的知識分子願與革命運動

101　Chou Tse-tsung, *The May Fourth Movement: Intellectual Revolution in Modern China*, p. 2。

102　呂芳上，《革命之再起：中國國民黨改組前對新思潮的回應：1914-1924》，頁39。

103　呂芳上，《革命之再起：中國國民黨改組前對新思潮的回應：1914-1924》，頁552-553。

逐步合流之際，革命黨自然而然地再度確立了改造中國勢力領導者的地位。[104]

　　革命黨人在五四時期吸取五四新思潮，既然是革命黨能再度成為中國改造運動中心的關鍵所在，而 1924 年國民黨的改組，自然也可視為革命黨人在面對五四新思潮所作的一連串回應後，累積而成的具體成果。尤其是同年第一次全國代表大會的召開，解釋三民主義、建立軍校、宣佈政綱、改造黨的組織、樹立黨的紀律、與民眾結合，為國民革命軍的北伐和統一中國的大業，奠下基礎。從史實的演變來看，革命黨人在五四時期對新思潮的回應，可謂替中國政局打開一個嶄新的局面。[105]

　　雖然革命黨人在五四時期對新思潮的回應，有其歷史上的意義，尤其是其中包括與日本有深厚淵源的孫中山、張繼、胡漢民、戴季陶、何天炯等人。[106]但很顯然的日本政府並沒有察覺，此一階段革命黨人在思想層面上的新調適，對往後中國革命大業蘊含著重大意義。日本政府所認知的五四運動，仍是停留在運動本身所浮現出反日現

104　呂芳上，《革命之再起：中國國民黨改組前對新思潮的回應：1914-1924》，頁 39。

105　呂芳上，《革命之再起：中國國民黨改組前對新思潮的回應：1914-1924》，頁 557-558。

106　孫中山自 1895 年 11 月 2 日第一次訪問日本，到 1924 年 11 月 23 日最後一次訪日時止，生平訪日總計有 17 次之多，而在日本滯留時數，累計起來，亦有 9 年之久。孫中山與日本關係之深切已是不言而喻。此外，在他從事反清的革命運動中，日本為提供革命基地以及培養革命人才，有最直接與最具體的貢獻。這亦是國民黨在五四運動以後，力圖改組重整革命方向時，孫中山周邊的得力幹部，諸如張繼、胡漢民、戴季陶、何天炯等人，無一不是留日學生，無一不是當年在日本與孫中山共同從事反清革命運動老同志的緣由所在。

象，日本政府拒絕正視國際民主政治思潮在東亞地區的影響，以及拒絕接受中國政治在此等民主政治思潮的衝擊下，已邁入另外一個改革時代的發展事實，充分反映出當時日本政府與中國的隔閡。

七、結論

　　日本的駐華外務系統自始就將五四學運中的學生角色定位為被動的主體，將學運的爆發，以及相繼衍生而出的商人罷市及工人罷工運動，起因歸咎為其他的相關政治勢力從中煽動，各方勢力皆欲利用此次政治風暴，達到他們排除皖系親日政客的目的。在眾人皆搶搭順風車的情勢下，最終造成反日局面有一日千里之勢。也因日本駐華單位輕視北京青年學子的知識及動員能力，因此他們對學運的觀測則專注於學生與外在的聯繫關係，而非觸動學運的本質內化因素。這也是他們關注學運的經費來自何處？學運訴求的理論基礎來自何處？支撐學運發展的能量來自何處？學運為何會與罷市、罷工接軌？一連串能解釋五四運動為何會興起的核心問題。

　　按他們的解讀，五四運動在北京的初期活動經費是來自於前代理總統馮國璋，後期的經費則因地而異，端視當地主導反日勢力的派系而定。復次，學生對山東問題的訴求，其論述的依據大都來自於林長民等國民外交協會等有關對巴黎和會的主張，以及西方在華發行的西文報刊等等。

　　學運能無視政府的取締，甚至直接對抗政府，主要是得利於西方在華勢力的支持，尤其是教會學校在充分利用渠等可享有治外法權之便，讓教會學校成為各地的學運領導中樞。教會公然允許學校成為政治集會中心，各地基督教青年會亦以團隊名義公然參與學生的示威活動等等，皆成爲支撐學運能持續運作的能量。

　　學運在各地所呈現的面貌不一，這是因學生只是被利用的工具，各地皆有不同派系的幕後操縱者。例如，馮國璋才是北京的主角，而到上海，要角則換爲孫文所領導的國民黨，漢口卻是舊進步黨的天下等等。是故，所謂罷市及罷工，皆是得利於這些幕後操縱人的牽線，學運無非是因人成事。

　　既然日本政府認爲五四學運所展現出的巨大動員能力，純粹是因人成事，如何降低這些「人爲」因素對學運的影響力，以及緩和中國民眾的普遍反日情緒，便成爲日本政府對華外交的新要務。宣示願歸還山東主權及放棄在青島設租借地，是日本擬改善對華關係的第一步。復次，放棄支持皖系軍閥的武力統一中國政策，改以加強對徐世昌的經濟援助政策則是第二步。最後，全力鞏固親日陣營。具體步驟可分爲下列三步。第一、要求皖系軍閥全力支持徐世昌的和平統一中國政策；第二、在資助徐世昌項目中，亦需針對非皖系軍政要員提供固定比率的經費；第三、開始啓動與南方陣營唐紹儀的對話機制，並傳達對南方願提供經援。

　　在這些一切以鞏固北方親日政權爲主軸的對華思維下，使得日本政府無法了解學運對南方政治所帶來的深刻衝擊，尤其是青年學子何以因五四學運，而自此成爲民國史的一股新興政治勢力，不僅能促成國民黨得以重生，中國共產黨也因而得以成立。然中國雖因五四運動而有南北新舊時代秩序之別，但對仍以鞏固舊秩序爲念，拒絕接受中國已經歷重大變革的日本政府而言，渠等的堅持，自然逼使日後中國新興的民族主義，都將日本視爲眼中釘。雙方的互不見容，事實上早在五四時期，日本對中國新思潮的藐視過程中已見端倪。

徵引書目

中文報刊

〈青島問題失敗警耗〉,《申報》,1919年5月4日,6版。

〈張作霖之諭誡學生〉,《大公報》(天津),1919年5月9日,2版。

〈章宗祥歸國情形〉,《新聞報》,1919年4月29日,5版。

中文書目

王仲孚,〈談高中歷史的教學目標與教科書的編輯〉,《人文及社會學科教學通訊》,10:5(台北,2000),頁10-14。

于文浩,《民國初期的中日民間經濟外交:以商人組織爲主體的歷史考察》,北京:中國社會科學出版,2018。

中國社會科學院近代史研究所、中國第二歷史檔案館史料編輯部編,《五四愛國運動檔案資料》,北京:中國社會科學出版社,1980。

王潤澤,〈政治、外交與媒體:1919年日本政府關於五四運動的報導研究〉,《安徽大學學報(哲學社會科學版)》,2011:4(合肥,2011),頁128-135。

吳相湘,《孫逸仙先生傳》,下冊,台北:遠東圖書公司,1982。

呂芳上,《革命之再起:中國國民黨改組前對新思潮的回應:1914-1924》,台北:中央研究院近代史研究所,1989。

李大釗,〈庶民的勝利〉,收入袁謙等編,《李大釗文集》,上卷,北京:人民出版社,1984,頁593-596。

林明德,〈日本與五四〉,收入汪榮祖編,《五四研究論文集》,台北:聯經出版公司,1987,頁89-110。

林明德主編,《中日關係史料:巴黎和會與山東問題(中華民國七年至八年)》,台北:中央研究院近代史研究所,1990年。

林長民,〈外交警報敬告國民〉,《晨報》,1919年5月2日,2版。

高瑩瑩,《第一次世界大戰與中國的反日運動》,北京:中國社會科學出版社,2017。

郭廷以,《中華民國史事日誌》,第一冊,台北:中央研究院近代史研究所,1979。

黃自進,《吉野作造對近代中國的認識與評價:1906-1932》,台北:中央研究院近代史研究所,1995。

蔡元培,〈黑暗與光明的消長〉,收入蔡元培,《蔡元培選集・演說》,台北:文星書店,1967,頁70-74。

陳獨秀,〈發刊辭〉,《每週評論》,第1號(1918年12月22日),1版。

日文書目

小林善文,《平民教育運動小史》,京都:同朋舍,1985。

小野和子,《五四時期家族論の背景》,京都:同朋舍,1992。

小野信爾,《五四運動在日本》,東京:汲古書院,2003。

川井悟,《華洋義賑会と中国農村》,京都:同朋舍,1983。

片岡一忠,《天津五四運動小史》,京都:同朋舍,1982。

外務省編,《日本外交文書:大正八年》,第2冊下卷,東京:外務省,1970。

外務省編,《日本外交文書:大正八年》,第3冊上卷,東京:外務省,1970。

外務省編,《日本外交年表並主要文書》,上卷,東京:原書房,1965。

江田憲治,《五四時期の上海労働運動》,京都:同朋舍,1992。

竹内弘行,《後期康有爲論:亡命・辛亥・復辟・五四》,京都:同朋舍,1987。

松尾尊兌,《大正デモクラシーの研究》,東京:青木書店,1966。

林原文子,《宋則久と天津の国貨提唱運動》,京都:同朋舍,1983。

武藤秀太郎,《「抗日」中国の起源 五四運動と日本》,東京:筑摩書房,2019。

狭間直樹,《五四運動研究序説》,京都:同朋舍,1982。

島田虔次,《新儒家哲学について:熊十力の哲学》,京都:同朋舍,1987。

清水稔,《湖南五四運動小史》,京都:同朋舍,1992。

笠原十九司,《第一次世界大戦期の中国民族運動:東アジア国際関係に位置づけて》,東京:汲古書院,2014。

野原四郎,〈五四運動と日本人〉,收入中国研究所編,《中国研究所紀要第2号》,東京:中国研究所,1963,頁77-116

森時彦,《五四時期の民族紡績業》,京都:同朋舍,1983。

藤本博生,《日本帝国主義と五四運動》,京都:同朋舍,1982。

英文書目

Chou Tse-tsung. *The May Fourth Movement: Intellectual Revolution in Modern China*. Standford CA: Standford University Press, 1967.

The May Fourth Patriotic Student Movement:
Observations from the Japanese Diplomatic Missions in China

Huang Tzu-chin

Abstract

This article discusses how the Japanese diplomatic missions in China understood and assessed the May Fourth Movement. Based on the reports from the Japanese embassy and Japanese consulates in China, the study focuses on Japanese views of four topics:

1）the sources of the student movement's funding;
2）the sources of the student movement's information and their major demands;
3）the foundation of the student movement's continued development; and
4）how the student movement connected with the merchants' strikes and the workers' strikes.

Through comparing these four issues, this study aims to provide a comprehensive analysis of the Japanese government's observations of the May Fourth Movement.

Keywords: May Fourth Movement, Japanese diplomatic missions in China, student movement

【論文】

重新思考新文化運動與五四運動的關係

李達嘉

臺灣大學歷史系博士，現任中央研究院近代史研究所研究員。研究領域爲中國近現代政治、社會和思想史。著有《民國初年的聯省自治運動》、《商人與共產革命，1919-1927》。

重新思考新文化運動與五四運動的關係

摘要

　　自周策縱以廣義的觀點論述五四運動以後，後續的研究大都承襲這個觀點。他認爲《新青年》展開的新文化運動促使中國發生重大的改變，1919年5月4日發生的學生運動只是新文化運動中的一個事件。事實上，新文化運動和學生運動在訴求和性質上有所不同。陳獨秀和胡適最初也把它們視爲兩個運動，胡適甚至認爲文化運動受到政治運動（學生運動）的干擾而中斷。本文採取陳獨秀和胡適的觀點將它們視爲兩個運動。我希望透過這樣的區別來進行討論，使我們能夠更深入了解兩者在歷史發展中存在複雜的關係。

　　本文討論的重點有三：一是指出「文化運動」或「新文化運動」一詞在五四運動以後才出現，是因爲學生運動有改弦易轍的必要而提出。它最初受到平民主義的影響，以推動平民教育和文化普及爲志趣。《新青年》提倡的思想革命和文學革命很快地便匯流進來，並且成爲新文化運動的主要意涵，而文化普及的理想則漸被淡化。二是過去普遍認爲《新青年》提倡的思想革命是促發五四運動的重要力量，本文提出不同見解，指出《新青年》對舊禮教的攻擊與五四運動的爆發沒有直接關聯。就思想而言，第一次世界大戰結束後從歐美湧向全世界的新思潮，如美國總統威爾遜提出的公理戰勝強權、民族自決主義、國際和平主義，以及民治主義、平民主義等，才是影響五四運動爆發更重要的因素。五四運動以前，思想革命的進展是緩慢而有限的；五四運動以後，尤其是新文化運動展開以後，思想革命才得到比較快的發展。三是文學革命的發展和思想革命類似。在第一次世界大戰結束以前，是否以白話文取代文言文只有少數上層知識分子在討論，而且偏重文學、學理層面，和一般社會民眾沒有太多關係。第一次世界大戰結束以後，知識分子爲了介紹新思潮創辦白話報刊，白話文因而有所進展。到了五四運動以後，白話文的發展則有「一日千里」之勢。以此而言，胡適所謂文化運動被政治運動干擾而中斷的說法需要保留。本文解析了思想和時局之間的複雜關係，也進一步提醒五四運動之所以在中國歷史上具有重要意義，並非只在政治運動這個層面，也因爲它促成新文化運動的發展，影響深遠。

關鍵詞：五四運動、新文化運動、第一次世界大戰、思想革命、文學革命

一、前言

　　五四運動距今已經一百年了，百年來有關此一運動的論述林林總總，包括親身經歷者或旁觀者的憶述、後世的政治性解讀、學術研究者從不同的角度所做的闡釋等等，這些論述一方面豐富了它的面貌和內容，一方面也對這個運動不斷疊加新的意義。後世的五四運動研究包括兩個主要的議題，一是1919年5月4日由北京學生發動，抗議北京政府要對日本簽訂有損國家利益的和約，引起罷課、罷市、罷工事件，持續到7月下旬結束抗爭的愛國運動；二是由《新青年》雜誌展開的思想革命和文學革命，其影響持續到一九二○年代甚至更後期的「新文化運動」。

　　自周策縱的名著 The May Fourth Movement: Intellectual Revolution in Modern China 把學生愛國運動定義爲狹義的五四運動，認爲應該採取廣義的五四運動，即包括新思潮、文學革命、學生運動、工商界的罷工罷市、抵制日貨運動，以及新知識分子所提倡的各種政治和社會改革，以後的研究大抵承襲這個論述。周策縱沒有對「五四運動」的起訖時間作嚴格的斷限，但是指出最重要的事件發生在1917年年初到1921年年底的五年之間。[1]而後來更多的研究是以1915年《新青年》（初名《青年雜誌》）創刊作爲「五四運動」的開端，把它展開的思想革命和文學革命視爲促發學生愛國運動的重要因素。事實上，在周策縱以前，早已有人採取廣義的五四運動的說法。舉例來說，張熙若把五四愛國運動包括在1917年以來的新思潮運動裡。[2]李長之認爲五

---

[1]　Tse-tsung Chow, *The May Fourth Movement: Intellectual Revolution in Modern China* (Cambridge: Harvard University Press, 1960), pp. 1-6.

[2]　張熙若，〈國民人格之培養〉，《大公報》（天津），1935年5月5日，2、3版，轉載於《獨立評論》，第150號（北平，1935），頁14-17。

四運動是一個自然科學的運動，在文化史上的意義是啓蒙運動，他說：「五四運動當然不只指一九一九年五月四號這一天的運動，乃是指自中國接觸了西洋文化所孕育的一段文化歷程，五四不過是這歷程中的一個指標」。[3] 從歷史的延續性以及新思潮與五四學生運動之間有著交互影響的角度來看，五四運動採取廣義的說法自然有其合理性，它也確實拓展和深化了我們對這段歷史的了解。不過，這個被普遍採用的定義，也容易讓我們忽略新文化運動和學生愛國運動在訴求和性質上有所不同，以及兩者之間存在複雜微妙的關係。

　　五四運動和新文化運動，最初其實被視爲兩個運動。新文化運動的重要領導人陳獨秀，於 1920 年 4 月在上海中國公學演講「五四運動的精神是什麼？」，他所說的五四運動，純粹指愛國運動。他認爲五四運動和此前的愛國運動不同，它特有的精神有二，一是直接行動，二是犧牲精神，沒有隻字片語提到新文化運動。[4] 同個時間，他在《新青年》撰寫的〈新文化運動是什麼？〉，純粹討論新文化的意涵和運動的方向，完全沒有提到政治的愛國運動。[5] 新文化運動的另一位領導人胡適也是把五四運動和新文化運動分爲兩個運動來看，雖然他有時候也從廣義的角度來談五四運動，[6] 但是多數時候他都是把政治運動和

3　李長之，《迎中國的文藝復興》（上海：商務印書館，1946），頁 11-13。

4　陳獨秀，〈五四運動的精神是什麼？〉，原刊《時報》，1920 年 4 月 22 日，5 版，收入任建樹等編，《陳獨秀著作選》（上海：上海人民出版社，1993），卷 2，頁 130-131。

5　陳獨秀，〈新文化運動是什麼？〉，《新青年》，第 7 卷第 5 號（上海，1920），頁 1-6。

6　如胡適，〈個人自由與社會進步──再談五四運動〉，《獨立評論》，第 150 號（北平，1935），頁 2-5。本文是胡適讀了張熙若的〈國民人格之培養〉一文發抒的感想。胡適在文中說張熙若以廣義的五四運動來進行討論，「我們也不妨沿用這個廣義的說法」。

文化運動兩者分開來立論，並且認為文化運動受到政治運動的干擾而中斷。[7]新文化運動和五四運動的界線模糊化，部分是歷史發展過程中思想和政治交雜匯流的結果，部分則是後來的憶述和論述將兩者混淆所造成。

　　周策縱其實早就留意到新文化運動和五四運動是兩回事。他指出陳獨秀和他的響應者創造新文化的理想和活動，直到五四事件以後才被新知識分子以新文化運動有系統地加以提倡，此後「新文化運動」一詞便逐漸被用來總括當時所有改革行動。[8]這個分析是很透徹而且符合歷史事實的，但是因為只是簡略敘述，在「廣義的五四運動」論述中很容易被淹沒和忽略。近二十年來這個問題逐漸引起學者的興趣，如羅志田討論「五四」歷史記憶的文章，論及周作人、魯迅、許德珩、顧頡剛、羅家倫等五四時期的人物對五四運動和新文化運動憶述的歧異。[9]王奇生〈新文化是如何「運動」起來的〉一文，重新檢討《新青年》的歷史角色，並追索「新文化運動」一詞何時出現。根據他的考察，1919年12月出版的《新青年》第7卷第1號，陳獨秀多次提到「新文化運動」，是「新文化運動」一詞較早的記載。[10]以後一些

7　胡適，〈紀念「五四」〉，《獨立評論》，第149號（北平，1935），頁2-8；唐德剛譯註，《胡適口述自傳》（台北：傳記文學出版社，1981），頁189-192。

8　Tse-tsung Chow, *The May Fourth Movement: Intellectual Revolution in Modern China*, p. 194.

9　羅志田，〈歷史創造者對歷史的再創造：修改「五四」歷史記憶的一次嘗試〉，《四川大學學報（哲學社會科學版）》，2000：5（成都，2000），頁92-101。

10　王奇生，〈新文化是如何「運動」起來的〉，原刊於《近代史研究》，2007：1（北京，2007），頁21-40，收入氏著，《革命與反革命：社會文化視野下的民國政治》（北京：社會科學文獻出版社，2010），頁1-38。

學者又陸續對「新文化運動」的緣起和其早期含義的演變加以討論。[11]這些研究都推進了我們對五四運動和新文化運動的了解，可惜對於兩者之間關係的討論仍然不足。

　　本文希望回到歷史的當下，闡明新文化運動和五四運動之間的關係。因此，在論述上採取「狹義的五四運動」觀點，把五四運動界定為1919年5月4日爆發的學生愛國運動，包括後續的罷課、罷市、罷工、抵制日貨風潮，即胡適所說的政治運動，與新文化運動別為兩個運動。在上述學者的研究基礎上，我將進一步考察「文化運動」或「新文化運動」一詞最早提出的時間，討論它和時局以及思潮之間的關係，及其最初的精神和意涵。同時分析《新青年》提倡的思想革命和文學革命對五四運動的影響並不像一般認知的那麼大，如果就思想而言，第一次世界大戰結束新思潮的湧現激盪才是影響五四運動爆發的更重要因素。而胡適所謂文化運動被政治運動干擾而中斷的說法也需要保留，反而是五四運動使整個社會動了起來，繼之提倡新文化運動將此前鼓吹的思想革命和文學革命匯納進來，才使它們得到快速發展。在其中我們可以清楚地看到文化思想和時局政治的激盪前進，也可以進一步認識五四運動之所以在中國歷史上具有重要意義，並非只在政治運動這個層面，也因為它促成新文化運動的發展。

---

11 袁一丹，〈「另起」的「新文化運動」〉，《中國現代文學研究叢刊》，2009：3（北京，2009），頁75-89；桑兵，〈「新文化運動」的緣起〉，《澳門理工學報：人文社會科學版》，2015：4（澳門，2015），頁5-19；周月峰，〈五四後「新文化運動」一詞的流行與早期含義演變〉，《近代史研究》，2017：1（北京，2017），頁28-47。

二、「新文化運動」的提出和其最初意義

　　新文化運動從什麼時候開始？學界普遍的看法是以《新青年》創刊的1915年9月15日作爲起點。[12] 這個說法是從廣義的觀點來看，原本無可厚非。但是由於幾乎已經成爲根深蒂固的「習見」，反而阻礙了我們對新文化運動原始意義的探索。事實上，在五四運動以前，陳獨秀、胡適等人對舊倫理、舊文學等的批評，無論贊成或反對的討論，限於少數上層知識分子或是官場中人，影響仍然有限，並未形成爲一種運動。而且在五四以前，「新文化運動」這個名詞還沒有出現。考察「新文化運動」一詞何時出現，有助於我們了解它和五四運動之間的關係、它最初的動機和意涵，以及文學革命、思想革命成爲其成分的原因。

　　「新文化運動」這個名詞，魯迅說是一些嘲罵《新青年》的人創造出來，「反套在《新青年》身上，而又加以嘲罵譏笑的」。[13] 根據歐陽軍喜考察，最早可能是由國民黨人提出。國民黨人辦的《星期評論》，於1919年8月31日出版的第13號，刊出李漢俊以「先進」的筆名寫的短評〈新文化運動的武器〉；國民黨人辦的《建設》雜誌，在同年9月1日出版的第1卷第2號，刊出戴季陶寫的〈從經濟上觀察中國的亂源〉，也多次使用「新文化運動」一詞。[14] 這比王奇生所說陳獨秀在這年12月出版的《新青年》上使用這個名詞還要早。李漢俊

---

12 彭明便說：「新文化運動的興起以《新青年》雜誌的創辦爲標誌」。見彭明，《五四運動史》（北京：人民出版社，1998），頁131。
13 魯迅，〈寫在「墳」後面〉，《墳》，頁261；魯迅，〈題記〉，《熱風》，頁9。兩書都收入《魯迅全集》（台北：唐山出版社，1989），卷1。
14 歐陽軍喜，〈國民黨與新文化運動〉，《南京大學學報》，2009：1（南京，2009），頁73-78。

〈新文化運動的武器〉一文是一篇不到兩百字的短文，其實也稱不上什麼短評，因爲文章主要是摘述吳稚暉的話：「吳稚暉先生說：『中國的新文化運動，單靠白話體的文章，效果是很小的，那多數不識字的工人，整天要作十來點鐘的工，即使有人教他的文字，他那裡有學的時間。目下只有圖注音字母的普及，……要他們能夠作文字上的交通，然後我們才可以灌輸他們的智識』」。[15]由此看來，在這篇短文之前，吳稚暉已經使用「新文化運動」這個名詞。根據桑兵研究，1919年8月以後吳稚暉在上海多次演講注音字母，但是相關報導都沒有提到「新文化運動」一詞，查詢吳稚暉的各種文集文萃也未見記載，推測可能是李漢俊的聽講記憶或直接交談所得，他認爲吳氏使用「新文化運動」一詞存在偶發性。[16]不過，李漢俊既然是以徵引原文的形式摘錄下來，自然有所本。而吳稚暉談到白話體的文章、注音字母的普及和工人教育問題，已經涉及新文化運動的發展方向，顯然不是隨興說說。

　　上述研究初步確立了「新文化運動」這個名詞是在五四運動以後才出現。不過，在這裡我想要進一步提出的是，「新文化運動」一詞，其實是早先出現的「文化運動」一詞的轉化，由於當時盛行「新思想」、「新思潮」、「新文化」、「新生活」等崇尚「新」的名詞，因此在「文化運動」一詞上也冠上一個「新」字，後來逐漸成爲流行的詞彙。「文化運動」和「新文化運動」這兩個名詞在早期曾經同時被使用，指涉類似的概念。而「文化運動」一詞，也是在五四運動以後

---

15 先進（李漢俊），〈新文化運動的武器〉，《星期評論》，13（上海，1919），4版。

16 桑兵，〈「新文化運動」的緣起〉，《澳門理工學報‧人文社會科學版》，2015年第4期，頁10。

才出現。考察它被提出來的時間點，有助於我們釐清「新文化運動」的原始意義以及它和五四運動的關係。

目前文獻上查到中國國內最早使用「文化運動」一詞，是北京大學學生羅家倫於1919年6月23日寫給同學狄侃的信，發表在6月28日《時事新報‧學燈副刊》上。羅家倫和傅斯年當時是創辦《新潮》雜誌鼓吹新思想的學生領袖，在五四運動發生一個多月以後，由於安福系對學生團體進行挑撥離間、新舊思想發生衝突、學生運動衍生路線之爭等等因素，他們受到謠言攻擊，被指和安福系暗通款曲，想要藉機謀求官職。羅氏為了止謗，寫信給狄侃說明反對者對他們的誣陷，信上提到：「蔡先生如不來，《新潮》當脫離北京大學繼續出版，文化運動誓不停止」、「此後盡力文化運動，不知有他」。[17]6月27日，傅斯年、羅家倫兩人又聯名寫信給狄侃、段錫朋等人，刊載於7月3日《時事新報‧學燈副刊》上，信上說：「自此而後，當閉戶讀書，努力為文化運動之一前驅小卒」。他們在信上表示：「惟學問可以益人益己，學本無成，出而涉世，本無當也」。又說：「弟等兩人平日素志，又斷無與政客接近之理。斯年以性情偏激之故，絕無入政界之力，又以年來學問上之感化，認政治為萬惡之源，認世界之進於光明，全在政治之根本推翻，故早已宣言此後終身不入政治界，終身不脫教育界。家倫除於言論思想社會事業外，決不稍有所涉跡，此志將終身奉行之」。[18]從這些文字看來，羅、傅兩人把文化運動和政治劃

17 〈羅家倫與狄侃書〉，附於狄侃，〈請看羅家倫覆我的信〉，《時事新報‧學燈副刊》，1919年6月28日，第3張，4版。參考周月峰，〈五四後「新文化運動」一詞的流行與早期含義演變〉，《近代史研究》，頁30。

18 〈傅斯年羅家倫致同學書〉，《時事新報‧學燈副刊》，1919年7月3、4日，第3張，4版（案：7月3日「來函」刊出此書信沒有標題，標題根據

為兩者，他們把《新潮》雜誌鼓吹新文學、新思想以及從事教育事業視為文化運動，並且以此做為此後努力的目標。

　　羅、傅兩人當時都十分注意世界新思潮，使用「文化運動」一詞，應是受到世界思潮的影響。文化運動的興起，較早可以溯自14-16世紀歐洲的文藝復興運動（The Renaissance）。這個運動以復興希臘、羅馬古典文化為訴求，以人文主義為中心。它開啟了後來的宗教改革和科學革命，它們被視為歐洲的文化運動，促成法國革命和民主共和政治的誕生。第一次世界大戰後期歐洲又興起新的文化運動，這個文化運動在概念上有些模糊籠統，主要訴求是要從文化、思想上努力，對資產階級為中心的政治、社會進行改造。這股思潮從歐洲傳到日本，中國較先進的知識分子透過報刊較早接觸到，傅斯年、羅家倫便是其中之二。不過，他們在私函中提到「文化運動」，主要的用意是向同學表明心跡，申明個人此後志趣在思想、言論和教育事業，無意涉足政治界，並沒有將學生運動轉向文化運動的意思。如果查閱《新潮》雜誌，到1919年12月1日出版的第2卷第2號「通信」欄刊出羅家倫答覆施存統的信，才首次出現「文化運動」這個名詞。[19]此時「文化運動」一詞的使用已經相當普遍。

　　「文化運動」一詞開始流傳，主要還是因為五四運動進行一段時間以後，領導運動的學生聯合會決定要把文化運動做為下一個階段的新方針。據我目前看到的資料，具有運動意義的「文化運動」一詞，

7月4日報上所載）。

19 周策縱說《新潮》第2卷第2號編者答覆讀者說他們的運動就是「文化運動」。Tse-tsung Chow, *The May Fourth Movement: Intellectual Revolution in Modern China*, p. 194. 經查羅家倫的原文是：「杭州有了文化運動，實在是很好的現象」。

最早是由五四運動以後到北京的日本學生團代表堀切音文、原田政治提出來的。他們是東京早稻田大學學生，以推動中日國民親善為目的，組織日本學生團來華訪問。他們在1919年7月底抵達北京，先到總統府謁見徐世昌總統，由總統府秘書長吳世緗（吳笈孫）代為接見。此時中國學生界發動的排日運動還在進行，兩人表示前此日人來華和中國接洽者，有政治家、代議士、實業家等，卻沒有青年人士，他們代表日本智識階級，要和中國智識階級互相聯絡，互相提攜，達到中日親善的目的。[20] 得到吳世緗的贊許後，他們於8月5日和北京學生聯合會代表正式會談，對中國學生抵制軍閥、財閥、官僚和日本的侵略主義表示同情，希望能夠實現真正的親善。[21] 這次會談的內容，報章上沒有詳細的記載，不過，在會談之前，他們於7月30日發表致中華民國學生界的意見書，明白揭示來華的目的。信中表示向來反對日本政府的侵略主義，主張日本政府應該將青島無條件交還中國。但是日本政府不能實行民意，對華方針根本錯誤，導致中國青年反日，發生排貨風潮，實在是咎由自取。他們希望中日兩國智識階級的學生能夠同心協力，打倒日本的軍閥，掃蕩中國政界的窳敗分子，實現中日國民親善。他們在信上建議中國學生應該努力從事文化運動：

> 今日日本第三階級及勞働者雖無的確思想，然其百分之九
> 十六尚能識字，教育自易收功。反之中國之第三階級及勞
> 働者，類多目不識丁，教導誘掖，殊屬難事。今日欲使中
> 國人民覺醒，非亟圖文化普及不可。夫文化運動賴朝野提
> 倡之力，而諸君為知識階級分子，更當努力奮前為天下

---

20 〈府院秘書廳之兩談話〉，《申報》，1919年8月4日，7版。
21 〈專電〉，《申報》，1919年8月6日，4版；〈日本學生團來華之主張〉，《教育週刊》，25（北京，1919），1919年8月11日。

　　率。此余對於諸君之希望也。[22]
他們向北京學生提出「文化運動」的理念，建議從第三階級和勞動者
的教育普及運動入手，推動文化普及，以促使中國人民覺醒。這個倡
議是在中國首先提出以「文化運動」做為學生運動努力的途徑，它揭
舉的理念對早期中國新文化運動的展開也有重要的影響。

　　堀切音文、原田政治提出文化運動的理念，事實上是把日本在這
個時期正在推動的文化運動介紹到中國來。日本在第一次世界大戰期
間，受到世界思潮的影響，思想界起了變化。1917年夏間，吉野作造
鼓吹的「民本主義」（Democracy）學說風靡全國。大戰結束以後，
社會運動勃興，湧現許多新的團體。其中由福田德三、吉野作造兩氏
組織的黎明會，是影響較大的團體，該會的綱領有三條：一是學理的
闡明國本，完成日本在世界文明進步中特有的使命；二是撲滅逆著世
界大勢的危險的頑冥思想；三是順應戰後世界的新趨勢，促進國民生
活的安固充實。[23]這些新思潮和運動，對青年學生造成衝擊。同時，
日本學生受到俄、德新潮的影響，都想打破從前思想和生活的束縛，
尋求新的文化，紛紛展開「文化運動」、「解放運動」、「革新運動」
等。由東京帝國大學法科學生組織的新人會，擁護吉野作造的「德莫
克拉西」，立意從事日本的改造運動。早稻田大學一些傾向自由思想
的學生，則於1919年2月組織了一個民人同盟會，以和各階級協力合
作，撲滅頑冥錯誤的思想，使「德莫克拉西」思想普及為職志。[24]堀
切音文等人是否為上述團體的會員還有待查證，但他們有意把日本流

---

22 〈日本學生團致我學生界書〉，《申報》，1919年8月5日，6版。
23 明明（李大釗），〈祝黎明會〉，《每週評論》，9（北京，1919），2、3版。
24 淵泉（陳博生），〈日本最近的社會運動與文化運動〉，《解放與改造》，
　　1：7（北京，1919），頁69-75。

行的文化運動介紹到中國，透過中國學生界來推展，是可以確定的。
1919年8月10日出版的《星期評論》第10號，有短文評論堀切音
文、原田政治到中國宣傳政治理念，[25]雖然文中沒有直接提到文化運
動，但是，顯然地，這兩位日本青年的言論受到中國思想較先進的知
識分子的注意。8月17日出版的《星期評論》第11號，李漢俊以
「先進」的筆名寫短評〈日本的新運動〉，介紹日本最近發生實際的
解放運動，主張「打破官僚政治，實行普通選舉，廢除族級的差別，
制定社會的稅制，公認勞動團體，保証國民生活，解放形式的教育，
革新殖民地的行政」。[26]日本的解放運動與文化運動並行，由此看來，
國民黨人開始討論新文化運動，顯然就是受到日本的影響。

　　在堀切音文、原田政治和國民黨人把「文化運動」或「新文化運
動」提上檯面以後，李大釗於1919年9月15日在《少年中國》上寫
的〈「少年中國」的「少年運動」〉一文中，也提出「文化運動」的
主張。他的主張同樣是受到日本的影響。1906-1909年間，吉野作造
曾經在天津法政專門學校教書，李大釗在該校就讀，是他的學生。以
後李氏到東京早稻田大學留學，吉野在東京帝國大學擔任教授，兩人
仍然保持聯繫。李氏回國後，對吉野在日本的言行始終保持高度關
注。[27]李氏在文章中說：

　　　　我們「少年運動」的第一步，就是要作兩種的文化運動，

---

25 〈兩個日本青年學生〉，《星期評論》，10（上海，1919），4版。

26 先進（李漢俊），〈日本的新運動〉，《星期評論》，11（上海，1919），4
　　版。李漢俊批評其中的「革新殖民地的行政」，認為既然主張解放便要徹
　　底，「殖民地」三字脫不了軍國主義的舊套，不合乎解放的意義，應把這
　　三個字根本廢除。

27 有關吉野作造的研究，可參考黃自進，《吉野作造對中國的認識與評價
　　（1906-1932）》（台北：中央研究院近代史研究所，1995）。

> 一個是精神改造的運動，一個是物質改造的運動。精神改
> 造的運動，就是本著人道主義的精神，宣傳「互助」、
> 「博愛」的道理，改造現代墮落的人心，……物質改造的
> 運動，就是本著勤工主義的精神，創造一種「勞工神聖」
> 的組織，改造現代游惰本位、掠奪主義的經濟制度，……
> 「少年中國」的少年好友呵！我們要作這兩種文化運動，
> 不該常常漂泊在這都市上，在工作社會以外作一種文化的
> 游民；應該投身到山林裏村落裏去，在那綠野煙雨中，一
> 鋤一犁的作那些辛苦勞農的伴侶。[28]

李大釗當時已宣稱他是馬克思主義者，他強調「勞工神聖」、「作那
些辛苦勞農的伴侶」，一方面是出於馬克思主義者的信念，另一方面
也受到無政府主義的影響。[29]這個主張也是後來新文化運動的重要內
容。

　　「文化運動」從文字討論層面發展為實際的運動，並且成為五四
運動的新動向，和學生界的支持提倡有密切的關係。這是因為學生運

---

28 李大釗，〈「少年中國」的「少年運動」〉，原刊《少年中國》，第1卷第3
期（上海，1919），收入《李大釗選集》（北京：人民出版社，1978），頁
235-238。

29 Maurice Meisner 指出在李大釗於1919年宣稱自己是馬克思主義者以後，
克魯泡特金對他有顯著的影響，他以「互助論」重新解釋馬克斯的階級鬥
爭論。Arif Dirlik 也指出，在俄國十月革命以後，克魯泡特金的名字不斷
出現在李大釗的文章中，李氏撰寫和十月革命有關的文章大量使用無政府
主義的詞彙。把十月革命和無政府主義相混淆是1918年俄國革命以後世
界普遍的情況。見 Maurice Meisner, *Li Ta-chao and the Origins of Chinese
Marxism* (Cambridge: Harvard University Press, 1967), pp. 13-14, 140-146.
Arif Dirlik, *The Origins of Chinese Communism* (New York: Oxford University
Press, 1989), pp. 46-47. Arif Dirlik, *The Anarchism in the Chinese Revolution*
(Berkeley: University of California Press, 1991), pp. 176-178.

動出現困境，必須轉變方向以求持續發展。在五四事件發生以後，學生的愛國行動獲得社會各界的同情和支持，迫使曹、陸、章三人辭職，北京政府暫緩在巴黎和會和約簽字。學生因為得到勝利，不免驕矜自喜、趾高氣揚，以為所有事情都可以靠學生的力量解決。[30]但是，學生長時間罷課，棄學業於不顧，逐漸引起憂慮，蔡元培、胡適等人都曾經呼籲學生回到學校上課。另一方面，學生推動的抵制日貨運動，也造成學生和商人之間愈來愈多的衝突。[31]由於負面的批評逐漸湧現，全國學生聯合會於7月22日發表終止罷課宣言，宣布愛國抗爭行動告一段落。[32]在這種情況下，學生需要對往後的行動找到一個新的方向，堀切音文等人適時提出「文化運動」的建議，對他們來說正是適切的途徑。這個想法在9月17日學生聯合會總會於上海召開的理事會上有明白的表達。北京大學學生領袖之一的康白情，在會中正式提議學生此後應該盡力於「文化運動」：

> 吾人此後唯一之天職在乎盡力於文化運動。國人憒憒酣睡未醒，猶賴吾黨先覺登高疾呼，砭其痼疾。而國人腦質之貧弱，血清注射之餘，尤須加以滋養。由前之說，則宜有關於批評之出版物，為血清運動。由後之說，則又宜有關於學術之出版物，為滋養運動。[33]

康白情是北京大學文科學生，1918年冬天和傅斯年、羅家倫等人組

---

30 蔣夢麟，《西潮》（台北：中華日報社，1960），頁90-91；瞿世英，〈五四與學生〉，《晨報》，1921年5月4日，2版。

31 參見李達嘉，〈罪與罰——五四抵制日貨運動中學生對商人的強制行為〉，《新史學》，14：2（台北，2003），頁43-110。

32 〈「全國」會終止罷課宣言〉，《民國日報》（上海），1919年7月23日，10版。

33 〈學生聯合會總會消息〉，《申報》，1919年9月22日，10版。

織新潮社，創辦《新潮》雜誌，他也是少年中國學會會員，是思想較
先進的學生。他提出「文化運動」作爲學生運動的新方向，和堀切音
文、原田政治的倡議正相呼應，或許也和李大釗或傅斯年、羅家倫等
人交換過意見。康白情正式提出以文化運動作爲學生運動新方向的主
張，得到北京大學學生領袖們的積極響應。1919年10月26日北京大
學學生會評議部成立作爲永久組織時，文化運動成爲會議上重要的議
題。擔任主席的方豪致詞說：

> 吾人以後救國之根本方法爲文化運動，欲使國民人人悉能
> 爲共和國之健全分子，以實行眞正的平民政治，非一朝一
> 夕之所能達，此學生永久機關組織之所由來也。

康白情在會中強調文化運動推動的辦法：

> 北京大學眞精神在：一平民精神，二積極精神。吾校之校
> 役夜班、平民講演，均發表此種精神之方法，惟範圍太
> 小，此後宜急辦平民學校以擴充之。

許德珩也表示：「學生會以後之急務爲文化運動」，他主張應從社會
和國際兩個方面進行，前者應開辦平民學校、舉辦平民講演、發行日
刊，後者要辦理通訊社以流通國內外的消息。[34]

　　這是文化運動作爲運動被提出來的開端，是學生運動進行幾個月
以後，感到怒潮澎湃的愛國運動已有變爲平流小浪的情勢，必須轉爲
永久、實際的文化運動，才能持續不輟。[35]當時一些人對於文化運動
的這個動因有清楚的認識，我們且引《申報》的一篇記述，其中對文
化運動產生的緣由作了極爲扼要的敘述：

---

34 〈北大學生會評議部成立〉，《申報》，1919年10月30日，3版；〈北大學
　　生評議部開幕〉，《民國日報》（上海），1919年10月30日，6版。
35 〈北京平民夜校開幕紀〉，《申報》，1920年1月22日，7版。

> 北京各學校，自此次罷課未得良好結果，學生皆大有覺
> 悟，知此種罷課，實不足以動政府中人之心，而徒令私人
> 學問方面，受甚大之犧牲，故決擬不再為此種舉動，而改
> 變方針，從事於社會事業，在實地方面進行文化運動。此
> 京校上課後聯合會所以議決擴充平民學校案也。[36]

這是1920年5月的記述，文中使用的名詞是「文化運動」，當時「新文化運動」一詞已經相當流行，這也可以印證我們上文所指出的，早期這兩個名詞是同時被使用的。

北京學生界將「文化運動」定為爾後學生運動的主軸，同時向社會各界宣布這個運動方針，尋求支持。11月上旬，被北京警廳拘留一個月餘的全國各界請願代表被釋放，北京學生聯合會特開北京學生全體大會，慰勞這些請願代表，學生聯合會主席致慰勞詞時表示：「前者北京各種運動都仗各貴處竭力援助，今敝會已抱定文化運動主義，尤望各地一致行動，破除隔閡，齊心努力」。康白情也向請願代表表示：「文化運動是總解決的方法，如請願等等是零碎解決的方法，今後我當抱定宗旨，以兩法兼用而進行之」。[37]

由此看來，在1919年9月到11月間，北京學生會以「文化運動」作為學生運動的主要路線可以說完全定調了。11月初，江蘇省教育會給了這個運動極為有力的聲援，使這個運動受到更多的矚目和擴展。江蘇省教育會在它舉辦的江蘇各校演說競進會，把演說題目定為「新文化運動之種種問題及推行方法」，在發給各校的通函中，對「新文化運動」作了以下的解釋：

36〈北京通信〉，《申報》，1920年5月23日，6版。
37〈京津學界慰勞請願代表記〉，《申報》，1919年11月12日，6版。

一、新文化運動是繼續五四運動，傳播新文化於全國國民
　　的作用，其進行方向在喚醒國民，改良社會，發展個
　　人，增進學術，使我國社會日就進化，共和國體日形
　　鞏固。

二、新文化運動要文化普及於大多數之國民，不以一階級
　　一團體為限（例如推廣注音字母，傳播白話文，設立
　　義務學校、演講團，都是這個意思）。

三、新文化運動是以自由思想、創造能力，來批評改造，
　　建設新生活（例如現在各種新思想出版物）。

四、新文化運動是謀永遠及基本的改革與建設，是要謀全
　　國徹底的覺悟（繼續現在的新運動從基本上著想，使
　　之永遠進步也）。

五、新文化運動要全國國民改換舊時小的人生觀，而創造
　　大的人生觀，使生活日就發展（例如從家族的生活到
　　社會的生活）。

六、新文化運動是一種社會運動、國民運動、學術思想運
　　動。[38]

由上述這段文字看來，江蘇省教育會所說的「新文化運動」，其實就
是學生會的「文化運動」。它開宗明義說：「新文化運動是繼續五四
運動，傳播新文化於全國國民的作用」。印證了我們上文所說的新文
化運動是在五四運動之後才展開的論點。上述六項提綱挈領的解釋，
雖然顯得籠統，但是扼要勾勒出新文化運動的宗旨和推動的辦法。在
宗旨上，它強調要傳播新文化，打破階級觀念，使文化普及於大多數

38〈新文化運動解釋〉，《天津大公報》，1919 年 11 月 5 日，7 版。

國民，提昇國民的智識和生活，從根本改革和建設社會，爲共和政治奠定基礎。在辦法上，是藉由推廣注音字母、傳播白話文、出版刊物、設立義務學校、演講團等，達到文化普及的目標。江蘇省教育會的核心人物是副會長黃炎培，向來注意新思想和教育改革，1917年他和蔡元培、梁啓超等人在上海創立中華職業教育社。五四運動時，他以江蘇省教育會副會長的身分召開上海各校校長發動上海學界聲援北京學生的行動。[39]北京學生會決定轉向文化運動努力後，江蘇省教育會大力聲援，浙江省教育會也積極響應，在它們提倡之下，新文化運動迅速成爲當時極受關注的議題。[40]

新文化運動要鼓吹新文化和新思想，已爲後世普遍熟知，此點將在後文再討論。這裡要先指出的是，從以上這些較早倡發文化運動的言論看來，它們共同反映的是平民主義的精神，打破階級主義，強調知識分子要走入社會，透過各種方式對平民進行教育，使文化普及，從根本改造社會國家。上述吳稚暉強調要以注音字母對工人進行教育，以及李大釗偏重勞農的言論，也都是在這個思想脈絡裡。

平民主義是五四運動以後促發新文化運動繼起的重要動力，但是在五四運動之前已經受到中國先進知識分子的注意，並且加以鼓吹。所謂平民主義，是鑒於歐美實行已久的民主主義（Democracy）衍生資產階級壟斷權利的弊病，強調應破除社會階級，重視平民的生活、

39 有關江蘇省教育會在五四運動中扮演的角色，參見陳以愛，〈五四運動初期江蘇省教育會的南北策略〉，《國史館館刊》，43（台北，2015），頁1-52。

40 1919年12月南京學術講演會舉行的演說競進會，就是以「新文化運動之意義及其促進之方法」作爲講題，見〈學術講演會演說競進會〉，《申報》，1919年12月18日，8版。當時浙江第一師範學校校長經亨頤擔任浙江省教育會會長，推動新文化運動不遺餘力。

平等和權利。這股思潮在第一次世界大戰期間湧現，1917年俄國革命爆發，布爾什維克以人民的力量，從根本推翻俄國以往的政治組織和社會組織，使平民主義更為興盛。大戰結束以後，這股思潮迅速向世界各地蔓延。中國思想較敏銳的知識分子，對於歐洲戰爭、俄國革命的情勢以及世界的新思潮始終保持著高度的關注。李大釗在大戰後期就為文指出俄國革命將如同法國革命一樣，對未來世紀文明帶來絕大變動。[41] 他同時認為歐洲戰爭是 Pan……ism（大……主義）與 Democracy（民主主義、民治主義或平權主義）的衝突，前者代表專制，後者代表自由，Democracy 是世界潮流所趨，終將勝利。[42] 大戰結束以後，他更宣告政治上民主主義的勝利和社會上勞工主義的勝利是庶民的勝利。[43] 北京大學的學生羅家倫也寫文章呼應李氏的言論，說以後的革命是俄國式的革命，它的特點是由平民所造成，民主政治應該是由平民統治。[44] 蔣夢麟也明白宣告：「二十世紀之世界，為平民主義之世界」。[45] 他們所說的「平民主義」，其實泛指歐美的 Democracy。李大釗在〈Pan……ism 之失敗與 Democracy 之勝利〉一文中以「平權主義」來釋義 Democracy：「與『大……主義』適居反對者，則為 Democracy。是語也，或譯為民主，或譯為民治，實則歐美最近行用

---

41 李大釗，〈法俄革命之比較觀〉，原刊《言治》第 3 冊（1918 年 7 月 1 日），收入《李大釗選集》，頁 101-104。

42 李大釗，〈Pan……ism 之失敗與 Democracy 之勝利〉，原刊《太平洋》，第 1 卷第 10 號（上海，1918），收入《李大釗選集》，頁 105-108。

43 李大釗，〈庶民的勝利〉，原刊《新青年》，第 5 卷第 5 號（上海，1918），收入《李大釗選集》，頁 109-111。

44 羅家倫，〈今日之世界新潮〉，《新潮》，第 1 卷第 1 號（北京，1919），頁 19-24。

45 蔣夢麟，〈教育究竟做什麼〉，《新教育》，第 1 卷第 1 號（上海，1919），頁 8。

是語，乃以當『平權主義』之義。前者尚力，後者尚理；前者重專制，後者重自由；前者謀一力之獨行，後者謀各個之並立，此其大較也」。[46]他在1923年1月出版的小冊子以「平民主義」作爲Democracy的譯語：「『平民主義』是Democracy的譯語，有譯爲『民本主義』的，有譯爲『民主主義』的，有譯爲『民治主義』的，有譯爲『唯民主義』的，亦有音譯爲『德謨克拉西』的。……今爲便於通俗了解起見，譯爲『平民主義』」。他指出「平民主義」由歐洲興起，影響到美洲，最近以雷霆萬鈞之勢襲向亞洲，「他在現在的世界中，是時代的精神，是唯一的權威者，和中世紀羅馬教在那時的歐洲一樣」。他進一步闡釋「平民主義」的意義：──「今日各國施行『平民主義』的政治，只有程度高低的問題，沒有可不可能不能的問題。這種政治的眞精神，不外使政治體中的各個分子，均得覓有機會以自納他的殊能特操於公共生活中，在國家法令下，自由以守其軌範，自進以盡其職分；以平均發展的機會，趨赴公共福利的目的；官吏與公民，全爲治理國家事務的人；人人都是治者，人人都非屬隸，其間沒有嚴若鴻溝的階級」。他認爲現代政治或社會所發生的各種運動，都是解放的運動，也都是平民主義化的運動。俄國勞農政府成立後，政治學者給這種新式的政治立了一個名詞稱作「工人政治」，「工人政治」在本質上也是「平民主義」的一種。[47]李大釗論述「平民主義」，並未提到無政府主義，而著重第一次世界大戰期間興起的主張打破階級界線、從舊的主隸關係解放、重視平民生活和價值的新的民主主義浪潮。許多和他同時代的知識分子也是在這種浪潮下肯定「平民主義」的價值。

46 李大釗，〈Pan……ism之失敗與Democracy之勝利〉，原刊《太平洋》，第1卷第10號（上海，1918），收入《李大釗選集》，頁105-108。
47 李大釗，〈平民主義〉，收入《李大釗選集》，頁407-427。

　　這股平民主義思潮也影響到教育，強調平民教育的重要。大戰結束以後，蔣夢麟曾爲文指出，日本教育雜誌幾個月來對於平民主義有連篇不絕的議論，顯示日本教育界感受到這股世界潮流，呼籲中國教育界也應當注意。[48]北京大學在1919年3月成立了平民教育講演團，以增進平民智識，喚起平民之自覺心爲宗旨，就是這個思潮下的產物。康白情、許德珩、羅家倫都是這個講演團的發起人。[49]此外，美國教育家杜威的平民教育理念也對知識界發生影響。他於五四運動前夕受邀抵華，5月3、4日在上海江蘇教育會演講平民主義和教育的關係，強調平民教育的目的，是要使每個人都受教育，每個國民有自動的力量和活動的精神；實施平民教育的方法，是要使學校的生活和社會的生活發生密切的關係。[50]他的演說引起極大的回響。大戰以後平民主義、平民教育在中國的興起，爲新文化運動的展開提供了有利的基礎。我們可以進一步說，中國的新文化運動是順應這股世界潮流而產生。

　　學生走入社會，從事社會服務、社會改造工作，最初是新文化運

---

48 蔣夢麟，〈今後世界教育之趨勢〉，《新教育》，1：2（上海，1919），頁120-123。

49 〈平民教育講演團徵集團員〉，《北京大學日刊》，1919年3月7日，4版。張國燾說，北大平民教育講演團是由平民教育會改組，它的成立受到無政府主義者鼓吹「到民間去」口號的影響，但是平民教育會並沒有無政府主義者參加。張國燾，《我的回憶》（香港：明報月刊，1971），第1冊，頁46-47。中國社會科學院近代史研究所近代史資料編輯組編的《五四愛國運動》（北京：中國社會科學出版社，1979）收錄了這個演講團的相關史料。見該書，上冊，頁521-545。

50 潘公展筆述，〈記杜威博士演講的大要〉，《新教育》，1：3（上海，1919），頁326-331。案：此期出版時間著錄爲1919年4月，但該刊未能按照預定時間出刊，杜威演講在5月3、4日舉行，因此本期實際出刊日期應在5月4日以後。

動裡備受肯定的部分。五四運動屆滿一週年時，蔡元培寫文章回顧這個運動的意義還說：

> 學生界對於政治的表示以外，對於社會也有根本的覺悟。
> 他們知道政治問題的後面，還有較重要的社會問題，所以
> 他們努力實行社會服務，如平民學校、平民講演，都一天
> 比一天發達。這些事業，實在是救濟中國的一種要着。[51]

蔣夢麟和胡適也聯合撰文說：

> 學生運動是學生對於社會國家的利害發生興趣的表示，所
> 以各處都有平民夜校、平民講演的發起。我們希望今後的
> 學生繼續推廣這種社會服務的事業。這種事業，一來是救
> 國的根本辦法，二來是學生的能力做得到的，三來可以發
> 展學生自己的學問和才幹，四來可以訓練學生待人接物的
> 經驗。[52]

蔡元培、蔣夢麟和胡適，在文章中雖然都沒有提到「新文化運動」這個名詞，但他們所說的，就是學生和教育會推動「新文化運動」的內容。郭紹虞也肯定五四運動以後，一輩覺悟的青年注意到平民的問題，辦理平民夜校，組織平民教育講演團。他說：

> 所謂文化運動，便是在這大多數的國民上運動起，並不是
> 單向知識階級發行幾種定期出版物，鼓吹鼓吹什麼主義，
> 標榜標榜什麼學說，算爲文化運動的能事已盡。文化運動
> 若使單在這知識階級上築起基礎，把一輩沒有機會能受教

---

51 蔡元培，〈去年五月四日以來的回顧與今後的希望〉，《晨報》，五四紀念增刊，1920年5月4日，頁1。

52 蔣夢麟、胡適，〈我們對於學生的希望〉，《晨報》，五四紀念增刊，1920年5月4日，頁1。

　　育的人，忽置不顧，那麼這基礎是極浮薄的，極不可靠
　　的。[53]

此外，北京學生會在北京大學舉行五四運動紀念大會，北大學生段錫
朋在會上也表達同樣的意思：

　　吾們此次決定五四紀念日後應取的態度，即第一吾們目的
　　要使中國真正平民主義的實現；第二吾們要採學生身分可
　　能而有效的方法，謀實現吾們的目的，即是文化運動。故
　　吾們要推廣平民教育及出版事業，使國民普遍覺悟，養成
　　有力的群眾運動，為各種改革的基本。……[54]

當時天津《大公報》也報導說：

　　北京各學校自上課而後，皆以為救國之道，不但限於罷課
　　抗爭，以求政府之覺悟，其根本解決方法，在使多數人民
　　有覺悟有智識，故今後之文化運動，完全著力於社會方
　　面，而平民夜學校迺有大擴充之勢。[55]

簡短的幾句話就把新文化運動發生的原因和目的說得很清楚。新文化
運動也促進學術的平民化，《東方雜誌》主編錢智修說：

　　自文化運動之說發現於吾國學界以來，國人之於學術頗有
　　注重平民化之趨勢，如語體文之流行，出版物之增多，以
　　及工讀互助團、通俗講演會等之創設，凡此殆無一非學術
　　的平民化之特徵也。[56]

---

53 郭紹虞，〈文化運動與大學移殖事業〉，《晨報》，五四紀念增刊，1920年
　　5月4日，頁4。

54 〈北京學生之五四紀念大會〉，《晨報》，1920年5月5日，2版。

55 〈京學生從事社會事業〉，《大公報》（天津），1920年5月20日，3版。

56 堅瓠（錢智修），〈文化運動之第二步〉，《東方雜誌》，第17卷第19號

　　我在這裡不厭其煩地引述這些資料，是爲了說明在新文化運動早期，平民教育是它很重要的內容。它從平民主義的精神出發，希望文化普及到多數國民，以此改造社會，進而改造政治。所謂文化運動，其實就是文化普及運動。學生透過辦平民講演、平民學校等方式進行社會服務，其實是學生運動犧牲精神的延續，因此可以把它視爲五四運動的一部分。邵力子於1922年5月在《民國日報》附刊《覺悟》寫了一篇短文〈五四運動的精神〉，其中有一段話很適切地反應新文化運動走入社會的精神是五四運動眞正的延續，他說：「五四運動的精神如何？乃是爲民眾而犧牲。到民間去吧！這條坦道是永能保持這個精神的」。[57]

　　新文化運動自然也以鼓吹新文化、新思想爲目標，後世普遍認知的新文化運動的意義，大抵限於思想革命和文學革命，幾乎淡忘了最初促發這個運動極爲重要的平民主義精神，以及文化普及、改造社會的志趣，也就容易忽略它是順應世界潮流，繼五四運動之後而興起的原委。這是我們在討論新文化運動和五四運動的關係時，有必要重新釐清和強調的。

三、思想革命與五四運動

　　新文化運動原來包含傳播新文化以及文化普及兩個意涵，後來文化普及的意義逐漸被忽略，而專重在鼓吹新文化、新思想這個面向。

（上海，1920），頁3。

57 力子（邵力子），〈五四運動的精神〉，《民國日報》（上海），副刊《覺悟》，1922年5月4日；收入傅學文編，《邵力子文集》（北京：中華書局，1985），下冊，頁681-682。

又由於認為新文化、新思想的鼓吹從《新青年》開始，於是把新文化運動的起始推到《新青年》創刊。同時認為《新青年》展開的思想革命，對五四運動有重要的促發作用，因此新文化運動可以包含五四運動，而成為所謂「廣義的五四運動」。而陳獨秀以「德先生」和「賽先生」，即「民主」和「科學」，作為《新青年》的兩個精神象徵，這兩者順理成章地就成為新文化運動的精神象徵，也就是「廣義的五四運動」的精神象徵。周策縱認同李長之的觀點：「五四運動當然不只指一九一九年五月四號這一天的運動，乃是指自中國接觸了西洋文化所孕育的一段文化歷程」。他認為「五四運動」採取這種廣義用法的理由是相當充分的，而主張「新文化運動」和「五四運動」是兩回事的人，忽略了學生們的行動和他們的思想息息相關，故意低估了新文化運動的重要性。[58]周策縱所說的「新文化運動」自然是從《新青年》鼓吹的思想革命和文學革命開始，這樣的說法已經普遍地被接受。但是，這裡存在一些問題：所有的重要的歷史事件都有孕育它發生的各種複雜因素，可以從思想、政治、社會等各個方面往前追溯它的前因，也有它後續的影響，這是它們之所以成為重要歷史事件的原因。那麼為什麼五四運動要有「廣義」和「狹義」的定義？為什麼中國接觸西洋文化所孕育的一段文化歷程是以《新青年》為開端？《新青年》鼓吹的思想革命和文學革命對「狹義的五四運動」發生什麼影響？「民主」和「科學」和「狹義的五四運動」又有什麼關係？這些問題都牽涉極為複雜的背景，不容易解決。為了行文方便，以下使用的「五四運動」一詞，指的是一般所謂的「狹義的五四運動」，不再

---

58 Tse-tsung Chow, *The May Fourth Movement: Intellectual Revolution in Modern China*, pp. 3-6.

另作說明。在本節我們先討論思想革命和五四運動的關係，下節再討論文學革命和五四運動的關係。

　　後世對新文化運動的理解，忽略其最初具有的平民主義精神和平民教育的理想，專重在思想革命和文學革命方面，大約是受到幾個因素的影響：

　　第一，平民教育這種社會服務的工作，和熱血沸騰、慷慨激昂的群眾運動不同，不容易吸引社會的高度注意，也不是短期就可以看到效果，需要有改造社會的高度理想和熱誠，以及願意長期犧牲奉獻的精神才能持續。在愛國運動的高潮逐漸消褪以後，真正願意投入的學生愈來愈少。[59]對學生來說，比較容易辦理的是寫寫文章、出版報刊，於是爭相模仿，形成一窩蜂的現象。一方面學生對平民教育的熱情消褪，一方面學生熱衷於出版刊物，於是新文化運動便有偏向文化出版的趨向。陳獨秀就曾經提醒，出版刊物是新文化運動中很要緊的一件事，卻不是全部，其他要緊的事還很多，不必大家都走同一條路。他希望大家能去辦比出版物更進一步更要緊的事業，特別強調創造力的重要。[60]

　　第二，新文化運動要做改造社會的事業，除了教導平民識字之外，它要傳達什麼樣的文化內容，才能達到改造舊社會、創造新生活的目標呢？這是必然要面臨的核心問題。陳獨秀在1920年4月所寫的〈新文化運動是什麼？〉一文，對這個問題作了詳細的討論。他說：「要問『新文化運動』是什麼，先要問『新文化』是什麼；要問『新文化』是什麼，先要問『文化』是什麼」。他把文化和軍事、政治、

---

59 平心，〈一年來我們學生界的回顧〉，《晨報》，1921年5月4日，6版。
60 〈告新文化運動的諸同志〉，原刊《大公報》（長沙），1920年1月11、12日，收入任建樹等編，《陳獨秀著作選》，卷2，頁77-83。

產業區別開來，認為文化包含科學、宗教、道德、美術、文學、音樂
這幾樣；新文化運動，是覺得舊的這幾樣文化還有不足的地方，要再
加上一些新的科學、宗教、道德、美術、文學、音樂等運動。他在這
篇文章中談到應該要改去從前的一些錯誤。在科學方面，不但應該提
倡自然科學，並且研究、說明一切學問，都應該嚴守科學方法。舊道
德限於孝弟的範圍，太過狹窄，要把家庭的孝弟擴充到全社會的友
愛。宗教在新文化中是不可少的，新宗教沒有堅固的起信基礎，除去
舊宗教底傳說的、附會的、非科學的迷信，就是新宗教。新文學不能
以通俗易解為止境，而要注意文學的價值。音樂、美術都是人類最高
心情的表現，應當向歐美日本學習，才免得生活枯燥無味。除此之
外，他說新文化運動要注意三件事，一是注重團體的活動；二是注重
創造的精神，三是要影響到別的運動上，影響到軍事上，最好能令戰
爭止住；影響到產業上，要使勞動者覺悟自己的地位，使資本家把勞
動者當做同類的「人」看待；影響到政治上，是要創造新的政治理
想，不要受現實政治底羈絆。[61]陳獨秀對「新文化運動」的討論，事
實上更強調「新文化」涵義的層面，而不談平民教育等實踐的層面。
以陳獨秀在當時文化思想上的領袖地位，他的論述自然影響許多人對
新文化運動的理解。

　　第三，政治領袖認為五四運動的原動力來自思想的革新，期待新
文化運動帶來思想的變化，以有利於政治運動展開，在論述上把五四
運動以前倡導思想革新視為文化運動的開端。1920年1月底，孫中山
為了在上海辦一英文雜誌，寫信給海外黨支分部請求贊助，便表達這

---

61 陳獨秀，〈新文化運動是什麼？〉，《新青年》，第7卷第5號（上海，
　　1920），頁1-6。

樣的觀點，他說：

> 自北京大學學生發生五四運動以來，一般愛國青年無不以
> 革新思想，爲將來革新事業之預備，於是蓬蓬勃勃，發抒
> 言論，國內各界輿論，一致同倡，各種新出版物爲熱心青
> 年所舉辦者，紛紛應時而出，揚葩吐艷，各極其致，社會
> 遂蒙絕大之影響，雖以頑劣之僞政府，猶且不敢攖其鋒。
> 此種新文化運動，在我國今日，誠思想界空前之大變動，
> 推原其始，不過由於出版界之一二覺悟者從事提倡，遂致
> 輿論放大異彩，學潮瀰漫全國，人皆激發天良，誓死爲愛
> 國之運動。倘能繼長增高，其將來收效之偉大且久遠者，
> 可無疑矣。吾黨欲收革命之成功，必有賴於思想之變化，
> 兵法攻心，語曰革心，皆此之故，故此種新文化運動實爲
> 最有價值之事。[62]

梁啓超在五四運動一週年寫的一篇感言，也說：

> 此次政治運動，實以文化運動爲其原動力，故機緣發於
> 此，而效果乃現於彼。此實因果律必至之符。一年來文化
> 運動盤礴於國中，什九皆「五四」之賜也。吾以爲今後若
> 願保持增長「五四」之價值，宜以文化運動爲主而以政治
> 運動爲輔。……吾以爲今日之青年，宜萃全力以從事於文
> 化運動，則將來之有效的政治運動，自孕育於其中。[63]

---

62 〈爲創設英文雜誌印刷機關致海外同志書〉，中國國民黨中央委員會黨史委
　　員會（以下簡稱黨史會）編，《國父全集》第3冊（台北：黨史會，
　　1973），頁670。

63 梁啓超，〈「五四紀念日」感言〉，《晨報》，五四紀念增刊，1920年5月4
　　日，頁1。

孫、梁二人在敘述時都提出文化運動和政治運動的概念，也都指出新文化運動是由五四運動所促發，不過他們也認爲五四運動以文化運動爲原動力，把新文化運動的起始推到五四運動以前，強調思想革新的重要。

　　孫、梁二人提出文化運動與政治運動相輔相成、文化運動是政治運動的有力工具的論述，對後世理解新文化運動和五四運動的關係有相當程度的影響。胡適就曾多次引用孫中山的話，認爲他的評判很公允，如果沒有思想的變化，決不會有五四運動。[64]孫中山說中國「思想界空前之大變動，推原其始，不過由於出版界之一二覺悟者從事提倡」，雖然沒有明白指名「出版界之一二覺悟者」是誰，但是一般的理解，都認爲即是《新青年》的代表人物陳獨秀和胡適等人。《新青年》對新思想的鼓吹既然是五四運動最重要的動力，於是進而建構出《新青年》創刊是新文化運動開端的說法。陳獨秀和胡適在中國近代思想革命和文學革命的重要地位，早已爲學界普遍公認，毋庸置疑。[65]不過，思想史上的意義，和思想對現實政治所產生的影響，其實是有差別的。而且，這裡頭存在一些值得進一步思考的問題。首先，爲什麼《新青年》是新思想、新文化或新文化運動的起點呢？

　　1935年上海亞東圖書館、求益書社把整套《新青年》重印時，蔡元培在扉面題字說：「《新青年》雜誌爲五四運動時代之急先鋒。」他沒有使用「五四運動」或「新文化運動」，而是用「五四運動時

---

64 胡適，〈新文化運動與國民黨〉，《新月》，第2卷第6、7號合刊（上海，1929），頁13；胡適，〈紀念「五四」〉，《獨立評論》，第149號，頁8。
65 參見余英時，《中國近代思想史上的胡適》（台北：聯經出版公司，1986）；Lin Yü-sheng, *The Crisis of Chinese Consciousness: Radical Antitraditionalism in the May Fourth Era*（Madison: University of Wisconsin Press, 1979）。

代」這個名詞，同時他說《新青年》是「急先鋒」，這些用詞上的謹
愼，顯示他對這段歷史有自己的認知。胡適也在上頭題字說：「《新
青年》是中國文學史和思想史上劃分一個時代的刊物，最近二十年中
的文學運動和思想改革，差不多都是從這個刊物出發的」。[66] 這段話把
《新青年》抬到很高的歷史地位，他所說的文學運動和思想改革事實
上等同於後來所認知的新文化運動。不過，胡適對「五四」發表過許
多看法，前後並不一致。[67] 我認爲 1929 年他在《新月》寫的〈新文化
運動與國民黨〉一文，其中一段話很值得注意。他說：

> 中國的新文化運動起於戊戌維新運動。戊戌運動的意義是
> 要推翻舊有的政制而採用新的政制。後來梁啓超先生辦
> 《新民叢報》，自稱「中國之新民」，著了許多篇「新民
> 說」，指出中國舊文化缺乏西方民族的許多「美德」，如
> 公德、國家思想、冒險、權利思想、自由、自治、進步、
> 合群、毅力、尚武等等；他甚至於指出中國人缺乏私德！
> 這樣推崇西方文明而指斥中國固有的文明，確是中國思想
> 史上的一個新紀元。同時吳趼人、劉鐵雲、李伯元等人的
> 「譴責小說」，竭力攻擊中國政治社會的腐敗情形，也是
> 取同樣的一種態度。[68]

胡適是「新文化運動」的健將，他在這裡明白指出「新文化運動起于
戊戌維新運動」，這個說法是很值得重視的。因爲如果從政治和思想
的大變革來看，戊戌維新運動和梁啓超的《新民說》帶來的影響確實

---

66 見《新青年》1935年上海亞東圖書館、求益書社重印本。
67 參見歐陽哲生，〈胡適在不同時期對「五四」的評價〉，《二十一世紀》，
　　1996：4（香港，1996），頁 37-46。
68 胡適，〈新文化運動與國民黨〉，《新月》，第 2 卷第 6、7 號合刊，頁 6-7。

極為深遠，陳獨秀和胡適等人在思想上都受到梁啓超非常大的影響。
《新青年》鼓吹的思想革命，其實是清末新思潮的延續。所以，如果
新文化運動可以上推到《新青年》創刊，有什麼理由不能推到戊戌維
新運動呢？

更何況《新青年》早期的影響，遠不能和《新民叢報》相提並
論。王奇生的研究已經指出，《新青年》於1915年9月在上海創刊以
後，最初不過是給青年看的普通雜誌，第1卷作者幾乎都是皖籍，第
2卷作者也限於陳獨秀的朋友圈，早期每期印數僅一千本。直到1917
年1月陳獨秀擔任北京大學文科學長，《新青年》隨之遷到北京，編
輯和作者群才逐漸擴大。但是，1917年8月，《新青年》第3卷出版
以後，就因為銷路不佳，一度中止出版，到1918年1月才恢復出版第
4卷，並且改為同人刊物。[69]這說明早期《新青年》的讀者是相當有限
的。所以，從思想的延續性以及影響力來說，以《新青年》創刊作為
新文化運動的起始的論述，是值得再思考的。

再就《新青年》與現實政治的關係來看。《新青年》攻擊孔教，
主張文學革命，在中國思想學術史上確實造成重要影響，但是當時真
正關心這些問題的，只限於少數上層知識分子，影響沒有擴及政治和
社會。以對舊思想的挑戰而言，袁世凱稱帝失敗，《新青年》在言論
上並沒有發揮多少作用，而是以梁啓超的言論較受矚目；1917年7月
張勳擁清帝溥儀復辟，《新青年》當時對孔教和舊文化的攻擊已經進
行幾個月了，但是真正造成張勳復辟失敗的力量，卻不是來自《新青
年》，而是梁啓超諄勸段祺瑞起兵討伐，而段祺瑞卻是舊禮教和舊文

---

69 王奇生，〈新文化是如何「運動」起來的〉，收入《革命與反革命：社會
　文化視野下的民國政治》，頁2-8。

化的擁護者。更進一步來說，《新青年》對舊思想、舊文化的攻擊，最初雖然引起社會上一些衛道之士的不安和非難，但是並沒有受到政治勢力太多的干涉。就如同胡適所說：「單有文學禮教的爭論，也許還不至於和政治勢力作直接衝突」。[70]新思想陣營和安福政權直接發生衝突，是在歐戰結束陳獨秀和李大釗創辦《每週評論》大談政治，以及蔡元培開始關心政治以後。和安福系站在同一陣線的林紓（琴南）寫短篇小說攻擊陳獨秀、胡適等人的主張，軍閥勢力散布陳獨秀被逐出北大的謠言，並由參議員張元奇出面要求教育總長傅增湘取締《新青年》等刊物，都發生在1919年2、3月間。[71]這個時間點很值得我們注意。《新青年》自創刊以來始終銷路不佳，到了1919年春初銷量卻突然暴增。出版《新青年》的亞東圖書館負責人汪孟鄒的侄子汪原放後來回憶說：「《新青年》愈出愈好，銷數也大了，最多一個月可以印一萬五六千本了（起初每期只印一千本）」。[72]他沒有明確指出《新青年》銷數何時開始變大。根據1919年4月汪孟鄒寫信給胡適說：「近來《新潮》、《新青年》、《新教育》、《每週評論》銷路均甚興旺，可見社會心理轉移向上，亦可喜之事也」。[73]由此可以確定《新青年》銷路興旺是在1919年春初以後。這說明第一次世界大戰以後世界局勢的變化和安福系等舊勢力對新思潮的攻擊，這些政治面的因素刺激民眾對新思想的渴望，助長了《新青年》等的雜誌的傳播力道。

　　那麼，《新青年》鼓吹的思想變革，是否如孫中山所說的是促發

---

70 胡適，〈紀念「五四」〉，《獨立評論》，第149號，頁5。
71 參見賈興權，《陳獨秀傳》（濟南：山東人民出版社，1998），頁137-145。
72 汪原放，《回憶亞東圖書館》（上海：學林出版社，1983），頁32。
73 中國社會科學院近代史研究所中華民國史研究室編，《胡適來往書信選》（香港：中華書局香港分局，1983），上冊，頁40。

五四學潮、激起愛國運動的主要動力呢？如同普遍所熟知的，《新青年》鼓吹的新思想最主要集中在對孔教、舊禮教的批判，不過，我們很難在這些方面找到和五四運動直接的關聯。如果說五四運動和學生自由的思想有關，那麼這個自由思想的孕育，不能說完全來自《新青年》，恐怕更多是緣於蔡元培出掌北大帶來的變革。蔡氏的教育理念是崇尚思想自由，他在民國元年擔任教育總長時就提出教育應「循思想自由言論自由之公例，不以一流派之哲學一門之教義桎其心，而惟時時懸一無方體無始終之世界觀以為鵠」。[74]1917年他擔任北大校長以後，仍然秉持這個原則進行整頓。我們可以用他自己的話來說明：「我對於各家學說，依各國大學通例，循思想自由原則，兼容並包。無論何種學派，苟其言之成理，持之有故，尚未達自然淘汰之命運，即使彼此相反，也聽他們自由發展」。[75]蔡氏的教育理念對鼓吹新思想的教員提供了保障，在他主持之下，北大成為新思想的中心，《新青年》是因為有了北大這塊招牌護持和一些崇尚新思想的教員的支持，才提高知名度，漸至外界把《新青年》視為北京大學出版的刊物。北大學生如果有一些崇新自由的思想，是受到蔡元培的教育改革和《新青年》作者群的雙重影響。

不過，我們並不能因此認定北大培養的自由思想和五四運動有直接的關係。蔡元培擔任北京大學校長以來，抱著不與聞政治的決心，也不願學生涉足校外的政治活動。因此，在1918年5月，也就是五四運動爆發的一年以前，北大、高師、高工等校學生二千多人，因為不滿政府與日簽定「中日防敵軍事協定」，前往總統府請願廢約，蔡元

---

74 蔡元培，〈對於新教育之意見〉，收入《蔡元培文集》（台北：錦繡文化，1995），卷2，頁82。
75 蔡元培，〈自寫年譜〉，收入《蔡元培文集》，卷1，頁69。

培在北大學生出發前曾加以勸阻，但是學生不聽，蔡氏以身爲校長卻未能約束管理學生行動爲由，於次日向總統和教育部引咎辭職，最後受到慰留。[76]北京大學學生這次的請願行動，後來被視爲五四運動的前奏。學生對政治發生興趣，不是在蔡元培鼓勵之下或是由北大培養的自由思想所引起，而是受到一批留日中國學生的影響。這些留日學生爲了抗議北京政府和日本簽定上述軍事協定，集體罷學回國，在北京、上海等地和學、紳、商、報各界進行廣泛的接觸，激發各界對政治的關懷，對五四運動的開展有重要的影響。[77]留日學生的行動是在海外受到愛國心的驅使自動自發的行爲，和《新青年》鼓吹的新思想及北大提倡的自由思想並沒有太多的關係。

　　促發五四運動的力量極爲複雜，有政治、社會、思想、經濟等各方面的因素。就思想而言，對五四運動有直接影響的是第一次世界大戰後期以及大戰結束後從歐美湧向全世界的思潮，最主要是美國總統威爾遜提出的公理戰勝強權、民族自決主義、國際和平主義，[78]以及

---

76 參見李達嘉，〈五四運動的發動：研究系和北京名流的角色〉，收入李達嘉編，《近代史釋論：多元思考與探索》（台北：東華書局，2017），頁164-165。
77 許德珩，〈回憶五四運動〉，收入《五四運動親歷記》（北京：中國文史出版社，1999），頁20-21。Tse-tsung Chow, *The May Fourth Movement: Intellectual Revolution in Modern China*, pp. 81-82.
78 列寧在俄國革命後首先提出「民族自決」的主張，宣稱要透過「民族自決」建立世界永久的和平。美國威爾遜總統提出十四點原則（Fourteen Points）事實上是要和列寧競爭，取得國際上的主導地位。美國政府成立了一個公共信息委員會（Committee on Public Information）向世界各國宣傳政府的主張。在北京的美國駐華公使芮恩施（Paul Samuel Reinsch）以及被派往上海擔任公共信息委員會遠東代表的卡爾‧克勞（Carl Crow），肩負向中國各界宣傳威爾遜總統的理念，效果相當顯著，許多中國人相信威爾遜總統提出的民族自決以及國際和平的理想在戰後可以獲得實現，因

民治主義、平民主義等。它和國際情勢以及中國國內政治的變化互相激盪，激起了五四運動。[79]蔡元培便是受到國際政治和思潮影響最具代表性的人物。1918年10月下旬，即大戰結束前十餘天，距離他反對學生參加請願活動不到半年，他打破不與聞政治的誓願，參加熊希齡發起以推動國內和平為目的的平和期成會，擔任副會長，扮演和各省議會、商會、教育會聯繫溝通的角色，把國內政局和國際政治作了密切的聯結。[80]大戰結束，北京全市為慶祝協約國戰勝懸旗慶賀三天，11月15、16日兩日下午北京大學在天安門舉行群眾講演大會，蔡元培演說「黑暗與光明的消長」：

> 我們為什麼開這個演說大會？因為大學職員的責任，並不
> 是專教幾個學生，更要設法給人人都受一點大學的教育，
> 在外國叫做平民大學。這一回的演說會，就是我們平民大
> 學的起點！[81]

此對於戰後中國在國際上的地位將有所改變充滿了樂觀的期待。巴黎和會召開後，威爾遜總統的理想受到挫折，使中國人頓時產生失望和憤怒的情緒，是五四運動爆發的一個重要原因。參見 Erez Manela, *The Wilsonian Moment: Self-Determination and the International Origins of Anticolonial Nationalism*（New York: Oxford University Press, 2007）, pp. 35-41; 99-117.

79 五四運動在某種程度上受到韓國三一運動的影響。韓國三一運動發的背景和五四運動類似。相關研究可參見 Erez Manela, *The Wilsonian Moment: Self-Determination and the International Origins of Anticolonial Nationalism*, pp. 119-135. 崔志鷹，〈朝鮮三一運動和我國五四運動的比較研究〉，《史林》，1995：4（上海，1995），頁 105-109；崔龍水，〈三一運動和五四運動的比較研究──中國歷史資料為中心〉，收入中共中央黨校編，《韓國研究論叢》（北京：中共中央黨校，2000），頁 149-166。

80 李達嘉，〈五四運動的發動：研究系和北京名流的角色〉，收入李達嘉編，《近代史釋論：多元思考與探索》，頁 167-168。

81 〈蔡校長十五日之演說〉，《北京大學日刊》，1918年11月27日，3、4版。

蔡氏高唱平民大學的理念，把大學的使命擴大到社會教育，對後來平民教育的發展有重要的影響。他在演說中強調協約國勝利，必定把國際間一切不平等的黑暗主義都消滅，由光明主義取代。他相信世界的新紀元已經來臨，互助論必將戰勝強權論、正義派必將戰勝陰謀派、平民主義必將戰勝武斷（獨裁）主義、大同主義必將戰勝種族偏見。[82]胡適後來曾論述蔡元培對五四運動的重要影響：

> 他的樂觀是當日（七年十一月）全世界渴望光明的人們同
> 心一致的樂觀，那「普天同慶」的樂觀是有感動人的熱力
> 與感染性的。這種樂觀是民國八年以後中國忽然呈現生氣
> 的一個根苗，而蔡先生就是那散佈那根苗的偉大領袖。若
> 沒有那種樂觀，青年不會有信心，也決不會有「五四」
> 「六三」的壯烈運動起來。[83]

這是非常公允而且合乎歷史事實的一段話，正可以爲五四運動的思想根源作最有力的說明。而更重要的是，這種樂觀不只影響到青年學生身上，同時影響到社會各界，特別是那些飽受戰爭之苦的商界人士，他們熱烈期盼國際和平能夠促成國內和平的實現，這也是學生運動爆發以後商界人士予以聲援的重要原因。

　　國際政治的變化和平民主義、民治主義的盛行，也促使陳獨秀和李大釗創辦《每週評論》，開始大談政治。北大學生傅斯年、羅家倫

---

82 蔡元培在16日演說「勞工神聖」，指出農、工、商和學校教職員、著述家、發明家，凡是用自己的勞力作有益於他人的事業的人，都是勞工。〈蔡校長十六日之演說〉，《北京大學日刊》，1918年11月27日，4版。蔡元培的演說顯見他受到克魯泡特金的影響，而反對強權也是無政府主義的信念。參見 Arif Dirlik, *The Anarchism in the Chinese Revolution*, pp. 123-124, 131.

83 胡適，〈紀念「五四」〉，《獨立評論》，第149號，頁6。

等人創辦《新潮》雜誌，也是緣於同樣背景。過去許多研究把《每週評論》和《新潮》雜誌看作呼應或延續《新青年》鼓吹新思想的刊物，這種說法自然有合理之處，至少從白話文的使用上來說，它們確實是受到《新青年》的影響。不過，促使它們創刊更重要的動機是第一次世界大戰後新的國際政治和新的思潮。《每週評論》發刊於1918年12月22日，陳獨秀寫的發刊詞說：

> 自從德國打了敗仗，「公理戰勝強權」這句話幾乎成了人人的口頭禪。……凡合乎平等自由的，就是公理；倚仗自家強力，侵害他人平等自由的，就是強權。……我們發行這《每週評論》的宗旨，也就是「主張公理，反對強權」八個大字。[84]

這段話非常明白地說明它的創刊，主要受到國際新政治和新思潮的刺激。《新潮》雜誌也是一樣，它發刊於1919年1月1日，發刊旨趣說要「漸入世界潮流，欲為未來中國社會作之先導」，[85]就是要迎接第一次世界大戰後的新潮。羅家倫在創刊號寫〈今日之世界新潮〉，起始便說：「卻說現在有一股浩浩蕩蕩的世界新潮起於東歐，……他們一定要到遠東是確切不移的了！」又說：「凡所謂『潮』，都是擋不住的！都是要向西方衝決的！」「現在世界的新潮來了，我們何妨架起帆槳，做一個世界的『弄潮兒』呢！」[86]它的創刊也是受到世界新潮的激盪。此外，由江蘇省教育會、北京大學、南京高等師範學校、暨

---

84 陳獨秀，〈《每週評論》發刊詞〉，收入任建樹等編，《陳獨秀著作選》，卷1，頁427。

85 〈《新潮》發刊旨趣書〉，《新潮》，第1卷第1號（北京，1919），頁1。

86 羅家倫，〈今日之世界新潮〉，《新潮》，第1卷第1號（北京，1919），頁19-24。

南學校，與中華職業教育社等聯合發起組織的新教育共進社，在
1919年2月發行《新教育》月刊，由蔣夢麟主編，創刊的宗旨說：

> 同仁等察國內之情形，世界之大勢，深信民國八年，實為
> 新時代之新紀元，而欲求此新時代之發達，教育其基本
> 也。……當此世界鼎沸、思想革命之際，欲使國民知世界
> 之大勢，共同進行，……使國人能發達自由之精神，享受
> 平等之機會，俾平民主義在亞東放奇光異彩，永久照耀世
> 界而無疆。[87]

這也可以明顯看到世界新潮流的影響。毫無疑問地，第一次世界大戰
結束對中國帶來新思潮的衝擊，使思想界和出版界產生更大的動能，
帶來更蓬勃的生氣。

　　甚至我們要更進一步說，陳獨秀為《新青年》所作的答辯書，高
舉「民主」和「科學」兩面大旗來對抗反對者的攻擊，恐怕也和一次
大戰後的世界新思潮有關。王奇生指出，從晚清以來，民主和科學等
觀念，經過國人反覆倡導，到五四時期已經成為知識界的主流話語，
陳獨秀高舉這兩面大旗，就是要以此震懾和封堵那些非難者。[88]這確
實是一個重要的原因。而我們如果注意陳獨秀這篇答辯書刊於《新青
年》第6卷第1號，刊出的時間為1919年1月15日，是在第一次世界
大戰結束後兩個月，其時「科學」已成為世界共同的潮流固不用說，
Democracy在第一次世界大戰後期也已成為當時世界主要的思潮。我
們在前文提到李大釗在1918年7月就撰寫的〈Pan……ism之失敗與
Democracy之勝利〉，宣告Democracy是世界潮流所趨。而他那篇著

---

87 〈本月刊創設之用意〉，《新教育》，第1卷第1號（上海，1919），頁1。
88 王奇生，〈新文化是如何「運動」起來的〉，收入《革命與反革命：社會
　　文化視野下的民國政治》，頁30-32。

名的〈庶民的勝利〉，也宣告民主主義和勞工主義是世界的新潮流。
這兩篇文章都早於陳獨秀為《新青年》寫的答辯書，這使我們有足夠
理由相信，陳獨秀此時高舉「民主」和「科學」兩面旗幟，正是因為
它們在當時被公認是世界的新潮流。

　　新文化運動在五四運動以後被提出來，由於新文化、新思想的傳
播是其中一個重要的方針，五四以前對新文化、新思想的鼓吹自然就
和它匯流。學界普遍認為五四以前新文化、新思想的鼓吹由《新青
年》發動，於是把《新青年》創刊視為新文化運動的開端。從思想變
革的意義來看，新文化運動要往前追溯到《新青年》創刊或是戊戌維
新運動，都可以找到合理的論據，因為文化思想無論如何變革必定仍
舊存在連續性，《新青年》對舊倫理的批判或白話文的提倡，也都能
夠在晚清尋得源流。不過，如果要說《新青年》鼓吹的思想革命是促
發五四運動的重要動力，把五四運動視為新文化運動的一部分，這種
看法卻值得商榷。如同我們上文所指出的，第一次世界大戰結束世界
新情勢的變化，「公理戰勝強權」的樂觀主義、民族自決主義、民治
主義、平民主義等思潮的興起和瀰漫，才是促成五四運動的主要因
素。《新青年》鼓吹的思想革命在此前並沒有對政治造成影響，反而
是世界政治局勢的新變化和新思潮湧入，刺激青年學生對新思想的渴
求，才使得《新青年》銷量激增。而就激起輿論影響政治的功用來
說，《每週評論》也勝過《新青年》。陳獨秀高唱的「民主」和「科
學」兩個口號，雖然簡明卻顯得攏統，[89]當時能夠產生的作用恐怕還

---

[89] 胡適在 1919 年 12 月就說，陳獨秀那段擁護德先生和賽先生的話，「雖然很
　　簡明，但是還嫌太攏統了一點」，因為其中存在一些不容易回答的問題，
　　諸如「何以要擁護德先生和賽先生便不能反對國粹和舊文學呢？」，「何
　　以凡同德、賽兩位先生反對的東西都該反對呢？」。他後來又說：「那時

不如李大釗或羅家倫等人對民主主義和平民主義所做的宣揚。羅家倫在五四運動一週年時寫的一段文字，簡明論述五四前後思潮和時局之間的關係，很值得我們重視，他說：

> 新思潮的運動，在中國發生於世界大戰終了之時。當時提倡的還不過是少數的人，大多數還是莫明其妙，漠不相關。自從受了五四這個大刺激以後，大家都從睡夢中驚醒了。[90]

在新文化運動和五四運動的界線被後世模糊化以後，我們重讀這段文字，對當時文化運動和政治運動之間關係可以有新的認識和思考。這段文字出自最早使用「文化運動」一詞的學生領袖筆下，更加印證了我們上面的論述。

在此需要順便一提的是，新思潮或新文化運動在五四以後也並非如一般印象中的一帆風順。陳獨秀在1920年2月表示，北方文化運動只有學界運動，而北京市民不能醒覺做學界後盾，文化運動的力量甚為薄弱。[91]胡適則對於外界把他和北京大學視為新文化運動的中心感到十分慚愧。1920年9月11日北京大學舉行始業儀式，他在會上演說，沈痛指出：

> 試問今日文化在那裏？不說新文化，就是舊文化又在那裏？所謂文化，不僅是精神思想一方面，即物質科學一方

的陳獨秀對『科學』和『民主』的定義卻不甚了了，所以一般人對這兩個名辭便很容易加以曲解」。分見胡適，〈新思潮的意義〉，《新青年》，第7卷第1號（1919年12月1日），頁5；唐德剛譯註，《胡適口述自傳》，頁192-193。

90　羅家倫，〈一年來我們學生運動底成功失敗和將來應取的方針〉，《晨報》，五四紀念增刊，1920年5月4日，頁2。

91　〈陳獨秀過滬之談片〉，《申報》，1920年2月23日，14版。

面，也包括在內。試問今日中國配說有科學嗎？僅僅用幾
個奮鬪、博愛、自決、勞働神聖等名詞，到處講解，就算
新文化運動嗎？以北京大學，總算是全國中最高學府，又
是新文化運動的中樞，試看以二百多教員二千多學生，辦
一月刊，至今才出過六冊；辦一叢書，至今才出過五大
本，試問代表文化的東西在那裏？同人不得已，乃擬編世
界叢書，以爲不能著書，尚可以翻書，乃稿子百篇，經審
查結果，只成了一部書，而時間已費去五個多月，文化運
動，豈不可憐？[92]

　　因此他認爲「現在實在是沒有文化，更沒有新文化」。這是新文
化運動展開一年以後，作爲新文化運動中心的北京大學的情形。再以
杭州的浙江第一師範學校爲例，校長經亨頤在新文化運動提倡以後，
積極響應，在浙江一師推動教育改革和文化運動不遺餘力。但是因此
受到守舊派攻詰，被浙江教育廳長夏敬觀調離校長職。該校學生向教
育廳請願留任經校長，幾乎釀成學潮。擾攘兩個多月，經蔣夢麟出面
調解，物色新校長，繼續推動校園革新運動，風波才平息下來。[93]這
是南方杭州的情形。城市尚且如此，鄉村就更不用說了。新思潮或新
文化運動推展的實際情況有待進一步研究，本文則暫不討論。

92 野雲，〈北京通信（續）〉，《申報》，1920年9月15日，6版。
93 〈浙學潮醞釀之近訊〉，《申報》，1920年3月16日，7版；〈浙一師學生留
　　經之請願〉，《申報》，1920年3月17日，8版；〈浙一師學生第四次宣
　　言〉，《申報》，1920年5月25日，7版。

四、文學革命與五四運動

　　後世對新文化運動的理解，主要內容除了思想革命以外，另一個最重要的就是文學革命。1929年胡適在《新月》寫〈新文化運動與國民黨〉一文，指出：「新文化運動的一件大事業就是思想的解放」。又說：「近年的新文化運動的最重要的方面是所謂文學革命」。[94]的確，胡適和陳獨秀等人鼓吹使用白話文寫作，在中國學術思想史上有重要的意義。不過，在1918年底第一次世界大戰結束以前，文學革命和思想革命一樣，實質進展是緩慢的，大戰以後新思潮捲向中國，白話文使用始漸廣，到了五四運動爆發以後白話文得到更快速的普及。

　　1916年10月1日出版的《新青年》第2卷第2號，刊出胡適寫給陳獨秀的信，在這封信中胡適首次提出文學革命不用典、不用陳套語等八不主張，可以看做文學革命的起點。1917年1月1日，胡適在《新青年》發表〈文學改良芻議〉，對他的主張做了比較詳細的說明。緊接著陳獨秀撰寫〈文學革命論〉，揭舉文學革命的旗幟，正式對舊文學宣戰。這個歷史過程是大家耳熟能詳的，在此不用詳細贅述。

　　近代中國使用白話文做為傳達知識的工具，可以追溯到清末。當時一些知識分子秉著開民智的理念，在各地出版白話報，如杭州《杭州白話報》、上海《中國白話報》、寧波《寧波白話報》等，陳獨秀在蕪湖也創辦了《安徽俗話報》。這些白話報都使用淺白的文字向民眾傳播各種知識。此外，也有人主張文字要隨著語言的變化而改變，

---

94 胡適，〈新文化運動與國民黨〉，《新月》，第2卷第6、7號合刊，頁3。

較早如王照、勞乃宣等人主張言文要一致，文字跟著語言變遷，推動官話字母，其實就是提倡白話文。[95]梁啓超在《新民說》也主張文字應與語言相合，與時俱進：「言文合，則言增而文與之俱增。一新名物新意境出，而即有一新文字以應之，新新相引，而日進焉」。[96]梁啓超的文字在當時便跳脫古文寫作的規範，使用了許多新名詞和俗語，敘述新事理和事物，創造風靡一時的新文體。錢玄同便認為，近代中國的文學革新始於梁啓超，梁氏輸入了日本文的句法，行文中使用新名詞和俗語，把戲曲、小說、論記的文章都平等看待，具有過人的識力，是創造新文學極為重要的一人。[97]

　　清末雖然已經有白話文的提倡，但是沒有徹底改變文言文寫作的習慣，直到文學革命提出來以後才形成影響，這是什麼緣故呢？胡適說其中一個重要的原因，是這些提倡白話報、白話書、官話字母、簡字字母的人，是「有意的主張白話」，而不是「有意的主張白話文學」，而他提倡國語的文學，就是「有意的主張」。[98]他這個「有意的主張」的想法，主要是受到歐洲文藝復興歷史的啓發。1917年6月19日他自美國返回中國途中搭火車往加拿大，在車上讀薛謝兒（Edith Sichel）所著《文藝復興時代》（*The Renaissance*, 胡適譯作《再生時代》），書中敘述歐洲各國國語的興起。胡適在日記中簡短記述說，歐洲中古時期，各國只有土語方言，而沒有文學，學者著書通信都用

---

95 胡適，〈新文學運動小史〉，收入胡適編，《中國新文藝大系・文學論戰一集》（台北：大漢出版社，1977），頁8-11。

96 梁啓超，《新民說》（台北：臺灣中華書局，1978），頁57-58。

97 錢玄同，〈致編者函〉，《新青年》，第3卷第1號（1917），「通信」欄。

98 胡適，〈五十年來中國之文學〉，收入申報館編，《最近之五十年》（上海：申報館，1923）。胡適，〈建設的文學革命論〉，《新青年》，第4卷第4號（上海，1918），頁293。

拉丁文。到了十四世紀初年，義大利大文學家但丁（Dante）開始用俗語來著述，開「俗話文學」之先河，為義大利造文學的國語。後來幾位文學家都用白話寫作，不到二百年義大利的國語就完全成立了。法國、德國、英國和其他各國的國語，大都和義大利一樣，靠著文學的力量產生國語。胡適特別提到義大利文的完成，是因為但丁等人認為拉丁文是已死的文字，極力主張用俗語來寫作，同時寫文章為他們的主張辯護。因為是「有意的主張」，加上有價值的著述，因此收效最速。[99]他後來在〈建設的革命文學論〉一文，又再闡述這段歷史。可見他這個「有意的主張」，是深受歐洲歷史的影響。他之所以把文學革命視為中國的文藝復興，其意義在此。因為受到歐洲歷史的啟發，他回頭看中國近世小說，如《水滸傳》、《西遊記》、《儒林外史》、《紅樓夢》等，得出一個結論，就是它們都是用白話、活文字寫作，才能產生有價值有生命的活文學。他認為「死文言不能產出活文學」，中國要產生活文學，就必須用白話、國語、做國語的文學。[100]

　　胡適「有意的主張」以白話文取代古文作為中國文學的正宗，和陳獨秀共同揭舉「文學革命」的旗幟，對舊文學提出挑戰，開展了中國文學的新頁，其歷史意義已經確立。不過，白話文寫作在文學革命提出來以後並不是進展迅速，即使是陳獨秀，在1917年2月發表〈文學革命論〉，宣告「甘冒全國學究之敵，高張『文學革命軍』大旗，以為吾友之聲援」，而直到1918年底他寫的文章仍然以文言文居多。在另一方面，文學革命的主張提出來以後，引起贊成和反對兩派的熱烈爭論。最初這些討論大抵限於上層知識分子，在社會上還沒有發生

99　胡適著、曹伯言整理，《胡適日記全集》（台北：聯經出版公司，2004），
　　第2冊，頁527-529。
100　胡適，〈建設的文學革命論〉，《新青年》，第4卷第4號，頁293。

真正的影響。1917 年 5 月，陳獨秀答覆胡適的信說：「改革文學之
聲，已起於國中，贊成反對者各居其半」。這段話其實只是就《新青
年》上的討論來說，因爲文學革命是對行之已久的舊文學提出空前的
挑戰，當時抱持疑慮或反對的人自然居於多數。陳氏說「贊成反對者
各居其半」，顯然是誇大之詞，有爲文學革命的正當性壯聲的用意。
他對胡適斬釘截鐵地說：「鄙意容納異議，自由討論，固爲學術發達
之原則，獨至改良中國文學，當以白話爲文學正宗之說，必不容反對
者有討論之餘地，必以吾輩所主張者爲絕對之是，而不容他人之匡正
也」。[101] 他誇大贊成者的聲量，不容反對者有討論的餘地，都是爲了
文學革命的開展，但是事實卻不是如他所說的樂觀。北京高等師範學
校國文部學生周祜在當時就寫了一封信，向《新青年》的編者錢玄同
質疑：

> 先生及《新青年》諸先生常說：「新文學自從提倡以來，
> 國中有世界觀念的人已有一大半贊成了」。這句話從表面
> 上看過去，似乎很可喜；從實際上考察起來，卻是很可
> 悲。現在設兩個疑問：（一）國中有世界觀念的究竟有多
> 少？（二）那一種人可以稱爲有世界觀念的人？國中有世
> 界觀念的占大多數是可喜，假如所占僅僅是一小部分，便
> 是可悲。

他在信中進一步指出，學界中那些頭腦頑固的老學究，說不上有
世界觀念，他們對文學革新的見解雖然不一定相同，攻擊新文學卻是
一樣的。而許多學生雖然受過世界知識，仍然沒有世界觀念。他因此

---

101 陳獨秀，〈覆胡適函〉，《新青年》，第 3 卷第 3 號（上海，1917），「通
　　信」欄，頁 6。

說：「照這樣看來，國中有世界觀念的人物，也可以數得清楚了。先
生和《新青年》諸先生那句話，實在是可悲觀的」。又說：「只有一部
《新青年》來提倡，不知要多少年之後，纔能造成新文學呢！」。[102]這
封信出自一位北京高等師範學校的學生，卻一針見血地指出贊成文學
革命的只限於學界一小部分的人。這封信是在1918年7月23日寫
的，錢玄同直到1919年2月才在《新青年》上刊出，同時作了回覆，
承認：「白話文學自從《新青年》提倡以來，還沒有見到多大的效
果，這自然是實情」。[103]這已經是五四運動前夕了，可以看到白話文
學發展的實際情形。

　　這裡值得注意的是，文學革命的重點最初是在國語和白話文學上
面。胡適研究歐洲各國國語的歷史，得知各國國語都是由文學家所造
成的，因此要在中國提倡「國語的文學」和「文學的國語」。[104]文學
革命初期在建設方面比較明顯的成績有兩個，一是白話詩的試驗，加
入者有胡適、沈尹默、周作人、劉復等人；二是歐洲新文學的提倡，
把歐洲文學家的作品介紹到中國來，周作人用直譯的方法，成績最
好，使國語歐化。[105]但是，因為白話文學的試驗和介紹限於少數文人
士大夫，因此它的進展是緩慢的。胡適後來曾經分析清末以來提倡白
話報和字母的人之所以失敗以及文學革命之所以成功的原因：

　　　他們的最大缺點是把社會分作兩部分：一邊是「他們」，

---

102 周祜，〈文學革命與文法〉，《新青年》，第6卷第2號（上海，1919），
　　「通信」欄，頁226-227。
103 錢玄同，〈覆周祜函〉，《新青年》，第6卷第2號，「通信」欄，頁229-
　　230。
104 胡適，〈建設的文學革命論〉，《新青年》，第4卷第4號，頁291。
105 胡適，〈五十年來中國之文學〉，收入申報館編，《最近之五十年》，頁
　　20-21。

一邊是「我們」；一邊是應該用白話的「他們」，一邊是
應該做古文古詩的「我們」。我們不妨仍舊吃肉，但他們
下等社會不配吃肉，只好拋塊骨頭給他們吃去罷。……一
九一六年以來的文學革命運動，方才是有意的主張白話文
學。這個運動有兩個要點與那些白話報或字母的運動絕不
相同。第一，這個運動沒有「他們」、「我們」的區別，
白話不單是「開通民智」的工具，白話乃是創造中國文學
的唯一工具。白話不是只配拋給狗吃的一塊骨頭，乃是我
們全國人都該賞識的一件好寶貝。第二，這個運動老老實
實的攻擊古文的權威，認他做「死文學」。從前那些白話
報的運動和字母的運動，雖然承認古文難懂，但他們總覺
得「我們上等社會的人是不怕難的：吃得苦中苦，方為人
上人」。[106]

這段話後來經常被學者引用。他在1935年寫的〈新文學運動小
史〉，又重覆這個觀點，說王照和勞乃宣等人在心理上把社會分作兩
個階級，一邊是「我們」士大夫，一邊是「他們」齊氓細民，「拼音
文字不過是士大夫丟給老百姓的一點恩物，決沒有代替漢文的希
望」。[107]顯然他認為文學革命最後能夠收效，在心理上破除士大夫和
百姓的界線是　大關鍵。胡適這段「他們」「我們」的分析，最早是
在1923年寫的。在此以前無論他在《留學日記》或《新青年》談到
文學革命的文字，都沒有提出這樣的概念，所以他是否一開始就有打

---

106 胡適，〈五十年來中國之文學〉，收入申報館編，《最近之五十年》，頁
　　19。
107 胡適，〈新文學運動小史〉，收入胡適編，《中國新文藝大系·文學論戰
　　一集》，頁14。

破「他們」和「我們」界線的意識，很值得懷疑。我們看胡適的《留學日記》，處處可見他對文學、文字、文法研究的興趣。他在《新青年》提倡文學革命，主要是從文學應隨時代進化的觀點出發，認為古文學是沒有價值的「死文學」，白話文學才是能夠表達當代生活思想的「活文學」，這是「歷史進化的文學觀」。[108]這些都是學者研究問題的表現，白話詩的嘗試也是文人圈的活動。再看胡適最初的理念，他認為文學革命的目的不僅是「在能通俗，使婦女童子都能了解」，更要緊的是用最通行的白話文來作文學，產生中國的新文學，先要有「國語的文學」，才能有「文學的國語」。[109]又說：「要先造成一些有價值的國語文學，養成一種信仰新文學的國民心理，然後可望改革的普及」。[110]可見他當時把眼光放在國語和文學上，並不將通俗和普及看作眼前的目標。我們如果回頭檢視早期文學革命的討論裡，將發現其中具有打破「他們」和「我們」意識的言論，是陳獨秀在〈文學革命論〉提出的三大主義：「推倒雕琢的、阿諛的貴族文學，建設平易的、抒情的國民文學」；「推倒陳腐的、鋪張的古典文學，建設新鮮的、立誠的寫實文學」；「推倒迂晦的、艱澀的山林文學，建設明瞭的、通俗的社會文學」。[111]這段話具有平民主義的精神，但是在當時只是口號和目標，還不能立即實現。而且早期文學革命的參與者只限於《新青年》作者、北京大學教員這一小群上層知識分子，和社會上的「齊氓細民」還是有相當距離的，他們在文學、學理所做的討論，

---

108 胡適，〈新文學運動小史〉，收入胡適編，《中國新文藝大系・文學論戰一集》，頁24。
109 胡適，《胡適文存》（台北：遠流出版公司，1986），集1卷1，頁112。
110 胡適，《胡適文存》，集1卷1，頁79。
111 陳獨秀，〈文學革命論〉，《新青年》，第2卷第6號（上海，1917），頁1。

也不容易引起一般社會民眾的興味。

　　白話文的提倡有進一步發展，是在第一次世界大戰結束以後。陳獨秀於1918年12月下旬創辦《每週評論》，完全使用白話文。1919年1月，北京大學學生傅斯年、羅家倫、汪敬熙等人也辦了白話月刊《新潮》，是學生界最早的響應，在當時很受矚目。緊接著北京大學和江蘇省教育會等又聯合出版了《新教育》月刊，也是用白話文寫作。這些刊物的創辦人或主持編輯的人都是北京大學的教員或學生，以實際行動響應《新青年》提倡白話文的主張。值得注意的是，白話文在這個時期有所進展，是因為大戰結束以後，這些思想較敏銳的知識分子，急切地要藉著出版白話報來激發大眾關懷時局，了解世界新思潮。白話文主要是因為時論文章和新思潮介紹得到推廣，也就是在應用文方面，而不是新文學創作。陳獨秀早期和胡適討論文學革命時，曾表示：「鄙意文學之文必與應用之文區而為二，應用之文但求樸實說理紀事，其道甚簡。而文學之文，尚須有斟酌處，尊兄謂何？」[112]他把文學之文和應用之文做了區別。蔡元培於1919年11月在北京女子高等師範學校演講「國文之將來」，也做了類似區別，他說：「我敢斷定白話派一定占優勝。……照我的觀察，將來應用文，一定全用白話。但美術文，或者有一分仍用文言」。他認為應用文不過記載和說明兩種作用，美術文大約可分為詩歌、小說、劇本三類。[113]胡適所著意者是在「文學之文」、「美術文」方面，《每週評論》、《新潮》的文章則以應用文為主。而早期胡適等寫作白話詩文

---

[112] 中國社會科學院近代史研究所中華民國史研究室編，《胡適來往書信選》，上冊，頁5。
[113] 孫常煒編著，《蔡元培先生年譜傳記》（台北：國史館，1986），中冊，頁352-353。

的新作家，都是盡量採用舊小說裡的白話來寫白話文，到了《新潮》出版以後，傅斯年主張白話文不能避免「歐化」，歐化的白話文充分吸收西洋語言的細密結構，才能夠傳達複雜的思想和曲折的理論，才能應付新時代的需要，這也是在實際應用上對白話文寫作的重要改變。[114]

　　白話文在第一次世界大戰結束以後得到一些進展，不過成績有限，到了五四運動爆發，因為學生要發動更多人參加愛國運動，白話文刊物的出版頓時如雨後春筍一般。周策縱說，五四遊行示威的學生分發印有「北京學界全體宣言」的傳單，揭舉「外爭主權，內除國賊」的口號，提出兩條信條和全國同胞相約：「中國的土地可以征服不可以斷送！中國的人民可以殺戮不可以低頭！」這篇宣言用了生動、簡潔的白話文寫的，反映了文學革命的效果，是青年知識分子的精神最好的表示。[115]這個說法是相當真確的。我們還可以從另一個角度來了解白話文發展和時局之間的關係。前文提到清末已經出版了一些白話報，如果詳細觀察它們出版的時間，可以分為兩波熱潮，都和涉外事件激起愛國意識有關。第一波是中國在八國聯軍之役遭到嚴重挫敗，引發民族危機感，1901年有《杭州白話報》和《京話報》創辦；第二波是1903年俄國侵占東三省事件，引起拒俄運動，於是有《中國白話報》、《寧波白話報》、《安徽俗話報》等相繼創辦。這都是在民族危機感之下，為了開啟民智，而用白話文來進行宣傳。另一方面，在清末愛國運動中，白話文傳單也已經不少。這裡可以舉1905

114　胡適，〈新文學運動小史〉，收入胡適編，《中國新文藝大系・文學論戰一集》，頁29-30。

115　Tse-tsung Chow, *The May Fourth Movement: Intellectual Revolution in Modern China*, pp. 106-107.

年抵制美貨運動時，北京學生奉勸北京城的人不要購買美貨的白話傳單做例子：

> 美國同我們中國，向來和好，但是我們中國人，到美國去的，受他們樣樣的虐待，一言難盡！現在美國又要定新例，禁止中國人去到他國做工，外面子上單指做工的說，其實連游學的、經商的，一概都限制在內。將來這個條約，若是辦成了，我們中國的人，不便到美國去，他美國的人，卻能到中國來，隨隨便便，請你們眾位想想，世界上有這宗道理麼？上海的官商，因為這件事，大家商議，從此以後中國人不用美國貨物。這個抵制的法子，實在是好，我們住在北京的，也該照樣見辦。……我們不買他的貨，他在中國的商務，不能得利，自然要回心轉意，把苛待中國人的禁例，全行除去。他一日不除苛例，我們一日不買他的貨物。這件事關乎全國大局，關乎數百萬民命，諸位要同心一意纔好。[116]

清末還沒有文學革命的提倡，這些白話報和白話傳單，都是在愛國運動發生時，為了向一般民眾進行宣傳而使用較淺白的文字。這可以提供我們進一步了解白話文與五四運動的關係。

五四運動以後，各地大、中、小學學生創辦的白話報刊據統計有四百多種，白話文的發展呈現蓬勃的現象。羅家倫在五四運動一週年時，曾很翔實記述愛國運動對白話文發展的重要影響：

> 五四以前，談文學革命、思想革命的，不過《新青年》、

---

[116]〈北京學生奉勸北京城的人莫買美國的貨物〉，《大公報》（天津），1905年6月7日，頁5。

《新潮》、《每週評論》和其他兩三個日報，而到五四以
後，新出版驟然增至四百餘種之多。……五四以前，白話
文章不過是幾個談學問的人寫寫；五四以後則不但各報紙
大概都用白話，即全國教育會在山西開會，也都通過以國
語爲小學校的課本，現在已經一律實行採用。而其影響還
有大的，就是影響及於教育制度的本身。在五四以前的學
生，大都俯首帖耳，聽機械教育的支配；而五四以後則各
學校要求改革的事實，層出不窮。[117]

胡適在1922年《申報》創辦五十週年紀念時，寫了一篇〈五十
年來中國之文學〉，也很公允客觀地指出五四運動對白話文的影響，
他說：

這時代，各地的學生團體裡忽然發生了無數小報紙，形式
略仿《每週評論》，內容全用白話。此外又出了許多白話
的新雜誌。有人估計，這一年（一九一九）之中，至少出
了四百種白話報。

又說：

民國八年的學生運動與新文學運動雖是兩件事，但學生運
動的影響能使白話的傳播遍於全國，這是一大關係。況且
「五四」運動以後，國內明白的人漸漸覺悟「思想革新」
的重要，所以他們對於新潮流，或採取歡迎的態度，或採
取研究態度，或採取容忍的態度，漸漸的把從前那種仇視
的態度減少了，文學革命的運動因此得自由發展，這也是

---

117 羅家倫，〈一年來我們學生運動底成功失敗和將來應取的方針〉，《晨
報》，五四紀念增刊，1920年5月4日，頁2。

　　一大關係。因此，民國八年以後，白話文的傳播眞有「一
　　日千里」之勢，白話詩的作者也漸漸的多起來了。[118]

　　羅家倫和胡適在當時所寫下的這些文字，都翔實地說明五四運動
對白話文的推廣有極大的推波助瀾作用。尤其是在新文化運動提出來
以後，白話文的發展更見迅猛，和新思想的傳播有相輔相成的作用。

　　白話文迅速進展的另一個重要原因是平民主義的興起。前文提到
在 1919 年以前，關於文學革命的討論限於學界人士，而且主要在文
學、學理的層面，雖然不能說沒有引起社會的注意，但是和一般社會
民眾並沒有發生太多關係。第一次世界大戰結束以後，平民主義的浪
潮捲入中國，平民教育的理念興起，特別是五四運動以及新文化運動
以後，整個社會都「動」了起來。[119]新文化運動的理念之一是文化普
及，要向民眾傳播文化思想，進行教育，白話文和演說都是重要工
具。因此，白話文之所以能夠迅速推廣，實得利於思潮和政治、社會
起了大變化。我們甚至可以推測，胡適上述打破「我們」和「他們」
界線的論述是受到平民主義、平民教育思想的影響。陳獨秀在 1923
年底爲《科學與人生觀》寫序，對白話文的發展有一段很值得重視的
論述：

　　　常有人說，白話文的局面是胡適之、陳獨秀一班人鬧出來
　　　的。其實這是我們的不虞之譽。中國近來產業發達人口集
　　　中，白話文完全是應這個需要而發生而存在的。適之等若

---

118 胡適，〈五十年來中國之文學〉，收入申報館編，《最近之五十年》，頁
　　22。
119 羅家倫說：「『五四運動』的功勞就在使中國『動』！」。羅家倫，〈一年
　　來我們學生運動底成功失敗和將來應取的方針〉，《晨報》，五四紀念增
　　刊，1920 年 5 月 4 日，頁 3。

在三十年前提倡白話文，只需章行嚴一篇文便駁得煙消灰
滅，此時章行嚴的崇論宏議有誰肯聽？[120]

胡適認爲陳獨秀是站在他的經濟史觀的立場說的，歷史的解釋並
非那麼簡單，至少在其他方面，如中國有一千多年白話文學作品、幾
十年來政治的變化等等，都是促進白話文興起的重要因子。[121]陳氏說
白話文是應產業發達人口集中的需要而發生，這個說法雖然失諸簡
單，但是，如果沒有第一次世界大戰結束新思潮的湧現，五四運動激
起人們對政治的關懷，新文化運動把文化普及做爲重要的理念，白話
文很難有「一日千里」的進步，則是不容否認的。1917年1月陳獨秀
讀了胡適的〈文學改良芻議〉，有感而發說：「白話文學，將爲中國
文學之正宗，余亦篤信而渴望之，吾生倘親見其成，則大幸也」。[122]
1918年4月，胡適寫的〈建設的文學革命論〉說：「我望我們提倡文
學革命的人，……個個都該從建設一方面用力，要在三、五十年內替
中國創造出一派新中國的活文學」。[123]可見他們最初完全不敢奢望白
話文學或白話文的努力能夠在短時間內看到顯著的成績，正因爲時局
發展和政治運動的發生，才促使白話文在短短幾年就風起雲湧。

五、結論

1916年以後，《新青年》開始發動對中國舊禮教和舊文學的攻

---

120 陳獨秀，〈答適之〉，收入任建樹等編，《陳獨秀著作選》，卷2，頁575。
121 胡適，〈新文學運動小史〉，收入胡適編，《中國新文藝大系・文學論戰
　　一集》，頁18-19。
122 陳獨秀，〈胡適文學改良芻議文末附識〉，《新青年》，2：5（上海，
　　1917），頁11。
123 胡適，〈建設的文學革命論〉，《新青年》，4：4（上海，1918），頁289。

擊，展開近代中國的思想革命和文學革命，後世將它視爲新文化運動
最重要的兩個內容，也大都把新文化運動的開端上推到《新青年》創
刊。學者所謂「廣義的五四運動」其實指的就是這個延伸意義的新文
化運動，而把五四運動視爲中間的一個環節，把《新青年》開啓的思
想革命視爲促發五四運動的重要力量。本文回到歷史的當下，闡明最
初新文化運動做爲一種運動被提出來，是在五四運動以後，因爲政治
運動出現困境，必須改弦易轍，於是提倡文化運動或新文化運動以繼
之。它最初具有推動文化普及的理念，主要受到第一次世界大戰結束
時民主主義、平民主義、平民教育思潮的影響。又因爲要鼓吹新文
化，《新青年》提倡的思想革命和文學革命於是與這個運動合流，進
而成爲新文化運動最主要的意涵和源頭。不容否認的，《新青年》發
動的思想革命和文學革命具有開創新時代的歷史意義，但是在第一次
世界大戰結束或五四運動之前，它們的進展是緩慢而有限的。第一次
世界大戰結束使它們往前推進了一大步，五四運動爆發以及繼起的新
文化運動更是加速它們前進。這個發展其實是歷史因果不斷地匯流、
交織、交疊的結果，透過本文的重新梳理，我們可以進一步了解這段
演變的複雜性。

　　胡適對於五四運動有一段評語爲大家所熟知，他雖然承認五四運
動完成了「兩項偉大的政治收穫」：一是迫使北京政府撤掉了三個親
日高級官員的職，二是迫使中國參加巴黎和會的代表團不敢在和約上
簽字，但是他說，從「中國文藝復興」這個文化運動的觀點來看，
「在一九一九年所發生的『五四運動』，實是這整個文化運動中的一
項歷史性的政治干擾。它把一個文化運動轉變成一個政治運動」。
「從新文化運動的觀點來看，——我們那時可能是由於一番愚忱想把
這一運動，維持成一個純粹的文化運動和文學改良運動，——但是它

終於不幸地被政治所阻撓而中斷了！」。[124]胡適的這番感慨是可以理解的，他從1917年7月自美返國，就認定中國政治無法脫離黑暗是思想文藝的落後所造成，他當時就「打定二十年不談政治的決心，要想在思想文藝上替中國政治建築一個革新的基礎」。[125]《新青年》早期不談政治而專注意文藝思想的革命，主要便是出於胡適的主張。[126]他後來眼見中國政治走向極度混亂的局面，距離民主自由愈來愈遠，不免感慨如果他所抱持在文藝思想上努力的初心沒有受到政治運動干擾的話，中國政治應該會走向不同的局面。胡適這段話在學術研究上經常被引用，也影響許多人對五四運動的看法。前文提到他在1922年曾說文學革命因為五四學生運動得到快速發展，表面上看來這兩個說法似乎相互矛盾，事實上是從兩個不同歷史面向來談。他在1960年的談話就很清楚地呈現這種思維，他說：「他（案：指五四運動）一方面幫助我們的文藝復興思想的運動，同時也可以算是害了我們這純粹思想運動變成政治化啦，可以說變了質啦，在我個人看起來，誰功誰罪，很難定，很難定，這是我的結論」。[127]胡適後面的這個說法，顯然是對前述評斷做了一些修正，不過因為他始終堅持從文藝思想上努力為中國政治打造基礎的信念，對文化運動和政治運動因果關係的陳

---

124 唐德剛譯註，《胡適口述自傳》，頁189-192。1960年5月4日，臺北的中央廣播電台播放胡適的談話錄音，他說：「『五四』本身絕不是文藝復興運動，而『五四』本身是愛國運動」。胡適，〈五四運動是青年愛國的運動〉，收入《胡適講演集》（台北：胡適紀念館，1978），下冊，頁568-569。

125 胡適，〈我的歧路〉，收入《胡適文存》，集2卷3，頁65。

126 胡適，〈紀念「五四」〉，《獨立評論》，第149號，頁1-8。

127 胡適，〈五四運動是青年愛國的運動〉，收入胡適，《胡適講演集》，下冊，頁569。

述不免仍帶著相當的主觀。

　　周作人在1949年寫的一篇文章，以主客談話的方式對胡適上述的觀點提出批評，其中談到五四運動和新文化運動之間的關係，很值得我們注意，將這段文字抄錄於下：

> 雖然五四的老祖宗之一，那即是胡適之博士，力說五四的精神是文學革命，不幸轉化而成爲政治運動，但由我們旁觀者看去，五四從頭至尾，是一個政治運動，而前頭的一段文學革命，後頭的一段新文化運動，乃是焊接上去的。若是沒有這回政治性的學生對政府之抗爭，只是由《新青年》等二三刊物去無論如何大吹大擂的提倡，也不見得會有什麼大結果，日久，或者就將被大家淡忘了也說不定。這因有了那一次轟動全國的事件，引動了全國的視聽，及至事件著落之後，引起了的熱情變成爲新文化運動。[128]

　　周作人這段敘述把文學革命、五四運動和新文化運動分成三段，用「焊接」這樣的字眼來說明，固然予人過於生硬截斷的感覺，不如本文所說的匯流、交織和交疊。不過他指出三者時序的先後，強調因爲有五四政治運動才促發了新文化運動，使得此前的文學革命和思想革命得到發展，和本文所論大致相符。長久以來大家對五四運動和新文化運動的看法大概已經根深蒂固，在五四運動一百週年之際，本文重新檢討兩個運動的關係，側重大的歷史脈絡論述，至於一些細部的問題則仍有待深究。

---

128 周作人著、陳子善選編，《知堂集外文：四九年以後》（長沙：岳麓書社，1988），頁27。

徵引書目

〈《新潮》發刊旨趣書〉，《新潮》，第1卷第1號（北京，1919），頁1-4。

〈「全國」會終止罷課宣言〉，《民國日報》（上海），1919年7月23日，10版。

〈文學革命與文法〉，《新青年》，第6卷第2號（上海，1919），「通信」欄，
　　頁226-230。

〈日本學生團來華之主張〉，《教育週刊》，25（上海，1919），1919年8月11
　　日。

〈日本學生團致我學生界書〉，《申報》，1919年8月5日，6版。

〈北大學生評議部開幕〉，《民國日報》（上海），1919年10月30日，6版。

〈北大學生會評議部成立〉，《申報》，1919年10月30日，3版。

〈北京平民夜校開幕紀〉，《申報》，1920年1月22日，7版。

〈北京通信〉，《申報》，1920年5月23日，6版。

〈北京通信〉，《申報》，1920年9月14日，6版；9月15日，6-7版。

〈北京學生之五四紀念大會〉，《晨報》，1920年5月5日，2版。

〈北京學生奉勸北京城的人莫買美國的貨物〉，《大公報》（天津），1905年6
　　月7日，頁5。

〈平民教育講演團徵集團員〉，《北京大學日刊》，1919年3月7日，4版。

〈本月刊創設之用意〉，《新教育》，第1卷第1號（上海，1919），頁1。

〈京津學界慰勞請願代表記〉，《申報》，1919年11月12日，6版。

〈京學生從事社會事業〉，《大公報》（天津），1920年5月20日，3版。

〈兩個日本青年學生〉，《星期評論》，10（上海，1919），4版。

〈府院秘書廳之兩談話〉，《申報》，1919年8月4日，7版。

〈爲創設英文雜誌印刷機關致海外同志書〉，中國國民黨中央委員會黨史委員
　　編，《國父全集》第3冊，台北：黨史會，1973，頁670。

〈浙一師學生留經之請願〉，《申報》，1920年3月17日，8版；

〈浙一師學生第四次宣言〉，《申報》，1920年5月25日，7版。

〈浙學潮醞釀之近訊〉，《申報》，1920年3月16日，7版

〈專電〉，《申報》，1919年8月6日，4版。

〈陳獨秀過滬之談片〉，《申報》，1920年2月23日，14版。

〈傅斯年羅家倫致同學書〉，《時事新報・學燈副刊》，1919年7月3、4日，
　　第3張，4版。

〈新文化運動解釋〉，《天津大公報》，1919年11月5日，7版。

〈蔡校長十五日之演說〉，《北京大學日刊》，1918年11月27日，3、4版。

〈蔡校長十六日之演說〉,《北京大學日刊》,1918 年 11 月 27 日,4 版。

〈學生聯合會總會消息〉,《申報》,1919 年 9 月 22 日,10 版。

〈學術講演會演說競進會〉,《申報》,1919 年 12 月 18 日,8 版。

〈羅家倫與狄侃書〉,附於狄侃,〈請看羅家倫覆我的信〉,《時事新報·學燈副刊》,1919 年 6 月 28 日,第 3 張,4 版。

人民出版社編,《李大釗選集》,北京:人民出版社,1978。

力子(邵力子),〈五四運動的精神〉,《民國日報》(上海),副刊《覺悟》,1922 年 5 月 4 日。

＿＿＿,〈五四運動的精神〉,收入傅學文編,《邵力子文集》,北京:中華書局,1985,下冊,頁 681-682。

中國社會科學院代史研究所近代史資料編輯組編,《五四愛國運動》,上冊,北京:中國社會科學出版社,1979。

中國社會科學院近代史研究所中華民國史研究室編,《胡適來往書信選》,上冊,香港:中華書局香港分局,1983。

王奇生,〈新文化是如何「運動」起來的〉,收入《革命與反革命:社會文化視野下的民國政治》,北京:社會科學文獻出版社,2010,頁 1-38。

平心,〈一年來我們學生界的回顧〉,《晨報》,1921 年 5 月 4 日,6 版。

任建樹等編,《陳獨秀著作選》,上海:上海人民出版社,1993。

先進(李漢俊),〈日本的新運動〉,《星期評論》,11(上海,1919),4 版。

＿＿＿,〈新文化運動的武器〉,《星期評論》,13(上海,1919),4 版。

余英時,《中國近代思想史上的胡適》,台北:聯經出版公司,1986。

李長之,《迎中國的文藝復興》,上海:商務印書館,1946。

李達嘉,〈罪與罰——五四抵制日貨運動中學生對商人的強制行為〉,《新史學》,14:2(台北,2003),頁 43-110。

＿＿＿,〈五四運動的發動:研究系和北京名流的角色〉,收入李達嘉編,《近代史釋論:多元思考與探索》,台北:東華書局,2017,頁 164-165。

汪原放,《回憶亞東圖書館》,上海:學林出版社,1983。

周月峰,〈五四後「新文化運動」一詞的流行與早期含義演變〉,《近代史研究》,2017:1(2017),頁 28-47。

周作人著、陳子善選編,《知堂集外文:四九年以後》,長沙:岳麓書社,1988。

明明(李大釗),〈祝黎明會〉,《每週評論》,9(北京,1919),2、3 版。

胡適,〈建設的文學革命論〉,《新青年》,第 4 卷第 4 號(上海,1918),頁 289-306。

＿＿＿,〈新思潮的意義〉,《新青年》,第 7 卷第 1 號(上海,1919),頁 5-12。

＿＿＿,〈五十年來中國之文學〉,收入申報館編,《最近之五十年》(上海:

申報館，1923），頁1-23。

_____，〈新文化運動與國民黨〉，《新月》，第2卷第6、7號合刊（上海，1929），頁1-15。

_____，〈個人自由與社會進步——再談五四運動〉，《獨立評論》，第150號（北平，1935），頁2-5。

_____，〈紀念「五四」〉，《獨立評論》，第149號（北平，1935），頁2-8。

_____，〈新文學運動小史〉，收入胡適編，《中國新文藝大系·文學論戰一集》，台北：大漢出版社，1977，頁1-40。

_____，〈五四運動是青年愛國的運動〉，收入胡適，《胡適講演集》，台北：胡適紀念館，1978，下冊，頁568-569。

_____，《胡適文存》，台北：遠流出版公司，1986。

唐德剛譯註，《胡適口述自傳》，台北：傳記文學出版社，1981。

孫常煒編著，《蔡元培先生年譜傳記》，中冊，台北：國史館，1986。

桑兵，〈「新文化運動」的緣起〉，《澳門理工學報·人文社會科學版》，2015：4（澳門，2015），頁5-19。

袁一丹，〈「另起」的「新文化運動」〉，《中國現代文學研究叢刊》，2009：3（北京，2009），頁75-89。

堅瓠（錢智修），〈文化運動之第二步〉，《東方雜誌》，第17卷第19號（上海，1920），頁3-4。

崔志鷹，〈朝鮮三一運動和我國五四運動的比較研究〉，《史林》，1995：4（上海，1995），頁105-109。

崔龍水，〈三一運動和五四運動的比較研究——中國歷史資料為中心〉，收入中共中央黨校編，《韓國研究論叢》，北京：中共中央黨校，2000，頁149-166。

張國燾，《我的回憶》，第1冊，香港：明報月刊，1971。

張熙若，〈國民人格之培養〉，《大公報》（天津），1935年5月5日，2、3版，轉載於《獨立評論》，150（北京，1935），頁14-17。

曹伯言整理，《胡適日記全集》，台北：聯經出版公司，2004。

梁啓超，〈「五四紀念日」感言〉，《晨報》，五四紀念增刊，1920年5月4日，頁1。

梁啓超，《新民說》，台北：臺灣中華書局，1978。

淵泉（陳博生），〈日本最近的社會運動與文化運動〉，《解放與改造》，第1卷第7號（北京，1919），頁69-75。

許德珩，〈回憶五四運動〉，收入《五四運動親歷記》，北京：中國文史出版社，1999，頁20-21。

郭紹虞，〈文化運動與大學移殖事業〉，《晨報》，五四紀念增刊，1920年5月

4日，頁4。

陳以愛，〈五四運動初期江蘇省教育會的南北策略〉，《國史館館刊》，43（台北，2015），頁1-52。

陳獨秀，〈胡適文學改良芻議文末附識〉，《新青年》，第2卷第5號（上海，1917），頁11。

_____，〈文學革命論〉，《新青年》，第2卷第6號（上海，1917），頁1-4。

_____，〈覆胡適函〉，《新青年》，第3卷第3號（上海，1917），「通信」欄，頁6。

_____，〈新文化運動是什麼？〉，《新青年》，第7卷第5號（上海，1920），頁1-6。

彭明，《五四運動史》，北京：人出版社，1998。

黃自進，《吉野作造對中國的認識與評價（1906-1932)》，台北：中央研究院近代史研究所，1995。

賈興權，《陳獨秀傳》，濟南：山東人民出版社，1998。

歐陽軍喜，〈國民黨與新文化運動〉，《南京大學學報》，2009：1（南京，2009），頁73-78。

歐陽哲生，〈胡適在不同時期對「五四」的評價〉，《二十一世紀》，1996：4（香港，1996），頁37-46。

潘公展筆述，〈記杜威博士演講的大要〉，《新教育》，第1卷第3號（上海，1919），頁326-331。

蔡元培，〈去年五月四日以來的回顧與今後的希望〉，《晨報》，五四紀念增刊，1920年5月4日，頁1。

蔡元培著，高平叔主編，《蔡元培文集》，台北：錦繡文化，1995，卷1、2。

蔣夢麟，〈教育究竟做什麼〉，《新教育》，第1卷第1號（上海，1919），頁8。

_____，〈今後世界教育之趨勢〉，《新教育》，第1第2號（上海，1919），頁120-123。

_____，《西潮》，台北：中華日報社，1960。

蔣夢麟、胡適，〈我們對於學生的希望〉，《晨報》，五四紀念增刊，1920年5月4日，頁1。

魯迅，《魯迅全集》，台北：唐山出版社，1989，卷1。

錢玄同，〈致編者函〉，《新青年》，第3卷第1號（上海，1917），「通信」欄，頁1-7。

瞿世英，〈五四與學生〉，《晨報》，1921年5月4日，2版。

羅志田，〈歷史創造者對歷史的再創造：修改「五四」歷史記憶的一次嘗試〉，《四川大學學報（哲學社會科學版）》，2000：5（成都，2000），頁

92-101。

羅家倫，〈今日之世界新潮〉，《新潮》，第1卷第1號（北京，1919），頁19-24。

＿＿＿＿＿，〈一年來我們學生運動底成功失敗和將來應取的方針〉，《晨報》，五四紀念增刊，1920年5月4日，頁2-4。

Chow,Tse-tsung. *The May Fourth Movement: Intellectual Revolution in Modern China.* Cambridge: Harvard University Press, 1960.

Dirlik, Arif. *The Origins of Chinese Communism.* New York: Oxford University Press, 1989.

＿＿＿＿＿. *The Anarchism in the Chinese Revolution.* Berkeley: University of California Press, 1991.

Lin Yü-sheng. *The Crisis of Chinese Consciousness: Radical Antitraditionalism in the May Fourth Era.* Madison: University of Wisconsin Press, 1979.

Manela, Erez. *The Wilsonian Moment: Self-Determination and the International Origins of Anticolonial Nationalism.* New York: Oxford University Press, 2007.

Meisner, Maurice. *Li Ta-chao and the Origins of Chinese Marxism.* Cambridge: Harvard University Press, 1967.

Rethinking the Relationship between the New Culture Movement and the May Fourth Movement

Li Ta-chia

Abstract

Since Tse-tsung Chow's broad-ranging study of the May Fourth Movement, subsequent research has largely followed his approach. He believed that the New Culture Movement launched by *New Youth* had brought about major changes in China, and the student movement that sprang from the May Fourth incident was but one event in this larger process. Actually, the appeal and essence of these two movements were different. Chen Duxiu and Hu Shi both treated them separately. Hu Shi even believed that the cultural movement was interrupted by the political movement (student movement). This article follows Hu Shi and Chen Duxiu in this regard. I hope that a discussion based on this distinction will give us a deeper understanding of the complex relationship between the two movements in China's historical development.

This article focuses on three main points. First, it points out that the term "Culture Movement" and "New Culture Movement" appeared only after the May Fourth Movement. It was proposed as a new direction for the student movement. It was initially influenced by populism and was intended to promote education for commoners and promote cultural popularization. The ideological revolution and the literary revolution advocated by *New Youth* quickly merged with and became the main focus of this movement, following which the ideal of cultural popularization was gradually diluted. Second, in the past, it was widely believed that the ideological revolution advocated by *New Youth* was an important force that prompted the outbreak of the May Fourth Movement. This article proposes a different view. It points out that the attack on the old ethics that was made by *New Youth* was not directly related to the outbreak of the May

Fourth Movement. In terms of thought, the new trend of ideas from Europe and the United States after the First World War was the more important factor that affected the May Fourth Movement. The ideological trend was mainly based the propositions of US President Wilson, such as his statements concerning power, national self-determination, international pacifism, democracy, populism, and so forth. Before the May Fourth Movement, the progress of the ideological revolution was slow and limited. It was not until the launch of the New Culture Movement that the ideological revolution quickly developed. Third, the situation of the development of the literary revolution was similar to the ideological revolution. Before the end of the First World War, only a few elite intellectuals were concerned about replacing classical Chinese with the vernacular, and their discussion focused on literary and academic issues. It did not attract the attention of the public. It was not until the end of the First World War that intellectuals published newspapers and periodicals in the vernacular to introduce new ideas, and the use of vernacular then spread. The development of vernacular writing was more rapid after the May Fourth Movement. In this regard, Hu Shi's statement that the cultural movement was interrupted by the political movement needs to be amended. This article thus analyzes the complex relationship between thought and situation. It further reminds us that the reason why the May Fourth Movement is of great significance in Chinese history is not only because it had a big political impact, but also because it promoted the development of the New Culture Movement with far-reaching effects.

Keywords: May Fourth Movement, New Culture Movement, First World War, ideological revolution, literary revolution

【論文】

重估五四新文學的發生與日本
——以周作人、魯迅及郁達夫為線索

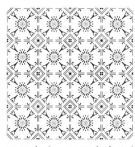

潘世聖

1960年生。1983年東北師範大學中文系畢業，1986年吉林大學中文系碩士研究生畢業，同年起在北京語言學院中文系任教，講授中國現代文學、中日比較文學等課程。1994年赴日留學，1997年獲日本鹿兒島大學碩士學位，2000年獲九州大學博士學位。後在九州大學等校任教，2005年赴任華東師範大學外國語學院教授，從事日本近現代文學及中日比較文學的教學研究至今。歸國後曾於日本西南學院大學、中部大學、九州大學和國際日本文化研究中心任客座研究員、客座教授、訪問教授及外國人研究員。有著作《魯迅・明治日本・漱石——關於影響及結構的綜合性比較研究》（日文，東京：汲古書院）、《現代中國的文化》（日文、合著，東京：明石書店）、譯著柄谷行人《哲學的起源》（北京：中央編譯出版社）、藤井省三《魯迅的都市漫遊——東亞視域下的魯迅言說》（北京：新星出版社）及各類研究論文若干。

重估五四新文學的發生與日本
——以周作人、魯迅及郁達夫為線索

摘要

　　在五四新文學發生的首等要素，即「西方現代性」中，包含了西方本宗和東洋日本這兩個結構性因素。學界對「日本因素」的認知雖無歧義，但在結構形態和意義考量方面仍有繼續探討的空間。日本於中國而言，不僅只是接受西學的「中繼平臺」，其「全盤西化」模式中的「革命」精神以及日本固有的文藝美學傾向，依附著西方現代性的東漸，直接參與了五四新文學的發生。周作人的文學理論論文〈人的文學〉、魯迅的《狂人日記》等一系列作品、以及郁達夫極富獨特性的小說《沉淪》等，都與近代日本密切關聯，其深度和幅度甚至超越人們的知識認知。「日本因素」後來未能在新文學主流中拓展光大，既有中日文化傳統審美趣味存在差異的原因，更在於兩個社會面對近代化之價值取向做出不同選擇，直至各奔東西。深入思考和回應「日本經驗」、「日本影響」這一視角的詰問，有利於確切把握五四新文學的生成要因，理解五四新文學形態結構的現代性及多樣性。

關鍵詞：五四新文學、日本因素、周作人、魯迅、郁達夫

緒語：重估新文學發生之「日本因素」的必要性

在五四新文學發生敘事系譜中，西學東漸是最爲重要的關鍵詞。
在大陸地區的文學史教科書和有關著述中大抵可以看到這樣的「常
識」敘述：「文學革命既是文學發展自身孕育的結果，是社會變革與
文化轉型的產物，而外國文藝思潮的影響，則是不可忽視的重要外
因。在文學革命的醞釀過程和發動初期，發難者就直接從外國文學運
動中得到過啓示」。在論及新文學初期格局時，代表「現實主義」和
「浪漫主義」兩大勢力的文學研究會、創造社以及語絲派等歷來是眾
人關注和敘述的焦點：文學研究會「以人生和社會問題爲題材，特別
注重對社會黑暗的揭示和灰色人生的詛咒，表現新舊衝突，寫法上一
般傾向於19世紀俄國和歐洲的現實主義，也借鑒自然主義……，重視
並強調實地觀察和如實描寫」、「創造社則主要傾向於歐洲啓蒙主義和
浪漫主義文學思潮，同時也受到了『新浪漫主義』（包括唯美主義、
頹廢主義、象徵主義、表現主義等）文學思潮的影響」。[1]筆者以爲，
如上所示，在大學中國現代文學教育敘事體系中，有關新文學發生的
敘述有意無意忽略或淡化了作爲新文學發生事實的「日本因素」。
中、西、東多種因素交錯、彙集和融創的格局，被簡潔地呈現爲中西
兩者交集往復的單純圖式。繼而，這種「日本因素」考量的部分缺
席，又邏輯性的投射到對新文學自身結構及其意義延伸的把握中。

另一方面，在中國現代文學研究，特別是有關中日文學關係研究
方面，伴隨著1978年起航的改革開放，陸續出現了很多重要的學術
研究業績。如：劉柏青《魯迅與日本文學》（吉林大學出版社，

1　錢理群、溫儒敏、吳福輝，《中國現代文學三十年（修訂本）》（北京：北
　京大學出版社，2006），頁10-11。

1985）、費振剛〈中國現代新文學與近代文化──魯迅、郭沫若同日本文化的交融與差異〉（《傳統文化與中日兩國社會經濟發展》，北京大學出版社，2000》、李怡《日本體驗與中國現代文學的發生》（北京大學出版社，2009）、方長安《中國近現代文學轉型與日本文學關係研究》（臺灣・秀威資訊，2012）等等。另外在旅日學者中，如李冬木關於留日時期魯迅與「日本書」以及日本明治時代「吃人」、「狂人」言說的系列考察，陳力衛從語言視角對近代中日語言文化交錯往還的探究等，都是晚近出現的重要成果。以旅日學者的人文科學研究而言，其大部分均不同程度涉及到中日關係關聯這一宏大主題。上述研究成果探索並解決了很多重要學術問題，並各自成爲相關領域研究的重要參考文獻。

　　但僅管如此，「新文學與日本」這一跨越涵容了社會歷史、思想文化、文學藝術等諸領域的母題，仍有許多需要繼續深化和完善的問題存在。透過自由的多元視角、新的中日文資料文獻、尤其是中文與日文/中國文學與日本文學、乃至世界文學的不同文脈，以及普泛而非定於一尊不可觸碰的基本價值體系，我們理當可以獲得相互補證的多元鏡像，從而盡可能眞實準確的還原或重構新文學生成與「日本因素」的關係圖景。這茫然看去似乎有些老舊的課題研究中存在的上述必要性與可能性，正是本文試圖重新檢討這一課題的主要理由。

　　說到「新文學」的形成與「日本」問題，筆者首先會想起中國新文學的重量級當事人、文豪、也是爭論性人物郭沫若（1892-1978）的一段話。這段文字出自郭沫若1928年1月下旬寫作、5月發表的著名的〈桌子的跳舞〉一文。我們首先來看看該文寫作的時代背景和當時郭沫若本人的情形。稍早的1923年春，郭沫若結束在日本的九年留學生活（依次爲：東京「第一高等學校」預科、岡山「第六高等學

校」、福岡「九州帝國大學」）回到上海，從事創造社雜誌編輯等文
學工作，其間曾數次往返於中日之間；1926年應邀赴廣東大學擔任文
科學長；5月又發表〈革命與文學〉（《創造社月刊》1卷3期），宣傳
倡導無產階級革命文學，同月加入國民黨；7月，投筆從戎，參加國
民革命（北伐戰爭），任國民革命軍總司令部總政治部宣傳科科長，
後任總政治部副部長及總司令部行營政治部主任；1927年3月中共領
導的上海第三次工人武裝起義爆發，月底寫作《請看今日之蔣介石》
（5月以武漢《中央日報》副刊單行本形式刊行）；4月，蔣介石發動
四一二「清共」行動，並在南京成立國民政府，「寧漢分裂」局面形
成；4月底郭沫若被武漢國民黨中央委員會任命為軍事委員會政治部
主任，5月遭南京國民政府通緝，8月加入共產黨，「南昌起義」失敗
後隨部隊撤退至廣東；不久武漢國民政府亦宣佈「清共」，「寧漢合
流」；10月，郭沫若經香港潛回上海，寫作各類作品，繼續鼓吹馬克
思主義和普羅文學；1928年2月逃亡日本避難，3月起居住東京附近
的千葉縣市川市，直至1937年7月25日秘密歸國，長達十年之久。[2]

　　總之，〈桌子的跳舞〉一文，是郭沫若在經歷一系列政治風雲變
幻，回到上海潛伏繼而赴日流亡近前寫出的。文中有一段關於中國新
文學文壇形成的回顧：

> 中國文壇大半是日本留學生建築成的。
>
> 創造社的主要作家都是日本留學生，語絲派的也是一樣。
>
> 此外有些從歐美回來的彗星和國內奮起的新人，他們的努
> 力和他們的建樹，總還沒有前兩派的勢力的浩大，而且多

2　參見林甘泉、蔡震主編，《郭沫若年譜長編（1892-1978）第一卷》（北
　京：中國社會科學出版社，2017）、龔濟民、方仁念，《郭沫若年譜
　（上）》（天津：天津人民出版社，1982）等。

是受了前兩派的影響。

就因為這樣的原故，<u>中國的新文藝是深受了日本的洗禮的</u>。而日本文壇的害毒也就盡量的流到中國來了。

譬如極狹隘，極狹隘的個人生活的描寫，極渺小，極渺小的抒情文字的遊戲，甚至對於狹邪遊的風流三昧……<u>一切日本資產階級文壇的病毒，都盡量的流到中國來了。</u>

這些病毒便是使日本文壇生不出偉大作品的重要原因。

在我們中國呢？不消說草花的種子生不出松柏的大樹。[3]

　　這段歷史證言常為學者引述，但其中蘊含的多重訊息、特別是其作為歷史親歷者和當事人對「事實」的記錄性敘述，仍然需要特別予以關注，進而梳理其錯綜複雜的多重脈絡，辨識正誤混雜的「事實」記述。[4]郭沫若此文的用意，顯然並非討論新文學與日本的問題，其主旨在於鼓吹宣傳普羅革命與普羅文藝實踐。他拼力「鼓舞靜止著的別人」，呼籲文學者投身代表「時代精神」的普羅革命，踐行普羅文藝；他高喊「文藝是階級的勇猛的鬥士之一員，而且是先鋒」，「普羅列塔利亞特的文藝是最健全的文藝」；他很激進，斷然裁決「一般

3　麥克昂（郭沫若），〈桌子的跳舞〉，《創造月刊》，第1卷第11期（上海，1928），頁3。下線為本文作者所加。

4　費振剛〈中國現代新文學與近代文化——魯迅、郭沫若同日本文化的交融與差異〉一文在談到日本近代文學對中國新文學的影響時指出，「第一，它通過日本近代的文化與文學，促成了中國與西方的接觸。歐美文學的諸多學說，乃至社會主義與馬克思主義，經由日本作為中介而達到中國。第二，日本近代文學形成和發展中已經獲得的成果，對中國的知識分子形成強有力的刺激。」對於郭沫若的證言，文章說「郭沫若這一說法，生動地描述了中國『新文化』運動時期，中日兩國之間的種種複雜而深刻的聯繫。」見李玉、嚴紹璗主編，《傳統文化與中日兩國社會經濟發展》（北京：北京大學出版社，2000），頁443、442。

的文學家大多數是反革命派」,「永遠立在歧路口子上是沒有用處的;不是到左邊來,便是到右邊去!」。[5]

〈桌子的跳舞〉所呈現的思想意識帶有左翼革命時代的英雄主義色彩,不啻一篇左翼革命者激情澎湃的普羅思想與普羅文學宣言。儘管其是非臧否不在本文討論的範圍,但作者對自己親身參與和經歷的新文學發生格局及其力量結構的描述,卻正當反映了新文學的歷史事實。這一點,也正是本文關注並討論的中心課題。郭沫若言稱,新文學創始期文壇幹將多留日出身者,創造社郭沫若、郁達夫、張資平、成仿吾,語絲社魯迅、周作人、錢玄同等等,這些留日文學者在新文學創始時期居功至偉,歐美勢力不及留日勢力浩大且受後者影響,故中國新文藝深受「日本的洗禮」,而沒有偉大作品產生,成為了日本式的資產階級文藝。這一段言辭中,最後一句係作者的主觀價值評斷,以階級鬥爭以及革命文學激進轉變的邏輯路線否定五四新文學,不免若干突兀和極端色彩。除此之外,儘管其表述上不免郭式誇張,但並不妨礙所述基本事實的成立。

如前所述,在新文學生成敘事系譜中,五四新文學深受日本「洗禮」這一認知一直有些微妙的曖昧。人們談到新文學的發生大抵必定會提到日本,但同時又常常把它限定在一個有限的維度,將之收斂為「西學」的單純中繼或變種,「近代西洋」視角覆蓋過大,造成文學史敘述、文學批評言說與文學事實形態之間的某種乖離。另一個常態問題則是,目前有關這一課題的大部分研究,主要是在「中國文學」的文脈上研究中日文學,使用的資料多為有限的二手中文(翻譯)資

5　麥克昂(郭沫若),〈桌子的跳舞〉,《創造月刊》,第1卷第11期,頁7,10-11。

料，造成「比較」兩端的強弱差異過大，呈現某種「失衡」狀態，或時有形成視點和思考方向的固化傾向。

　　基於此種觀測和判斷，本文聚焦五四新文學發生初期，即新文學運動啓動的1918年至1920年代初，以這一時期文學理論批評建構板塊的代表人物周作人、中國現代小說藝術的第一創製者魯迅、以及「爲藝術而藝術」的「浪漫主義」小說領域的郁達夫爲考察對象，重新檢討五四新文學的發生與「日本因素」「日本經驗」的關聯形態。

一、周作人新文學理論建構的日本線索

　　如所周知，「文學革命」這一歷史性命題，最早由胡適（1891-1962）於1916年提出。這位在美國哥倫比亞大學哲學系留學的年輕人，和「幾個青年學生在美洲討論了一年多的新發明」就是隆重推出了「『白話文學工具』的主張」。[6]在〈寄陳獨秀〉（1916年10月《新青年》2卷2號「通信」欄）的通信中，胡適抨擊文壇腐朽墮落，指出其根本弊病「可以『文勝質』一語包之」，「有形式而無精神，貌似而神虧之謂也」、「欲救此文勝質之弊，當注重言中之意，文中之質，軀殼內之精神」，並進一步提出：「今日欲言文學革命，須從八事入手」。這樣，中國文學的現代化進程，終於由胡適的「文學革命」和「八事」主張而進入行進模式。

　　毫無疑問，胡適的文學革命意識與近代西方思想文化和文學言說之影響密切相關。稍早的1916年2月，胡適已在日記中明確寫到，

6　胡適，《中國新文學運動小史》（初載1935年10月上海良友圖書印刷公司《中國新文學大系》第一集《建設理論集》），引自歐陽哲生編，《胡適文集》1（北京：北京大學出版社，1998），頁125。

「今日欲爲祖國造新文學，宜從歐西輸入名著入手，使國中人士有所
取法，有所觀摩，然後乃有自己創造之新文學可言也」[7]。文學史家們
也指出，「1916年胡適在美國留學時，曾經非常注意當時歐美詩壇的
意象主義運動，認爲『意象派』對西方傳統詩歌繁錦堆砌風氣的反
叛，及其形式上追求具體性、運用日常口語等主張與自己的主張『多
相似之處』」。[8]總之，胡適文學革命思想的終極目標，乃是實現舊文
學的轉型，建立近代國民國家的「國語文學」。

　　誠如郭沫若所言，繼胡適之後，在新文學創構的先驅者行列中，
留日出身者大大超過留西者。僅以重要者來說，堅定聲援支持胡適的
「老革命家」陳獨秀便是留日出身。[9]儘管他前後兩次留日加起來僅有
一年時間，但卻經歷了從「改良」向「革命」、從「康黨」向「亂
黨」的轉變，成爲堅定的「革命」領袖。郭沫若所說的「語絲派」雖
成立於五四新文學初期之後的1924年，但其主要成員多爲資深留日
派，這些人早在五四之前便開始投身新文化新文學的探索實踐：魯迅
以〈狂人日記〉（1918）開現代小說先河，周作人以〈人的文學〉
（1918）、〈平民文學〉（1919）等貢獻於新文學理論建構，錢玄同則
在語言文字改革中發揮了重要作用。

7　沈衛威編，《胡適日記》（太原：山西教育出版社，1998），頁35。
8　錢理群、溫儒敏、吳福輝，《中國現代文學三十年（修訂本）》，頁10。
9　1901年7月清政府與英美法俄等八國簽訂《辛丑合約》，宣告義和團運動
　　以及清政府與八國之間的戰爭徹底敗北，陳獨秀受到極大衝擊和震撼，萌
　　發了強烈的國家意識。他說「此時我才曉得，世界上的人，原來是分做一
　　國一國的，此疆彼界，各不相下，我們中國，也是世界萬國中之一國，我
　　也是中國之一人。」「我生長二十多歲，才知道有個國家，才知道國家乃
　　是全國人的大家」，「我便去到各國，查看一番」（三愛［陳獨秀］，〈說國
　　家〉，《安徽俗話報》，第5號（1904），頁1。

　　五四新文學初期，周作人的新文學理論觀念建構直接受惠於日本文學近代轉型的成果和經驗。五四時期，即1918、1919年前後，在新文學理論批評言說者中，周作人接續胡適，屢屢發言，對文學革命（新文學）的表現對象和內容進行了系統深入的檢討。周作人1917年4月赴任北大，9月被聘任爲「文科教授」，開始準備自己擔當的授課講義「希臘文學史」（1918年10月冠名《歐洲文學史》由商務印書館出版），11月參加北大文學研究所教員共同研究，選擇「改良文學問題」和「文章」類第五的小說組兩項。一個月後，提出「人的文學」、「平民文學」、「思想革命」等重要主張。

　　筆者想強調的是，第一，周作人的新文學理論建構處於他進入北大後的教學研究活動這一體制性框架中。第二，這些活動並非純粹的教員個人活動，而是有規劃有組織的北大教員的共同研究。換言之，五四文學革命的發生，是在依託學院學術教學研究體制的背景下，有組織有計劃的進行的。而啓動這一體制性運動的核心人物，還是胡適。但周作人任職北大後立即進入文學革命運動的體制中，並很快成爲一個十分活躍的重要角色。

　　周作人進入文學革命體制後迅速適應角色，在新文學理論建構上拿出貨色的背後，是有一個近切的支撐存在的。那就是所謂「日本經驗」、「日本知識」。第一，是先於中國三十年完成的日本文學近代轉型；第二，是周作人所具備的日本知識及其應用。周作人1906年赴東京留學，先在法政大學特別預科[10]學習日文，後進立教大學預科修習希臘文及英文；周作人喜愛日本的風土人情，鍾情江戶庶民文藝，

---

10 相當於日本語學校。「法政大學特別預科」是當時幾所主要的日本語學校之一。

感佩日本民族的美學趣味,尤其看重近代以來日本文藝大獲成功的「改良/創造的類比」這一模式;回國後他畢其一生,關注閱讀思考並接受日本。查其日記,在他如火如荼展開新文學理論思考的1918年,曾多次通過東京的「丸善書店」、「中西屋」等爲其郵寄各種日本及歐美書籍,用於講義編寫和研究寫作。「歐洲經驗」(多以日本爲仲介)和「日本經驗」一直是他建構文學觀念的重要思想及學術資源。

其中,最具有標誌性的工作就是周作人對日本近代文學的考察。1918年4月,作爲北大教員共同研究的一環,周作人在北京大學文科研究所小說研究會上進行了講演,講題爲〈日本近三十年小說之發達〉(同年5月20日至6月1日刊於《北京大學日刊》141-152號,7月15日刊於《新青年》5卷1號)。講演的主旨是敘述近代日本近三十年來的小說變遷,透過「日本經驗」思考中國文學如何轉型發展。周作人以「日本」爲參照標杆,看重並論述日本文學的特質──「創造的模擬」:

> 從前雖受了中國的影響,但他們的純文學,卻仍有一種特別的精神。(中略)到了維新以後,西洋思想占了優勢,文學也生了一個極大變化。明治四十五年中,差不多將歐洲文藝復興以來的思想,逐層通過;一直到了現在,就已趕上了現代世界的思潮,在「生活的河」中一同游泳。從表面上看,也可說是「模仿」西洋,但這話也不盡然。照上來所說,正是創造的模擬。這並不是說,將西洋新思想和東洋的國粹合起來算是好,凡是思想,愈有人類的世界的傾向便愈好。日本新文學便是不求調和,只去模仿的好;──又不只模仿思想形式,卻將他的精神,傾注在自

己心裏，混和了，隨後又傾倒出來，模擬而獨創的好。
（中略）日本文學界，因為有自覺，肯服善，能有誠意的
去「模仿」，所以能生出許多獨創的著作，造成二十世紀
的新文學。[11]

周作人特別關注和高度評價日本新文學（小說）理論觀念的締造
者坪內逍遙及其名作《小說神髓》，從中獲得思考中國文學新生路徑
的關鍵性啓迪。他這樣描述坪內逍遙的開創性工作：

當時有幾個先覺，覺得不大滿足，就發生一種新文學的運
動。坪內逍遙首先發起；他根據西洋的學理，做了一部
《小說神髓》指示小說的作法，又自己做了一部小說，名
叫《一讀三歎當世書生氣質》，於明治十九年（1886）先
後刊行。這兩種書的出版，可算是日本新小說史上一件大
事，因為以後小說的發達，差不多都從這兩部書而起
的。[12]

周作人認為，中國的文學改良，恰恰最缺乏日本那種老老實實承
認己不如人的心態，缺乏誠心誠意的模仿。「中國講新小說也二十多
年了，算起來卻毫無成績，這是什麼理由呢？據我說來，就只在中國
人不肯模仿不會模仿」，「不肯自己去學人，只願別人來像我。即使
勉強去學，也仍是打定老主意，以『中學為體，西學為用』」。他在
講演的最後疾呼中國新文藝最需要的便是《小說神髓》。

我們要想救這弊病，須得擺脫歷史的因襲思想，真心的先

11 周作人，〈日本近三十年小說之發達〉，《新青年》，第5卷第1號（北京：1918），頁27-28。
12 鍾叔河編訂，《周作人散文全集》（桂林：廣西師範大學出版社，2009），卷2，頁44-45。

去模仿別人。隨後自能從模仿中蛻化出獨創的文學來，日本就是個榜樣。照上文所說，中國現時小說情形，彷彿明治十七八年時的樣子，所以目下切要辦法，也便是提倡翻譯及研究外國著作。但其先又須說明小說的意義，方才免得誤會，被一般人拉去歸入子部雜家，或並入《精忠岳傳》一類閒書。——總而言之，<u>中國要新小說發達，須得從頭做起，目下所缺第一切要的書，就是一部講小說是什麼東西的《小說神髓》</u>。[13]

清理了這些脈絡之後，我們可以看到周作人的清晰思路，是以日本爲榜樣，從眞心模仿別人開始，進而謀求獨創的文學，他的那篇宣言式的宏文〈人的文學〉（後來還有〈平民文學〉、〈思想革命〉等文）恰恰是他所說的一部中國的「小說神髓」。

《小說神髓》成書刊行於1885年，分章發表則更早；〈人的文學〉問世於1918年，兩者早晚相差正好三十多年，但兩個文本之觀念結構體系的主旨卻息息相通，所主張和呼籲的都是摒棄舊小說陳腐的「勸善懲惡」主義，破解外在政治和道德對文學（小說）的綁架，讓文學回到「人」的本體，以寫實主義立場和手法表現人的世界。周作人在演講中大段翻譯引用《小說神髓》的核心論述，體現了他對坪內逍遙文學理念的共鳴和重視。

　　小說之主腦，人情也。世態風俗次之。人情者，人間之情態，所謂百八煩惱是也。

　　穿人情之奧，著之於書，此小說家之務也。顧寫人情而徒

13　鍾叔河編訂，《周作人散文全集》，卷2，頁56。另，通過《民國時期期刊全文資料庫》（上海圖書館，http://www.cnbksy.com/）參閱了《北京大學日刊》、《新青年》初刊版，（2019年3月16日檢索）。

寫其皮相，亦未得謂之眞小說。……故小說家當如心理學
者，以學理爲基本，假作人物，而對於此假作之人物，亦
當視之如世界之生人；若描寫其感情，不當以一己之意
匠，逞意造作，唯當以旁觀態度，如實模寫，始爲得
之。[14]

（小說的眼目，是寫人情，其次是寫世態風俗。人情又指
的是什麼呢？回答說，所謂人情即人的情欲，就是指所謂
的一百零八種煩惱。人既然是情欲的動物，那麼不管是什
麼樣的賢人、善人，很少沒有情欲的。無賢與不肖的區
別，總要具有情欲。因此賢者之所以有別於小人，善人之
所以有別於惡人，無非是由於利用道德的力量或憑藉良心
的力量來抑制情欲、排除煩惱的困擾而已。（中略）作爲
小說的作者，首先應把他的注意力集中在心理刻畫上。即
便是作者所虛構的人物，但既然出現在作品之中，就應將
其看做是社會上活生生的人，在描述人物的感情時，不應
根據自己的想法來刻畫善惡邪正的感情，必須抱著客觀地
如實地進行模寫的態度。[15]）

　　研究「日本近三十年小說之發達」半年後，周作人發表了自己的
文學宣言〈人的文學〉。向坪內逍遙借鑒學習，他將新文學的根本性
質界定爲「重新發現『人』」。比較《小說神髓》和〈人的文學〉的
觀念結構，可以看到兩者的根本主張處於同一文脈，即「人的文學」

---

14 鍾叔河編訂，《周作人散文全集》，卷2，頁45。周作人譯文對原文有若干
　　壓縮改動。
15 （日）坪內逍遙著，劉振瀛譯，《小說神髓》（北京：人民文學出版社，
　　1991），頁47、50。

爲「小說的神髓（靈魂和生命）」。對於「人」的理解闡述，兩者都著眼於「自然性」和「社會性」的並存，及其混在衝突博弈的常態結構。周作人強調，「我們要說人的文學，須得先將這個人字，略加說明」，「人」是「從動物進化的人類」──「從『動物』進化的」和「從動物『進化』的」。「我們承認人是一種生物。他的生活現象，與別的動物並無不同。所以我們相信人的一切生活本能，都是美的善的，應得完全滿足」。「但我們又承認人是一種從動物進化的生物。他的內面生活，比別的動物更爲複雜高深，而且逐漸向上，有能夠改造生活的力量」。這兩個要點，即「動物」與「進化」，也「便是人的靈肉二重的生活」。而「這靈肉本是一物的兩面，並非對抗的二元」。「我們所信的人類正當生活，便是這靈肉一致的生活」。[16]

　　胡適在《中國新文學運動小史》中，對周作人〈人的文學〉給予了極高評價。他說，中國新文學運動的「中心理論只有兩個：一個是我們要建立一種『活的文學』，一個是我們要建立一種『人的文學』。前一個理論是文字工具的革新，後一種是文學內容的革新。中國新文學運動的一切理論都可以包括在這兩個中心思想的裡面」。[17]胡適稱〈人的文學〉「是當時關於改革文學內容的一篇最重要的宣言。」他說自己「在〈文學改良芻議〉裡曾說過文學必須有『高遠之思想，眞摯之情感』」，但那卻「是懸空談文學內容」是「周先生把我們那個時代所要提倡的種種文學內容，都包括在一個中心觀念裡，這個觀念他叫做『人的文學』」。「他所謂『人的文學』，說來極平常，只是那些主張『人情以內，人力以內』的『人的道德』的文學」。[18]

16 鍾叔河編訂，《周作人散文全集》，卷2，頁86-87。
17 歐陽哲生編，《胡適文集》1，頁124。
18 歐陽哲生編，《胡適文集》1，頁135-137。

　　胡適留美出身，或許沒有特別注意到周作人「人的文學」與《小說神髓》的文學言說的話語脈絡關係。事實上，周作人在思考文學革命這一重大課題之際，首先系統整理思考了近代日本的小說轉型脈絡，特別譯介並讚賞坪內逍遙的小說理念，宣稱中國新文學最需要坪內逍遙的《小說神髓》；而他的〈人的文學〉與《小說神髓》的主張也呈現根本性一致。無論在話語觀念接觸接受的層面，還是在理論文本結構比較的相似相通層面，兩者之間的影響啓示關係於邏輯於情理均清晰可見，而無可置疑。但另一方面，中國文化文學所具有的社會關懷和倫理感覺，使得周作人的文學思考較之坪內逍遙更具有社會性、理想性和道德性，周作人提倡寬泛意義的人道主義，主張觀察研究「人生諸問題」，尤其是底層人群的「非人的生活」，以真摯嚴肅的態度描寫人的生活，最終以助成人性的健全發展。在這裡，中日文學觀念明白呈現出了各自的獨特表徵，但也恰好印證了周作人對日本文學特質的學習和實踐，那就是「創造的模擬」。

二、魯迅創構現代小說形態的日本痕跡

　　在魯迅與日本關係的研究中，有關這個話題的議論最為稀少。原因之一，是證言資料極少，僅有周作人多年後的片段回憶。其二，此類研究需要比較文學的「影響研究」，尤其是關係雙方作品文本的精細比照考察，工作體量和難度較大。作為本文的考察結論，筆者認為，與周作人的文學理論觀念建構相對應，乃兄魯迅以〈狂人日記〉（1918）等一系列小說創作深度參與了新文學發生的開拓性實踐。周作人對中國新文學理論觀念的現代闡釋，在取法本宗歐美資源之外，還包含了切近的日本因素。周氏兄弟在這一點上具有很強的一體性，

周作人的理論批評如此，魯迅的小說創作也非例外。

　　周氏兄弟眞正意義上的文學活動開始於亞洲第一個全力衝刺「文明開化」的日本帝都東京，時間是明治40年代，即1900年代。那是近代中國人留日的第一個高潮時期。與大部分蹈海東渡日本的中國青年一樣，向日本學習這個基本的價值目標，決定了周氏兄弟對日本所具有的正面態度。這是一個全方位的整體的立場，文學也不例外。周作人在談到明治時代的文學時，曾有這樣動情的表述：「我們在明治四十年前後留學東京的人，對於明治時代文學大抵特別感到一種親近與懷念。這有種種方面，但是最重要的也就只是這文壇的幾位巨匠，如以《保登登幾壽》[19]（義曰杜鵑）爲本據的夏目漱石、高濱虛子，《早稻田文學》的坪內逍遙、島村抱月，《明星》，《壽波留》[20]（義曰昴星），《三田文學》的森鷗外、上田敏、永井荷風與謝野寬諸位先生。三十年的時光匆匆的過去，大正昭和時代相繼興起，各自有其光華，不能相掩蓋，而在我們自己卻總覺得少年時代所接觸的最可留戀，有些連雜誌也彷彿那時看見的最好」。[21]在當時的日本，文學界正

19《保登登幾壽》係日本俳句月刊雜誌《ホトトギス》（1897-）的音譯漢字標記。「ホトトギス」（學名"Cuculus poliocephalus"）即杜鵑鳥，亦有布穀鳥、不如歸、子規等多種叫法。1897年，在著名俳句作家正岡子規的支持下，柳原極堂等在松山創辦了俳句雜誌《保登登幾壽》，翌年遷移至東京，由著名俳人高濱虛子主編出版發行至今，已達一千四百多期。雜誌繼承正岡子規的「寫生」主張，以高濱虛子的「花鳥諷詠」爲中心理念，培育了眾多俳句詩人，對日本近代俳壇乃至整個文壇都產生了很大影響。

20《壽波留》係日本文藝雜誌《スバル》（1909-1913）的音譯漢字標記，即中國神話中二十八星宿之一的「昴宿」。在文豪森鷗外的指導下，由詩人石川啄木、木下杢太郎等創辦，主要發表詩歌作品，後成爲新浪漫主義思潮的重要陣地。

21 周作人，〈與謝野先生紀念〉（原載1935年4月24日《益世報》副刊），引自鐘叔河編訂，《周作人散文全集》，卷6，頁565。

在盛行自然主義，另外還有兩個與潮流保持距離、傲然獨立的高峰
——夏目漱石和森鷗外。魯迅的文藝活動全方位利用攝取了日本思想
界文化界文學界的豐富資源，他的早期「論文」以及與周作人一起從
事的翻譯活動都與日本對西方文化文藝（歐洲浪漫派詩人、東歐等弱
小民族充滿激越抗爭精神的文學等等）的譯介研究具有直接關聯。這
方面的重要性和豐富性遠遠超出學界的一般想像，至今仍有很大的探
索空間。

　　但另一方面，周作人也說過魯迅對日本自然主義文學沒有太多感
覺：「那時候日本大談『自然主義』，這也覺得是很有意思的事……
對於日本文學當時殊不注意，森鷗外、上田敏、長谷川二葉亭諸人，
差不多只重其批評或譯文，唯夏目漱石作俳諧小說《我是貓》有名，
豫才俟其印本出即陸續買讀，又熱心讀其每日在《朝日新聞》上所載
的《虞美人草》，至於島崎藤村等的作品則始終未曾過問，自然主義
盛行時亦只取田山花袋的《棉被》，佐藤紅綠的《鴨》一讀，似不甚
感興味。豫才後日所作小說雖與漱石作風不似，但其嘲諷中輕妙的筆
致實頗受漱石的影響」。[22]魯迅自己也說「當時最愛看的作者，是俄國
的果戈理（N.Gogol）和波蘭的顯克微支（H.Sienkiewitz）。日本的，
是夏目漱石和森鷗外」。[23]

　　但另一方面，比魯迅晚些時候來到日本留學，並和魯迅同樣經歷
棄醫（工）從文的創造社元老成仿吾卻堅定認爲魯迅文學深受日本自
然主義的影響。1923年8月，魯迅的小說集《吶喊》經周作人編輯由

22 周作人，〈關於魯迅之二〉（初載1936年12月1日《宇宙風》第30期），
　　引自鐘叔河編訂，《周作人散文全集》，卷7，頁450-452。
23 魯迅，〈我怎麼做起小說來〉（初載1933年6月上海天馬書店《創作的經
　　驗》），引自《魯迅全集》（北京：人民文學出版社，1981），卷4，頁511。

新潮社出版，半年後，成仿吾發表〈《吶喊》的評論〉，對《吶喊》提出尖銳批評。成仿吾的明確提出魯迅前期小說的基本性質是（日本式）自然主義。他說：

> （前略）這前期的幾篇，可以概括爲自然主義的作品。
> 我們現在雖然不能贊成自然派的主張，然而我們如欲求爲一個公平的審判官，我們當然要給自然主義一個相當的地位。所以我們絕不能因爲前期這幾篇是自然主義的作品而抹殺它們，我們反應當取它們在自然主義的權衡上的重量。作者先我在日本留學，那時候日本的文藝界正是自然主義盛行，我們的作者便從那時受了自然主義的影響，這大約是無可疑義的。所以他現在作出許多自然派的作品來，不僅我們的文藝進化程序上的一個空陷由他填補了，而在作者自己亦是很自然的。[24]

更有趣的是，當時有不少人對成仿吾的論斷表示贊同。〈魯迅的《吶喊》與成仿吾的〈《吶喊》的評論〉〉（署名「仲回」，《商報》1924 年 3 月 14 日）[25] 一文便持這種意見；楊邨人〈讀魯迅的《吶喊》（續）〉（《時事新報》副刊《學燈》1924 年 6 月 14 日）[26] 也認同魯迅「是一個自然主義的作者」。但在後來的魯迅研究史上，成仿吾這一路「負面性」見解一直被人們回避和忽略。這是極不應該的。成仿吾

---

24 成仿吾，〈《吶喊》的評論〉，（初載 1924 年 2 月《創造季刊》第 2 卷第 2 期），引自《成仿吾文集》編輯委員會，《成仿吾文集》（濟南：山東大學出版社，1985），頁 149。

25 中國社會科學研究院文學研究所魯迅研究室編，《魯迅研究學術論著資料彙編‧第 1 卷》（北京：中國文聯出版公司，1985），頁 46。

26 中國社會科學研究院文學研究所魯迅研究室編，《魯迅研究學術論著資料彙編‧第 1 卷》，頁 60-63。

以及創造社的其他成員是魯迅的同時代人，也是中國新文學的重要成員，還是長期留日的親歷者，他的意見有很多後人不可具備的事實依據和知識基礎，需要高度重視審慎研判。這是學術問題，而不是倫理問題，更不是政治問題，不應藉口成仿吾「貶低」、「否定」魯迅而故意迴避成仿吾的發言。

　　從結論上說，周作人、魯迅所述俱是事實，但成仿吾的判斷也絕非無中生有或指鹿爲馬。魯迅當年置身自然主義文學語境，多半以日本爲仲介虔誠擁抱親近西學，同時身處日本獨特文化文學的衝擊浸潤。對絕大部分留日學生而言，東京首先是一個「啓蒙空間」，在這裡魯迅與「西方」相遇，同時與「日本」相遇。他從仙台退學回到東京，立志以文藝安身立命。他身穿和服腳踏木屐，留日本知識人流行的德式鬍鬚，抽「敷島」牌香煙，每天早起流覽日本報紙雜誌，白天則徜徉於各種新書店舊書店，搜尋新文藝的素材資料。這種生活狀態足足持續了三年半之久。他那幾篇汪洋恣肆的早期「論文」充分顯示了明治日本的近代空間和文藝語境從觀念發生到創構材料都給與他多元影響。只不過小說的創作遠遠晚於翻譯和譯介性論文，直到回國十年後的1918年才得以發生。但正如周作人所說，「在東京的這幾年是魯迅翻譯及寫作小說之修養時期」，[27]「從仙台回到東京以後他才決定要弄文學。但是在這以前他也未嘗不喜歡文學，不過只是賞玩而非研究，且對於文學也還未脫去舊的觀念」。[28]也就是說，無論對魯迅現代文藝觀的建構來說，還是對於魯迅整體文藝修養的培植來說，1906-

---

27 周作人，〈關於魯迅〉（初載1936年11月16日《宇宙風》第29期），引自鐘叔河編訂，《周作人散文全集》，卷7，頁431。

28 周作人，〈關於魯迅之二〉（初載1936年12月1日《宇宙風》第30期），引自鐘叔河編訂，《周作人散文全集》，卷7，頁447。

1909年的第二次東京滯留都是具有決定性意義的關鍵時期。

　　周作人說「那時日本大談自然主義，這也覺得是很有意思的事」，但最終面對翻滾的日本自然主義，魯迅確實沒有找到如「摩羅」（浪漫）詩歌和東歐弱小民族反抗文學所擁有的靈魂與精神的共振點。換言之，自然主義文學的根本精神與魯迅的價值理想之間存在著一種「異質性」。

　　日本自然主義文學從吸收學習法國左拉的自然主義開始，追求如實觀察描寫人生，主張眞摯誠實地表現自我，這原本是極有意義的思想。但它對西歐自然主義的日本化理解和處理，導致其呈現出之於虛假空想遊戲文學的意義之後，滑向狹隘化：沒能學習自然主義的精義──「科學」、「客觀觀察」以及對小說藝術世界的高度駕馭能力；其對眞實和現實的直線性執著逐漸走向單純關注個人世界即自我身邊的生活事實，大膽告白的自我表現也收斂爲一味的情欲性欲表現。借用日本文學史家的表述來說，就是：「通過自我暴露的方式所展示的內容可以歸結爲本能的人和性的人，這便是取代浪漫主義而登場的自然主義的基本立場」。[29] 日本自然主義文學主張的排斥虛假虛構裝飾，赤裸裸表現現實，逐漸化爲描寫表現事實→描寫自我的個人身邊世界→個人的情欲（本能、鄙陋、瑣碎），滑落爲「小我」的自我暴露。批評者指之爲「缺乏思想性和社會性」「無理想無解決的旁觀態度」。[30] 日本的法國文學研究者尾崎河郎也說：「說到自然主義，人們依然從生理學、遺傳、實驗小說的角度去解釋。當自然主義作爲一個修飾語使用時，人們賦予它的都是一些負面的意義，如單純的現實暴

29　小田切秀雄，《現代文學史》（上卷）（東京：集英社，1975），頁135-136。

30　大久保典夫等，《日本現代文學史》（東京：笠間書院，1989），頁56-57。

露、性的赤裸展露、平板、偏執於日常瑣事、缺少思想、粗雜等等。
在很長的時間裡，我們一直都是在否定的意義上使用自然主義這一語
彙。其原因無疑在於人們對於田山花袋以來的日本自然主義小說（後
來轉化爲私小說）的記憶太不愉快。明治時代對左拉和自然主義的接
受充滿了誤解和歪曲。以致於人們還沒能眞正理解自然主義的本質，
便匆忙將其丟棄」。[31] 不過，自然主義這些特性似乎並不爲自然主義獨
有，在某種意義上也是日本文學整體的獨特性質，其流風遺韻延續至
今。

　　如此一來，自然主義文學的個人化（自我）、日常生活化、靈肉
世界焦點化，以及排斥理想和技巧的特質，與魯迅所追求的文學精神
相距甚遠，屬於兩套不同的價值體系。魯迅解釋自己當年「棄醫從
文」的理由是打算用文藝「改變」「愚弱的國民」精神，於是「提倡
文藝運動」。[32] 他還說自己做小說「不過想利用他的力量，來改良社
會」，「說到『爲什麼』做小說罷，我仍抱著十多年前的『啓蒙主
義』，以爲必須是『爲人生』，而且要改良這人生」。[33]「我們在日本留
學時候，有一種茫漠的希望：以爲文藝是可以轉移性情，改造社會
的。因爲這意見，便自然而然的想到介紹外國新文學這一件事」。[34] 周
作人回憶自己與兄長決意做文學時也是同一說辭：「即仍主張以文學
來感化社會，振興民族精神，用後來的熟語來說，可以說是屬於爲人

---

31 尾崎河郎，〈譯者後記〉，見（法）皮艾爾‧瑪律奇著，尾崎河郎譯，《法
　　國自然主義（1870 年-1895 年）》（東京：朝日出版社，1968），頁 279。
32 魯迅，〈自序〉（初載 1923 年 8 月 21 日北京《晨報‧文學旬刊》），引自
　　《魯迅全集》，卷 1，頁 439。
33 魯迅，〈我怎麼做起小說來〉，引自《魯迅全集》，卷 4，頁 525、526。
34 魯迅，〈域外小說集序〉（初載 1921 年上海群益書社《域外小說集》新
　　版），引自《魯迅全集》，卷 10，頁 176。

生的藝術這一派的」。[35]

在文學的終極關懷上，自然主義文學與魯迅的追求指向存在重大差異。個人的還是社會的；體認個人「自然」欲望的苦惱博弈，還是關切社會群體的苦難病狀；固執於個人的宿命煩惱糾結，還是祭起理想的激情旗幟……兩者的價值取向分屬不同體系，魯迅沒有特別關注自然主義文學也屬自然。但另一方面，成仿吾又信誓旦旦認定魯迅文學就是自然主義。他在〈《吶喊》的評論〉提出，《吶喊》中的前九篇作品，即「前期的作品有一種共通的顏色，那便是再現的記述」。

> 這前期的幾篇可以用自然主義這個名稱來表出。〈狂人日記〉爲自然派所極主張的記錄（document），固不待說；〈孔乙己〉、〈阿Q正傳〉爲淺薄的紀實的傳記，亦不待說；即前期中最好的《風波》，亦不外是事實的記錄，所以這前期的幾篇，可以概括爲自然主義的作品。[36]

成仿吾承認《吶喊》「作者描寫的手腕高妙」，但認爲「文藝的標語到底是『表現』而不是『描寫』，描寫終不過是文學家的末技」，同時批評作者「沒有注意到」「環境與國民性」。至於造成這種局面的原因，成仿吾堅決果斷地指出，這「是自然主義害了他的地方，也是我所最爲作者遺恨的」。[37]換言之，成仿吾的結論是，《吶喊》受到日本自然主義文學影響，《吶喊》的「不足」來源於日本自然主

---

35 周作人，〈關於魯迅之二〉，引自《周作人散文全集》，卷7，頁447。
36 成仿吾，《《吶喊》的評論〉，引自《成仿吾文集》編輯委員會，《成仿吾文集》，頁148。
37 成仿吾，《《吶喊》的評論〉，引自《成仿吾文集》編輯委員會，《成仿吾文集》，頁149。

義的缺陷。

　　成仿吾的見解建立在兩個依據之上。第一，是魯迅在日本留學並開始從事文藝運動的事實。第二，在小說作品的結構層面上，魯迅小說與自然主義文學確實存在不少相同之處。筆者長年教授日本近代文學，「自然主義文學」更是其中非常重要的板塊，自然主義文學的主要基本特性，基本囊括了世界文學中日本文學的獨特性。筆者曾對魯迅小說與日本自然主義小說進行比較考察，發現兩者之間存在如下諸多重要的共同點：

　　在基本傾向上，徹底的寫實性和日常性是兩者都具有的特性；完全排除浪漫空想和神秘傳奇，小說的焦點時刻瞄準現實日常生活世界，小說的世界與作家的真實生活之間沒有太大距離，有不少甚至可以相互還原；在基本氛圍上，悲觀的心境、整體上陰暗冷寂的格調也無大異；在藝術結構上，情節淡化，不以懾人心魄的故事結構為長，以致小說與隨筆的界限是有混淆（成仿吾說「集中有幾篇是不能稱為小說的」）；描寫技巧上，都不追求色彩斑斕筆致豐潤，自然主義摒棄技巧、講求「平面描寫」，魯迅則多用「白描」手法，作品有炭畫筆觸的簡潔。

　　在這幾個方面，可以說《吶喊》和自然主義文學，和大部分日本文學，頗有結構上的「共通性」。這種結構相似性正是成仿吾指控《吶喊》為自然主義的重要理由。

　　但成仿吾的誤認，在於他忽略了魯迅文學與自然主義在精神氣質，在文學價值取向的重大差異，一個是徹底執著於事實描寫——自我日常生活體驗，以及內面世界中無法浮出水面的欲望糾葛，一個則是博大壯烈的「經世濟民」情懷與悲憤灰暗現實下的理想渴望。成仿吾沒有很好地體味出魯迅文學與自然主義的同中之異，於是有了對於

《吶喊》的半邊指認。魯迅說過,理解他的小說需要一點人生的經驗和閱歷,這是實話。「經世濟民」情懷使得小說潛在的具有了「政治性」,需要建立作品文本世界與現實世界的相互聯繫和觀照,缺少這個通道便很難捕捉文本的意義結構。深度閱讀是魯迅小說文本的必須配置,它要求閱讀者具備理解文本的強烈欲望、強韌理解力、以及能動的創造性,對「政治」的關懷將文本世界的政治性與現實的政治性扭結在一起,增加了文本「政治性」的隱蔽性,解讀變得複雜。這種解釋在某種意義上應該也適用於成仿吾。

　　總之,「在東京的這幾年是魯迅翻譯及寫作小說之修養時期」,「日本大談自然主義」時,「也覺得是很有意思的事」,讀過「田山花袋的《棉被》,佐藤紅綠的《鴨》」。魯迅浸潤在明治時代的文化文學環境中,培植起包括文學在內的人文修養,如郭沫若所說,他們「是在新興資本主義的國家,日本,所陶養出來的人」[38],接受日本文學的影響,原本是極其自然的事情。因此才會有《吶喊》一出版,成仿吾立刻體認出其日本自然主義式的特徵。可以說,魯迅小說,作爲中國現代小說最早的先驅性作品,其發生過程以及作品結構形態是在中國文化母因、東亞現代轉型先驅日本和近代西方這三者的交錯運作中建構起來的。魯迅文學中的日本要素主要體現在上述小說的結構形式方面。

38　麥克昂(郭沫若),〈文學革命之回顧〉(初載1930年上海神州出版社《文藝講座》第1冊),引自郭沫若著作編輯委員會編,《郭沫若全集·文學編》第16卷(北京:人民文學出版社,1985),頁99。

三、郁達夫文學的高度「私小說」化

在周作人的文學理論批評和魯迅在中國現代小說創始階段的開拓性作品之外，初期創造社文學也是五四新文學構成格局中的重要部分。在我們幾乎所有重要的文學史著作中，五四新文學基本形態均有以下幾個板塊構成：初期理論建設（胡適、周作人）；小說（魯迅、人生派小說、創造社主觀抒情小說）；新詩散文戲劇，等等。其中創造社是身在海外，以文學作品登臺亮相，以過往所無、獨屬自己的文學形態「創造」了五四新文學的重要板塊，創造社也成為言說五四新文學的關鍵詞。

創造社的領袖郭沫若這樣敘述創造社：「創造社這個團體一般是稱為異軍突起的，因為這個團體的初期的主要分子如郭、郁、成，對於《新青年》時代的文學革命運動都不曾直接參加，和那時代的一批啟蒙家如陳、胡、劉、錢、周，都沒有師生或朋友關係。他們在當時都還在日本留學，團體的從事於文學運動的開始應該以一九二二年的五月一號創造季刊的出版為紀元（在其前兩年個人的活動雖然是早已有的）。它們的運動在文學革命爆發期中要算到了第二個階段。前一期的陳、胡、劉、錢、周著重在向舊文學的進攻；這一期的郭、郁、成，卻著重在向新文學的建設。他們以『創造』為標語，便可以知道他們的運動的精神」，「他們是在新興資本主義的國家，日本，所陶養出來的人，他們的意識仍不外是資產階級的意識。他們主張個性，要有內在的要求。他們蔑視傳統，要有自由的組織」。[39]雖然創造社沒能直接參加胡適、陳獨秀、周作人等最初的新文學理論宣導運動，但

---

39 麥克昂（郭沫若），〈文學革命之回顧〉，引自《郭沫若全集・文學編》第16卷，頁98-99。

很快他們以自己的文學創作直接介入了新文學的實踐運動。郭沫若、郁達夫、成仿吾以及張資平都成爲新文學重要作家，其作品則成爲新文學不可或缺的重要部分。尤其在新詩和小說的領域，郭沫若、郁達夫各自爲新文學貢獻出新的品種，引領一代風騷。

　　郭沫若的創作以新詩影響最大，開闢了五四新文學新詩領域的嶄新時代。但郭沫若新詩的發生與日本文學的關聯不似小說那樣直接明瞭，儘管日本一直都是郭沫若接受外來影響的主要平臺，但眞正居功至偉的還是歌德、惠特曼、泰戈爾這些偉大詩人。而小說領域呈現的，恰好是一種相反的情形。創造社的幾位元老，除成仿吾以外，都有小說創作。按成績和影響大小排列，是郁達夫、張資平、陶晶孫、郭沫若這樣一個序列。四人之中，以郁達夫爲最。

　　在現代小說研究領域，創造社、郁達夫一直都是研究「熱點」。他們的文學並非直接發生於五四新文學運動空間，算不上是五四新文學言說的直接實踐，他們進入中國新文學體制內，成爲體制建設的重要成員還是歸國後稍晚兩年的事情。這批人數不多但卻滿懷激情和「革命」精神的留學生（分別是醫學、經濟學、工學和理學）爲中國新文學奉獻「『自敘傳』抒情小說」的潮流。「創造社的作家從理論到實踐都強調小說的主觀性和抒情性」，「這在中國現代小說史上是一個全新的樣式，也是對傳統小說觀念的一個新的發展」。尤其是從郁達夫「1921年出版的《沉淪》小說集開始」，「『自序傳』抒情小說作爲一股創作潮流」。[40]文學史家多從19世紀歐洲浪漫主義文學的視角考慮郁達夫小說，同時也注意到日本文學、特別是「私小說」給予郁達夫的影響。但這種評估僅僅停留在通常意義上，正如討論文學研

---

40 錢理群、溫儒敏、吳福輝，《中國現代文學三十年（修訂本）》，頁56。

究會作家，談茅盾、冰心、許地山，大家會注意到歐洲 19 世紀以來
現實主義自然主義東漸並成爲中國新文藝發生的外因。但創造社以及
郁達夫與日本文學，主要是與「私小說」的關聯式結構，明顯超出一
般意義的「外來影響」，呈現出特殊狀態。

　　郁達夫曾經反復宣示自己的文學觀念：「至於我的對於創作的態
度，說出來，或者人家要笑我，我覺得『文學作品，都是作家的自敘
傳』這一句話，是千眞萬眞的」，「我對於創作，抱的是這一種態
度，起初就是這樣，現在還是這樣，將來大約也是不會變的。我覺得
作者的生活，應該和作者的藝術緊抱在一塊，作品裡的 individuality
是決不能喪失的」。[41] 上面這段話寫於 1927 年，但早在 1922 年，在回
答讀者對小說〈茫茫夜〉的質疑時，他一再申明自己並不在意別人的
評價，「那些事情，全顧不著，只曉得我有這樣的材料，我不得不如
此的寫出」，「我平常做小說」「極不愛架空的做作」。[42] 在 1926 年出版
的《小說論》中又提出，「目的小說」是沒有價值的，「小說的生
命，是在小說中事實的逼眞」，「一本小說寫得眞，寫得美，那這小
說的目的就達到了。至於社會的價值，及倫理的價值，作者在創作的
時候，盡可以不管」。[43] 總之，郁達夫文學始終忠於其自我表現自我暴
露的頑強信念，則是他本人從不忌諱的事實。對他瞭解至深的創造社
老友鄭伯奇（1895-1979），在談到郁達夫的《寒灰集》時說過：「這

---

41 郁達夫，〈五六年來創作生活的回顧〉，引自吳秀明主編，《郁達夫全集》
　（杭州：浙江大學出版社，2007），卷 10，頁 312-313。
42 郁達夫，〈《茫茫夜》發表以後〉，引自吳秀明主編，《郁達夫全集》，卷
　10，頁 32。
43 郁達夫，〈小說論〉（初刊 1926 年上海光華書店），引自吳秀明主編，《郁
　達夫全集》，卷 10，頁 144-145。

部《寒灰集》——不，恐怕作者從來作品的全部都是作者自己生活的<u>敘述</u>。《茫茫夜》諸篇不用說了，就是《十一月初三》等之類，雖然事實的敘述少，心境的描寫多，然而性質上當然還是自敘傳一類的」，「這部《寒灰集》，雖然含有各種體裁的萌芽，而它的基調，乃是作者自己生活的敘述。這是一部主觀的紀錄，一個轉形期生存者的生活紀錄。但是這部書的價值就在此，永久性也就在此」。[44]

　　造就郁達夫文學這種特質的重要原因，與他所受日本影響的形態相關。郁達夫於1913年（大正2年）赴日，那時他剛剛18歲。日本大正時代和中華民國同歲，始於1912年，終於1925年，存了十四年。而郁達夫的留日是從1913年到1922年，整整十年，幾乎貫穿大正時代的始終。18歲到27歲，郁達夫的青春時代，他的人的形成、基本價值觀、文學審美觀以及日常生活意識、他作爲一個新文學作家的誕生，都是在日本大正時代完成的，這個過程近乎一種整體的綜合的以及內在的「日本化」過程。實際上，包括魯迅、周作人、郭沫若在內的這批留日文人，因其青年時期長年留日，其所受「日本影響」與我們通常所謂「外來影響」大有不同。而在這群留日出身的作家中，明治時代的周作人和大正時代的郁達夫顯然更加「日本化」。

　　郁達夫其人其文學之日本式特質，給日本人留下了極深印象。近二十年來在中國學界頗爲風行的竹內好（1910-1977）曾這樣評述郁達夫：「他的所有作品，都沒有脫離自我生活告白和自我感情告白的範圍。他是新文學中唯一一位眞正的私小說（更像日本式的）作家。他創作的動力來源於文學即作家的自我實現、以及文學無法超越經驗

---

44 鄭伯奇，〈《寒灰集》批評〉，《洪水》，第3卷第33號（上海，1927），頁375-376。

的信念」。[45]1920年代與郁達夫相識的詩人金子光晴（1895-1975）曾在不同年代數次回憶郁達夫。1950年，他在〈郁先生的事〉中寫到：「要是我嘗試通過郁達夫來研究中國人的話，大概一定要失敗的。因為郁先生就是如此與日本人有著相同之處」，「日本軍隊的暴力讓郁先生受盡苦難，我想他一定憎惡日本，懷著同樣的感情憎惡整個日本」。[46] 20年後的1970年代，他又說到：「我和森三千代（其夫人，亦為作家。筆者注）的中國之行，是在佐藤春夫夫婦訪華之後，確乎是昭和三年（1928年。筆者注）左右」，「我和郁先生是在內山書店，經老闆完造介紹相識的。當時的印象是感覺他全然不像中國人，而更接近日本人。假使在東京和他走在一起，大概誰也看不出他是中國人」，「郁先生與我之間，談不到相互的影響。但我們有過日中兩國文學家之間的交集交流。在交流過程中，彼此也都有所收穫。他的作品與日本小說很相似，富有感情色彩，極象日本的私小說」。[47]

　　「私小說」是日本近代文學的重要潮流和基本樣式，是日本近代文學區別於他國文學的標誌性文學品種。私小說脫胎於明治後期的自然主義文學，成熟並繁盛於郁達夫郭沫若留日的大正時代。作家久米正雄（1891-1952）當時曾感歎：「現在，幾乎所有的日本作家都在寫『私小說』」。[48]第二次世界大戰後，研究者們回顧日本近代文學的歷

45 竹內好，〈郁達夫備忘錄〉（原題〈郁達夫覚書〉），《中國文學月報》，22（東京，1937），頁176。

46 金子光晴，〈郁先生的事〉，《新日本文學》，5：4（東京，1950），頁21-22。

47 〈附錄七與我國文學者等的交友資料6金子光晴氏〉，《郁達夫資料補篇（下）》（東京：東京大學東洋文化研究所附屬東洋學文獻中心，1974），頁205、207。

48 久米正雄，〈「私」小說與「心境」小說〉（《文藝講座》大正14年5月），

程，再次確認「在現代日本作家中，無人沒有寫過私小說」。[49]可以
說，日本近代小說的歷史即是一部「私小說」的歷史。「私小說」的
產生和發展承載著日本文化傳統，構成了日本文學的獨特景觀。正如
美國研究者所說，「儘管有褒有貶，但私小說一直受到眾多重要作家
的擁護，占據著日本近代文學的核心地位，與私小說打交道就意味著
與純文學以及各種各樣的方法打交道」。[50]「私小說」也曾被稱爲「自
我小說」、「自敘小說」、「自傳小說」，或「告白小說」等。有關
「私小說」的定義和解釋也紛紜繁多。首先，「私小說」在本質上是
小說，即帶有「虛構」的品性。在理論邏輯上，不應把小說作者與作
品主人公等同起來。但另一方面，私小說又與以「虛構」爲基本性質
的西方小說不同。即，作家描繪和抒寫的素材題材，大體是作家本人
經歷和體驗的日常生活瑣事，或者是作家自己的內心生活，包括觀照
人生時所浮現出來的心境情緒。無論採用第一人稱還是第二第三人
稱，主人公基本與作者相重疊。其中偏重於心境描寫的就稱「心境小
說」。所以，在實際研究「私小說」時，人們多半會在作家和作品主
人公之間劃上等號，參照作者的生平生活來解讀作品。於是，「私小
說」就有了詭異的兩重性，一方面不否認小說的虛構本質，而事實上
又總是在描寫眞實的自我，表現自己的心境和人生感悟。換言之，
「『私小說』的確不能簡單地等同於自傳或自我小說，但無論在外觀

引自《日本近代文學大系第58卷　近代評論集Ⅱ》（東京：角川書店，
1972），頁411-412。

49 文學史家瀨沼茂樹的意見具有代表性，參見《現代日本文學大事典》（東
京：明治書院，1965）。

50 （美）愛德華·費拉，〈告白的修辭學——20世紀初期的日本私小說〉，引
自《2006-2007年度科學研究補助金（基盤研究C）研究成果報告書
18520138》，2008年，頁354。

上還是在本質上，它又的確包含了強烈的自傳特質，『自我』問題始
終構成它的一切問題的核心」。[51]

　　在小說形式方面，「私小說」與隨筆（自傳、雜文等）的區別界
限頗為模糊。日本學界也感歎定義私小說和隨筆之區別極其困難。儘
管小說和隨筆體式不同，但由於西歐「隨筆」概念的介入，許多人認
為大部分「私小說」其實就是隨筆。雖然小說與隨筆的根本差異在於
小說以虛構為特徵，而隨筆則屬於非虛構。但另一方面，隨筆的事實
敘述，已經包含了對事實的取捨和處理，比如重點和非重點的安排、
描寫敘述的力度等，這些加工行為實際上已經產生了虛構效果。[52] 二
者的差異在於，小說的虛構是自覺的，而隨筆的虛構則是非自覺的。
其結果，自覺虛構和非自覺虛構都是虛構，因而小說和隨筆均是虛構
的產物。

　　郁達夫在大正時代完成從一個青年學生向小說家的進化，他確立
了一切文學作品都是作家的自敘傳這一信念並開始了創作實踐，其作
品的實際形態與私小說具有高度的基本吻合。自傳特徵、大膽的自我
暴露、主觀抒情、平白散漫的散文文體這些「私小說」體徵也成為郁
氏的基本風格。郁達夫本人從不避諱，文學史家也都承認，他的「大
部分小說都直接取材於他本人的經歷、遭遇、心情。把郁達夫的小說
連起來讀，基本上同他的生活軌跡相合」。[53] 看過《沉淪》（1921）再

---

51 魏大海，〈日本現代小說中的「自我」形態──基於「私小說」樣式的一
　 點考察〉，《外國文學評論》，1（北京，1999），頁59。該文對私小說言說
　 的形成變遷和現狀進行了系統整理和描述，有助於準確理解私小說以及日
　 本近代文學的特質。
52 海老井英次，〈私小說、心境小說以及隨筆的區別〉，《國文學──解釋與
　 教材研究》（東京，1995），40：6，頁73。
53 錢理群、溫儒敏、吳福輝，《中國現代文學三十年（修訂本）》，頁73。

看自傳〈雪夜——自傳之一章〉（1936）便可以理解這一點。人們有
時候喜歡談論郁達夫小說對私小說的超越，似乎非此不足以彰顯他的
偉大。這其實是一種誤解和過度憂慮。私小說的根本核心有二：第
一，日語的漢字「私」即「我」，故最大特徵就是忠實描寫作者自
身。第二，是描寫自我的內面世界，即以人間情欲性欲為主的「情」
「感」世界。擁戴郁達夫者願意強調《沉淪》中的「愛國意識」。但
其實明眼人都看得出來，郁達夫的著眼點乃是每個人都必然經歷的青
春覺醒和苦悶，只是人在東洋，躲不開強國弱國政治中的「傷害」結
構，異國他鄉的性苦悶傷口上，還要被撒上弱國之痛的一抹鹽。正如
他的同時代人匡亞明（1906-1996）在〈郁達夫印象記〉所記：歸根
結底，「在小說裡，他僅僅很忠實的表現了人們所不敢表現的生活的
一面，而其實這一面往往是人們所共有的經驗，不過程度略有差等而
已」。[54]郁達夫小說與私小說大幅度重疊，更有內在氣質的相通。這一
點不同於魯迅和日本自然主義。

　　郁達夫小說是五四新小說中最重要的一家，它驚世駭俗，尤其為
青年讀者閱讀和喜愛，在新文學初期創造出一個新的潮流。他的親密
兄弟郭沫若評論他：「在初期的創造社郁達夫是起了很大的作用的。
他的清新的筆調，在中國的枯槁的社會裡面好像吹來了一股春風，立
刻吹醒了當時的無數青年的心。他那大膽的自我暴露，對於深藏在千
年萬年的背甲裡面的士大夫的虛偽，完全是一種暴風雨式的閃擊，把
一些假道學、假才子們震驚得至於狂怒了。為什麼呢？就因為有這樣

54　匡亞明，〈郁達夫印象記〉（初載《1931年6月10日《讀書月刊》第2卷第
　　3期），引自王自立、陳子善編，《郁達夫研究資料（上）》（天津：天津人
　　民出版社，1982），頁62。

露骨的眞率，使他們感受著假的困難」。[55] 郁達夫的獨樹一幟，在於這空前的「大膽的自我暴露」及其一系列形式所具有的「異質性」，而「異質性」的最大來源，即是「私小說」。於是，五四新文學小說建構中以郁達夫、郭沫若、陶晶孫爲代表的所謂「浪漫主義小說」必然的拖上了「私小說」的濃重影子。只是，由於中日兩國的文學傳統、倫理意識和美學意識的差異，「自我小說」在郁達夫一代之後便悄然衰退。

結語　「日本因素」的實在與吊詭

　　中國新文學創構中的「日本」因素，是本文的關注焦點。中國新文學的發生與日本多有關聯的認知早已沒有歧義，但對於關聯的具體形態及其結構的考察還遠遠不夠。以本文探究的幾個脈絡而言，人們注意到周作人〈人的文學〉提及並引用西方文藝理論的言說，由此追溯其與歐洲思想哲學文藝的淵源，但卻有些忽略了周作人對《小說神髓》的強烈共鳴和接受，以及兩者之間的明快直截的聯繫。魯迅小說與日本自然主義的問題相對複雜。和周作人一樣，魯迅也主要是在東京時期完成了他的文學修養和準備，但這些修煉是否投射在他的創作中，如果投射了又是以怎樣的方式影響了小說的藝術表現？偏偏僅有的少量證言又是說魯迅並不太喜歡日本自然主義。於是否定的邏輯似乎成立。但實際這裡有兩個被忽略或誤解的問題存在。第一，自然主義作爲一個流派和潮流在明治後期流行了十年左右，但自然主義文學衍生出「私小說」，延續到大正昭和，甚至直到今日。自然主義文學

55　郭沫若，〈論郁達夫〉（初載1946年9月30日《人物雜誌》第3期，頁5），引自王自立、陳子善編，《郁達夫研究資料（上）》，頁93。

的流行壽命雖然不太長，但這一派文學內含著整個日本文學的主要特質。除非魯迅小說與日本文學毫無瓜葛，否則就迴避不開自然主義。第二，魯迅與自然主義發生的並軌排斥主要在最高理念層面，並非小說形式層面。成仿吾提出魯迅具有自然主義特徵並非空穴來風，魯迅小說與自然主義小說的結構相似——即便不是全部——無論在邏輯還是情理上都必然通往東京時期的文學修養。至於郁達夫的「浪漫主義」、「自我小說」（自我暴露自我表現的自敘傳小說），其實反倒最爲明快。極端一點說，以郁達夫爲代表的創造社小說的華麗登場，其實是爲中國文壇貢獻了一種高度私小說化（日本化）的小說樣式。這一樣式與中國各種傳統的極大反差，再加上郁達夫的個性化處理，天時地利人和，形成了巨大的轟動效應和時代潮流。

　　總之，五四新文學的發生及其形態結構在理論觀念、「人生派」小說和「藝術派」小說這三大板塊都有日本因素發揮的切實作用。但這作用並非所謂日本只不過是地理空間意義上的西方現代性的「中繼平臺」，彷彿日本無非先中國幾步學習西方，結果爲中國準備了譯成夾雜著大量漢字的各種西方翻譯文本，事情絕不僅僅在這樣的層面落地。日本式的全盤西化——「脫亞入歐」，其實包含著其濃重的主體性處理——日本化。以文學而言，它所有的文學潮流都來自學習西洋，無論是寫實主義、浪漫主義、自然主義，還是唯美主義或現代主義，但結果又幾乎沒有一個原汁原味的西洋貨。這些「主義」無不滲透著「日本主義」的韻味。在這個意義上，近代日本對中國新文學發生的影響也就至少有了近代西洋和近代日本兩個面向的影響，而且影響的深度和幅度明顯超過人們的一般認知。五四新文學創構與「日本經驗」、「日本影響」這一視角的確存在被遮蔽的部分。這種狀態的發生，除了知識性學術性原因，除了歷史事實認知上的欠缺之外，也與中國人在面對近代日本時的整體性態度選擇和堅持有關。無論如何，重新審視和回答新文學的發生與近代日本視角的種種詰問，可以推進我們突破既有知識和觀念的局限性，重新觀測和理解五四新文學動態過程結構的多樣性。

　　弔詭的是，無論是以日本爲中繼平臺的西方近代文藝話語的譯介傳播，涵容著日本固有文藝美學品質的文藝理念的接受，抑或是伴隨著頻繁的人際交流的運動─口號─機構等等機制形式因素的模仿借鑒，都充分顯示了「日本因素」是如此多元的介入和影響了中國新文學的發生形成，但同時它們又的確最終沒能內化到中國新文學的主流系統中。這原因有多種多樣。但以筆者看來，以下兩點或許是比較具有決定性意義的理由。一是，中日兩國在漫長的歷史文化傳統中形成的文學的基本性質不同。中國文學系統以儒教思想爲主流，具有重視倫理教化，講求「經世濟民」的社會性或曰泛政治性的品性；而日本的文化文學傳統則偏重日常自我個人，心情世界的感覺及情緒，注重內面世界的審美直感。儘管兩國文學中各自都可以找出各種各樣的例外，但「倫理教化性」，或曰某種泛政治性泛社會性的有無強弱，依然構成了中日文學各自不同的基本性格。在這個意義上，中日文學存在著氣質性的差異。另外一點，則在於近代以來中日近代化展開的路徑和情形存在極大差異。明治維新以來的日本近代化，走的是一條「脫亞入歐」全盤西化的路徑。其中政治決斷的果敢，整體轉型實施的迅速，顯示出了智慧和效率。這也正是晚清以來中國政局改革中最爲缺乏的部分。總之，儘管中日兩國的近代化的本宗都是西方現代性，但20世紀20年代中葉之後，蘇俄革命所昭示的另一條轉型之路，成爲了中國人改變現實、對抗體制、創制新模式的選項，形成了西方現代性文脈以及蘇俄革命文脈並存而後者逐漸占據主導地位的局面。再加之李澤厚提出的「啓蒙」、「救亡」問題，即接踵而來的「救亡」危機，無論在時間還是空間上，都沒有給與中國以從容「啓蒙」的餘裕，歷史便一下子進入了另一個完全不同的革命時代。

徵引書目

（法）皮艾爾・瑪律奇著，尾崎河郎譯，《法國自然主義（1870年—1895年）》，東京：朝日出版社，1968。

（美）愛德華・費拉，〈告白的修辭學—— 20世紀初期的日本私小說〉，《2006-2007年度科學研究補助金（基盤研究C）研究成果報告書18520138》，2008年，頁354-365。

（日）坪內逍遙著，劉振瀛譯，《小說神髓》，北京：人民文學出版社，1991。

《成仿吾文集》編輯委員會，《成仿吾文集》，濟南：山東大學出版社，1985。

《現代日本文學大事典》，東京：明治書院，1965。

三愛（陳獨秀），〈說國家〉，《安徽俗話報》，第5號（1904），頁1-5。

大久保典夫等，《日本現代文學史》，東京：笠間書院，1989。

小田切秀雄，《現代文學史》，上卷，東京：集英社，1975。

久米正雄，〈「私」小說與「心境」小說〉（《文藝講座》大正14年5月），引自《日本近代文學大系第58卷　近代評論集Ⅱ》，東京：角川書店，1972，頁408-419。

王自立、陳子善編，《郁達夫研究資料》（上），天津：天津人民出版社，1982。

中國社會科學研究院文學研究所魯迅研究室編，《1913-1983魯迅研究學術論著資料彙編》（1813-1936），第1卷，北京：中國文聯出版公司，1985。

方長安，《中國近現代文學轉型與日本文學關係研究》，台北：秀威資訊科技公司，2012。

竹內好，〈郁達夫備忘錄〉（原題〈郁達夫覺書〉），《中國文學月報》，22（東京，1937），頁173-178。

伊藤虎丸等編，《郁達夫資料補篇（下）》，東京：東京大學東洋文化研究所附屬東洋學文獻中心，1974。

伊藤整等編，《日本現代文學全集》，卷110，東京：講談社，1969。

李怡，《日本體驗與中國現代文學的發生》，北京：北京大學出版社，2009。

沈衛威編，《胡適日記》，太原：山西教育出版社，1998。

林甘泉、蔡震主編，《郭沫若年譜長編（1892-1978）第一卷》，北京：中國社會科學出版社，2017。

郁達夫，《郁達夫全集》，杭州：浙江大學出版社，2007。

金子光晴，〈郁先生的事〉，《新日本文學》，5：4（東京，1950），頁20-22。

周作人，〈日本近三十年小說之發達〉，《新青年》，第5卷第1號（上海，

1918），頁27-42。

胡適，《胡適文集》，北京：北京大學出版社，1998。

郭沫若，《郭沫若全集‧文學編》第16卷，北京：人民文學出版社，1985。

海老井英次，〈私小說、心境小說、隨筆的三者差異何在〉，《國文學——解釋與教材研究》（東京，1995），40：6，頁73。

麥克昂（郭沫若），〈桌子的跳舞〉，《創造月刊》，第1卷第11期（上海，1928），頁1-11。

費振剛，〈中國現代新文學與近代文化——魯迅、郭沫若同日本文化的交融與差異〉，收入李玉、嚴紹璗主編，《傳統文化與中日兩國社會經濟發展》，北京：北京大學出版社，2000，頁442-452。

鄭伯奇，〈《寒灰集》批評〉，《洪水》，第3卷第33號（上海，1927），頁373-382。

歐陽哲生編，《胡適文集》1，北京：北京大學出版社，1998。

魯迅，《魯迅全集》，北京：人民文學出版社，1981。

劉柏青，《魯迅與日本文學》，吉林：吉林大學出版社，1985。

錢理群、溫儒敏、吳福輝，《中國現代文學三十年（修訂本）》，北京：北京大學出版社，2006。

魏大海，〈日本現代小說中的「自我」形態——基於「私小說」樣式的一點考察〉，《外國文學評論》，1999:1（北京，1999），頁52-60。

鍾叔河編訂，《周作人散文全集》，桂林：廣西師範大學出版社，2009。

龔濟民、方仁念，《郭沫若年譜（上）》，天津：天津人民出版社，1982。

《民國時期期刊全文資料庫》，上海圖書館，http://www.cnbksy.com/，（2019年3月16-18日檢索）。

A Reevaluation of the Rise of the May Fourth New Literature and Japan:
A Case of Zhou Zuoren, Lu Xun, and Yu Dafu

Pan Shisheng

Abstract

The primary factor shaping May Fourth New Literature was Western modernity, which combined Western elements and Japanese elements. Though scholars generally agree that the Japanese element existed, their opinions differ as to how to understand and interpret it. Japan not only served as a "transformation platform" in the spreading of Western modernity to the East, but more importantly, the "revolutionary" spirit in its mode of "total westernization," as well as its own literary aesthetics, directly impacted the rise of May Fourth New Literature. Zhou Zuoren's article "On Human Literature," Lu Xun's *Diary of a Madman*, and Yu Dafu's *Degradation* all bear a close relation with the literature of contemporary Japan, with an unprecedented depth and breadth. The fact that the Japanese element failed to become the mainstream of the New Literature is due both to the difference between Chinese and Japanese cultural traditions and aesthetic tastes, and to the different choices the two countries made facing the value orientations of the day. Approaching the causes of May Fourth New Literature from the perspective of "Japanese experience" or "Japanese influence" can give us a deeper understanding of this issue and help us understand the modernity and diversity of the patterns of May Fourth New Literature.

Keywords: May Fourth New Literature, Japanese factors, Zhou Zuoren, Lu Xun, Yu Dafu

【論文】

意識形態與學術思想的糾結：
1950年代港台朝野的五四論述

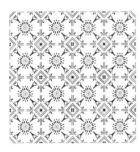

黃克武

美國史坦福大學歷史系博士，現任中央研究院近代史研究所
特聘研究員。主要著作：《一個被放棄的選擇：梁啓超調適
思想之研究》、《自由的所以然：嚴復對約翰彌爾自由思想
的認識與批判》、*The Meaning of Freedom: Yan Fu and the
Origins of Chinese Liberalism*、《惟適之安：嚴復與近代中國
的文化轉型》、《近代中國的思潮與人物》、《言不褻不笑：
近代中國男性世界中的諧謔、情慾與身體》以及有關明清文
化史、嚴復、梁啓超、胡適、蔣中正等之學術論文九十餘
篇。

意識形態與學術思想的糾結：
1950年代港台朝野的五四論述

摘要

　　二十世紀初期的五四運動是現代中國的一個轉捩點，1920年代以後國人對此有所深論；這些討論不但是對文化的反省，也具有政治意圖。針對此一現象，有些學者從「紀念政治」的角度討論五四的「意識形態化」，認為「五四論述」的意旨並非重述過去，而是通過使自己信奉的價值在中國現代史起點上的核心地位，以歷史解釋為未來中國的走向確定一個思想指南。以近代中國的四大思潮來說，國共兩黨分別將五四「三民主義化」與「新民主主義化」。自由主義者則一貫堅持民主、科學的五四理想，並於1949年後在港台致力於民主政治的實踐。至於50年代以後的新儒家一直對五四反傳統給予負面評估。他們和自由主義者同樣認為國共兩黨背離五四理想，又特別指出五四為中共崛起、壯大的文化溫床，導致國府遷台之挫敗。1949年之後，蔣介石（與中國國民黨）對於五四的看法主要即結合了自由主義者與新儒家的觀點，提出救國、倫理、民主與科學的口號，倡導「中華文化復興運動」。本文的焦點是1950年代，港台的自由派知識人與新儒家如何以五四為議題來批判國共兩黨，以及遷台後國民黨的五四論述如何結合自由主義與新儒家之觀點而有所取捨。這些討論顯示在自由主義者與新儒家的思想交鋒與國共對峙之下，作為文化符號的「五四」日益呈現出複雜多元的面貌。近年來對於五四意識形態化的反省，也正是五四走向學術研究的一個契機。

關鍵詞：自由派知識人、新儒家、左舜生、蔣介石、胡適

一、前言：從五四的「意識形態化」談起

　　長久以來「五四」被視爲現代中國政治、社會、文學、思想、藝術乃至日常生活的一個轉捩點。此處所說的「五四」不但指1919年4月開始，因北洋政府未能妥善處理巴黎和會後的山東問題所發生的「五四事件」；也包括在此之前所開始的「五四新文化運動」。[1]這也是周策縱所說的狹義五四（政治社會運動）與廣義五四（思想革命）之別。[2]簡單地說，從五四時代開始，中國知識分子以現代民族主義（愛國精神）爲中心，追求「德先生」（民主）、「賽先生」（科學），並反思傳統，企圖融貫中西，開創一個新文明的時代。

　　五四的歷史意義在於它同時具有政治與文化的意涵。從晚清開始，受到洋務運動與戊戌變法失敗的刺激，知識分子對政治議題的討論逐漸地從器物、制度的革新深入到文化的層面，認爲只有創造一個以民主、科學，以及批判傳統爲核心價值的新文化，才能創造富強的新中國。陳獨秀是一個很好的例子，他在〈吾人最後之覺悟〉一文將倫理問題作爲解決政治問題的根本，陳獨秀的結論是「共和立憲制以獨立平等自由爲原則，與綱常階級制爲絕對不可相容之物」、「倫理的覺悟，爲吾人最後覺悟之最後覺悟」。[3]換言之，解決文化問題方能

1　一般以1915年9月15日，陳獨秀主編《青年雜誌》在上海法租界出版創刊號爲起點，提倡新文學、新思想，不過「新文化運動」之名，及其推展要在1919年9月之後，而「五四新文化運動」一詞更要晚到1927年才出現。參見陳建守，〈作爲集合事件的「五四運動」：五四的概念化與歷史書寫〉，收入黃克武編，《重估傳統‧再造文明：知識分子與五四新文化運動》（台北：秀威資訊科技公司，2019），頁424-455。

2　Chow Tse-tsung, *The May Fourth Movement: Intellectual Revolution in Modern China*（Stanford: Stanford University Press, 1960）.

3　陳獨秀，〈吾人最後之覺悟〉，《青年雜誌》，第1卷第6號（1919），頁4。

解決政治問題。

　　在文化與政治的糾結之下，五四不但是一個單純的歷史事件，也是一個關係到自身的歷史地位與未來中國之走向的風向球。近年來學界對於五四的研究有一個很重要的觀察，亦即二十世紀 20 年代以來，中國有關五四的討論具有「意識形態化」的特點。顧昕所撰寫的《中國啟蒙的歷史圖景》（1992）一書是一個很好的例子。[4]顧氏主要以中國大陸 1980 年代以來在報章、期刊上對五四運動的討論，檢討「五四」被當代人們「意識形態化」的過程。顧氏分析的起點是學術思想與意識形態之間的分際，他反對後現代主義者將所有的學術思想都視爲意識形態，以爲「學術思想」與「意識形態」兩者「顯然是不同的」。學術思想旨在說明實然，同時要避免規範性的評估與指導；意識形態則是規範性的，是一種「信仰體係」或「生活指南」。因此意識形態常將事實或規範性的陳述結合起來形成一個明確而易於了解的體系，並以一些口號來顯示其意旨。此一體係又是權威性與強制性的，可以爲人類的行爲或政策提供合法性的依據。[5]此一觀點與余英時在〈意識形態與學術思想〉一文所述的有類似之處。余英時指出學術思想意指「對一切『現象』或『實在』進行原則性、基本性與系統性的研究」，並在歷史上形成「思統」與「學統」，而保證其獨立性與客觀性。至於意識形態有兩種：一種爲特殊的意識形態，是「個別的人關於政治社會問題所持的主張，故不免因自身利益而對眞實有所掩飾與歪曲（包括有意的和無意的）」；一種是整體的，指不限階級的

4　顧昕，《中國啟蒙的歷史圖景》（香港：牛津大學出版社，1992）。參見黃克武，〈「五四話語」之反省的再反省：當代大陸思潮與顧昕的《中國啟蒙的歷史圖景》〉，《近代中國史研究通訊》，期 17（1994），頁 44-55。

5　顧昕，《中國啟蒙的歷史圖景》，頁 7。

群體意識，它反映一個時代的「世界觀」。[6]

　　顧氏認爲人們對於五四的討論反映出一種特殊的意識形態，其特點爲：一、泛道德主義。二、目的論的歷史觀。三、認爲歷史發展配合科學的普遍規律。四、烏托邦式的理想主義。五、整體主義與一元論式的進路。在此一思維模式的影響下，中國大陸五四話語之中的「民主」、「科學」、「自由」、「平等」、「法治」、「商品經濟」、「學術」或「現代化」等詞，或是其中之一，或是結合數項，被認爲是達到此一最終理想的「根本方法」，中國當代不少的知識分子樂觀地相信只要在這些方面有所成功，其它的困難會迎刃而解。顧氏的看法與張灝、金耀基對五四所提出的觀點相互配合，張灝指出五四思想有烏托邦式的絕對化心態，「結果『德先生』與『賽先生』變成了『德菩薩』與『賽菩薩』」。金耀基也指出五四對民主與科學的理解是浪漫化與意理化的。[7]

　　顧氏全書的論旨可以用他在結論的一段話來說明，「本書的研究表明，五四話語的意旨遠非整理和重述過去。通過使自己信奉的價值或目的在中國現代史的起點上占據核心地位，每一位歷史學家以過去歷史的正確解釋者的身分，爲未來中國的方向確定了思想的指南。這種指南據說是符合歷史必然性的」。[8]

　　顧昕的觀點與周策縱、余英時、歐陽哲生、簡明海與尤小立等人

6　余英時，〈意識形態與學術思想〉，收入氏著《中國思想傳統的現代詮釋》（台北：聯經出版公司，1987），頁53-73。

7　張灝，〈五四運動的批判與肯定〉，收入氏著，《幽暗意識與民主傳統》（台北：聯經出版公司，1989），頁145；金耀基，〈五四新傳統的批判與繼承：對民主與科學的再思〉，收入氏著，《中國社會與文化》（香港：牛津大學出版社，1992），頁196。

8　顧昕，《中國啓蒙的歷史圖景》，頁7。

從歷史的角度對五四所做的研究相呼應。

　　周策縱指出不同的人物因立場各異，對於五四運動的本質、成效與誰是領導者有所爭論。首先從文化的觀點來看，自由主義者認為五四類似於歐洲「文藝復興」，也有人拿五四與十八世紀法國「啓蒙運動」相提並論；周策縱指出兩者的比喻雖有一些類似處，卻忽略了雙方的差異。例如五四肯定白話文、新文學與文藝復興類似，然而對傳統文化提出嚴厲批評，則與主張「古文明再生」的文藝復興有所不同。再者，啓蒙運動的理性與懷疑精神、反偶像崇拜與「五四」類似，但西方的啓蒙運動是「新興的中產階級推翻封建制度的貴族」；中國是各種社會力量對抗舊勢力，而其中並無此類的中產階級。再者，誰領導五四一課題尤其反映國共兩黨的區別。共產黨認為自身為首要領導者，而將五四作為其反帝、反封建的政治路線的起點，是「新民主主義」的源頭，並將五四訂為「青年節」；國民黨也以為蔡元培、羅家倫、段錫朋是五四領導人、肯定五四愛國精神、批判學生運動、並將五四訂為「文藝節」。[9]周策縱的書大概是最早注意到人們對五四的不同闡釋與評價，後來又有學者在此基礎之上再做進一步的討論。[10]

　　余英時的〈文藝復興乎？啓蒙運動乎？一個史學家對五四運動的

9　Chow Tse-tsung, *The May Fourth Movement: Intellectual Revolution in Modern China*, pp. 3-4, 338-368.

10　例如 Milena Doleželová-Velingerová and Oldřich Král eds., *The Appropriation of Cultural Capital: China's May Fourth Project*（Cambridge, Mass.: Harvard University Asia Center, 2001）. 其中也包括下文所提及的余英時，〈文藝復興乎？啓蒙運動乎？一個史學家對五四運動的反思〉的英文版 "Neither Renaissance nor Enlightenment: A Historian's Reflections on the May Fourth Movement" 見頁 299-326。

反思〉一文並沒有使用「意識形態化」的觀念，但他提出五四「既非文藝復興又非啓蒙運動」的觀點則嘗試從反面的角度來彰顯對五四從事「學術思想」研究的可能性。此文解釋五四運動如何地先後被「比附」爲西方的「文藝復興」與「啓蒙運動」，後來「文藝復興」又讓位於「啓蒙運動」。簡單地說作者認爲「文藝復興」之比附是將五四作爲一種自由主義式的詮釋；而「啓蒙運動」之比附則是將五四做爲一種馬克斯主義之詮釋。[11] 對作者來說，五四是一個文化矛盾的年代，並非單一又連貫的運動，概括論斷十分危險。

歐陽哲生的〈紀念「五四」的政治文化探幽── 1949年以前各大黨派報刊紀念五四運動的歷史圖景〉指出五四運動之所以成爲一個值得紀念的日子，是因爲各黨派無不從五四運動發掘其可資利用的資源。紀念「五四」演變成爲各黨派的政治宣傳和造勢。[12]

根據該文，梁啓超主導的研究系在新文化運動中發揮重要作用，[13] 五四運動爆發後，《晨報》持贊助態度，不僅持續報導了五四運動的進展，而且刊登了與五四運動相關的重要檔案和評論文字，如羅家倫〈北京全體學界通告〉（5月5日）、許德珩〈北京學生界宣言〉

---

11 余英時，〈文藝復興乎？啓蒙運動乎？一個史學家對五四運動的反思〉，收入《重尋胡適歷程：胡適生平與思想的再認識》（台北：聯經出版公司，2004），頁265-296。

12 參見歐陽哲生，《五四運動的歷史詮釋》（台北：秀威資訊科技公司，2011）。歐陽哲生，〈紀念「五四」的政治文化探幽── 1949年以前各大黨派報刊紀念五四運動的歷史圖景〉，刊登於《中共黨史研究》，2019年第4期（2019年5月），頁10-32。亦收入黃克武編，《重估傳統‧再造文明：知識分子與五四新文化運動》，頁360-411。

13 研究系在五四時期之角色亦參見李達嘉，〈五四運動的發動：研究系和北京名流的角色〉，收入李達嘉編，《近代史釋論：多元思考與探索》（台北：東華書局，2017），頁119-180。

（5月6日）、涵廬〈市民運動的研究〉（5月6日）、顧孟餘（兆熊）
〈1919年5月4日北京學生之示威運動與國民之精神的潮流〉（5月9
日）、北京學生聯合會〈北京學生界罷課宣言〉（5月20日）等，可
謂五四運動的傳聲筒；另一方面研究系的報刊《晨報》從1920-1925
年間成爲一個平台，提供各界從文化的角度討論五四運動，是在紀念
五四的媒體中較不具意識形態色彩的一個媒體。

　　歐陽哲生認爲國共兩黨有所不同，兩黨與五四的關係錯綜複雜，
而對五四有非常政治化的解讀。一方面因爲五四運動與青年學生、知
識分子密切的歷史關係，通過紀念「五四」，希望拉近或重建與他們
的關係，整合這部分社會資源；另一方面又因「五四」包含與國共兩
黨理念不相容的某些思想因素，對「五四」須作必要的處理，剔除與
其不一致之處。經過長期的對立、磨合，雙方似乎都互相認識了對
方，意識到各自主義的「勢力範圍」，找到了「五四」在其各自理論
體系（三民主義、新民主主義）中的位置。國共兩黨在「五四」紀念
中不斷角力，紀念「五四」也就成爲國共兩黨持續調整自我的思想槓
桿。由於堅持的「主義」不同，國民黨紀念五四運動是從三民主義出
發，共產黨紀念五四運動是爲引導青年走上新民主主義革命道路。從
這個角度來看，紀念五四運動在1919到1949年間是一場「主義」之
爭。

　　簡明海的《五四意識在台灣》則關注五四對台灣的影響。[14]本書
描述1920年代至二十世紀末五四運動在台灣所引發的政治、文化變
遷。作者透過思想、人物與論著等層面考察以民主、科學爲中心的五

---

14 簡明海，《五四意識在台灣》（台北：民國歷史文化學社，2019）。本書爲
　作者在政治大學歷史系的博士論文（2009）修改而成。

四精神在日治時期與1949年之後在台灣的傳播。在戰後部分，作者特別分析國民黨與自由主義者的五四論述。他認為國民黨從1934年「新生活運動」到1966年「中華文化復興運動」都針對五四「反傳統」思想與中共的革命運動。[15] 至於以《自由中國》為代表的自由主義者如雷震、殷海光則以繼承五四傳統自居，奉胡適為精神領袖。他們宣揚五四所揭櫫的「民主、科學」精神、思考如何落實五四理想，在現實上以自由憲政理念對抗共產黨的一黨專政與台灣國民黨的威權體制，主張尊重人權、強調個人自由，因而形成了一種自由主義的批判傳統。後來自由主義陣營雖因1960年「雷震案」而受挫，不過其後的《文星》雜誌與黨外運動則接續了此一香火，使五四在當代台灣仍持續地發揮其影響。

　　相對而言1949年之後中國大陸的五四觀則比較一致而單調。尤小立認為中共對五四的立場與49年之前相比沒有太大的改變。一方面跟隨著1930年代末、40年代初毛澤東將「五四」作為「新民主主義革命的開端」，「五四」成為中共歷史合法性的基礎之一。[16] 另一方面五四作為新文化運動則逐漸消隱，最終被同化在中共的「五四」敘事之中。1949年後，特別是1954-1955年間的「胡適思想批判」運動，不僅將胡適排除在五四新文化運動領袖譜系之外，代之以政治領域的李大釗、毛澤東和文化領域的魯迅，而且全盤地消解了與新文化運動相關的科學、民主、個人主義和世界主義等核心要素。[17]

---

15 簡明海，《五四意識在台灣》，頁250-251。

16 請參見刊登於本期的文章：陳永發，〈毛澤東如何綁架五四歷史？〉，《思想史》，9（2019年12月），頁1-34。

17 尤小立，〈書寫與塑造：1949後「五四」政治話語及政治形象在大陸的確立：以「胡適思想批判」運動為中心的討論〉，《國立政治大學歷史學

　　上述的先行討論並沒有特別注意到1949年之後港台朝野「五四論述」的地位，[18]以及港台知識分子針對五四思想之間產生的互動，並對蔣介石的文化觀念產生影響。本文的焦點是1949至1960年代之間，香港與台灣的政論雜誌之中對於五四的討論。這些雜誌幾乎都受到美國的與台灣的資助，是美蘇冷戰架構之下「文化冷戰」的一環，[19]表現出1949年國府撤退到台灣之後，知識分子對於歷史文化的反省，以及自由主義者、新儒家與國民黨政權之間因「反共」而產生「合縱連橫」的複雜關係。筆者認為在自由主義、新儒家與威權主義者的三方互動之中出現了五四「學術化」的契機。

二、港台自由派知識人的「五四論述」

　　1949年後有一批人不願意留在中國大陸，他們或是跟隨蔣介石去台灣，或是遠走海外。有些人則去了香港，成為「流亡知識人」，使香港成為一個「沒有民主，但有自由」的反共基地。香港的這批反共人士在美國與李宗仁支持下，組成國共之間的「第三勢力」，秉持「國家獨立」、「政治民主」、「經濟平等」、「文化自由」的「民主社會主義」。[20]其中有一部分人較傾向英美自由主義，也有一些人較為肯

報》，期42（2014年11月），頁187-188。

18 直接討論五四在香港的書是陳學然，《五四在香港：殖民情境、民族主義及本土意識》（香港：中華書局，2014）。此書討論的時間較長，直至當代。其中有一節談冷戰時期香港「五四」紀念，討論左翼報刊、「文化民族保守主義者」（以唐君毅、《中國學生週報》為主）的五四論述，不過並未特別關注「第三勢力」的政論雜誌。

19 有關「文化冷戰」可參考貴志俊彥、土屋由香、林鴻亦編，李啟彰等譯，《美國在亞洲的文化冷戰》（台北：稻香出版社，2002）。

20 例如有張君勱、孫寶毅、翁青萍、羅夢冊等人，他們的觀點參見容啟聰，

定國家主義（如中國青年黨人）。他們內部雖有一些分歧，然而也有
不少的共識。本文根據余英時的觀點，稱之為「自由派知識人」；誠
如余英時所述，香港的環境使他們可以追尋自己的精神價值：

> 我在香港的五年（一九五〇—五五）一直生活在流亡知識
> 人的小世界中，和香港作為英國殖民地的工商社會根本沒
> 有接觸的機會……這其實是中國自由派知識人匯聚而成的
> 社群，生活並活躍在一個最自由的社會中……人人都享有
> 言論、結社、出版等的自由……使他們可以無所顧忌地追
> 尋自己的精神價值。更值得指出的是：當時流亡在港的自
> 由派知識人數以萬計，雖然背景互異，但在堅持中國必須
> 走向民主、自由的道路，則是一致的。[21]

在1949年至1960年代之間，這些「自由派知識人」在政治上秉持自
由民主理念、反蘇而親美，他們左批中共的「黨天下」、右批蔣介石
的「家天下」，同時也較為批判傳統。[22]為了宣揚其政治理念，他們辦
了不少的雜誌，如《自由陣線》、《獨立論壇》、《祖國》、《大道》、
《中國之聲》、《聯合評論》等。其中顧孟餘（1889-1972）所主持的
《中國之聲》，成舍我（1898-1991）、陳克文（1898-1986）所主持的
《自由人》，左舜生（1893-1969）所辦的《聯合評論》是當時香港比
較重要的自由派政論雜誌。

〈民主社會主義在冷戰香港：從理論闡述到參與本地政治〉，《中國文化研
　究所學報》，期67（2108年7月），頁229-251。

21 余英時，《余英時回憶錄》（台北：允晨文化出版公司，2018），頁124。

22 有關「家天下」與「黨天下」的說法參見〈發刊詞〉，《民主勢力》，第1
　卷第1期（東京，1952），頁2。文中表示：「中國祇有兩種勢力，正在掌
　握著政權，鞭策統治著人民。一種是：獨裁包辦『家天下』；一種是：專
　制極權『黨天下』的勢力；他們都是在壓迫摧殘民主勢力」。

　　《中國之聲》創刊於1951年10月11日，先後由張國燾、李微塵及林伯雅主編，宗旨為「反共反獨裁」。此一刊物延續了兩年多，至1953年12月底停刊。在該刊創刊號的〈徵稿簡則〉中表示：「本刊旨在宣達人民的正義呼聲。凡本民主自由的立場對中國實況，作客觀詳實之報導；對國內外政治、經濟、社會、文化等問題，做深刻公正之探討者……均所歡迎」。[23]

　　《自由人》三日刊於1951年3月7日正式創刊，由程滄波、王雲五、成舍我、胡秋原及左舜生等三十餘人發起成立，其中不少人均與國民黨關係密切。此刊由國民黨營的《香港時報》督印，而台灣透過此一方式加以贊助。《自由人》的主要撰稿人是雷嘯岑、左舜生等。雷嘯岑說：「《自由人》的作者確實很自由，各人所寫的文字題材雖相同，而見解不必一致，祇要不違背民主憲政與反共抗俄的大前提，儘可各抒己見，言人人殊，真有百家爭鳴，百花齊放的景象」。[24]1952年成舍我辭總編輯，9月由陳克文接總編輯、社長與兼負籌措經費之責。1955年該刊因轉載《自由中國》的文章，遭台灣政府抵制，撤銷津貼。1955年《自由人》獲美國的自由亞洲基金援助續辦，批蔣更甚。陳克文支撐至1959年9月12日出滿第889期停刊。

　　《聯合評論》週刊創刊於1958年8月15日，督印人為黃宇人；總編輯為青年黨的左舜生，前後發行約六年餘。該刊立論宗旨，強調「將不逾越憲法的範圍，所追求的目標第一是民主，第二是民主，第

---

23 〈徵稿簡則〉，《中國之聲》，期1（1951年10月11日），封面底。
24 馬五，《我的生活史》（台北：自由太平文化事業公司，1965），頁161。陳正茂，〈第三種聲音——《自由人》三日刊始末〉，《臺北城市科技大學通識學報》，期3（2014年4月），頁243。

三還是民主！」。[25]換言之，「憲政與民主」即爲《聯合評論》的兩大基調。

這些在香港傾向自由、民主的雜誌之中有關「五四」的論述有以下幾個特點：

第一、以反共爲主旨，批評中共以「新民主主義」爲中心的五四觀，認爲五四並非受「蘇俄革命影響」，更並非如毛澤東所謂是「無產階級世界革命」的一部分。49年後中共所作所爲實際上背叛了五四所追求的民主、科學與愛國的理想。他們呼籲發揚五四精神必須加強「反共抗俄」，打倒「受蘇聯控制」、「公然背叛『五四精神』的中共政權」。[26]

左舜生在1951年5月所撰寫紀念五四運動32週年的〈追懷「五四」〉一文批判中共背叛了自由、民主、人權、愛國等「五四精神」：

> 共產黨今日在大陸的一切行爲，是五四精神的一大反動，他們排斥民主，根絕自由，對人權則極盡蹂躪之能事，既不承認除馬恩列斯之外，還有所謂學術思想，更與俄帝重訂若干不平等的條約，馴至使國家成了俄帝的附庸，人民變了奴隸的奴隸。我想，凡是受過「五四精神」的洗禮，或受過「五四精神」感召的人們，對當前的這種情況是斷然不能忍受的。[27]

左舜生於1961年5月，在紀念五四42週年時，又撰文表達此一

---

25 〈發刊詞〉，《聯合評論》，創刊號（1958年8月15日），第1版。此一刊物曾再版，參見《聯合評論》（台北：秀威資訊科技公司，2009）。

26 左舜生，〈時局漫談：想到三十三年前的五四〉，《自由人》，期122（1952年5月3日），第1版。

27 左舜生，〈追懷「五四」〉，《自由人》，期18（1951年5月5日），第1版。

反共的五四觀。[28]他批評毛澤東在〈新民主主義論〉之中的觀點：

> 毛澤東追述這件事說：「五四運動是在當時世界革命號召
> 之下，是在俄國革命號召之下，是在列寧號召之下發生
> 的。五四運動是當時無產階級世界革命的一部分。……」
> （見毛所著〈新民主主義論〉），這完全是閉著眼睛瞎吹，
> 其實俄國革命還不到兩年，他們國内還是一塌糊塗，他們
> 憑什麼資格號召？憑什麼力量號召？……「中國共產黨」
> 還沒有懷胎……他們說這類的話，當然只是以肉麻當有
> 趣。[29]

其次，他認為共產黨不相信民主與科學，其崛起的背景是蘇俄，因此
「世界革命」與五四新思潮「全不相干」：

> 所謂新思潮，僅僅包含「民主」與「科學」兩義，與所謂
> 世界革命全不相干。今天的毛澤東既不相信「民主」，也
> 不相信「科學」，因此我們可以說，共產黨後來的活動，
> 也與這一期的新思潮全不相干。[30]

　　江楓的〈五四的叛徒——共產黨〉一文也直接針對此一課題，而
有類似的觀點。作者同意五四與中共有一些關係，例如五四的領導人

28　左舜生，〈紀念「五四」四十二週年〉，《聯合評論》，期140（1961年5月
　　5日），第1版。

29　胡適在1959年7月16日在夏威夷大學的演講〈杜威在中國〉有一個完全
　　相同的觀點「共產黨徒偏要說五四運動是無產階級世界革命的一部分，而
　　且是由中共策動和領導的。這全然是個謊言。事實上，一九一九年的時
　　候，中國還沒有一個共產黨徒」。胡適，〈杜威在中國〉，收入胡適著、潘
　　光哲主編，《胡適全集：胡適時論集》（台北：中央研究院近代史研究
　　所，2018），8，頁115。

30　左舜生，〈紀念「五四」四十二週年〉，《聯合評論》，期140，第1版。

物陳獨秀、李大釗都是中共創黨的風雲人物，而「五四後期的新文化運動也是共產主義的文化先鋒」。不過後來共產黨卻背叛了五四打倒舊權威、追求民主、科學與國家獨立自主的精神：

> 五四打倒了舊權威，而毛澤東他們轉過頭來又投向一個新的權威；五四運動的目標是民主與科學，可是共產黨主張專政，而且實行專政，這是與民主正相反的；共產黨提倡狂熱的教條主義，這又是與科學精神正相反……五四運動是以愛國為出發點，可是共產黨主張的甚麼新愛國主義，所主張的一面倒賣國主義，正是與愛國主義絕對相反的！[31]

上述觀點均指出五四在起源與發展上與中共無關，而中共背叛了五四精神。

第二、強調五四後期的發展「種下了共產黨這株毒苗」，造成中共的坐大：有些作者認為五四陣營內部有觀點上的分歧而導致中共的崛起。徐偉晴的〈五四與青年運動〉一文認為五四開始時為學生運動，後來分裂為「民主主義」與「共產主義」兩支。「胡適、傅斯年所領導的自由主義路線，方向不錯，惜有氣無力」；「陳獨秀、李大釗等所領導的共產主義路線，發展蓬勃，種下今日災難之根源」。五四內部之中民主主義一支發展較緩，「而共產主義一支因為抗戰與國民黨的腐敗而壯大，操縱了有理想有熱情的青年們所發動的反國民黨運動」，「猛著先鞭，迅速擴張」：

> 五四運動後期種下了共產黨這株毒苗；抗日運動對這株毒

---

31 江楓，〈五四的叛徒——共產黨〉，《中國之聲》，期31（1952年5月8日），頁12。江楓的背景不詳，可能為筆名。

> 苗給予了發展壯大的機會；而國民黨統治集團的專制腐化
> 更助長了比它更反動的共產黨之發展壯大；抗戰結束，國
> 民黨統治者的醜惡面目逐漸暴露無遺。中華民族的精英，
> 在內憂的緊逼下，對民族的罪人掀起一場偉大的反抗運
> 動。但，令人痛心的事實是，共產黨操縱了這次青年運
> 動！有理想的青年所發動的反國民黨運動，在中共的騙惑
> 與麻醉下分化了，變質了……這次青年運動的主流卻被共
> 產黨牽引到歧途，成為極權賣國者的政治資本。[32]

他的結論是：中國人民應「繼承五四精神，堅守民主理念……推翻極
權賣國的統治集團，建立民主、公平、自由的新中國」。[33]

　　第三、批判國民黨對「五四」的態度。左舜生說國民黨受五四影
響很大，它能「打倒軍閥，統一全國，便受五四之賜」，但是「現在
國民黨的當權者一提到『五四』便咬牙切齒的痛恨，真可說昏瞶糊
塗，落伍到不可救藥」。國民黨對五四的反感是因為學生運動追求民
主，與蔣一黨專政的觀念不同，「蔣團長仍不喜歡五四，據說，因一
談五四勢必提到民主，他不願意青年學生談民主」。[34]另外也因為有國
民黨人誤會「五四運動是左傾運動」。[35]不過國民黨仍「不能不在五四
這一天有所表示」，他們的作法是首先將五四納入「三民主義的國民
革命」，其次則是藉著五四來反共，認為「五四精神必將克服共產極

---

32 徐偉晴，〈五四與青年運動〉，《中國之聲》，期31（1952年5月8日），頁
　12。
33 徐偉晴，〈五四與青年運動〉，《中國之聲》，期31，頁12。
34 志清，〈五四紀念在臺北〉，《聯合評論》，期90（1960年5月13日），第4
　版。
35 周公言，〈五四運動的本質是甚麼？〉，《自由報》，期971（1969年7月2
　日），第1版。

權主義」。[36] 國民黨以五四來反共，因而必須在某種程度上肯定「民主與自由」的觀點則受到香港自由派知識人的肯定。

　　第四、對胡適的兩種看法，一方面寄望胡適、另一方面也批判胡適。陳紀瀅在1958年四月胡適返台就任中研院院長之後寫了〈寄望於胡適之先生者〉，他認為胡先生以無黨派的身分參與政治評論，是「文人論政」，他與實際政治糾葛不多。「我們自由中國，國際地位日益艱難的今日，胡適先生這面文化大旗，插在那裡，那裡就發光芒，那裡就會增強反共文化的力量」。[37] 五四運動41週年（1960）時胡適在臺北發表演講，引發了人們對五四的思考。[38] 孟戈在〈五四雜感〉一文肯定胡適對五四的反省，（「我現在談到這些時，臉上流汗，心中慚愧，」）他要大家思考「民主在那裡？科學在那裡？新文學又在那裡？」，胡適又說五四的成效不彰，「一方面由於大家努力不夠，另一方面是執政黨努力不夠」。這些反思受到孟戈的肯定。[39] 除了呼應胡適自身的反省之外，香港的政論雜誌作者對胡適在台灣的一些表現也感到不滿，其中從民主憲政的觀點對於胡適沒有極力阻止蔣介石「三連任」總統一事，尤其予以大力批評，[40] 換言之，胡適對台灣在實

---

36 志清，〈五四紀念在臺北〉，《聯合評論》，期90，第4版。

37 陳紀瀅，〈寄望於胡適之先生者〉，《自由人》，期743（1958年4月19日），第3版。陳紀瀅（1908-1997），河北安國人，台灣作家，反共小說的代表人物之一，也是國民黨的重要幹部，1948年被選為立法委員。

38 胡適，〈五四運動是青年愛國的運動〉（1960年5月4日），收入胡適著、潘光哲主編，《胡適全集：胡適時論集》，8，頁158-168。

39 孟戈，〈五四雜感〉，《聯合評論》，期90（1960年5月13日），第2版。

40 有關蔣介石第三次連任總統的爭議，以及胡適之角色，參見黃克武，〈蔣中正、陳誠與胡適：以「三連任」問題為中心（1956-1960）〉，收入黃克武主編，《1960年代的台灣》（台北：國立中正紀念堂管理處，2017），頁59-170。

現民主、憲政上的缺失，也要負責。志清指出：

> 他本來反對修憲和反對蔣再連任，但「國大」開會，他又
> 參加投票了。雖然人們相信他投的一定是一張空白票；可
> 是從此即未聞他的反對之聲了。他問民主在那裡，足見他
> 的內心是如何的痛苦呵。[41]

後來胡適對《自由中國》、《文星》雜誌的態度，以及在吳國楨、雷
震案發生時的因應方法，也深受港台自由主義者的批評，認爲他在面
對獨裁時軟弱與妥協，而與當權者糾纏不清。[42]

　　胡適死後所刊登的文章多半較爲肯定胡適的貢獻，曾任教於香港
崇基學院的哲學家謝扶雅（1892-1991）在〈五四追思胡適〉一文爲
胡適申冤。他認爲胡適在堅持民主、科學、白話文、思想獨立等方面
有其貢獻，是摧毀權威主義、教條主義和獨裁主義的武器，「而台北
竟有人主張把這個給中共清算批判累四五百萬言的胡適空投到大陸
去，更可謂匪夷所思」。但同時他也批評胡適所介紹的西學太狹窄，
對於美國、德國、法國思想的譯介有所不足。[43]

---

41 志清，〈五四紀念在臺北〉，《聯合評論》，期90，第4版。

42 殷海光與傅正都對胡適與現實的糾結以及不肯勇於抗爭之氣概有所批評。
這也是胡適在雷震案發生前後所表現出的基本態度，亦即願意堅持理想而
抗爭，卻同時也願意爲顧全大局而妥協，不與當權決裂。任育德，《胡適
晚年學思與行止研究》（台北：稻香出版社，2018）。黃克武，〈一位「保
守的自由主義者」：胡適與《文星雜誌》〉，收入潘光哲編，《胡適與現代
中國的理想追尋——紀念胡適先生120歲誕辰國際學術討論會論文集》
（台北：秀威資訊科技公司，2013），頁332-359。有關胡適、殷海光對吳
國楨案的反應，參見金恆煒，《面對獨裁：胡適與殷海光的兩種態度》
（台北：允晨文化出版公司，2017），頁80-161。

43 謝扶雅，〈五四追思胡適〉，《聯合評論》，期191（1962年5月4日），第1
版。謝精通康德哲學與基督教神學。

　　簡單地說，香港自由派知識人的政論雜誌對五四的基本看法是肯定五四的基調，「肯定進步、新生與民主」，要跟著五四的方向走。[44] 秉持此一原則，對於中共對五四的看法，與國民黨乃至自由主義者如胡適背離五四精神的部分，則予以批判。

　　台灣的反共自由主義者對五四的看法與上述香港自由派政論雜誌大致上很類似，而且雙方互通訊息、彼此投稿，也轉載文章，其中《自由人》與《自由中國》兩雜誌的編輯委員有重疊，在思想傾向、財務等方面關係尤其密切。台灣自由主義者的政論雜誌以胡適、雷震、殷海光為首的《自由中國》、蕭孟能、李敖主編的《文星》等為代表，這些刊物承續著自五四運動以來自由主義者啟蒙大眾的任務，對於後來的台灣自由民主的發展產生重大的影響。這些刊物對五四的看法如下：

　　第一、延續了五四的思想傳承，宣揚民主與科學，並企望民主憲政之實現。殷海光在1960年撰文紀念五四時說：

> 實行民主學習科學是中國人可行的陽關大道。早在四十多
> 年前的五四運動裏，胡適之等先生致力提倡的就是這個坦
> 易的道理……今後欲救中國於深淵，並沒有其他奇徑可
> 走，還是只有實行民主採納科學。五四又過了四十一年
> 了。在這個特別值得紀念的節日，我們將我們的見解從新
> 提出，讓大家有個真切努力的方向。我們尤其希望年青的
> 一代，再不要做衝陣的火牛，再不要做撲燈之蛾，拿定主

---

44 許冠三，〈跟著「五四」的方向走〉，《自由人》，期852（1959年5月6日），第1版。許冠三為東北大學畢業，1950年應謝承平之邀來港，主持自由出版社，「他的學術水平和文筆都高一等」。余英時，《余英時回憶錄》，頁139。

意，堅強地進步，讓一個合理的社會經由民主與科學的程
序在我們手裏實現！[45]

李敖所主編的《文星》雜誌則跟著胡適、殷海光等人的腳步，這兩個
刊物對後來的民主運動有直接的影響。[46]

第二、在政治上以五四來批判國共兩黨。台灣自由主義雜誌對五
四的宣揚與「反共」相結合，他們主張以自由民主來實現實質的反
共。同時，台灣自由主義者的五四論述與他們對國共兩黨的一黨專政
的批判也相結合，並且隨著時勢的推移，對於國民黨的針砭日趨激
烈。以《自由中國》來說，該刊在創辦之初，與蔣介石關係良好，然
而隨着韓戰爆發，蔣介石重獲美國支持，國民黨在實施黨的改造之
後，威權體制更加鞏固。《自由中國》的方向也逐漸從批判共產主義
轉向批評國民黨政府政策弊病，而和執政當局關係逐漸惡化。《自由
中國》批評黨國干擾學校教育、反對蔣氏三連任、主張司法獨立、地
方自治、成立反對黨等，後來導致1960年的雷震案，台灣自由主義
者受到重挫。

第三、台灣自由主義者與香港自由派知識人略有不同的是，他們
更強烈地秉持反傳統的立場，將儒家傳統視爲中國現代化的障礙，因
而延續了五四時期傳統與西化的論戰。從《自由中國》18卷19期殷
海光所寫之社論，〈跟著五四的腳步前進〉一文，可見《自由中國》
知識分子所以重新解釋「五四新文化」，乃是基於對這幾年來「反五
四思想的言論，以及強調文化傳統作品」、「提倡中國本位文化」的

---

45 殷海光，〈社論：五四是我們的燈塔！〉，《自由中國》，卷22期9（1960
年5月），頁273。
46 黃克武，〈戒嚴體制下的自由之聲：《文星》雜誌的介紹與分析〉，刊於
《知識饗宴系列8》（台北：中央研究院，2012），頁137-164。

反感，是看到「近年來若干人士播弄的烏煙瘴氣，較之葉德輝、徐桐、倭仁所爲者毫無遜色。中國今日之需要科學與民主，比四十年前更爲迫切」。[47]在台灣傳統文化論者主要有兩類，一爲傳統主義者與受此影響的國民黨人（如支持孔孟學會之人，此一學會在1960年1月由教育部長梅貽琦發起組織），一爲五○年代開始的港台新儒家（下詳）。這兩者都是台灣自由主義者所要批判的對象。

　　以上是港台傾向自由主義者所表達出對五四的看法，這些觀點與新儒家的看法有重疊，也有歧異。

三、港台新儒家的五四論述

　　當代新儒家指五四運動以來，目睹全盤西化的思潮在中國的影響力日益擴大，一批學者堅信中國傳統文化對中國未來仍有價值，以此爲基本觀點來謀求中國現代化的一個學術思想流派。廣義的新儒家包括唐君毅、牟宗三、徐復觀、錢穆等人。他們以《民主評論》爲中心，形成了一個宣揚新儒家理念的文化陣地。1958年元月由唐君毅起草，經張君勱、牟宗三、徐復觀修正，後以四人名義聯署發表〈爲中國文化敬告世界人士宣言：我們對中國學術研究及中國文化與世界文化前途之共同認識〉於《民主評論》之上，此文被視爲「當代新儒家」的宣言。[48]在思想史上，新儒家被定位爲文化保守主義者，他們

---

47 殷海光，〈社論：跟著五四的腳步前進〉，《自由中國》，卷18期9（1958年5月），頁272。

48 有關《民主評論》的創立及其主旨，請見余英時，〈序──《民主評論》新儒家的精神取向：從牟宗三的「現世關懷」談起〉，彭國翔，《智者的現世關懷──牟宗三的政治與社會思想》（台北：聯經出版公司，2016），頁15-16。亦參見王志勇，〈流亡港臺傳統派知識份子「文化中國」意識探

的觀點與五四以來的自由主義者（以及上文所述廣義的自由派知識人）有所不同。首先，自由主義者跟西方現代化理論支持者一樣，把儒家傳統視爲一種強調「禮教」的權威主義，並與專制掛勾。可是新儒家卻指出儒家具有對個人尊嚴與自主的尊重，以及「從道不從君」的道德理想。因此他們強調傳統文化並非中國現代化的障礙，而是具有可以促進現代化的成分。其次，新儒家肯定民主與科學。就中國文化的現實境遇與發展方向來說，新儒家的觀點與五四時期宣揚民主、科學的觀點之間其實是有共識的，誠如鄭家棟所指出：

> 以唐、牟、徐爲代表的一代新儒家與「五四」傳統之間沒
> 有實質性的分歧，因爲他們同樣認爲民主與科學爲中國文
> 化的現實發展之所首要和必須。牟先生所提出的問題是：
> 民主與科學的背後是有某種精神在支援的，重要的是如何
> 把此種精神接引過來，否則的話，所謂發展民主與科學也
> 只能是一句空話。[49]

第三，新儒家對於白話文運動也是十分肯定的。這樣一來，新儒家與自由主義者的主要分歧在於如何看待傳統、如何看待西方。

有關唐君毅、牟宗三等對五四的看法，陳學然、楊祖漢等人已有詳細的分析。[50]1949年唐君毅、牟宗三帶著「花果飄零」的憂患意識、強烈的民族文化情懷與儒家道統守護者的身分來到香港。他們對

論──以《民主評論》爲中心（1949-1966）〉（武漢：華中師範大學博士論文，2017年5月）。

49 鄭家棟，《牟宗三》（台北：東大圖書公司，2000），頁80。

50 陳學然，《五四在香港──殖民情境、民族主義及本土意識》，頁258-269。楊祖漢，〈新儒家對五四運動的反省〉，http://www.wangngai.org.hk/docs/a17.html（2019年4月25日檢閱）。

傳統文化的信心與使命感促使他們反省五四以來中國文化的發展。
唐、牟的五四觀有以下幾個特點：

第一、他們肯定五四愛國運動所具有的愛國心與自覺心，以及對
於民主、科學的追求。其中民主的追求尤其重要。唐君毅說五四運動
表現出知識分子要求主宰政治、改革社會而追求民主的朝氣。五四運
動是反對喪權辱國的條約之政治運動，表示中國知識分子感到「政治
必須民主，才能免於喪權辱國之事」。五四運動之後至今「成為一求
政治民主的潮流，此對中國過去的歷史而言，畢竟是一劃時代的
事」。[51]

第二、他們認為西方對於民主、科學之肯定背後有一種超越功利
動機的「一段真精神在推動」，亦即有宗教、道德的背景。對他們而
言，中國民主與科學的生根，亦需肯定儒釋道三教「使中國人的精神
不黏著於現實，不受限於感性之生理本能，而隨時理性化其自己」。
總之，唐、牟對五四的基本看法是繼承五四，並超越五四。針對五四
的缺失，他們提出一個「貫通中西」，而環繞著民主、科學與宗教道
德的「安定人生建立制度的思想系統」。牟宗三認為其中應包含三
事：

> 一是疏導出民主政治的基本精神，以建立政治生活方面的
> 常軌。二是疏導出科學的基本精神，以建立知識方面的學
> 問統緒。三是疏導出道德宗教之轉為文制的基本精神，以
> 建立日常生活方面的常軌。[52]

51 唐君毅，〈六十年來中國青年精神之發展〉（1955），唐君毅、徐復觀、牟
　宗三等著，《生命的奮進：唐君毅、徐復觀、牟宗三、梁漱溟四大學問家
　的青少年時代》（台北：時報文化，1985），頁77-78。
52 牟宗三，〈說「懷鄉」〉（1953），唐君毅、徐復觀、牟宗三等著，《生命的

唐君毅、牟宗三與蔣介石一樣肯定倫理、宗教的重要性，他們反覆述
說「在科學以外，必須承認有道德宗教的聖賢學問」，在這方面必須
依賴中國傳統的「生命的學問」。[53]

　　第三、他們認為五四運動的缺點在消極的破壞，而缺乏積極的建
設：他說新文化運動的精神「所重只在批判懷疑，打倒禮教與孔家
店，並提倡文學革命等」。「但是民主精神不表現於立憲的政治制度
之運用，則不能有積極的政治成果，只是一反對當時政府之政治口號
而已」，而自由精神「不表現於具體人權之爭取，求訂之於制度，由
法律以保障之，則終歸於一種精神之放縱，與個人之浪漫情調而已，
亦不能有成果」。至於科學方面，大陸淪陷前之科學家缺乏整體的文
化意識，與健全的政治意識，只知「羨慕西方」，與追求個人成就，
「後來都多是贊成共產黨」。五四時代培養出來的人「不免傾向於一
道地的個人主義……拿來批判、懷疑、打倒他個人以外的一切，由孔
子、禮教、社會風俗、傳統文化……這確是一件很糟的事」。[54]

　　第四、有關五四與二十世紀以來政治勢力發展的關係，他們認為
五四的起源與國共並無直接關係，然而五四的精神卻導致中共的興
起。唐君毅在他所撰寫的〈六十年來中國青年精神之發展〉（1955）
之中認為五四的精神是青年的愛國意識，所謂國共的領導並不重要，

　　奮進：唐君毅、徐復觀、牟宗三、梁漱溟四大學問家的青少年時代》，頁
　　151-152。

53 牟宗三，〈關於「生命」的學問——論五十年來的中國思想〉（1961），唐
　　君毅、徐復觀、牟宗三等著，《生命的奮進：唐君毅、徐復觀、牟宗三、
　　梁漱溟四大學問家的青少年時代》，頁179-186。

54 唐君毅，〈六十年來中國青年精神之發展〉（1955），唐君毅、徐復觀、牟
　　宗三等著，《生命的奮進：唐君毅、徐復觀、牟宗三、梁漱溟四大學問家
　　的青少年時代》，頁84-86。

「都是枝葉」、「實際上誰都不配居領導之功」。唐君毅說：

> 五四運動只代表一時代的青年精神。當時全國學生之響應
> 北平學生之活動，只是一愛國意識。百年來的中國人，一
> 直的願望，本來就是要復興中國。故無論說誰領導，都不
> 重要。因爲誰都可以領導，而實際上誰都不配居領導之
> 功。這只是一時代之青年精神，自己在領導自己。[55]

但另一方面，五四運動卻成爲催生了共產黨的一場運動。唐君毅
將五四與中共連結在一起的方式與上述自由派知識人不同，是從文化
而非政治角度立論。他強調五四從愛國、自主的運動，到後來演變爲
清算傳統文化的潮流，對中國文化「偏激鄙薄」，如陳獨秀、魯迅及
把青年人導向信仰唯物論和走向馬、恩、列的思想道路。他把這一個
運動稱爲「文化學術上之沒遮攔精神」，「一廂情願，傾心相許，而
不惜貶斥自己之文化歷史」，最終「造成赤流氾濫於中國」。[56]

錢穆的看法與唐君毅、牟宗三兩人類似，但更爲肯定傳統，也更
批判自由主義。錢穆在年輕的時候曾熱情地擁抱新文化運動，「於當
時新文化運動，一字、一句、一言、一辭，亦曾悉心以求」，後來
「尋之古籍」，才對新文化運動有不同的想法。[57]他對五四的看法是：

第一、肯定傳統文化之價值，而反對五四反傳統思想：錢穆肯定
儒家傳統倫理道德爲現代社會之所需。他引《論語》「弟子入則孝，

---

55 唐君毅，〈六十年來中國青年精神之發展〉（1955），唐君毅、徐復觀、牟
　宗三等著，《生命的奮進：唐君毅、徐復觀、牟宗三、梁漱溟四大學問家
　的青少年時代》，頁78。
56 陳學然，《五四在香港——殖民情境、民族主義及本土意識》，頁259-
　260。
57 有關錢穆對新文化運動的接受，參見瞿駿，〈覓路的小鎮青年：錢穆與五
　四運動再探〉，《近代史研究》，2019年第2期，頁25-40。

出則弟，謹而信，汎愛眾，而親仁」。及子夏曰：「賢賢易色，事父
母能竭其力，事君能致其身。與朋友交，言而有信」兩章，作為做人
處事最高的原則。他認為中國青年自五四以來，追求「平等」、「自
由」、「獨立」、「奮鬥」、「戀愛」、「權利」、「非孝」等價值，是走
錯了方向，誤入歧途。[58] 錢穆認為新文化運動誤認舊傳統與新文化為
水火不容，「一方面高倡打倒孔家店，一面又叫全盤西化」。這是因
為新文化運動者對舊文化認識不真。他指出中國傳統非封建社會、也
決非君主專制。中國人應對中國文化有一深切之認識，而非從西方歷
史來認識中國。[59]

　　第二、五四的反傳統與全盤西化論為共產主義布置溫床：[60] 錢穆
在《從中國歷史來看中國民族性及中國文化》的序中說：

> 自新文化運動中轉出共產運動，至其尊奉馬、恩、列、
> 史，則與洪、楊之尊天父、天兄何異？惟宗教尚屬世界
> 性，尊奉馬、列則顯屬西化。至其得操政權以來，亦已三
> 十年，摧殘破壞可謂已不遺餘力。[61]

1951年，錢穆發表〈回念五四〉：

> 今天的中共，若平心把此三十年來的歷史回頭細看，不能
> 不說他們仍在依照著五四前後新文化運動的大體目標而前
> 進。至少可以這樣說，若使沒有當時一番新文化運動，共

---

58 錢穆，〈中國文化與中國青年〉，《文化與教育》（台北：東大圖書出版公
　　司，1976），頁1-8。
59 錢穆，《從中國歷史來看中國民族性及中國文化》（台北：聯經出版公司，
　　1979），頁3-4。
60 錢穆，〈回念五四〉，《歷史與文化論叢》（台北：東大圖書出版公司，
　　1979），頁63。
61 錢穆，《從中國歷史來看中國民族性及中國文化》，頁3-4。

產主義在中國，斷不致蔓延得這樣快。[62]

1975年，錢穆更明確的指出了新文化運動帶來了共產主義的氾濫：

新文化運動之後，繼之有共產主義之披猖。共產主義得在
中國生根發脈，不得不謂其先起之新文化運動有以啓其
機。此即從陳獨秀一人之先後轉變，可以作證。

在錢穆看來，「共產主義之潛滋暗長」是現代中國眞正的「心腹之
患」，其爲禍之烈，有甚於「軍閥之割據和日寇之入侵」。[63]錢穆將
「國運之頹」，歸罪於共產黨之氾濫，而共產黨之所以披靡一時，又
肇因於新文化運動。[64]

　　第三、批判胡適：胡適左批馬克斯主義、右批傳統文化，他在
〈介紹我自己的思想〉一文中說「被孔丘、朱熹牽著鼻子走，固然不
算高明；被馬克思、列寧、史達林牽著鼻子走，也算不得好漢」。誠
如周質平所指出的，胡適與錢穆思想形成兩方面的對比。首先在反共
方面兩人有共識，但胡適的反共出自對自由民主之堅持；錢穆的反共
則出於對中國舊傳統文化的熱愛（反對中共對傳統文化之破壞）。其
次在對傳統態度上，兩人觀點有所分歧，胡適批判傳統，錢穆維護傳
統。[65]

　　以上描述了唐君毅、牟宗三、錢穆等新儒家對五四的看法。[66]他

---

62 錢穆，〈回念五四〉，《歷史與文化論叢》，頁387。

63 錢穆，〈蔣總統與中國文化〉，《聯合報》，1975年4月12日，第2版。

64 周質平，〈「打鬼」與「招魂」：胡適錢穆的共識和分歧〉，收入黃克武
　　編，《重估傳統‧再造文明：知識分子與五四新文化運動》，頁111。

65 周質平，〈「打鬼」與「招魂」：胡適錢穆的共識和分歧〉，黃克武編，《重
　　估傳統‧再造文明：知識分子與五四新文化運動》，頁91-93。

66 本文未能討論徐復觀對五四的看法。有關此一議題請參見劉緒義，〈現代
　　新儒家對「五四」反傳統的反思——以徐復觀爲例〉，《華中科技大學學

們的觀點在反共，以及強調民主、科學的重要性兩方面與自由主義者是有共識的，他們也同意五四促成中共之崛起；但是對於傳統與現代化的關係，以及宗教倫理價值在現代社會之中的角色則與自由主義者不同，而錢穆尤其反對胡適等人對傳統文化的批判。新儒家的觀點與蔣介石的看法頗爲契合，但蔣也同意一部分自由主義者之觀點。

四、蔣介石的五四論述及其轉折

　　蔣介石對五四的看法分成幾個階段。首先，他在年青時曾受到新思潮的影響，是《新青年》、《新潮》與《東方雜誌》等刊物的讀者。1919年至1920年，他多次記載閱讀《新青年》，讀了「易卜生專號」。五四運動爆發之後，他受到強烈的震動，稱讚五四運動的愛國精神，認爲中國人民表現出的鬥爭精神與愛國熱情是中華民國復興的希望，1919年9月24日的日記記載：

> 至今尚有各界代表群集總統府門前，要求力爭山東各權
> 利。各處排日風潮，皆未稍息。此乃中國國民第一次之示
> 威運動，可謂破天荒之壯舉。吾於是卜吾國民氣未餒，民
> 心不死，中華民國當有復興之一日也。[67]

這種對五四愛國精神的肯定一直延續到北伐成功。

　　國民政府成立之後，他對青年運動開始有不同的看法，由正面轉向負面。他指出這主要因爲革命的階段不同、對象不同（以往是打倒勾結帝國主義的北洋軍閥的時代）。[68]1930年10月中央大學學潮，「校

報（社科版）》，2006年第2期，頁1-6。
67 蔣中正，《蔣中正日記》，1919年9月24日。
68 蔣介石說：「五四時代的政府是北京政府，因爲北京政府是反革命的，腐

務延弛，學風囂張」，以致貽害青年。學生「受共黨之搧惑及奸人之利用」，「罷課遊行，以肆要挾」。[69]蔣開始主張限制青年運動，希望青年努力求知，不要造成社會的動盪。這種態度至抗戰開始之後，變得更為強烈。他說「現在抗戰尚未勝利，敵人尚待驅除，如果有誰在政府對外抗戰的時期起來擾亂社會的治安，破壞政府的威信，那就是阻撓革命，破壞抗戰，就是漢奸，就是出賣國家的罪人！政府對於漢奸和罪人，當然要依法制裁，毫不姑息！這種極簡單而明顯的道理，一經說出，一般學生和文化界教育界的人士，一定可以明瞭，不致為共產黨所迷惑！」。[70]

　　1938年5月4日，他在日記中寫道：「學生不准許參加任何政治團體，頒行禁律，無論任何團體，如有此學生運動，應作內亂罪處置」，同時他也着手組織青年團，希望更有效地管控、動員青年。[71]

　　抗戰時蔣介石不但反對學生運動，也批評五四新文化運動。1941年，他批評五四愛國運動與新文化運動，只有五分鐘熱度，缺乏哲學基礎，以致除了白話文之外，其他如民主、科學方面均成效不彰：

　　　從五四運動以來，我們青年愛國運動與新文化運動，有一

敗泄沓，對內抑制革命的力量，對外喪權奪國，簽訂不平等條約，所以本黨要領導教育界人士和學校青年，起而反抗，竭其全力與之鬥爭！現在的政府是國民政府，國民政府是革命的政府，是領導全國同胞，對敵抗戰，廢除不平等條約，爭取國家民族的自由的」。蔣中正，〈對於青年團一屆三次全會之感想〉，秦孝儀主編，《先總統蔣公思想言論總集》（台北：中國國民黨中央委員會黨史委員會，1984），卷21，頁89。

69 呂芳上主編，《蔣中正先生年譜長編》（台北：國史館、國立中正紀念堂管理處、財團法人中正文教基金會，2014），冊3，頁294。

70 蔣中正，〈對於青年團一屆三次全會之感想〉，秦孝儀主編，《先總統蔣公思想言論總集》，卷21，頁89。

71 蔣中正，《蔣中正日記》，1938年5月4日。

個最大的缺點，就是不實在，不徹底，大家都是僅憑一時
的熱情，動一下子就算了事！所謂「只有五分鐘的熱
度」，中國過去一切事情，都是如此，這就是因爲我們沒
有中心的思想與理論來領導，更沒有根本哲學作基礎，所
以不能持久一貫的努力！結果，在時效方面，不過是曇花
一現，而流弊所及，反而使一般青年彷徨無主，害了國
家，也害了自己！可知無論我們從事何種運動，如果沒有
一貫的哲學思想作中心，就必不能有正確的方向，必不能
夠持久貫徹，發生偉大的功效。

他更質疑五四新文化運動的內容：

所謂新文化運動，究竟是指什麼？就當時一般實際情形來
觀察，我們實在看不出他具體的內容。是不是提倡白話文
就是新文化運動？是不是零星介紹一些西洋文藝就是新文
化運動？是不是推翻禮教，否定本國歷史就是新文化運
動？是不是祇求解放自身，不顧國家社會，就是新文化運
動？是不是打破一切紀律，擴張個人自由，就是新文化運
動？是不是盲目崇拜外國，毫無抉擇的介紹和接受外來文
化，就是新文化運動？如果是這樣，那我們所要的新文
化，實在是太幼稚、太便易，而且是太危險了！老實說：
當時除了白話文對於文學與思想工具略有所貢獻以外，其
他簡直無所謂新文化。[72]

抗戰期間他對五四學生運動與新文化運動的看法不曾改變。1943

---

[72] 蔣中正，〈哲學與教育對於青年的關係〉，收入秦孝儀主編，《先總統蔣公思想言論總集》，卷18，頁276-278。

年，他在接替顧孟餘出任中央大學校長之後，看到中大校園內匪諜滲透、校園內紀律不佳，對五四運動更爲不滿，稱之爲「亡國的五四運動」：

> 委員長對現行教育深爲不滿，尤不滿於「五四運動」，嘗
> 稱之爲「亡國的五四運動」，並謂「五四運動」較之軍閥
> 尤甚，每談及教育現狀，莫不痛惜。[73]

抗戰勝利後出現國共內戰，他又看到「共匪」鼓動學潮，反對內戰，因而對青年運動更加防範。

　　蔣介石對五四的態度也影響國民黨人對五四的看法。1949年之前，在國共鬥爭的背景下，國共對於五四話語權有不同的態度。共產黨積極掌握五四話語，並將之納入自身思想體系，作爲舊民主主義革命與新民主主義革命的分水嶺。國民黨在北伐成功之前肯定五四的愛國精神，然而其後出於對青年運動的負面觀感，則一直想要放棄五四話語權。簡單地說，國民黨人對五四並無一致之觀點。1943年王世杰的日記有一段話可以反映，不少的國民黨人認爲五四並非由國民黨所領導的一個運動，王世杰對此有所感慨，他提到：

> 晚間北大同學約請在渝北大舊教師假中央黨部客廳聚餐，
> 到者如顧孟餘、沈尹默、馬衡、王撫五、蔣夢麟諸人，均
> 于二十餘年或三十年前開始在北大教課。青年團代表大會
> 日前開會，有人主張以「五四」爲青年節日；有人反對，
> 謂「五四」運動非本黨所領導。予戲謂在會之羅志希、周
> 枚蓀、段書貽諸人曰：「五四運動，實際上出自本黨總理

---

73 鄭天挺，《鄭天挺西南聯大日記》（北京：中華書局，2018），下冊，頁760。

中山先生之策動，本黨老黨員蔡孑民先生之領導。君等今
日或爲中央委員，或爲中央團部幹事監察，在五四當時固
皆運動中之急先鋒也」。[74]

王世杰的話主要是因爲1938年7月9日，三民主義青年團在武昌成立
後不久曾將「五四」定爲青年節。1943年三月，三青團在重慶舉行
第一次全國代表大會，決定每年陽曆3月29日爲「青年節」，以紀念
黃花崗起義殉難的七十二烈士。這樣「五四」作爲青年節就被廢除掉
了。1944年「中華全國文藝界抗敵協會」第六屆年會又將5月4日定
爲「文藝節」，並於1945年5月4日舉行慶祝活動，此舉得到國民黨
的認可。[75]由此可見國民黨只承認五四在文藝上的意義，而要切斷它
與青年之關係。相對來說，中共一直抓緊五四與青年的聯繫，從
1939年，五四運動二十週年時，即將五四定爲「青年節」。國共兩黨
對五四態度明顯不同，一消極、一積極；一重文藝、一重青年。

　　1949年之後，國民黨人大致維持上述的立場。蔣介石也基本上
延續前期對青年學生運動、新文化運動的負面觀感。然而1949年國
府遷台，蔣對此深切反省。遷台之後，他密切地觀察海內外知識分子
的政治言論。筆者認爲，蔣一方面在政治上必須聯合海內外的反共勢
力，另一方面在思想上，他必須同時接納胡適所代表的自由民主理
念，與新儒家所肯定的中國文化的精神價值。在此一情勢之下，蔣的
「五四論述」結合了上述自由主義者與新儒家的部分觀點，而有一番
新的面貌。

---

74 王世杰著，林美莉編輯校訂，《王世杰日記》（台北：中央研究院近代史
　　研究所，2012），上冊，1943年4月10日，頁499。

75 歐陽哲生，〈紀念「五四」的政治文化探幽——1949年以前各大黨派報刊
　　紀念五四運動的歷史圖景〉，頁376。

　　在這方面我們不容易在蔣的史料中找到直接的證據，然而有兩點思想上的因素很值得注意，首先，他和新儒家與部分自由主義者一樣，強調五四導致中共的坐大，並成為1949年國民黨在中國大陸挫敗的一個原因。其次，他同意新儒家對五四的批評，指出民主、科學是不足夠的，應加上倫理，而其重要性在民主、科學之上。蔣介石因此將倫理、民主與科學三者與三民主義配合，使之成為「三民主義的本質」，而完成三民主義理論的建構。此一理論是台灣在兩蔣統治時代文化、教育政策的理論基礎。1966年開始的「中華文化復興運動」之主旨即在實踐「倫理、民主與科學」。[76]以下詳述蔣氏在這兩方面的看法。

　　蔣檢討失去大陸的各種原因，指出奸匪教師與職業學生煽動、破壞是一個十分重要的原因。他說五四的民主與科學與反傳統的觀念「結果適以促成我們被打出大陸」。[77]1958年4月10日，蔣介石與胡適兩人在中研院院長就職典禮上的一個爭執可以反映出蔣的看法。這一件事情的經過在《中央日報》或《胡適年譜長編初稿》（以下簡稱《長編》）之中都看不出來（胡適日記則未記載）。《中央日報》的標題是：「總統期勉中研院同仁發揚民族倫理道德，復興中華歷史文化，提高人性尊嚴與發展學術研究，建立以科學倫理民主為基礎的民族文化，擔負起反共抗俄復國建國任務」。根據該報，當天胡適院長

---

76 呂芳上主編，《蔣中正先生年譜長編》，冊12，頁438。
77 徐永昌，《徐永昌日記》（台北：中央研究院近代史研究所，1991），冊11，頁35，1952年6月3日。蔣介石在總統府月會之中說「談到五四運動之民主、科學口號，其結果適以促成我們被打出大陸。末稱一個民族不自尊重其固有道德文化，猶之舍棄自己之田畝，四書五經中若干末節乃適應當時社會秩序，若如千年來以四書五經為不祥之物，則未免喪心病狂，言下不勝憤慨」。

致詞畢，即恭請總統訓示，「總統致訓約五十分鐘，以恢復我國固有
倫理道德，發展科學及學術研究，期勉全體院士及學術界人士。總統
訓示後，胡適院長曾致詞答謝，表示將向著反共復國的目標而努
力」。[78] 雙方互動似乎十分和諧。

　　然而在蔣介石的日記之中呈現的情景卻不然。他於4月9日晚上
就在構思隔日的致詞要點，他在日記中規劃「對中央研究院胡適院長
就職時講詞要旨」、「說明西學為用、中學為體之張之洞思想，應作
哲學（文化）為體、科學為用的解釋」。[79] 不過10日當天蔣並沒有談
到原先想說的「體用」問題。他說了其他的一些話，導致胡適當面的
反駁，而讓蔣十分不快。4月10日的日記記載：

> 今天實為我平生所遭遇的第二最大的橫逆之來，第一次乃
> 是民國十五年冬—十六年初在武漢受鮑爾廷宴會中之侮
> 辱，今天在中央研究院聽胡適就職典禮中之答辭的侮辱亦
> 可說是求全之毀，我不知其人之狂妄荒謬至此，真是一個
> 妄人，就又增我一次交友不義之經驗，而我之輕交過譽、
> 待人過厚，反為人所輕侮，應切戒之，惟余仍恐其心理病
> 態已深，不久於人世為慮也。[80]

當天究竟發生什麼事情讓蔣回家之後勃然大怒，甚至無法入眠？蔣在
日記裡記載：

> 朝課後，手擬講稿要旨，十時到南港中央研究院參加院長
> 就職典禮致詞約半小時，聞胡答辭為憾，但對其仍以禮遇
> 不予計較，惟參加安陽文物之出品甚為欣慰。午課後閱

78《中央日報》，1958年4月11日，第1版。
79 蔣中正，《蔣中正日記》，1958年4月9日。
80 蔣中正，《蔣中正日記》，1958年4月10日。

報……入浴晚課，膳後車遊回寢，因胡事終日抑鬱，服藥
後方安眠。[81]

兩天之後，蔣又更詳細地記載當天發生的事情：

胡適就職典禮中，余無意中提起其民國八、九年間彼所參
加領導之新文化運動，特別提及其打倒孔家店一點，又將
民國卅八、九年以後，共匪清算胡適之相比較，余實有尊
重之意，而反促觸其怒（殊爲可嘆），甚至在典禮中特提
余爲錯誤者二次，余並不介意，但事後甚覺奇怪。[82]

對照《長編》之中有關胡適的答辭，只看到胡適表示他並非要對總統
的話加以「答辯」，但他覺得「剛才總統對我個人的看法不免有點錯
誤」，[83] 然後他花了很長的時間說明共產黨爲何要清算胡適。從胡適答
辭之記錄，仍然看不出來胡適與蔣介石的爭執爲何。

我們對照其他幾個史料可以發現爭執點在於蔣在致詞時提到五四
打倒孔家店，以及五四運動與中共的關係。第一個史料是中研院民族
所李亦園的回憶：

在歷任院長中，李亦園說他最佩服胡適，胡適在四十七年
四月十日接任院長當天，蔣故總統中正說：「五四運動造
成共產黨坐大，最後政府只好退來台灣」。胡適竟當場指
正說：「總統，你錯了，五四運動是民國八年的事，共產
黨坐大，是十幾年後的事，跟五四運動無關」。胡適這番
話讓當時在場所有人「臉色發白」。老總統當場沒有說什

---

81 蔣中正，《蔣中正日記》，1958年4月10日。

82 蔣中正，《蔣中正日記》，1958年4月12日。

83 胡頌平編著，《胡適之先生年譜長編初稿》（台北：聯經出版公司，1984），
　　1958年4月10日，冊7，頁2663-2668。

麼，只是直到逝世，都未再到中研院。[84]

　　第二個史料是史語所陳仲玉的回憶，他當時在就職典禮的現場，並因工作要求，聽了中國廣播公司的全程錄音：

> 我現在想起來，錄音帶裡有蔣總統講的滿長一段話，而且大家都覺得他是沒有稿子的。我不是記得很清楚談話細節，只記得他提到胡院長提倡五四運動、五四的價值、打倒孔家店等等。蔣總統一開始稱讚胡院長的人格高尚，後來講到自由主義在五四運動要打倒孔家店，他年輕時也滿同意的，但後來中國大陸共產黨的興起，可能跟自由主義有關。[85]

　　第三個史料是近史所呂實強的回憶，他當時也在場。根據他的記憶，胡適反駁蔣的地方在於：他認為五四運動中的自由主義者要打倒孔家店，是要打倒其中權威性、神秘性之處，這是對傳統的反省，並無不當。[86]

　　無論如何，上述三人的回憶都顯示，胡適認為五四運動並未受中共操縱，自由主義也不是中共坐大與國民黨政府敗退到台灣的一個原因。[87]他也似乎要表示中共批胡有其思想上的因素，並非蔣所隱含表

---

84 孟祥傑，〈老院士講古：胡適一句「總統你錯了」不少人臉發白〉，《聯合報》，2004 年 10 月 17 日，第 A6 版。

85 陳儀深訪問、曾冠傑記錄，〈陳仲玉先生訪問記錄〉，收入《中研院在南港口述歷史訪問記錄》（台北：中央研究院近代史研究所，2019），頁 34-35。

86 胡適當天有關打倒孔家店的回應，可以參見呂實強，《如歌的行板——回顧平生八十年》（台北：中央研究院近代史研究所，2007），頁 213。

87 胡適一直認為五四運動與中共無關。胡適在 1960 年 5 月 4 日的日記之中有一則剪報，報導他在北大同學紀念五四的演講：「胡適在這次演講中，並指出四十一年前五月四日發生的青年愛國運動，並不是共產黨鼓動的。他

示為「自作自受」的結果。不過對蔣來說，他認為兩者之間是有因果關係的。

其實蔣早在1951年9月3日的訓詞之中就曾談到五四所提倡的民主、科學造成人們精神的空虛，使中共的唯物論乘機而起：

> 大家都知道，從前五四運動是以民主與科學為口號的……當時我們雖以民主與科學推翻了北洋軍閥和封建勢力，但是以後就沒有真實的民主與科學運動繼起，來充實這個民主與科學的內容，以鞏固我們國民革命的基礎。因之，我們所談的民主只是沒有分際的民主，所談的科學亦只是沒有實質的科學，於是民主與科學失其精神的依據，乃至為共匪的唯物論乘機利用，所以後來就越發走了樣，竟以虛假的民主來斲喪國民的民族精神，以偽裝的科學來麻醉青年的思想，戕賊國民的人性，共匪就利用這民主與科學兩個口號來作其出賣我國家、消滅我種族的工具，能不為之警惕戒懼？[88]

對蔣來說五四所主張民主與科學的缺失就在於它們「是一個沒有靈魂的口號」，[89]缺乏以傳統文化為基礎的倫理與救國為其精神之依據：

說：『五四』發生在民國八年，共黨在中國成立是在民國十年七月。他並說：共黨曾說『五四』那天，學生們是聽了陳獨秀的演講後才出發示威的，是不對的。陳獨秀並沒有演講，學生的愛國運動爆發後，陳獨秀才知道。他說：『在座的毛子水和羅家倫，當時都在場，可以證明。』」。胡適著、曹伯言整理，《胡適日記全集》（台北：聯經出版公司，2004），9，頁642-643。

88 蔣中正，〈教育與革命建國的關係〉，收入秦孝儀主編，《先總統蔣公思想言論總集》，卷24，頁211-212。

89 蔣中正，〈解決共產主義思想與方法的根本問題〉，收入秦孝儀主編，《先總統蔣公思想言論總集》，卷26，頁249-251。

> 所以我們今後革命，除了這「民主」與「科學」二個口號
> 之外，還需要增加一個「救國」的口號，來替代民族主
> 義，就是「民主」、「科學」與「救國」三個口號，以補
> 充五四運動不足的缺點。所以我們今後教育更要強調民族
> 主義「救國」的口號，來發揮民族獨立的精神，加強國民
> 愛國的道德。我剛才講過，四維八德，是我們中國自古以
> 來傳統的精神和立國的基礎，「四維不張，國乃滅亡」；
> 所以我們要復興民族，首先就要確立教育制度，改革教育
> 風氣，更要實踐尊師重道的良法美意。必須恢復我們固有
> 的道德，發揚我們傳統的精神，切合於反共抗俄的需要，
> 而能爲大家共同所遵循，然後民主與科學才有所憑藉，而
> 能健全的發展。[90]

至此蔣介石在五四運動的民主與科學的基礎之上建立起「三民主義的本質——倫理、民主、科學」的理論架構。其後蔣則致力於三民主義的理論體系之論述，先後完成了〈三民主義的本質〉（1952）、〈民生主義育樂兩篇補述〉（1953）等作品，訂正《科學的學庸》（1962-63）。[91]1966年，因中共發動文化大革命，在文化上「批孔」、「破四舊」，摧毀傳統文物。1967年7月28日上午，中華文化復興運動推行委員會於陽明山中山樓舉行發起人大會，並宣告正式成立。大會通過

---

90 蔣中正，〈教育與革命建國的關係〉，收入秦孝儀主編，《先總統蔣公思想言論總集》，卷24，頁212-213。
91 蔣中正，〈三民主義的本質〉，收入秦孝儀主編，《先總統蔣公思想言論總集》，卷3，頁157-181。蔣中正，〈民生主義育樂兩篇補述〉，《先總統蔣公思想言論總集》，卷3，頁191-260。蔣中正，《科學的學庸》，《先總統蔣公思想言論總集》，卷6，頁1-151。

敦請蔣介石擔任會長，孫科、王雲五、陳立夫等三人爲副會長，錢穆、孔德成等18人爲常務委員，嚴家淦等76人爲推行委員，並聘請谷鳳翔爲秘書長，謝然之、陳裕清、胡一貫爲副秘書長，專責推展中華文化復興工作。「中華文化復興運動」的主旨爲了對抗中共文革，並同時反省五四新文化運動，而具體的作法則是實踐倫理、民主、科學，以重建一個修明倫理、伸張民主、發展科學的現代社會。[92]

五、結論

在一般人的認知中「五四」是指1919年（一百年前）因巴黎和會中的山東問題所引發的學生愛國運動；後來又擴大其意涵，包括了自1915年開始主張新文學、新文化的部分，亦即「五四新文化運動」。然而此後以「五四」爲名所展開的紀念活動或批判性、反省性的言論也都算是五四運動的延續，反映出國人長期以來追求民主與科學來促成中國富強的努力。民主與科學在中國無疑仍爲「未竟之業」。百年之後如何來思考此一歷史的進程呢？歷史的省思又如何能有助於未來的發展呢？

本文從描述二十世紀的「紀念政治」、檢討五四的「意識形態化」開始，指出五四之後的紀念活動幾乎都與現實政治糾纏不清，不但是爲了解釋歷史，也企圖改造歷史。其中國共兩黨的五四解釋與其政治勢力與媒體掌控相互配合，前者將五四「三民主義化」、後者將五四「新民主主義化」。與此同時則削弱五四之中與自身相矛盾的部分。自由主義者也同樣以五四來闡釋其理想，並對抗國共的一黨專

---

92 呂芳上主編，《蔣中正先生年譜長編》，冊12，頁438、569。

政，然而自由主義在理念上與五四之「初衷」是較爲配合的。他們企圖將五四導引爲文化議題，並希望以「民間社會」中的討論，深化人們對於問題的認識，以改造文化來改變政治。

其中較引發爭議的是如何爲傳統定位，以及傳統究竟有利於現代化還是有害於現代化？這一議題在五四時期就已經是一個受到各方熱烈爭辯的議題。如果我們將五四視爲一個多元的歷史進程，且具有內在的「張力」，那麼它不但包括胡適、陳獨秀、傅斯年等以《新青年》、《新潮》爲中心的反傳統主義者，也包括了嚴復、梁啓超（研究系）、杜亞泉、學衡派等中西文化調和論。前者即筆者所謂五四運動中「轉化傳統」、後者爲「調適傳統」。此二者之對立直接涉及1949年之後自由主義者與新儒家對五四問題的爭論。

本文順此脈絡聚焦於探討1949年之後，港台政論雜誌中的「五四」，及其對國共兩黨的批判。這些雜誌大致包括了自由派知識人與新儒家二種立場。他們都不滿國共兩黨，也因而不同意兩黨對五四的「主義化」的詮釋。不過目睹1949年後中共席捲大陸的巨變，他們都選擇與蔣介石主導的國民黨政權建立某種程度的合作關係。

就五四議題來說，三者最大的公約數是反共，同意在接納自由、民主、科學的前提下共同反對中共的極權統治。故三者都批評中共背叛了五四的精神：不民主、不科學又倒向蘇聯；也同意五四之後的發展造成中共的坐大而有今日山河變色、退守台灣之困境。只是自由主義者更強調中共利用抗日以及國民黨的腐敗，迷惑青年、下層群眾而獲得成功。新儒家與蔣則關注反傳統運動造成思想的空虛與對民族文化喪失信心，成爲中共坐大的文化因素。

這一差異顯示了自由主義者以「五四之子」自居，而新儒家則是在肯定民主科學與愛國等主張之下，反思傳統的內涵除了自由主義者所批評的部分之外，是否也有更重要的「精神價值」，而這個面向與中國現代化的追求是否不相矛盾呢？五四中「調適傳統」則透過梁啓超、錢穆（也包括賀麟、馮友蘭等）諸人的作品從1940年代開始對蔣介石產生影響。[93]

　　蔣介石在1949年之前即對青年運動、學生運動中熱情有餘、反思不足有所體認。1949年前的學潮與其後中共席捲大陸則是他一生最大的挫敗。1949年後他深知在美蘇冷戰架構之下，站在美國的陣營，支持民主、科學才能保證台灣的安全。自由主義者也因此成為蔣最重要的盟友，也因為如此，他對胡適百般容忍，即使當面觸怒也不形於色。只是聯美、保台與反共復國為其底線，也是最重要的使命，[94]他不願再因容忍自由民主、個人主義而重蹈失去政權的覆轍，致使台灣淪入中共之手。這是雷震案的根本原因，也造成蔣與自由派的絕裂。

　　至於新儒家雖然在政治上對蔣也很不滿意，但在文化立場上對於蔣支持儒家傳統、宗教價值，以復興中華文化來對抗大陸文革的一面則是十分肯定的。蔣與新儒家也共同認為民主、科學背後有一精神基礎，在西方是宗教，以及市民精神（civility），而在中國應以倫理（包括愛國）作為現代社會的精神基礎。兩蔣統治時期在學校實施儒

---

93 有關這些人作品對蔣介石的影響，仍有待研究，其中梁啓超的部分參見黃克武，〈蔣介石與梁啓超〉，呂芳上主編，《蔣中正日記與民國史研究》（台北：世界大同出版有限公司，2011），頁121-138。賀麟與錢穆的部分則參見黃克武，〈蔣介石與賀麟〉，《中央研究院近代史研究所集刊》，期67（2010年3月），頁17-58。

94 參見陳立文，〈1950-60年代蔣中正保臺、反攻與聯美的三角形戰鬥策略——以蔣中正日記為中心的探討〉，收入黃克武編，《1960年代的台灣》（台北：國立中正紀念堂管理處，2017），頁489-534。

家經典教育、倫理道德教育、民族精神教育，這樣的作法與五四的調適傳統、新儒家對中國文化「花果飄零」的深刻感受密切相關。

無論如何港台在1949年之後，在反共前提下，國民黨、自由主義者與新儒家的言論所打造的思想世界，一方面加強了對實現民主、學習科學的信心，另一方面由於新儒家對傳統之中「精神價值」的闡述，以及蔣氏統治下教育體制的傳播，讓人們認識到儒家除了有「禮教桎梏」的一面，也有道尊於勢、求諸己等強調個人尊嚴的「自由傳統」。[95]這是「反傳統」與反「反傳統」的思想激盪。余英時也是一個很好的例子。他一方面在五四傳統的影響下，堅信自由、民主、科學之價值，又在錢穆、胡適、殷海光等（與西方學術傳統如文化人類學）的影響下思索傳統與現代的複雜關係，而質疑「反傳統」。[96]這樣的經驗與想法在港台知識界並非特例。總之，新儒家、國民黨與自由主義者之間的辯論加深了人們對傳統與現代化關係的認識。拙見以為這些思想上的衝撞所產生的自覺與反省，可能是五四精神遺產之中最寶貴的一種思想「啟蒙」（enlightenment），也是促使五四論述從意識形態化轉向學術研究的一個重要的契機。

95 狄百瑞著，李弘祺等譯，《中國的自由傳統》（香港：中文大學出版社，1983）。
96 余英時，《余英時回憶錄》，頁121-122。

徵引書目

一、史料

〈發刊詞〉，《民主勢力》，第1卷第1期（東京，1952），頁2-3。

〈發刊詞〉，《聯合評論》，1958年8月15日，1版。

〈徵稿簡則〉，《中國之聲》，期1（1951年10月11日），封面底。

〈總統期勉中研院同仁發揚民族倫理道德，復興中華歷史文化，提高人性尊嚴與發展學術研究，建立以科學倫理民主為基礎的民族文化，擔負起反共抗俄復國建國任務〉，《中央日報》，1958年4月11日，1版。

王世杰著、林美莉編輯校訂，《王世杰日記》，台北：中央研究院近代史研究所，2012。

左舜生，〈追懷「五四」〉，《自由人》，期18（1951年5月5日），1版。

＿＿＿＿，〈時局漫談：想到三十三年前的五四〉，《自由人》，期122（1952年5月3日），1版。

＿＿＿＿，〈紀念「五四」四十二週年〉，《聯合評論》，期140（1961年5月5日），第1版。

江楓，〈五四的叛徒──共產黨〉，《中國之聲》，期31（1952年5月8日），頁12。

牟宗三，〈說「懷鄉」〉（1953），收入唐君毅、徐復觀、牟宗三等著，《生命的奮進：唐君毅、徐復觀、牟宗三、梁漱溟四大學問家的青少年時代》，台北：時報文化，1986，頁147-154。

＿＿＿＿，〈關於「生命」的學問──論五十年來的中國思想〉（1961），收入唐君毅、徐復觀、牟宗三等著，《生命的奮進：唐君毅、徐復觀、牟宗三、梁漱溟四大學問家的青少年時代》，台北：時報文化，1986，頁179-186。

呂實強，《如歌的行板──回顧平生八十年》，台北：中央研究院近代史研究所，2007。

志清，〈五四紀念在臺北〉，《聯合評論》，期90（1960年5月13日），4版。

周公言，〈五四運動的本質是甚麼？〉，《自由報》，期971（1969年7月2日），1版。

孟戈，〈五四雜感〉，《聯合評論》，期90（1960年5月13日），2版。

孟祥傑，〈老院士講古：胡適一句「總統你錯了」不少人臉發白，「共產黨坐大與五四運動有關」，胡指正老總統說法不對，李亦園推崇學術風骨〉，《聯合報》，2004年10月17日，A6版。

胡頌平編著，《胡適之先生年譜長編初稿》，台北：聯經出版公司，1984。

胡適，〈杜威在中國〉，收入胡適著、潘光哲主編，《胡適全集：胡適時論集》，台北：中央研究院近代史研究所，8，2018，頁114-123。

———，〈五四運動是青年愛國的運動〉（1960年5月4日），收入胡適著、潘光哲主編，《胡適全集：胡適時論集》，8，台北：中央研究院近代史研究所，2018，頁158-168。

胡適著、曹伯言整理，《胡適日記全集》，台北：聯經出版公司，2004。

唐君毅，〈六十年來中國青年精神之發展〉（1955），收入唐君毅、徐復觀、牟宗三等著，《生命的奮進：唐君毅、徐復觀、牟宗三、梁漱溟四大學問家的青少年時代》，台北：時報文化，1985，頁75-94。

徐永昌，《徐永昌日記》，台北：中央研究院近代史研究所，1991。

徐偉晴，〈五四與青年運動〉，《中國之聲》，期31（1952年5月8日），頁12-13。

殷海光，〈社論：跟著五四的腳步前進〉，《自由中國》，卷18期9（1958年5月），頁271-272。

———，〈社論：五四是我們的燈塔！〉，《自由中國》，卷22期9（1960年5月），頁271-273。

馬五，《我的生活史》，台北：自由太平文化事業公司，1965。

許冠三，〈跟著「五四」的方向走〉，《自由人》，期852（1959年5月6日），1版。

陳紀瀅，〈寄望於胡適之先生者〉，《自由人》，期743（1958年4月19日），3版。

陳儀深訪問、曾冠傑記錄，〈陳仲玉先生訪問記錄〉，收入《中研院在南港口述歷史訪問記錄》，台北：中央研究院近代史研究所，2019，頁3-61。

陳獨秀，〈吾人最後之覺悟〉，《青年雜誌》，第1卷第6號（1919），頁1-4。

蔣中正，《蔣中正日記》，1919年9月24日；1938年5月4日；1958年4月9日；1958年4月10日；1958年4月12日。

———，〈三民主義的本質〉，收入秦孝儀主編，《先總統蔣公思想言論總集》，卷3，台北：中國國民黨中央委員會黨史委員會，1984，頁157-181。

———，〈民生主義育樂兩篇補述〉，《先總統蔣公思想言論總集》，卷3，台北：中國國民黨中央委員會黨史委員會，1984，頁191-260。

———，《科學的學庸》，《先總統蔣公思想言論總集》，卷6，台北：中國國民黨中央委員會黨史委員會，1984，頁1-151。

———，〈哲學與教育對於青年的關係——中華民國三十年七月九日十日對青年團中央幹事會與監察會聯席會議講——〉，收入秦孝儀主編，《先總統蔣公思想言論總集》，卷18，台北：中國國民黨中央委員會黨史委員會，1984，頁259-282。

_____，〈對於青年團一屆三次全會之感想——中華民國三十四年四月二十三日在聚餐時講——〉，秦孝儀主編，《先總統蔣公思想言論總集》，卷21，台北：中國國民黨中央委員會黨史委員會，1984，頁86-90。

_____，〈教育與革命建國的關係——中華民國四十年九月三日在陽明山莊講——〉，收入秦孝儀主編，《先總統蔣公思想言論總集》，卷24，台北：中國國民黨中央委員會黨史委員會，1984，頁207-213。

_____，〈解決共產主義思想與方法的根本問題——中華民國四十四年一月十日在國防大學講——〉，收入秦孝儀主編，《先總統蔣公思想言論總集》，卷26，台北：中國國民黨中央委員會黨史委員會，1984，頁218-256。

鄭天挺，《鄭天挺西南聯大日記》，北京：中華書局，2018。

錢穆，〈蔣總統與中國文化〉，《聯合報》，1975年4月12日，2版。

_____，〈中國文化與中國青年〉，《文化與教育》，台北：東大圖書出版公司，1976，頁1-8。

_____，〈回念五四〉，《歷史與文化論叢》，台北：東大圖書出版公司，1979，頁386-392。

_____，《從中國歷史來看中國民族性及中國文化》，台北：聯經出版公司，1979。

謝扶雅，〈五四追思胡適〉，《聯合評論》，期191（1962年5月4日），1版。

二、研究成果

尤小立，〈書寫與塑造：1949後「五四」政治話語及政治形象在大陸的確立：以「胡適思想批判」運動爲中心的討論〉，《國立政治大學歷史學報》，期42（2014年11月），頁187-188。

王志勇，〈流亡港臺傳統派知識份子「文化中國」意識探論——以《民主評論》爲中心（1949-1966）〉（武漢：華中師範大學博士論文，2017年5月）。

任育德，《胡適晚年學思與行止研究》，台北：稻香出版社，2018。

余英時，〈意識形態與學術思想〉，收入氏著《中國思想傳統的現代詮釋》，台北：聯經出版公司，1987，頁53-73。

_____，〈文藝復興乎？啓蒙運動乎？一個史學家對五四運動的反思〉，收入《重尋胡適歷程：胡適生平與思想的再認識》，台北：聯經出版公司，2004，頁265-296。

_____，〈序——《民主評論》新儒家的精神取向：從牟宗三的「現世關懷」談起〉，彭國翔，《智者的現世關懷——牟宗三的政治與社會思想》，台北：聯經出版公司，2016，頁 11-35。

＿＿＿＿＿，《余英時回憶錄》，台北：允晨文化出版公司，2018。

呂芳上主編，《蔣中正先生年譜長編》，冊3、冊12，台北：國史館、國立中正紀念堂管理處、財團法人中正文教基金會，2014。

李達嘉，〈五四運動的發動：研究系和北京名流的角色〉，收入李達嘉編，《近代史釋論：多元思考與探索》，台北：東華書局，2017，頁 119-180。

狄百瑞著，李弘祺等譯，《中國的自由傳統》，香港：中文大學出版社，1983。

周質平，〈「打鬼」與「招魂」：胡適錢穆的共識和分歧〉，收入黃克武編，《重估傳統‧再造文明：知識分子與五四新文化運動》，台北：秀威資訊科技公司，2019，頁 88-133。

金恆煒，《面對獨裁：胡適與殷海光的兩種態度》，台北：允晨文化出版公司，2017。

金耀基，〈五四新傳統的批判與繼承：對民主與科學的再思〉，收入氏著，《中國社會與文化》，香港：牛津大學出版社，1992，頁 184-197。

容啓聰，〈民主社會主義在冷戰香港：從理論闡述到參與本地政治〉，《中國文化研究所學報》，第67期（2108年7月），頁 229-251。

張灝，〈五四運動的批判與肯定〉，收入氏著，《幽暗意識與民主傳統》，台北：聯經出版公司，1989，頁 139-170。

陳正茂，〈第三種聲音——《自由人》三日刊始末〉，《臺北城市科技大學通識學報》，期3（2014年4月），頁 239-259。

陳永發，〈毛澤東如何綁架五四歷史？〉，《思想史》，9（2019），頁 1-34。

陳立文，〈1950-60年代蔣中正保臺、反攻與聯美的三角形戰鬥策略——以蔣中正日記爲中心的探討〉，收入黃克武編，《1960年代的台灣》，台北：國立中正紀念堂管理處，2017，頁 489-534。

陳建守，〈作爲集合事件的「五四運動」：五四的概念化與歷史書寫〉，收入黃克武編，《重估傳統‧再造文明：知識分子與五四新文化運動》，台北：秀威資訊科技公司，2019，頁 424-455。

陳學然，《五四在香港：殖民情境、民族主義及本土意識》，香港：中華書局，2014。

貴志俊彥、土屋由香、林鴻亦編，李啓章等譯，《美國在亞洲的文化冷戰》，台北：稻香出版社，2002。

黃克武，〈「五四話語」之反省的再反省：當代大陸思潮與顧昕的《中國啓蒙的歷史圖景》〉，《近代中國史研究通訊》，期17（1994），頁 44-55。

＿＿＿＿＿，〈蔣介石與賀麟〉，《中央研究院近代史研究所集刊》，期67（2010年3月），頁 17-58。

＿＿＿＿，〈蔣介石與梁啓超〉，呂芳上主編，《蔣中正日記與民國史研究》，台北：世界大同出版有限公司，2011，頁121-138。

＿＿＿＿，〈戒嚴體制下的自由之聲：《文星》雜誌的介紹與分析〉，刊於《知識饗宴系列8》，台北：中央研究院，2012，頁137-164。

＿＿＿＿，〈一位「保守的自由主義者」：胡適與《文星雜誌》〉，收入潘光哲編，《胡適與現代中國的理想追尋——紀念胡適先生120歲誕辰國際學術討論會論文集》，台北：秀威資訊科技公司，2013，頁332-359。

＿＿＿＿，〈蔣中正、陳誠與胡適：以「三連任」問題爲中心（1956-1960）〉，收入黃克武主編，《1960年代的台灣》，台北：國立中正紀念堂管理處，2017，頁59-170。

劉緒義，〈現代新儒家對「五四」反傳統的反思——以徐復觀爲例〉，《華中科技大學學報（社科版）》，2006年第2期（2006年3月），頁1-6。

歐陽哲生，《五四運動的歷史詮釋》，台北：秀威資訊科技公司，2011。

＿＿＿＿＿，〈紀念「五四」的政治文化探幽——1949年以前各大黨派報刊紀念五四運動的歷史圖景〉，刊登於《中共黨史研究》，2019年第4期（2019年5月），頁10-32。亦收入黃克武編，《重估傳統・再造文明：知識分子與五四新文化運動》，頁360-411。

鄭家棟，《牟宗三》，台北：東大圖書公司，2000。

瞿駿，〈覓路的小鎮青年：錢穆與五四運動再探〉，《近代史研究》，2019年第2期（2019年3月），頁25-40。

簡明海，《五四意識在台灣》，台北：民國歷史文化學社，2019。

顧昕，《中國啓蒙的歷史圖景》，香港：牛津大學出版社，1992。

Chow, Tse-Tsung. *The May Fourth Movement: Intellectual Revolution in Modern China.* Stanford: Stanford University Press, 1960.

Doleželová-Velingerová, Milena and Oldřich Král eds. *The Appropriation of Cultural Capital: China's May Fourth Project.* Cambridge, Mass.: Harvard University Asia Center, 2001.

Yu, Ying-shih. "Neither Renaissance nor Enlightenment: A Historian's Reflections on the May Fourth Movement," Milena Doleželová-Velingerová and Oldřich Král eds., *The Appropriation of Cultural Capital: China's May Fourth Project*, pp. 299-326.

三、網路資料

楊祖漢，〈新儒家對五四運動的反省〉，http://www.wangngai.org.hk/docs/a17.html（2019年4月25日檢閱）。

The Entanglement of Ideology and Scholarly Research:

Political and Scholarly May Fourth Discourse in Hong Kong and Taiwan in the 1950s

Max K. W. Huang

Abstract

"May Fourth" has long been considered a turning point for modern China, resulting in heated discussions since the 1920s. These discussions have not only reexamined culture but also displayed political intent. Many scholars have discussed the "ideologization" of May Fourth from the perspective of "memory politics." They argue that "May Fourth discourse" was not only used to understand and recapture the past, but also to help one's own cherished values to occupy a core position at the starting point of modern Chinese history, thus using historical interpretation to create a blueprint for China's future. From the four trends of thought in modern China, the Nationalists and Communists have incorporated May Fourth into the "Three People's Principles" and "New Democracy," respectively. Liberals held up "democracy and science" as a need for China's future, and made efforts to propagate and practice democracy in Hong Kong and Taiwan after 1949. As for New Confucians, who had continuously criticized May Fourth for being anti-tradition, they supported traditional values but also believed that democracy and science were a "priority and necessity for China's cultural development." They, along with liberals, criticized Nationalist and Communist autocracy for departing from May Fourth ideals, and especially noted how May Fourth created fertile ground for the rise and expansion of the Chinese Communist Party (CCP) and the Nationalist government's move to Taiwan. After 1949, Chiang Kai-shek and the Nationalist Party (Guomindang, GMD) primarily assessed the May Fourth Movement by synthesizing the views of the liberals and New Confucians. They highlighted the slogans of saving the nation, ethics, democracy, and science to promote the Chinese Cultural Renaissance Movement. This article focuses on how liberal intellectuals and New Confucians used the topic of May Fourth to criticize the CCP and GMD in Hong Kong and Taiwan political commentary magazines during the 1950s. It also explores how the GMD synthesized liberal and New Confucian views to lay out their own position. This discourse shows how May Fourth had diverse interpretations under the context of conflict between the liberals and the New Confucians as well as the Nationalists and Communists. The criticism of the ideologization of May Fourth is actually an important turning point in the scholarly research of May Fourth.

Keywords: liberal intellectuals, New Confucians, Zuo Shunsheng, Chiang Kai-shek, Hu Shi

【論著】

Adventures of "Utopia"（烏托邦）in Republican China:

Setting the Stage for May Fourth Idealism

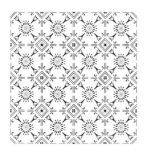

Peter Zarrow（沙培德）

Peter Zarrow is professor of history at the University of Connecticut. His research focuses on the intellectual and cultural history of modern China. *Zarrow's recent publications include Educating China: Knowledge, Society, and Textbooks in a Modernizing World, 1902-1937; and After Empire: The Conceptual Transformation of the Chinese State, 1885-1924.* Zarrow is currently working on a project to compare national heritage sites in Europe and Asia.

Adventures of "Utopia"（烏托邦）in Republican China:
Setting the Stage for May Fourth Idealism

Abstract

This article examines the origins and uses of the term *wutuobang* 烏托邦, utopia in the late Qing and early Republic. The term was a neologism invented by Yan Fu, and it became associated with the ideal political system that was also impossible to carry out. Chinese writers recognized that the neologism *wutuobang* was not a fundamentally new concept and could be associated with older Chinese terms such as "Huaxu" 華胥 and "datong" 大同. Utopian fiction emerged, and by the 1920s and 1930s, scholars were attempting to trace the history of utopia in the political, social, and literary realms. Utopian fiction emerged. However, for the most part, the term gained negative connotations, signifying the impossible and imaginary.

Keywords: utopia, Yan Fu, Thomas More, women, Marxism

The notion of *utopia* can broadly refer to any kind of imaginary society or state of being that is radically different and better than our own. This would include the golden age imaginaries and the heavens of virtually all known religions. Defined narrowly, utopias are a phenomenon of modernity rooted in the European Renaissance: secular, detailed, and open to reading as critiques of existing power relations.[1] Thomas More's *Utopia* of 1517 was the first of a distinctive literary genre, in this view. The modern utopias of the nineteenth century are further distinguished by their futurism. They offer, at least sometimes, a prospect that humanity can reach, rather than a literary fantasy or satire. If we follow this more restrictive definition, then Kang Youwei's *Datongshu* (大同書, c. 1902) qualifies as China's first (modern) utopia.[2] In terms of conceptual history,

---

[1] Krishan Kumar, *Utopianism* (Minneapolis: University of Minnesota Press, 1991), pp. 20-42. For advice and criticisms of earlier versions of this article, I thank Jeng-guo Chen 陳正國, Max Ko-wu Huang 黃克武, Thomas Fröhlich, Pablo Blitstein, and the two anonymous reviewers of this article.

[2] The complicated question of exactly when Kang wrote what parts of what eventually became *Datongshu* need not detain us here. Kang's remarks on when he wrote it are unreliable, and he continued tinkering with it for many years. It was not published in its entirety until 1935, after Kang's death; Kang published the first two chapters or so in 1913. Nonetheless, some of the ideas that would form the basis of *Datongshu* were published as early as the 1880s, and Kang's vision seems to have circulated as a kind of esoteric knowledge among his disciples in the 1890s. See Tang Zhijun 湯志鈞, *Kang Youwei yu wuxu bianfa* 康有爲與戊戌變法 (Beijing: Zhonghua shuju, 1984), pp. 108-133; Richard C. Howard, "K'ang Yu-wei (1858-1927): His Intellectual Background and Early Thought," in Arthur F. Wright and Denis Twitchett, eds., *Confucian Personalities* (Stanford: Stanford University Press, 1962), pp. 306-314; and Kung-chuan Hsiao, *A Modern China and a New World: K'ang Yu-wei,*

one problem is whether "utopia" was an imported concept or in fact existed before the neologism *wutuobang* 烏托邦.[3] However, regardless of the answer to that question, the success of *wutuobang* suggests it fit some kind of cultural-linguistic need.[4] Modern Chinese thinkers used the tool of "utopia" to make sense out of the past, present, and future. Their ideas about the nature of utopia—the forms it might take as well as the problem of its practicability—shaped political and social discussions especially during the May Fourth period centered about the 1920s. This period included experiments in communal living, work-study programs, efforts to reach out to workers and peasants, and projects in international cooperation, as well as theoretical work on anarchism, liberalism, and Marxism.

　　This article explores the uses of the term "utopia" or *wutuobang* and

---

Reformer and Utopian, 1858-1927（Seattle: University of Washington Press, 1975）, pp. 408-413.

3　That China had a long tradition of religious and literary utopianism, as well as utopian political theory is beyond doubt. See Wolfgang Bauer, trans. Michael Shaw, *China and the Search for Happiness: Recurring Themes in Four Thousand Years of Chinese Cultural History*（New York: Seabury Press, 1976）.

4　Thus I am not concerned with the question of whether, for example, "Peach Blossom Spring"（a rather short literary piece）or the "Taiping Heavenly Kingdom"（a vast and bloody political movement）were utopias. Tao Yuanming 陶淵明（365?-427）wrote "Peach Blossom Spring" 桃花源記 as a fantasy of a life of natural simplicity. The Taiping Tianguo 太平天國 controlled parts of central China in the 1850s and early 1860s. Granted China's long tradition of utopianism（see note 3 above）, as we may conclude from an etic point of view, Chinese lacked a precise vocabulary to distinguish utopianism as such（as did European writers before More）.

its cognates in the first decades of the twentieth century, and the larger issues of utopianism in China fall outside its purview.[5] Though Maoism was a thoroughly utopian ideology, China produced few full-scale explicitly utopian texts after the late Qing.[6] Nonetheless, the notion of utopia as a modern conceptual tool—marked by neologism—began to spread in the late Qing. If in Western languages "utopia" has simultaneously referred to plans for an ideal society, and also to fantasy and impossibility, that tension was echoed in the modern Chinese conception of utopia. The first decades of the twentieth century were of course a period of vast and rapid conceptual change, marked not least by a flood of neologisms in all areas of Chinese life: political, social, economic,

---

[5] The appeal of utopianism in modern China is obvious and frequently noted, but has seldom been discussed systematically. A pioneering article that has opened up analysis is Zhang Hao 張灝, "Zhuanxing shidai Zhongguo wutuobang zhuyi de xingqi" 轉型時代中國烏托邦主義的興起, *Xinshixue* 新史學, 14:2（June 2003）, pp. 1-42. For late Qing literature, see Lorenzo Andolfatto, *Hundred Days' Literature: Chinese Utopian Fiction at the End of Empire, 1902-1910* （Leiden: Brill, 2019）; and Li Oufan 李歐梵, "Wan-Qing wenxue zhong de wutuobang xiangxiang" 晚清文學中的烏托邦想像, *Zhongguo nanfang yishu* 「中國南方藝術」, 2018.11.16, http://www.zgnfys.com/a/nfpl-56054.shtml （2019/10/30）.

[6] Of course, Maoism, as a species of Marxism denied its own utopian nature. The Chinese term for the pejorative "utopian socialism" of the orthodox Marxist tradition, it should be noted, is actually *kongxiang shehuizhuyi*（空想社會主義）or "speculative, fantastical socialism." See Maurice J. Meisner, *Marxism, Maoism and Utopianism: Eight Essays*（Madison: University of Wisconsin Press, 1982）; and Lin Yüsheng 林毓生, "Ershi shiji Zhongguo de fanchuantong sichao yu Zhongshi malie zhuyi yu Mao Zedong de wutuobang zhuyi" 二十世紀中國的反傳統思潮與中式馬列主義及毛澤東的烏托邦主義, *Xin shixue*, 6:3（September 1995）, pp. 95-154.

philosophical, religious, and scientific. "Utopia" was not the most important of these neologisms, many of which came to dominate their respective fields.[7] The concept of utopia never formed the basis of an ideology or worldview, but it contributed to understanding of the natural of human society. It also formed both part of the Chinese discovery of the West, insofar as it was traced to More's *Utopia*, and part of the Chinese reinterpretation of traditional culture, insofar as works like "Peach Blossom Spring" could now be categorized as utopias.

The term *wutuobang* seems to have been invented by Yan Fu in his paraphrastic translation of Thomas Huxley's *Evolution and Ethics*. While many of Yan's neologisms lost out to the new terms being used in Japanese texts, *wutuobang* survived. One reason for this may be the Japanese use of a pure transliteration（ūtopia ユートピア）, but it may also be that the Chinese *wutuobang* was more than a pure transliteration. Probably, Yan was largely interested in created a transliteration, but the term *seems* like it is a semantic as well as a phonemic loan. It might be interpreted as the

---

7   Examples of this phenomenon include both reconceptualizations of politics by the 1920s, as as discussed by Thomas Fröhlich elsewhere in this journal, and the emergence of the factory as a metaphor of the nation, as discussed by Pablo Ariel Blitstein elsewhere in this journal. Indeed, both the reconceptualizations of politics and the metaphorical force of the factory displayed utopian traces. The former opened up new possibilities for action, while the latter modeled a kind of utopian space. For a recent set of essays on the "transitional period" of Chinese intellectual life, see Wang Fansen 王汎森 et al., *Zhongguo jindai sixiangshi de zhuanxing shidai: Zhang Hao yuanshi qizhi zhushou lunwenji* 中國近代思想史的轉型時代：張灝院士七秩祝壽論文集（Taipei: Lianjing Press, 2007）.

wutuo state or country. Given the third definition of *wu* 烏 in *Cihai* 辭
海—namely "peaceful, stable, safe, pacified" *an* 安—the term *wutuobang*
conveys something of the sense of a state entrusted with peace. Since *wu*
does not immediately convey this sense, the full term *wutuobang* on first
acquaintance remains an unfamiliar, empty vessel, but at the same time
semantically suggestive. Variations that emerged in the following decades
included *wutuobang* 無托邦, *wuyou jiituo* 無有寄託, *wuyoubang* 無有
幫, and other terms that were at least equally open to denotative
interpretation.[8]

Evolution and Ethics was originally published in 1893. However,
Huxley wrote several new "prolegomena" for the 1894 edition that laid out
both the basic premises of Darwinian evolution and his own view that that
humanity is *not* directly subject to the rules of "struggle for survival" and
"survival of the fittest" (as, for example, Herbert Spencer had
advocated).[9] Though the human species is ultimately subject to those
natural laws, Huxley acknowledged, his point (though not his
terminology) was that humanity has the capacity to, at the least,

---

8 Frederico Masini, *The Formation of Modern Chinese Lexicon and Its Evolution
   Toward a National Language: The Period from 1840-1898* (Berkeley: Project
   on Linguistic Analysis, University of California, 1993); Hu Xingzhi 胡行之,
   Wailaiyu cidian 外來語辭典 (Shanghai: Tianma shudian, 1936). Lydia Liu,
   who treats the term as a pure transliteration, also cites the variation *wuyoubang*
   烏有邦— *Translingual Practice: Literature, National Culture, and Translated
   Modernity—China, 1900-1937* (Stanford, Stanford University Press, 1995), p.
   374.
9 Thomas H. Huxley, "Evolution & Ethics and Other Essays," in *Collected
   Essays* (London: Macmillan and Co., 1894), vol. 9, pp. 17-20.

manipulate those very laws. For example, agriculture is a technique to protect desired plants from competition. Huxley's sixth prolegomena (eighth in Yan Fu's translation, after Yan's own preliminary sections) continued this line of thought by tracing the notion of the ecological changes wrought in the "garden" through a consideration of "colonization." Indeed, the colony is simply the garden writ large, for Huxley. With colonization, English plants and animals replace the natives, though they require continuous maintenance lest the surrounding "state of nature" reconquer the land in the struggle for survival. If "some administrative authority, as far superior in power and intelligence to men, as men are to their cattle" were put in charge, he would attempt to extirpate the native rivals. At the same time, he would institute a peaceful order in his own society, thus suppressing competition and struggle within the colony. The development of the individual colonists would be nourished by freeing them from forces of nature: through housing, drainage and irrigation, roads, machines, hygiene, and so forth. Selection would apply insofar as the community promoted people of "courage, industry, and co-operative intelligence" while their numbers grew. "In other words, by selections directed towards an ideal" the artificial state is strengthened by working in opposition to the struggle for survival rather than following nature's course.

> Thus the administrator might look to the establishment of an earthly paradise, **a true garden of Eden**, in which all things should work together towards the well-being of the gardeners: within which the cosmic process, the coarse struggle for

existence of the state of nature, should be abolished; in which that state should be replaced by a state of art; where every plant and every lower animal should be adapted to human wants, and would perish if human supervision and protection were withdrawn; where men themselves should have been selected, with a view to their efficiency as organs for the performance of the functions of a perfected society.[10]

Huxley insisted that while the "arts" of humans were ultimately part of the "cosmic process"—that is, evolution—there was nonetheless a clear distinction between the "works of nature and those of man." For the latter exist in "antagonism" with the former, as seen in the example of horticulture, the art of which lies in new, even unnatural methods of "selection" and thereby negates what would otherwise be the normal selection processes of the struggle for survival.

The metabiological point need not detain us here; Huxley was simply attempting to provide a heuristic description of any functioning society. The implication was that the progress of a society could be measured by the degree of its independence from the state of nature and its development of human "arts"—a utopian vision indeed. However, Huxley quickly pushed his logic into what he himself regarded as dystopian eugenics. That

---

[10] Thomas H. Huxley, "Evolution & Ethics and Other Essays," in *Collected Essays*, vol. 9, pp. 19-20. The unconscious violence and imperialism of Huxley's extended metaphor, in a work designed to insist on the importance of human ethics, will strike the modern reader. One even wonders how much Huxley's "administrator" owes to Shakespeare's Prospero.

is, given the human propensity to reproduce its own species, such an Edenic society would soon produce a population surplus（Huxley did not foresee artificial birth control any more than had Malthus）. A collapse into the original state of nature thus threatens. The "administrator" could then turn into an exterminator, eliminating the less fit humans for the sake of the community as a whole. Huxley's critique of this dystopia was as much practical as moral, but the point here is that while Huxley believed that morality ultimately stemmed from evolutionary processes, it also directly suppressed the struggle for survival within a given society.

In paraphrasing the passage above, Yan Fu invented the term *wutuobang* to translate Huxley's "garden of Eden."[11] For Yan Fu, Huxley provided a rapturous description of good rule that was based on fostering the people's strength, intelligence, and virtue. Schooling ensures unity （*qunli qunce* 群力群策）, which means that the state will never be poor or weak. "Yes! If the state can be run like this, that is enough." For Yan,

---

11 Yan Fu：「然觀其所以爲術，則與吾園夫所以長養草木者，其道豈異也哉！假使負輿之中，而有如是之一國，則其民熙熙皥皥然，凡其國之所有，皆以養其欲而給其求。所謂天行物競之虐，於其國皆不可見，而唯人治爲獨隆，而其民在在有以自恃而無畏。降而至於一草木禽獸之微，皆其民所以娛情適用之資，有其利而無其害。又以學校之興，刑罰之中，舉錯之公也，故其民莠者日少，而良者日多，至一旦蒸爲郅治，將各知其職分之所當爲，與性分之所本有，通力合作，互相保持，以日進於治化無疆之極。夫如是之國，古今之世，所未有也。**故中國謂之曰華胥，而西人稱之曰烏托邦。烏托邦者，無是國也，亦僅爲涉想所存而已。**然使後之世界果有之，其致之也，將任天行之自然歟？……及其至也，天行人治，合同而化，異用而同功，則所謂天地位而萬物育矣」。*Tianyanlun* 天演論（1894-95）in Wang Qingcheng 王慶成, ed., *Yan Fu heji* 嚴復合集（Taipei: Gu Gongliang wenjiao jijinhui, 1998）, vol. 7, pp. 13-14（my emphasis）.

then, Huxley's "garden of Eden" becomes a utopian state. The sentence featuring Yan's neologism back-translates as, "The Chinese call [this unprecedented country] Huaxu, while the Westerners call it Utopia. No such utopian country really exists—its existence is purely for the imaginary (theoretical) purposes."[12] Why did Yan insert *wutuobang* into Huxley's discussion? If he was not going to translate "garden of Eden"— available through several Chinese Christian texts—why did Yan not

---

12 In a later ms. revision, Yan Fu changed the passage slightly (Yan's additions are italicized)：「然觀其所以爲術，則與吾國夫所以長養草木者，其道豈異也哉！假使員輿之中，而有如是之一國，則其民熙熙然、暤暤然，凡其國之所有，皆有以養其欲而給其求，所謂天行物競之虐，於其國皆不可見，而唯人治爲獨隆，其民在在有以自恃而無畏，降而至於一草木禽獸之微，皆其民所以娛情適用之資，有其利而無其害。又以學校之興、刑罰之中、舉措之公也，故其民莠者日少，而良者日多。至一日蒸爲郅治，將各知其職分之所當爲，與性分之所本有，通力合作，互相保持，以日進於治化無疆之極，夫如是之國，古今之世所未有也，故稱之曰烏托邦。**烏托邦者，無是國也，以爲僅涉想所存而已。**然使後之世界其有之，其致之也，將必非任天行之自然，無亦盡力於人治以補天，使物競泯焉，而存者接由人擇而後可，及其至也，天行人治，合同而化，異用而同功」。*Tianyanlun* 天演論 (Shougaoben 手稿本, 1896), in *Tianyanlun.*, pp. 99-100. See also the enlarged revision of 1901, the subsection entitled "Daoyan ba: wutuobang" 導言八：烏托邦：「然觀其所以爲術，則與吾園夫所以長養草木者，其爲道豈異也哉！假使員輿之中，而有如是之一國，則其民熙熙暤暤，凡其國之所有，皆足以養其欲而給其求，所謂天行物競之虐，於其國皆不見，而唯人治爲獨尊，在在有以自恃而無畏。降而至一草木一禽獸之微，皆所以娛情適用之資，有其利而無其害。又以學校之興，刑罰之中，舉錯之公也，故其民莠者日以少，良者日以多馴至於各知職分之所當爲，性分之所固有，通功合作，互相保持，以進於治化無疆之休。夫如是之群，古今之世所未有也，**故稱之曰烏托邦。烏托邦者，猶言無是國也，僅爲涉想所存而已。**然使後世果有之，其致之也，將非由任天行之自然，*而由盡力於人治，則斷然可識者也*」。*Tianyanlun* (Fuwen shuju 富文書局, 1901), p. 201.

simply stick with the traditional Huaxu 華胥, the divine ancestress whose lands existed in a state of perfection, knowing nothing of selfishness, greed, or pain.[13]

Indeed, nowhere in his entire book did Huxley refer to Utopia. Yan's translation thus loses some of the force of Huxley's extended horticultural metaphor that he had linked to the original garden. At the same time, Huxley's metaphor was hardly perfect: he did not mean his Eden to refer to an age before which humanity had eaten the fruit of knowledge: his point was close to the opposite. Be that as it may, perhaps Yan wished to avoid Christian overtones. He essentially turned Huxley's garden-colony into a state (*guo*國) that was marked by its unity and popular enlightenment (*kai minzhi*開民智). It is also important to note that whilst Yan did not here oppose the notion of sagely rule, he proposed that rulers could function properly only when in complete accord with the ruled, and any success in the struggle for survival depended on the character of the latter—points he was making throughout the 1890s.

Yan Fu used the term *wutuobang* again, in his 1901-2 translation of Adam Smith's *Wealth of Nations*. This was a more literal translation, though "Utopia" was scarcely the main point. Smith had simply remarked in a cynical passing note that, "To expect, indeed, that the freedom of trade should ever be entirely restored in Great Britain, is as absurd as to expect that an Oceana or Utopia should ever be established in it. Not only the

---

[13] The story of Huaxu — or, rather, of the Yellow Emperor's dream-journey there as told in the *Liezi* 列子 (compiled in the fourth century), is discussed below.

prejudices of the public, but, what is much more unconquerable, the private interests of many individuals, irresistibly oppose it."[14] This time, Yan Fu gave a definition of "utopia" that explained Smith's tone of ridicule:

> *Utopia* was the name of a book written by the English Prime Minister Thomas More in the tenth year of the Zhengde reign of the Ming Dynasty (1516). It is a fable that describes a democratic system and the prosperity of perfect rule. "Utopia" was the name of an island nation that is said never to have really existed. Therefore, when later people spoke of profound and lofty theories that could not be executed and were hard to reach, everyone called such schemes utopias.[15]

Yan's was the first definition of *wutuobang* offered to Chinese readers. It was picked up in the encyclopedic dictionary published in 1911 by

---

14 Adam Smith, *Wealth of Nations* (Hoboken, N.J.: Generic NL Freebook Publisher, n.d.; eBook Collection; EBSCOhost), p. 197.

15 Yan Fu, "Yuanfu (xia)" 原富（下）, in *Yan Fu heji* 嚴復集 vol. 9, p. 472:「以吾英今日之民智國俗，望其一日商政之大通，去障塞，捐煩苛，俾民自由而遠近若一，此其虛願殆無異於望吾國之爲烏托邦。蓋不徒舊法之難變也，一邊改間，動關私刑，意所弗欲，則群然起爲難矣。(烏托邦，說部名。明正德十年英相摩而妥瑪所著，以寓言民主之制，郅治之隆。烏托邦，島國名，猶言無此國矣。故後人言有甚高之論，而不可施行，難以企至者，皆曰此烏托邦制也。)」

For early translations of More, see Yi-Chun Liu, "Translating and Transforming *Utopia* into the Mandarin Context: Case Studies from China and Taiwan," *Utopian Studies*, 27:1 (November 2016), pp. 333-345.

Huang Ren黃人（Huang Moxi黃摩西）. Huang also spoke of utopia as an ideal that did not in fact exist but gave more concrete detail on More's Utopia. This was a republic with universal suffrage, monogamous marriage, freedom of belief, and the prohibition of money.[16]

It should be noted that the English term "utopia" had a presence in China that preceded Yan's *wutuobang*. Beginning in the nineteenth century, English-Chinese dictionaries offered various definitions of "utopia." For example, "Utopia: land of magical joy; a land of ease and happiness; the Penglai Islands."[17] The Commercial Press' English-Chinese dictionary of 1908 gave two definitions, each translated into Chinese: 1) An imaginary island described by Sir Thomas More, represented as possessing a perfect political organization;[18] 2) Any place or state of ideal perfection.[19] Finally, following Yan Fu, K. Hemeling's dictionary in the 1910s simply gave the Chinese gloss as *wutuobang* and

---

[16] Cited in Yan Jianfu顏健富, *Cong "Shenti" Dao "Shijie": Wan-Qing Xiaoshuo de Xingainian Ditu*從「身體」到「世界」：晚清小說的新概念地圖（Taipei: Taiwan daxue chuban zhongxin, 2014）, p. 147.

[17]「幻樂之地、豐樂之地、安樂國、蓬萊」（this rather signifies a fairy land）.（Rev.）W. Luobucunde, comp., *Yinghua zidiang*英華字典（Hong Kong: "Daily Press" Office 1866-69）, p. 1903. Repeated exactly in Luobucunde羅布存德, Tetsujirō Inoue, *Zengding yinghua zidian*《增訂英華字典》（Fujimoto, 1884）, p. 1148.

[18]「安樂島，烏托邦，安樂國（摩爾公幻想所描摹之海島治法盡美者）」。Yan Huiqing顏惠慶, *Yinghua dacidian*英華大辭典（Shanghai: Shangwu, 1908）, p. 2544.

[19]「所想像之極樂處，想像的極樂」。Yan Huiqing顏惠慶, *Yinghua dacidian*, p. 2544.

also *Huaxu-land*.[20]

As for the term "utopian," nineteenth-century English-Chinese dictionaries naturally defined the adjective as pertaining to utopia, but the Commercial Press dictionary further listed a host of synonyms along the lines of "purely imaginary": *shiqixiang de* 實奇想的, *xukong de* 虛空的, *kongxiang de* 空想的, *xiangxiang de* 想像的, *zhen huanxiang de* 眞幻想的.[21] Taking "utopian" as a noun, its Chinese definition sounded even worse than the English: "A visionary in politics, *mengxiang zhe* 夢想者, *xuxiang zhe* 虛想者, *kongxiang zhe* 空想者, *xiangxiang zhe* 想像者, *wangxiang zhe* 妄想者"—all terms that can be glossed as "fantasist" or "dreamer." A 1913 Commercial Press English-Chinese dictionary did not list "utopia" but did define "utopian" with a mix of terms that could be interpreted as positive or negative: "*anleguo de* 安樂國的［land of joy］, *jile de* 極樂的［joyful］, *huanxiang de* 幻想的［delusional］, *xukong de* 虛

---

20 K. Hemeling, *English-Chinese Dictionaries of the Standard Spoken Language* (Shanghai: Statistical Department of the Inspectorate General of Customs, 1916-17), p. 1576.

21 *Yinghua dacidian*, p. 2544. *Cong "Shenti" Dao "Shijie": Wan-Qing Xiaoshuo de Xingainian Ditu*, p. 147.
「幻樂之地、豐樂之地、安樂國、蓬萊」（this rather signifies a fairy land）.
（Rev.）W. Luobucunde, comp., *Yinghua zidiang*, p. 1903. Repeated exactly in Luobucunde 羅布存德, Tetsujirō Inoue, *Zengding yinghua zidian*, p. 1148.
「安樂島，烏托邦，安樂國（摩爾公幻想所描摹之海島治法盡美者）」。
Yan Huiqing 顏惠慶, *Yinghua dacidian*, p. 2544.
「所想像之極樂處，想像的極樂」。Yan Huiqing 顏惠慶, *Yinghua dacidian*, p. 2544.
K. Hemeling, *English-Chinese Dictionaries of the Standard Spoken Language* (Shanghai: Statistical Department of the Inspectorate General.

空的［fantastical］."[22] Even more dismissive was Hemeling, which listed
the English equivalent of "utopian" as "chimerical."[23] As for
"utopianism," the Commercial Press's 1908 dictionary defined it as "a
perfectionist theory of society" while the Chinese translation was more
tautological.[24] Such neutrality was ignored in a 1934 magazine column on
new terms. It explained that *wutuobang* referred to a book that described
an ideal socialist society but was simply a fantasy.[25] *Utopia* the book may
have inspired reformers and protestors, but now, according to this article,
"utopian" refers only to impractical ideas; applied to people, it has a
somewhat ridiculing and dismissive connotation.

One term sometimes associated with utopia was the Buddhist
Huayanjie 華嚴界.[26] The "emptiness" of utopia seemed to resonate with
Buddhist philosophical idealism. However, probably more commonly
associated with "utopia" after the turn of the century was *datong* 大同.
Although the term primarily referred to concepts revolving around
sameness, editors also noted the utopian connotation. One early association

---

[22] *Shangwu shuguang yinghua xindician* 商務書館英華新字典（Shanghai:
Shangwu, 1913）, p. 535.

[23] That is:「空想的、幻像的、夢想的」. K. Hemeling, *English-Chinese
Dictionaries*, p. 1576

[24] That is, "The institutions of the utopia, the institutions of the joyful country"
（烏托邦之制度，安樂國之制度）. *Yan Huiqing yinghua dacidian*, p. 2544.

[25] "Xin shuyu: wutuobang" 新術語：烏托邦, *Xinsheng zhoukan* 新生週刊, 1:42
（1934）, p. 4.

[26] Yan Jianfu, *Cong "Shenti" Dao "Shijie": Wan-Qing Xiaoshuo de Xingainian
Ditu*, pp. 143-145. Yan emphasizes the role of Ma Junwu 馬君武 in
popularizing utopia in this sense.

of *datong* was with the Christian concept of chiliasm. The Commercial Press English-Chinese dictionary of 1908 defined this in the traditional way as the "millennium," adding that the meaning of *datong* lay with the capture of Satan which the millennium would bring about.[27] In a more secular fashion, Morgan's 1913 Chinese-English dictionary defined *datong* as "The Commonweal. Utopia" from the *Liji*; and further defined *datong zhuyi* 大同主義 as "Universalism" and *shijie datong* 世界大同 simply as "Utopia."[28]

According to Yan Jianfu, More's *Utopia* was not translated into Chinese until a Commercial Press edition of 1935 by Liu Linsheng 劉麟生 [29] A Japanese translation dates from 1882, though with the title of *Liang zhengfu tan* 良政府談. But Chinese utopianism did not need Thomas More to begin its own evolution.

*

Compared to interest in other Western concepts, the discursive success of *wutuobang* was limited. It was not listed in Morgan's *Chinese New Terms* of 1913. Nor did the 1929 *Dictionary of Social Issues* have an entry for "utopia." It did, however, mention that Thomas More's *Utopia* had

---

27 「一千福年，一千太平年（昔時耶穌教信徒相傳云，一千年時基督當復臨世，世界之大魔將受逮焉，按此說大同之意也）」。*Yinghua dacidian*, p. 357.

28 Evan Morgan, *Chinese New Terms and Expressions with English Translations* （Shanghai: Kelly & Walsh, 1913）, pp. 128, 122.

29 Yan Jianfu, *Cong "Shenti" Dao "Shijie"*: W*an-Qing Xiaoshuo de Xingainian Ditu*, pp. 142-143.

influenced the French leftwing activist Etienne Cabal in its entry on Cabal, and it cited *Utopia* as a type of communism in its entry on that large topic. Nonetheless, the editors largely dismissed *Utopia* as simply a "famous fantasy."[30]　The *New Culture Dictionary* of 1924 lacked an entry for "utopia" but did have one for Thomas More.[31]　It described More's book as an attempt to define the ideal society and—significantly, in my view—claimed that More wished to critique his own society and promote reform. In other words, More's utopianism was something more than fantasy or escapism. According to this account, More objected to the gap between the great number of poor and the excesses of aristocrats and monks. The implication was that if More did not think his ideals could be fully carried out, he still may have thought they could prompt a certain rethinking. Thus *Utopia* described a society with no class divisions, no autocratic rulers, no private property, and no slaves; a place where everyone had access to land, an equal share of wealth, limited work hours and simple, frugal habits; lives devoted to pure morality, the spiritual joys of belief, friendship, and freedom; and leisure to practice art, science, and music. All this could be seen as an inspiration for reform.

Neither *Utopia* nor "utopia" was to provide foundations for the ideological moves being madein the name of nationalism, socialism, anarchism, liberalism, and the like. But Chinese discussed utopianism, and views of utopia fed into discussions of the various *isms* of the republican

---

30 *Shehui wenti cidian* 社會問題辭典（Shanghai: Minzhi shuju, 1929）.
31 *Xinwenhua cidian* 新文化辭典（Shanghai: Shangwu, 1924）, p. 643. This dictionary also had entries on communism and cosmopolitanism.

period. Through the 1920s and 1930s, much Chinese discussion of utopia took the form of surveys and analyses. Chinese became acquainted with Edward Bellamy's *Looking Backward* as early as 1891. The introduction to its abridged translation referred to it as a popular work that had been well received—it promoted equality and new ways to support the people; in other words: utopia (here, *datong*).[32] A generation later, a survey of utopianism listed Bellamy along with Theodore Hertzka, William Morris, and H. G. Wells as the four great utopian (*wutuobang*) writers, giving brief introductions to the men and their utopias.[33] They were, the author thought, more scientific than their predecessors had been, but were still writing merely "pseudo-utopias" that ignored economic facts. Still, if they had wasted time and effort on the (impossible) liberation of humanity, they had nonetheless appealed to the human imagination and emotions to foster great progress in the labor movement.

Generally, Chinese discussions of the utopianism in the Republican period began with More and then moved on to a broader abstract definitions. According to a 1931 account,

> 'Utopia' refers to an ideal country, an ideal society. The motive
> the person who writes a "utopia" lies in their dissatisfaction
> with existing social conditions, but no such utopia is entirely

---

32 Li Timotai 李提摩太（Timothy Richard）, "*Huitou kan ji lue* xuyan" 回頭看記略序言, *Wanguo gongbao* 萬國公報, 3:35（December 1891）.

33 Han Nan 漢南, "Jindai sida wutuobang" 近代四大烏托邦, *Geming* 革命, 94（1929）, pp. 107-114.

good or beautiful. This is partly because some of the changes of
the modern era cannot be put into practice in terms of the ideals
themselves. Thus they lead only to wrong ideas and fantasies.[34]

In evaluating More, then, the author spoke of the impracticality of the
specific institutions of *Utopia*. Only with the further development of
machines would a six-hour workday be possible, for example. But the
author quite liked some ideas in *Utopia*. First, monogamy. The author
approved of "free love" but seemingly under the assumption that this led
to a loving relationship between two persons of the opposite sex. In any
case, their point was that More correctly understood the family to be the
basis of society and monogamy to be the basis of the stability of the
family.

Second, More had envisioned schooling for all children, a practice the
author found already prevalent in the West. Furthermore (and this in tune
with Nationalist policies and mainstream opinion alike), the author found
great value in More's alleged disdain for superstition but respect for
religion. Religion and education could be two sides of the same coin,
while freedom of religion should be maintained.

As well, More said that everyone must work; here, the author only
noted that unlike in Russia today, mental as well as physical labor should
count as work, since both contribute to society. If More's vision that hard
labor could be eliminated was unrealistic, it is instead at least possible to

---

34 "Wutuobang (xiao jiangzuo)" 烏托邦 (小講座), *Mingde* 明燈, 170(Shanghai,
   1931), pp. 589-591.

let people find the jobs that most suit them. This author also approved of More's idea to limit the size of cities but did not see how the forced population movements this entailed could be feasible. But if somehow feasible, this policy could prevent inflation of property values and lessen the gap between rich and poor.

The author pointed out that More was opposed to the political norms of his day, and in his opposition to cruel punishments was quite modern. For example, it was social conditions that produced thieves, and their punishment should focus on education more than revenge. A deep ambivalence toward utopianism was reflected in the article's conclusion: "All persons of determination who truly love their country embrace the shaping of the ideal country; but the important question is how an individual's ideals could be carried out." It does not seem possible to have progress without ideals, and it does seem that utopianism provides those necessary—but does not provide the means to carry them out.

Similarly, a published lecture by Wu Zelin on "The Contributions of Utopianism to Social Progress" took a balanced, or perhaps schizophrenic, approach.[35] Wu explained that utopians turned to visions of ideal societies because real societies were so complex and difficult to reform. If we pushed this argument to the next step, we might conclude that Wu

---

35 Wu Zelin 吳澤霖, "Wutuobang zhuyi duiyu shehui jinhua de gongxian" 烏托邦主義對於社會進化的貢獻 (Shen Binglin 沈炳麟, recorder), *Shehui qikan* 社會期刊, (1929), pp. 85-95 (also published in *Zhinan* 知難, 101/102 (1929), pp. 14-23). I have tentatively identified Wu as a sociologist at Qinghua University.

condemned utopianism as an escapist failure of analysis. But making
extensive use of Joyce Hertzler's history of utopianism, Wu also treated
utopianism as an ancient and universal feature of civilization.[36] Following
Hertzler, Wu divided utopianism into two types: the ethico-religious and
the socio-political. Jesus and Confucius belonged to the first camp; Plato
and More to the second.[37] Wu was interested in more than the history of
utopianism, however. He wanted to evaluate it as well. Presenting
matching lists of how utopianism contributed to progress and how it
retarded progress, Wu first declared that utopians see what others cannot,
offer ideals that lead to progress, and serve as leaders pointing to the
liberation of human reason. Indeed, thanks to their tireless push for reform,
all of today's reconstruction of society is owed to their efforts. Yet at the
end of his essay, Wu concluded that utopianism was *not* necessary for
progress: it could speed up progress, but progress came about through
many causes and would occur without utopianism. Utopias were still
desirable, but they should be more scientific. At the same time, Wu seemed
to think utopias could provide a sense of the spiritual in a materialistic
world. His formula was to cite utopian visionaries as "a kind of leader but
not the driving force." By "leader" here, Wu meant something like a guide

---

36 Joyce O. Hertzler, *The History of Utopian Thought* (New York: Macmillan Co.,
   1923).

37 Hertzler considered the Old Testament prophets to be ethico-religious thinkers,
   which is reflected in a few other Chinese discussions. Joyce O. Hertzler, *The
   History of Utopian Thought*, pp. 7-50; Hertzler herself said nothing about non-
   Western utopians and reformers.

or prophet.

Thus on the one hand, the specific contributions of utopianism were many, Wu said.[38]   First, utopians expose society's evils and propose methods to alleviate them. Second, utopians see humans as social by nature and promote cooperation to bring about the happiness of the whole society. There was a touch of utilitarianism in Wu's regard for utopianism. While abjuring extreme individualism, he thought a healthy society promoted individualism within the context of the "greatest good for the greatest number."   Third, directly citing Hertzler again, Wu claimed that ethical-religious utopianism like that of Jesus promoted free will, and that the rebirth of the individual leads to an ideal society; as people are their own sovereigns, they conquer selfishness with universal love. This was to suggest that self-transcendence unites individual and society.

In Wu's words, fourth, the utopians recognized the ability of people to overcome existing conditions: to progress ceaselessly. Following Hertzler again, he noted that utopians freed humanity from Christian ideas of predestination as well. Fifth, they foreshadowed today's eugenics movement (Wu meant this, of course, as a good thing). Six, they promoted equality of the sexes. Wu commented that the nineteenth century view of women as dependent by nature had long been rebutted by utopians who believed women were capable of functioning as full members of society, the sexes differing somewhat in their physical nature but not in character. As well, seventh, disease prevention policies; eighth, freedom of

---

[38] Joyce O. Hertzler, *The History of Utopian Thought*, pp. 279-300.

religion; and ninth, state socialism.

Utopianism's tenth contribution, for Wu, rested on the utopians' relatively accurate view of the state. Earlier states were controlled either by scholar-priests or warriors, according to Wu. Citing Edward Ross's *Principles of Sociology*, Wu said the former demanded obedience in the name of God while the latter taught that the individual exists for the sake of the state.[39] Utopians, however, saw that if ultimate sovereignty rested with the state, nonetheless, the state, like all social institutions, was created by people for their benefit. The state was thus simply a tool for the common good. And finally, the eleventh contribution of utopians to society was their emphasis on education—rational and peaceful, universal and compulsory, and for both sexes. Wu concluded that social progress cannot stem from lucky accidents but needs a concrete plan and ideal. Even if impractical, utopias provide an ideal that can be reached partially. Wu further cited Lewis Mumford, Anatole France, and Oscar Wilde on the advantages of utopias.

However, Wu cautioned that on the other hand, utopias also had their faults.[40] Utopians had a fundamentally mistaken notion of human psychology, unable to properly account for sexual desire and material

---

[39] Wu Zelin, "Wutuobang zhuyi," p. 89. Edward Alsworth Ross, *Principles of Sociology* (New York: Century Co., 1921).

[40] Wu followed Hertzler's criticisms of utopia up to a point (Joyce Hertzler, *The History of Utopian Thought*, pp. 301-314), but without the condescension to earlier utopias, which could not benefit from the modern social sciences, that Hertzler, incidentally pronouncing the death of utopia, displayed.

desire. Essentially, Wu argued, both forms of desire were irradicable and needed to be regulated. Utopian visions of sharing wives and property were not practical. (He does not seem to have considered sharing husbands.) The institution of marriage was necessary to a functioning society, while economic measures could prevent the gap between rich and poor from becoming too large but could never create absolute equality. Wu also charged utopians with being teleological and ignoring the fact of change. Utopians also failed to plan on the basis of present-day realities. And Wu accused utopians of a kind of "externalism" (in English, which he glossed as *weiwuguan* 唯物觀) that saw society in opposition to human nature—Wu indicted Rousseau especially, but also Bentham, Godwin, Fourier, and Owen for their failure to realize that human nature and human institutions are interlinked. Wu's point was not that it was naïve to assume that freeing individuals from social constraints would lead to utopia, but rather that expecting to inculcate new customs without considering innate human needs and the existing environment was profoundly impractical. For example: demanding new rituals without nourishing religious beliefs; or prohibiting alcohol without looking at people's attitudes toward drinking.

Wu concluded on this critical note. His carefully balanced tally sheet of the advantages and drawbacks of utopia seems to have left the various utopias as historical curiosities, sometimes useful in providing some direction to a better future, but at best indirectly contributing to the story of human progress. In this scientific age, Wu implied, utopian fantasies make little sense. Still, Wu's discussion of the contributions of utopia was longer than his discussion of its faults. Readers could make up their own minds.

Chinese readers also had access to information on various small-scale utopian communities. As early as 1920, Li Dazhao began a project to describe the utopian "new village" movement in the United States (the new village movement being a lens provided by Japanese and Chinese communal movements of the 1910s through which to examine America).[41] First Li divided American socialism into the utopian and the historical (Marxist) schools; the utopians were marked by their willingness to exile themselves from the larger society to establish communities based on reason, while the Marxists were committed to uniting the proletariat to carry out class war. Li then divided the utopians into four categories: religious, Owenist, Fourierist, and Icarian. However, Li did not finish his project, only describing a few religious communities and their basic principles concerning labor, property, sex, and decision-making.

Aside from such attempts at systematic introductions to utopian communities, journals also presented seemingly random references. A 1937 story on the American village of Gold (Jin 金), which I have not been able to identity, described a simple community of some 600 people pursuing a simple life.[42] They need no police or rulers, and for 40 years experienced virtually no crime. They are vegetarians who abstain from alcohol, tobacco, and even caffeine. They do not use make-up, nor do they

41 Li Dazhao 李大釗,"Meilijian zhi zongjiao xincun yundong" 美利堅之宗教新
    村運動, *Li Dazhao wenji* (Beijing: Renmin chubanshe, 1984), vol. 2, pp. 185-
    198.
42 "Wutuobang zai Meiguo" 烏托邦在美國, *Yuebao* 月報, 1:7 (1937), p. 1506.

gamble or play cards at all. The article did not, however, mention if the community was religious in nature, as seems possible (perhaps a Shaker or Mormon community?).

And even entire countries might be called utopian—if they had the right conditions. According to a 1939 article on Andorra, here was the utopia of Europe.[43] As a small, isolated, but fiercely independent nation, Andorra is the peach blossom spring of the real world. According to the headline, Andorrans had a self-sufficient life amid great beauty. But according to the article itself, what little good land there was, was held by landlords, while most men traveled to Lyons or Barcelona for work during the winter. And yet Andorra was thoroughly republican, no one starved, and local charities helped those in need. When outsiders wanted to established casinos and turn Andorra into a second Monte Carlo, the Andorrans refused.

*

It did not take long to understand *wutuobang* as a literary genre as well as a political genre. While a number of late Qing short stories and novels can be classified as utopian fiction, they did not use the term utopia. But utopian poems, short fiction, and serial fictions—all labeled as utopian—appeared in such forums as newspaper literary supplements from

---

43 "Andula fengjingxian: renmin ziji zizu shenghuo anding (Ouzhou de wutuobang)" 安度拉風景線：人民自給自足生活安定（歐洲的烏托邦）, *Xuanmiaoguan* 玄妙觀, 7(1939), p. 139.

the 1910s onward.[44] At the same time came the discovery of traditional
Chinese stories as utopias avant la lettre.

One such story was the Yellow Emperor's dream of the land Huaxu. A
1930 account, self-avowedly based on the *Liezi* 列子 and the *Tongjian
gangmu* 通鑒綱目, combined Daoist and anarchist tones into a new
melody.[45] In this account, overworked, the Yellow Emperor fell asleep to
dream of a country where warm breezes delighted the four seasons amid
natural beauty, villagers could all see one another and hear one another's
chickens and dogs. With a sufficiency of food and clothing, there was no
cause for conflict. But what really amazed the Yellow Emperor was that
the country had no need of rulers. Rather, he was told, "We always listen
to Nature and everyone possesses a kind of spirit of self-governing mutual
aid." Readers would have recognized the allusions to the *Laozi* and the
"Liyun" chapter of the *Liji* on the one hand, and the anarcho-communist
emphasis on mutual aid on the other. According to this account, the Yellow
Emperor realized, even though he had kept a simple and frugal court, that
he had been trying too hard to govern people who were capable of taking

---

44 For example, "Mengyou wutuobangji" 夢遊烏托邦記, *Yuehansheng* 約翰聲,
26:6（1915）, pp. 24-25; "Utopia wutuobang" Utopia 烏托邦, *Qingnian* 青年,
1（Shanghai, 1929）, pp. 24-25; and "Shiyin" 市隱, "Huaxu guozhi" 華胥國志,
Huaji shibao 滑稽時報, 2（1915）, pp. 10-12. Also see Bi Yihong 畢倚虹,
"Wutuobang" 烏托邦, *Jingbao* 晶報, 21 April-24 July 1939, which describes
the adventures of an aviator and his bride, possessor of a Ph.D. in the
philosophy of aesthetics; republished as "Jile shijie" 極樂世界 in Fan Boqun 范
伯群 and Fan Zijiang 范紫江, eds., *Renqing caizi: Bi Yihong daibiaozuo* 人情
才子：畢倚虹代表作（Nanjing: Jiangsu wenyi chubanshe 1996）, pp. 163-198.
45 "Huaxu zhiguo 華胥之國," *Zizhi* 自治, 61（1930）, pp. 36-39.

care of themselves. In fact, only the people themselves knew what they needed. The Yellow Emperor learned that the people of Huaxu were free of lust and hatred, cared nothing for profit, and even knew nothing of death. Awakening, the Yellow Emperor concluded that although his empire could not recover the original Nature still maintained in Huaxu, he could take Huaxu as a goal. He divided his realm into separate districts, and after 28 years, they became self-governing.

In the political context of the day, this reframing of a well-known piece of mythohistory worked as a rather pointed fable. In effect it rebuked both the Guomindang, recently come to power with extremely repressive policies, and the Communist Party, which endlessly fulminated against anarchism.

Perhaps the most obvious distinctively utopian story of the literary tradition was the "Peach Blossom Spring" of Tao Yuanming (365-427). Liu Guizhang made this claim and grouped Tao's work together with that of Su Dongpo, Wang Wugong, William Morris, Samuel Butler, and Thomas More.[46] For Liu, these authors had all created literary constructions out of their dissatisfactions with the real world. Liu noted the escapism inherent in utopias, pointing out that Tao Yuanming's times were troubled and that, even though he had his friends, his poetry, and his wine, his life was marked by much suffering. But Tao was at least able to live in

---

[46] Liu Guizhang 劉桂章, "Tao Yuanming de wuotuobang" 陶淵明的烏托邦, *Chenbao fukan: yilin xunkan* 晨報副刊：藝林旬刊, 4(1925), pp. 3-4; the Su Dongpo 蘇東坡 reference was to his "Shuixiangji" 睡鄉記, and that of Wang Wugong 王無功 (Wang Ji 王績) to his "Zuixiangji" 醉鄉記.

his imagination and, through his spiritual utopia, transcend the actual world. Liu treated "Peach Blossom Spring" neither as a critique of society nor as an exercise in nostalgia, but rather as an exercise in joy.

Not surprisingly, Chinese intellectuals noticed a close connection between utopianism and socialism. One difference was that while "utopian socialists" envisioned a future where machines took over all labor, "modern socialists" realized that work was necessary for people.[47] Aside from the natural need to work for its own sake, it was through labor that people contributed to society and forged solidarity.

Even Communists could be—and often were—positioned as utopians. A translated piece in the *Eastern Miscellany* in 1920 determined that Lenin's ultimate goal represented a kind of utopia that was more anarchist than socialist.[48] Based on the Japanese journalist Murofuse Kōshin's reading of Lenin's *State and Revolution*, this article traced an idealistic view of proletarian revolution back to Marx. For Murofuse, even if Marx rarely spoke of the post-revolutionary future, when he did so, it was to envision the destruction of the opposition between mental and physical labor, the elimination of class distinctions and the division of labor, and the development of individual capacities and productive forces. As Marx put it in his *Critique of the Gotha Program*: "from each according to his

---

[47] "Mingzhu: jindai shehui zhuyi yu wutuobang shehui zhuyi de qubie" 名著：近代社會主義與烏托邦社會主義的區別, *Meizhou pinglun* 每週評論, 15（1919）, p. 2, citing August Bebel's *Charles Fourier*.

[48] Chen Jiayi 陳嘉異, "Lining zhi wutuobang" 李寧之烏托邦, *Dongfang zazhi* 東方雜誌, 17:23（1920）, pp. 66-74, based on Murofuse Kōshin 室伏高信.

ability, to each according to his needs."[49]   According to Murofuse, Lenin shared Marx's vision of the higher phase of communism, and so his ultimate position was close to that of Kropotkin, Proudhon, and William Morris. Lenin agreed that the state, including in its democratic forms, was inherently coercive. In essence, Murofuse granted that while differences remained between anarcho-communists（anarchists）and collectivist-communists（Bolsheviks）, their shared rejection of the state was more important. Lenin's denial of utopianism was thus not convincing, even if he foresaw several stages of state-based revolutionary action before the highest stage of communism was reached.

However, regardless of various criticisms of Marx and Lenin for refusing to recognize their own utopianism, Chinese Marxists defined themselves as against utopianism. Fundamental to the Chinese Marxist self-image was rejection of close kin: anarchism and utopianism. The lack of outright or full-scale utopias in modern China may stem in part from Marxist rejection of "utopian socialism," though it should be noted that the

---

[49] Marx's original paragraph reads in full: "In a higher phase of communist society, after the enslaving subordination of the individual to the division of labor, and therewith also the antithesis between mental and physical labor, has vanished; after labor has become not only a means of life but life's prime want; after the productive forces have also increased with the all-around development of the individual, and all the springs of co-operative wealth flow more abundantly—only then can the narrow horizon of bourgeois right be crossed in its entirety and society inscribe on its banners: From each according to his ability, to each according to his needs!" – "Marginal Notes to the Program of the German Workers' Party," in Saul K. Padover, ed. and trans., *Karl Marx: On Revolution*（New York: McGraw-Hill, 1971）, p. 496.

Chinese term is literally closer to "fantastical socialism" (*kongxiang shehui zhuyi* 空想社會主義). The association between utopianism and fantastical socialism was not limited to Communists, however. The *Cihai* dictionary of 1936, for example, defined *wutuobang* precisely in terms of More's novel, which the dictionary said was then taken by later generations as a description of the fantastical, as in "utopian socialism."[50] This, in spite of—or perhaps because of—the fact that many individual Communists (and not just Communists) went through a utopian stage in the development of their revolutionary consciousness. The temptations of utopianism had to be eventually rejected, yet utopian goals continued to beckon from the distant reaches of the "higher phase of communism." In this sense utopianism was Marxism's most dangerous enemy. Mao Zedong regarded his youthful utopianism as natural enough.[51] Fan Wenlan's memoir, recollecting his introduction to Marxism, recounts his meeting with Communists during the May Thirtieth movement of 1925. In Fan's account, they had an excellent conversation, and "I expressed a great deal of utopian fantasies, and when I couldn't really justify my ideas, I put forward a lot of childish questions." [52] He was soon to read the *The ABC of Communism*, however, and become enlightened.

50　*Cihai* 辭海（Shanghai: Zhonghua shuju, 1936）, siji: 194.
51　Edgar Snow, *Red Star over China* (New York: Grove Press, 1961), pp. 147-148.
52　Fan Wenlan 范文瀾, "Cong fannao dao kuaile" 從煩惱到快樂, *Zhongguo qingnian* 中國青年（Yan'an）, 3:2（December 1940）. Cited in Yeh Yi-chun 葉毅均, "Weihe chengwei makesi zhuyi shixuejia? — Fan Wenlan xueshu sixiang qianzhuan" 爲何成爲馬克思主義史學家？——范文瀾學術思想前傳（Ph.D. dissertation, Guoli qinghua daxue, 2017）, p. 116.

Not just socialism, but feminism was also linked to utopianism in the first decades of the twentieth century. In 1922, *Funü zazhi* (The Ladies' Journal) published an article on "Women's Lives in Utopias."[53] The author, Li Guangye, proposed to examine cases of utopia to determine how well women did. Li considered that if utopias were fantasies, nonetheless they offered visions of ideal societies that in fact humanity was edging toward. Li cited Russia and Germany as examples of contemporary attempts to carry out such new ideals. But already two-thousand years ago Lykurgus had turned Sparta into a eugenic state. Marriage was compulsory—single women were forced to dance naked before men and even walk through the street naked. Indeed, Li's vision of the lives of Spartan women seemed to revolve around rape and marriage. And though marriage was a strong institution, even married women might be given to a stronger man to improve the quality of "healthy seeds." In what sense Lycurgus was building anything that moderns could conceivably retard as a utopia, Li did not explain, but neither did Li expressly condemn Sparta. Perhaps Li was impressed by the eugenicist implications of Spartan institutions.

Thomas More's *Utopia* seemed to offer a better life for women. Li again emphasized the importance of marriage. In Utopia marriage was virtually mandatory, adultery unknown, and divorce extremely rare. Before marriage both parties inspected one another's naked bodies, part of the

---

53　Li Guangye 李光業, "Wutuobang li funü de shenghuo" 烏托邦裡婦女的生活, *Funü zazhi* 婦女雜誌, 8:3（March 1922）, pp. 44-47.

process of assuring that couples were compatible. All persons, including women, worked at both farming and crafts jobs, but only six hours a day.

Turning to modern utopias, Li discussed Edward Bellamy's *Looking Backward* and William Morris's *News from Nowhere*. In Bellamy, Li said, women were not dependent on men, since both sexes joined the "industrial army," which freed women from housework. And if women were raising children, their income was even higher. Love was therefore sincere, all marriages took place by free choice, and so the species continued to progress. Another reason for this progress over the generations was the prohibition of the marriage of inadequate persons（Li's eugenicist beliefs are clear here）. And with no difference between rich and poor and no monetary temptations, everyone is very kind. As for *News from Nowhere*, Li pointed to its inspiration in the ideal of combining art and labor that Morris based on the Middle Ages. Today, this ideal takes the form of guild socialism. In Li's view, Morris's utopia was based on natural human emotion that takes joy in the land and in labor; collective living follows naturally. Objects for human use are beautiful but not wastefully luxurious. Li highlighted the three women that Morris's protagonist meets: all healthy and happy（and although over forty-five years old, looking twenty-something）; household work is no less joyful labor than any manufacturing or agricultural work, and generally speaking the status of women is high. Love between men and women is quite free; couples may separate and even recombine as they will.

Finally, Li turned to Anatole France's vision of a future "European

Federation" in his *The White Stone*.[54] This book portrayed a future of polymorphous sexuality. Men and women wore the same clothes and short hair styles; there was no institution of marriage, and men and women lived together without contracts. Previously regarded as property, women now owned themselves, as did men. Indeed, everyone combined traits of male and female; no one purely one or the other, and some women were more like men, and some men more like women. Sexual desire was not confined by shame and false morality. In this society, the natures of male and female gradually became closer and distinctions between them were regarded as the inheritance of unnatural customs. A kind of "middle nature" would emerge that would hinder excessive population growth. At the same time, love would be freed from barbaric legal and moral restrictions.[55]

54　Anatole France, trans. Charles C. Roche, *The White Stone* (London: John Lane, 1910); for France's time-traveling vision, see pp. 189-235. France described a land of advanced technology, where all worked equally in a collectivist economy; there was no poverty, no cities, no judges or lawyers — above all, no war, thanks originally to the exertions of the international proletariat.

55　A person within the dream of a character explains: " 'We have in regard to sexual characteristics,' she said, 'notions undreamt of in the barbaric simplicity of the men of the closed era. False conclusions were for a long time drawn from the fact that there are two sexes, and two only. It was therefrom concluded that a woman is absolutely female, and a man absolutely male. In reality, it is not thus; there are women who are very much women, while others are very little so. These differences, formerly concealed by the costume and the mode of life, and disguised by prejudice, make themselves clearly manifest in our society. More than that, they become accentuated and more marked with each succeeding generation. Ever since women have worked like men, and acted and thought like them, many are to be found who resemble men. We may some day reach the point of creating neutrals, and produce female workers, as in the case

Unless perhaps by implication, Li offered no judgment of these five utopias, but they might be read as marking a kind of progress over the centuries. If so, the eugenicist thrust of utopianism through the nineteenth century finally culminates in what we might now call Anatole France's proto-queer and androgynous vision of the future.

A decade later, another Shanghai journal with a large female readership, *The Sheying huabao* (Pictorial Weekly), published an equally non-judgmental piece on "The Utopian Marriage System" that simply described the gender system of More's *Utopia*.[56] Noting that "utopian" had already become a widely used term for an ideal country, the author made three further points. First, the "Utopians" believed that love stemmed from beauty, but also that relationships depended on the virtues of intelligence and obedience. What this meant in practice, was not explained. But second, the Utopians punished premarital sex, possibly with the loss of the right to marry at all. And third, marriage was monogamous while divorce was possible but extremely difficult. As nearly everyone who reads More notices, this author also highlighted the naked

---

of bees. It will prove a great benefit, for it will become possible to increase the quantity of work without increasing the population in a degree out of proportion to the necessaries of life. We entertain the same dread of a deficit in and a surplus of births.'" Anatole France, *The White Stone*, p. 286.

[56] "Ran" 然, "Wutuobang de hunyin zhidu" 烏托邦的婚姻制度, *Sheying huabao* 攝影畫報, 9:30(1933), pp. 10-11. (For some reason "Thomas" became "George" in the article.) For *Sheying hubao,* see Sun Liying 孫麗瑩 "Cong *Sheying huabao* dao *Linglong*: qikan chuban yu Sanhe gonsi de jingying celue, 1920s-1930s" 從《攝影畫報》到《玲瓏》：期刊出版與三和公司的經營策略, *Jindai Zhongguo funüshi yanjiu* 近代中國婦女史研究, 23(June 2014), pp. 127-181.

mutual inspection of potential brides and grooms. To avoid disillusionment and future resentment, the parties to a marriage needed to be sure that their partner's body had no fatal flaws. Of course, there would be an older chaperone on site.

"Christian utopianism" was another trope of the republican period. An article translated in a Christian journal proclaimed that although they were often dismissed as impractical, the utopians of the Bible—the prophets— understood that the powerful and wealthy oppress the weak and poor.[57] The small number of rulers declare war, the majority goes to die; the rulers make laws, the majority learns how to obey. The prophets, according to this article, rose up in sympathy with the majority, and held up an ideal of a future society of justice and solidarity.

The author had possibly read Joyce Hertzler's history of utopianism; the translator was a prominent Christian socialist.[58] The article gave examples of Biblical prophets who either cursed the rich or urged the masses to organize for a better society. The first category included Amos, Hosea, and Isaiah, and the second category included Jeremiah, Ezekiel, and Second Isaiah. Ezekiel wanted a utopian country; both natives and foreigners could possess land, there would be good rulers, and they would

---

57 Laidelie 萊德烈, trans. Shen Sizhuang 沈嗣莊, "Jidujiao zhi wutuobang" 基督教之烏托邦, *Yesheng: xinwenshe yuekan* 野聲：新文社月刊, 1:6-8 (1920), pp. 33-43. (I have not found the original text.)

58 Zeng Qingbao 曾慶豹, "Sixiang guojizhe de zaoyu: Shen Sizhuang qiren jiqi sixiang" 思想過激者的遭遇：沈嗣莊其人及其思想, *Fujian luntan: renwen shehui kexueban* 福建論壇人文社會科學版 3 (2016), pp. 63-71.

carry out justice and abolish violence. Ezekiel's interest in religious ritual, this article noted, was later echoed in the utopian plans of the nineteenth century. Second Isaiah had also imagined world of peace.

In this view, a higher form of utopianism emerged in the moral religion taught by Jesus. Jesus predicted the arrival of God's kingdom, which would emerge from social and spiritual progress. Built on love, in such a kingdom there was no mammon, hypocrisy, selfishness, or oppression. This would be a world full of the spirit of duty, sacrifice, forgiveness, humility, and sharing. But the author was not entirely sympathetic to these views, concluding that Christianity, through Augustine's vision of the City of God to Savonarola's attempts to reform Florence, could only fantasize about a world of universal love and equality and never build such a world. Christians were ignorant of social and economic organization, and they put their faith in God and good kings rather than democracy.

*

In time, "utopian" became a term of dismissal used by both the right and the left. Take the following jape:

> To use things like social policies to improve society: this is "utopian." To use violence to unify the country: this is also utopian. Wanting political movements for revolution: this is utopian. Wanting to avoid power struggles but still recognizing the legitimacy of politics: is also utopian. To use the term

"revolution" as a tool to achieve political advancement and wealth, and not letting the masses know but continue to think they are revolutionary leaders: is utopian! Marxism is mistaken, and as long as its followers do not want to let these mistakes be exposed in order to get the people to blindly follow them: this is really utopian! Fearing that one's own mistakes are exposed and calling for the "overthrow of the intellectual class": definitely utopian! Calling for the "dictatorship of the proletariat" and actually taking power oneself, while fearing the awakening and opposition of the people, then organizing the Cheka and carrying out slaughter: utopian from beginning to end!... Slandering a certain ideology, calling it utopian: this is truly and especially utopian!... Taking what in fact is an autocracy even stronger than monarchism but wanting no one to realize this is "dictatorship": isn't this utopian?[59]

Conversely, the left hurled the epithet "utopian" at Hu Shi's gradualist reform program.[60] Or more precisely, Naichao called Hu's thinking "utopian" on the grounds his social analysis was purely superficial, since those like Hu Shi who pretended to "objectivity" were in fact "embracing empty fantasies of their own creation." Case in point: Hu Shi's five great

---

59 Moxi 墨希, "Wutuobang—Utopian" (烏托邦—Utopian), *Kaiming* 開明, 1:10(Shanghai, 1928), pp. 567-568.
60 "Nai Chao" 乃超 [?Feng Naichao 馮乃超 (1901-1983)], "Hu Shizhi di wutuobang" 胡適之底烏托邦, *Baerdishan* 巴爾底山, 1:4(May 1930), pp. 1-2.

so-called revolutionary targets. Naichao's point was not that Hu was exactly wrong to point to the problems of poverty, disease, ignorance, corruption, and social disturbances. But, first, Hu failed to ask the causes of poverty in China, which would have led him to the bankruptcy of the village economy and the failure of Chinese industry to develop under capitalism. Second, Hu failed to ask the root causes of disease in China. Third, Hu failed to explore why schooling was still limited to a small elite or how school fees were transferred to military budgets. Fourth, Hu failed to ask why China had corruption. And fifth, Hu failed to analyze the local causes of uprisings in rural feuds and banditry.

The reality, for Naichao: warlords, imperialists, compradors, feudal remnants. Facing this reality, Hu's utopianism, Naichao said, could be seen in his faith in abstractions such as order, prosperity, civilization, and national unity. In other words, these were indeed worthy goals, but they could only be reached through the revolutionary overthrow of the current system dominated by imperialism, the comprador class, and feudal remnants. Naichao's claim was that the left, and not the liberals, actually recognized "concrete" phenomena. A less impatient but still dismissive view of "utopian" came in a talk given by the revolutionary Zhang Naiqi on the New Village movement in 1935. According to a newspaper account, Zhang said that although the idea was first advocated by utopian socialists, it had become a practical set of reform programs.[61] Today it was generally

---

61 "Zhang Naiqi jiang: xincun yundong de pingjia" 章乃器講：新村運動的評價, *Shenbao* 申報, 5 January 1935, p. 19.

understood, according to Zhang, that "utopian socialism" just sounded too exalted.

Zhang's comment reveals a tension not at the heart of utopianism but of anti-utopianism. That is: a recognition that utopianism is truly progressive on the one hand, but an inability to acknowledge its full power. Utopianism becomes the "ism" that dare not speak its name. When "utopia" flew to China on the wings of English literature, it was a place of fantasy, like Penglai, Huaxu, or the Peach Blossom Spring. But by the 1890s with Yan Fu, *wutuobang*—while it did not exist outside the imagination—was nonetheless associated with real, good things, like democracy, prosperity, and a general program of reform. The term never became entirely positive, but as in general English usage somehow referred to that which was simultaneously beautiful and impossible.

Regardless of its connotations, *wutuobang* became useful to Chinese intellectuals in the first decades of the twentieth century. Chinese writers used the term to describe a strain of Western thought. They noted the influence of Thomas More's *Utopia* (descriptions of Thomas More's *Utopia* may have focused on its brief reference to naked bodies rather more than its extended discussion holding property in common—but descriptions of Utopia in the West do the same). More, specifically, utopianism helped reformists frame ideals from monogamy to universal schooling; and many acknowledged that utopianism in general represented the motive force of progress. Furthermore, Chinese writers highlighted the motif of utopianism in Western thought from Plato onward. Then they found it applied to Chinese tropes like the Peach Blossom Spring and

Huaxu. Communists learned to reject utopianism in name but not necessarily in substance. As well, movements from feminism to Christianity could be understood in terms of the utopias they offered or the spur utopian thinking could offer them.　Chinese writers noted that Christianity and the Jewish prophetic tradition in which it was rooted had introduced utopias of this world as well as Heaven. And women's journals used various utopian schemes to imagine regimes of gender equality. It was through utopias that free love, monogamous marriage, independence and autonomy, the right work, and even the ending of sexual difference itself could be imagined.

Few intellectuals in the first decades of the twentieth century were immune to the appeals of utopianism loosely defined and often unacknowledged.[62]　The exploration of utopian schemes in the last decade of the Qing and the first decade of the Republic fueled the vibrant optimism of the Mao Fourth period. To use Hao Chang's taxonomy, there were doubtless more "soft utopians" such as Hu Shi 胡適 than "hard utopians" such as Li Dazhao 李大釗.[63]　But if, in this view, the rise of Marxism represented a kind of hard utopianism, the reference to Hu Shi is an important reminder that just as Marxists denied their own utopianism, so could liberals. Much social thought—gradualist or revolutionary,

---

[62] See Sha Peide 沙培德, "Qifa jindai Zhongguo wutuobang sixiang de yuandongli（1890-1940）" 啓發近代中國烏托邦思想的原動力（1890-1940）, *Zhishi xiangyan xilie* 知識饗宴系列 11（Taipei: Academia Sinica Press, 2015）, pp. 173-204.

[63] Zhang Hao, "Zhuanxing shidai Zhongguo wutuobang zhuyi de xingqi," pp. 1-42.

pragmatist or idealistic, iconoclastic or syncretistic—rested on a kind of faith that the world would get better, or at least could get better. To use another taxonomy, some intellectuals with a utopian bent were more metaphysically minded and other more secular, looking (like Hu) to technological progress. In the end, though, what is striking about "utopia," though not utopianism, is how useful it was in understanding the modern world. Democracy was nothing if not utopian. Pragmatism, insofar as it promised a recipe of progress, was utopian. And socialism could not be discussed without at least noting the larger framework of utopian thought in which it was located or, at least, from which it had emerged. Even to reject utopianism was to acknowledge its power. Chinese writers generally agreed that from a very early period, utopian ideas at least foreshadowed so-called scientific socialism. From a certain perspective, utopian schemes that did not take into account the social effects modern industry and the reality of class struggle were doomed. That is to say, by the 1930s radical thinkers dismissed the pastoral desire that infused traditional utopian thought, but revolution was no less utopian than gradualism.

Bibliography

"Andula fengjingxian: renmin ziji zizu shenghua anding（Ouzhou de wutuobang）" 安度拉風景線：人民自給自足生活安定（歐洲的烏托邦）, *Xuanmiaoguan* 玄妙觀, 7（1939）, p. 139.

"Huaxu zhiguo" 華胥之國, *Zizhi* 自治, 61（1930）, pp. 36-39.

"Jile shijie" 極樂世界 in Fan Boqun 范伯群 and Fan Zijiang 范紫江, eds., *Renqing caizi: Bi Yihong daibiaozuo*《人情才子：畢倚虹代表作》（Nanjing: Jiangsi wenyi chubanshe 1996）, pp.163-198.

"Meng wutuobangji" 夢遊烏托邦記, *Yuehansheng* 約翰聲, 26:6（1915）, pp. 24-25.

"Mingzhu: jindai shehui zhuyi yu wutuobang shehui zhuyi de qubie" 名著：近代社會主義與烏托邦社會主義的區別, *Meizhou pinglun* 每週評論, 15（1919）, p. 1.

"Utopia wutuobang" Utopia 烏托邦, *Qingnian* 青年, 1（Shanghai, 1929）, pp. 24-25.

"Wutuobang（xiao jiangzuo）" 烏托邦（小講座）, *Mingde* 明燈, 170（Shanghai, 1931）, pp. 589-591.

"Wutuobang zai Meiguo" 烏托邦在美國, *Yuebao* 月報, 1:7（1937）, p. 1506.

"Xin shuyu: wutuobang" 新術語：烏托邦, *Xinsheng zhoukan* 新生週刊，1:42（1934）, p. 4.

"Zhang Naiqi jiang: xincun yundong de pingjia" 章乃器講：新村運動的評價, *Shenbao* 申報, 5 January 1935, p. 19.

Andolfatto, Lorenzo, *Hundred Days' Literature: Chinese Utopian Fiction at the End of Empire, 1902-1910.* Leiden: Brill, 2019.

Bauer, Wolfgang trans. Michael Shaw, *China and the Search for Happiness: Recurring Themes in Four Thousand Years of Chinese Cultural History.* New York: Seabury Press, 1976.

Bi Yihong 畢倚虹, "Wutuobang" 烏托邦, *Jingbao* 晶報, 21 April-24 July 1939.

Chen Jiayi 陳嘉異, "Lining zhi wutuobang" 李寧之烏托邦, *Dongfang zazhi* 東方雜誌, 17:23（1920）, pp. 66-74.

Cihai 辭海. Shanghai: Zhonghua shuju, 1936.

Fan Wenlan 范文瀾, "Cong fannao dao kuaile" 從煩惱到快樂, *Zhongguo qingnian* 中國青年（Yan'an）, 3:2（December 1940）.

France, Anatole, trans. Roche, Charles C., *The White Stone.* London: John Lane, 1910.

Han Nan 漢南, "Jindai sida wutuobang" 近代四大烏托邦, *Geming* 革命, 94(1929), pp. 107-114.

Hemeling, K., *English-Chinese Dictionaries of the Standard Spoken Language.* Shanghai: Statistical Department of the Inspectorate General of Customs, 1916-17.

Howard, Richard C., "K'ang Yu-wei (1858-1927): His Intellectual Background and Early Thought," in Arthur F. Wright and Denis Twitchett, eds., *Confucian Personalities* (Stanford: Stanford University Press, 1962), pp. 306-314;

Hsiao Kung-chuan, *A Modern China and a New World: K'ang Yu-wei, Reformer and Utopian, 1858-1927.* Seattle: University of Washington Press, 1975.

Hu Xingzhi 胡行之, *Wailaiyu cidian* 外來語辭典. Shanghai: Tianma shudian, 1936.

Huxley, Thomas H., "Evolution & Ethics and Other Essays," in *Collected Essays* (London: Macmillan and Co., 1894), vol. 9, pp. 17-20.

Joyce O. Hertzler, *The History of Utopian Thought.* New York: Macmillan Co., 1923.

Laidelie 萊德烈, trans. Shen Sizhuang 沈嗣莊, "Jidujiao zhi wutuobang" 基督教之烏托邦, *Yesheng: xinwenshe yuekan* 野聲：新文社月刊, 1:6-8(1920), pp. 33-43.

Li Dazhao 李大釗, "Meilijian zhi zongjiao xincun yundong" 美利堅之宗教新村運動, *Li Dazhao wenji.* Beijing: Renmin chubanshe, 1984, vol. 2, pp. 185-198.

Li Guangye 李光業, "Wutuobang li funü de shenghuo" 烏托邦裡婦女的生活, *Funü zazhi* 婦女雜誌, 8:3(March 1922), pp. 44-47.

Li Timotai 李提摩太 (Timothy Richard), "Huitou kan ji lue xuyan" 回頭看記略序言, *Wanguo gongbao* 萬國公報, 3:35 (December 1891).

Lin Yüsheng 林毓生, "Ershi shiji Zhongguo de fanchuantong sichao yu Zhongshi malie zhuyi yu Mao Zedong de wutuobang zhuyi" 二十世紀中國的反傳統思潮與中式馬列主義及毛澤東的烏托邦主義, *Xin shixue* 新史學, 6:3 (September 1995), pp. 95-154.

Liu Guizhang 劉桂章, "Tao Yuanming de wuotuobang" 陶淵明的烏托邦, *Chenbao fukan: yilin xunkan* 晨報旬刊：藝林旬刊, 4(1925), pp. 3-4;

Liu Yi-Chun, "Translating and Transforming Utopia into the Mandarin Context: Case Studies from China and Taiwan," *Utopian Studies*, 27:1 (November 2016), pp. 333-345.

Liu, Lydia, *Translingual Practice: Literature, National Culture, and Translated Modernity—China, 1900-1937.* Stanford, Stanford University Press, 1995.

Masini, Frederico, *The Formation of Modern Chinese Lexicon and Its Evolution Toward a National Language: The Period from 1840-1898*. Berkeley: Project on Linguistic Analysis, University of California, 1993.

Meisner, Maurice J., *Marxism, Maoism and Utopianism: Eight Essays*. Madison: University of Wisconsin Press, 1982.

Morgan, Evan, *Chinese New Terms and Expressions with English Translations*. Shanghai: Kelly & Walsh, 1913.

Moxi墨希, "Wutuobang—Utopian"烏托邦—Utopian, *Kaiming*開明, 1:10(Shanghai, 1928), pp. 567-568.

Nai Chao乃超［Feng Naichao馮乃超］, "Hu Shizhi di wutuobang"胡適之底烏托邦, *Baerdishan*巴爾底山, 1:4(May 1930), pp. 1-2.

Padover, Saul K. ed. and trans., *Karl Marx: On Revolution*. New York: McGraw-Hill, 1971.

Ran然, "Wutuobang de hunyin zhidu"烏托邦的婚姻制度, *Sheying huabao*攝影畫報, 9:30(1933), pp. 10-11.

Ross, Edward Alsworth, *Principles of Sociology*. New York: Century Co., 1921.

Sha Peide沙培德, "Qifa jindai Zhongguo wutuobang sixiang de yuandongli (1890-1940)"啓發近代中國烏托邦思想的原動力（1890-1940）, *Zhishi xiangyan xilie*知識饗宴系列 11 (Taipei: Academia Sinica Press, 2015), pp. 173-204.

*Shangwu shuguang yinghua xindician*商務書館英華新字典. Shanghai: Shangwu, 1913.

*Shehui wenti cidian*社會問題辭典. Shanghai: Minzhi shuju, 1929.

Shiyin市隱, "Huaxu guozhi"華胥國志, *Huaji shibao*滑稽時報, 2(1915), pp. 10-12.

Smith, Adam, *Wealth of Nations*. Hoboken, N.J.: Generic NL Freebook Publisher, n.d.; eBook Collection; EBSCOhost.

Snow, Edgar, *Red Star over China*. New York: Grove Press, 1961.

Sun Liying孫麗瑩, "Cong Sheying huabao dao Linglong: qikan chuban yu Sanhe gonsi de jingying celue, 1920s-1930s"從攝影畫報到玲瓏：期刊出版與三和公司的經營策略, *Jindai Zhongguo funüshi yanjiu*近代中國婦女史研究, 23(June 2014), pp. 127-181.

Tang Zhijun湯志鈞, *Kang Youwei yu wuxu bianfa*康有爲與戊戌變法, Beijing: Zhonghua shuju, 1984.

Tstujirō Inoue, *Zengding yinghua zidian*增訂英華字典. Tokyo: Fujimoto, 1884.

W. Lobscheid, comp., *Yinghua zidiang*英華字典, Hong Kong: "Daily Press" Office 1866-69, p. 1903.

Wang Fansen 王汎森 et al., *Zhongguo jindai sixiangshi de zhuanxing shidai: Zhang Hao yuanshi qizhi zhushou lunwenji* 中國近代思想史的轉型時代：張灝院士七秩祝壽論文集. Taipei: Lianjing Press, 2007.

Wang Qingcheng 王慶成, ed., *Yan Fu heji* 嚴復合集. Taipei: Gu Gongliang wenjiao jijinhui, 1998.

Wu Zelin 吳澤霖, "Wutuobang zhuyi duiyu shehui jinhua de gongxian" 烏托邦主義對於社會進化的貢獻（Shen Binglin 沈炳麟, recorder）, *Shehui qikan* 社會期刊 1（1929）, pp. 85-95.

Xinwenhua cidian 新文化辭典. Shanghai: Shangwu, 1924.

Yan Huiqing 顏惠慶, *Yinghua dacidian* 英華大辭典. Shanghai: Shangwu, 1908.

Yan Jianfu 顏健富, *Cong "shenti" dao "shijie": Wan-Qing xiaoshuo de xingainian ditu:*《從「身體」到「世界」：晚清小說的新概念地圖》. Taipei: Taiwan daxue chuban zhongxin, 2014.

Yeh Yi-chun 葉毅均, "Weihe chengwei makesi zhuyi shixuejia?—Fan Wenlan xueshu sixiang qianzhuan" 爲何成爲馬克思主義史學家？——范文瀾學術思想前傳. Ph.D. dissertation, Guoli qinghua daxue, 2017.

Zeng Qingbao 曾慶豹, "Sixiang guojizhe de zaoyu: Shen Sizhuang qiren jiqi sixiang" 思想過激者的遭遇：沈嗣莊其人及其思想, *Fujian luntan: renwen shehui kexueban* 福建論壇人文社會科學版. 3（2016）, pp. 63-71.

Zhang Hao 張灝, "Zhuanxing shidai Zhongguo wutuobang zhuyi de xingqi" 轉型時代中國烏托邦主義的興起, *Xinshixue* 新史學, 14:2（June 2003）, pp. 1-42.

李歐梵, "Wan-Qing wenxue zhong de wutuobang xiangxiang" 晚清文學中的烏托邦想像, *Zhongguo nanfang yishu*「中國南方藝術」, 2018.11.16, http://www.zgnfys.com/a/nfpl-56054.shtml（2019/10/31）.

「烏托邦」一詞的緣起與運用：
五四理想主義的一個思想舞台

沙培德（Peter Zarrow）

摘要

　　本篇文章旨在研究清末民初「烏托邦」一詞的緣起與運用。烏托邦一詞是由嚴復所新造而來，用以說明一種完美又難以企及的政治體系。在中國文人眼裡，烏托邦一詞雖是新造，卻說不上是破天荒的概念，就在中國也有「革骨」與「大同」等可與之堪比的概念。各種清末有描摹烏托邦理想的小說出現，接著等到了 1920 與 1930 年代，便有學者開始從政治、社會與文學等學術領域當中去探索烏托邦的歷史。然而，往後烏托邦一詞大多都帶有一種被用來表示是不可企及之幻想的否定性意涵。

關鍵詞：烏托邦，嚴復，湯瑪斯・摩爾，婦女，馬克思主義

【論著】

Between House and Factory:
Some Reflections on the Political Use of Spatial Metaphors in Late Nineteenth-Early Twentieth Century China

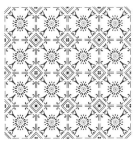

Pablo A. Blitstein（石保羅）

Pablo A. Blitstein is Associate Professor at the School of Advanced Studies in Social Sciences（Ecole des Hautes Études en Sciences Sociales）, Paris. He studied ancient Greek and Roman Literature and Philosophy at the University of Buenos Aires（UBA）and Chinese history at the Institut National des Langues et Civilisations Orientales（INALCO, Paris）, where he completed his Ph.D. dissertation in Chinese history. He held teaching and research positions at the Collège de France and at the INALCO, and between 2013 and 2017 he was research fellow and lecturer at the Cluster of Excellence "Asia and Europe in a Global Context," Heidelberg University. He has been visiting scholar at the Si-mian Institute for Advanced Studies（East China Normal University, Shanghai）, the University of Zürich, the University of Sichuan, and the University Candido Mendes（Rio de Janeiro）. He conducts research on both medieval and late imperial China. His interests are global and intellectual history, with a special focus on writing practices and political institutions. He is the author of *Les Fleurs du royaume. Savoirs lettrés et pouvoir impérial en Chine（Ve-VIe siècles）*（Paris, Les Belles Lettres, 2015）, and of several articles and book chapters.

Between House and Factory:
Some Reflections on the Political Use of Spatial Metaphors in Late Nineteenth-Early Twentieth Century China[*]

Abstract

This article discusses spatial metaphors in modern Chinese political discourse, and specifically discusses "factories" (*gongchang*) and "house" or "household" (*jia*) as political metaphors of the nation or of the world. The "house/household" was originally used as a key metaphor in imperial times. What kind of transformation did this metaphor undergo in the late Qing dynasty? What was the relation between its transformation and the emergence of nationalism? As for the metaphor of the "factory," in what context did it emerge, and what role did it play in political discourse before the May Fourth Movement? First, I will trace the history of the "factory" and "house/household" metaphors in the nineteenth and early twentieth centuries, and will show the contradictory relation between these metaphors. Secondly, I focus on how Li Dazhao uses the factory metaphor, and I show that, before the concept of "Ergatocracy" appeared in the 1920s, Li Dazhao's factory metaphor already contained "ergatocratic" and "populist" factors. Finally, from the perspective of global history, I analyze the position that Li Dazhao's factory metaphor occupied in the Marxist discourse of the early twentieth century.

Keywords: household, factory, spatial metaphors, modern Chinese political discourse, Li Dazhao

---

[*] I wrote this article while I was research fellow at the Cluster of Excellence "Asia and Europe in a Global Context" at the University of Heidelberg, within the framework of the research project "Towards a Global History of Concepts" (coordinated by Joachim Kurtz, Dhruv Raina, Rudolf Wagner, Monica Juneja, and myself). I would like to thank Chen Jeng-guo, Thomas Fröhlich, Joachim Kurtz, Peter Zarrow, and three anonymous reviewers for their very helpful suggestions.

We should know that, from now on, our world will become a world of workers. We should follow this trend to let every single man become a worker, and not follow it in order to let every single man become a robber. Those who eat without working are all robbers. To rob and to take property by force through illegitimate means: both are robberies, there is no difference between the two. The corrupted and idle nature has developed in us Chinese, and if we are not robbers, then we are beggars; we always hope we do not have to work ourselves, but steal someone else's food and beg someone else's food. When the world becomes one big factory and there will be work and food for everyone, how could there be a place for such a corrupt and lazy people (*minzu*) like us? Accordingly, if we want to be a people (*shumin*) of the world, we should be a worker of the world. Everybody! Quick! Go to work![1]

This is the end of a well-known, enthusiastic lecture Li Dazhao—director of the library of Peking University and later co-founder of the

---

1 須知今後的世界，變成勞工的世界。我們應該用此潮流為使一切人人變成工人的機會，不該用此潮流為使一切人人變成強盜的機會。凡是不做工吃乾飯的人，都是強盜。強盜和強盜奪不正的資產，也是一種的強盜，沒有什麼差異。我們中國人貪惰性成，不是強盜，便是乞丐，總是希圖自己不作工，搶人家的飯吃，討人家的飯吃。到了世界成一大工廠，有工大家作，有飯大家吃的時候，如何能有我們這樣貪惰的民族立足之地呢？照此說來，我們要想在世界上當一個庶民，應該在世界上當一個工人。諸位呀！快去作工呵！ Li Dazhao, "Shumin de shengli," *Li Dazhao xuanji* (Beijing: Renmin chubanshe, 1959), p. 111.

Chinese Communist Party—gave in 1918 to an assembly of students, only some meters away from the former imperial palace. It is not difficult to imagine the whole picture: on one side, a monumental and silent complex of buildings which, less than a decade ago, had been a residence of the Qing emperors and the architectural symbol of supreme power; on the other, a university librarian who in an ardent speech summarized his political ideas with the metaphor of a factory. For an attentive observer, the juxtaposition between the content and the setting of this lecture reveals the changes China underwent since the fall of the last imperial dynasty in 1912: the factory could now claim to be the inheritor of the palace; it could claim political power. How did the factory reach such a status in early twentieth century Chinese political language? Part of the answer must be sought in two other key representations: the old metaphor of the empire-"household" and the new concept of "nation." By comparing and tracing connections between the factory metaphor and these two key elements of late imperial and early Republican political discourse, we hope we will be able to shed a light on the discursive context in which the "factory" could be taken not only as an actual space for political activism, but also, more generally, as a model for the organization of social relations and political institutions.[2]

---

[2] In this sense, this article converges with the concerns of the other two papers included in this journal issue. On the one hand, it touches on the metaphorological foundations of utopianism in early twentieth century China, and in that respect it is complementary to Peter Zarrow's article. On the other hand, in accordance with Thomas Fröhlich's article on the conceptual of history

The house / household

The image of the factory in Li Dazhao's lecture could be seen as one example among others of the irruption of the "social question" into the realm of politics: it would be a metaphor that allowed him to "blur"—at least conceptually—the boundaries between "state" and "society." But was Li Dazhao really "blurring"? To "blur" would imply that "state" and "society" had clear-cut conceptual boundaries in his mind; and this was probably not the case: the old imperial palace, which stood only some meters away from him, was the embodiment of a world which only some decades before had completely ignored these two concepts. The empire's political language had actually been related to a different metaphor: the polity as a household. At least until the second half of the nineteenth century, the "household" or "house" (*jia* 家) was indeed one of the privileged spatial and social metaphors—an "absolute metaphor"[3]—to rationalize the rule of the emperor over his subjects. This metaphor was

---

of politics in Republican China, it explores the moving historical boundaries between what was considered "political" and what was excluded from it.

[3] I will focus here both on the explicit metaphors, which can take the form of an explicit comparison or an allusive image ("the empire is a household"), and the implicit ones, which through metonymy may only refer implicitly to a more general metaphor ("the emperor is like a father to his subjects" alludes to the idea that the whole polity is a big household). For the definition of "absolute metaphors," see Hans Blumenberg, *Paradigmen zu einer Metaphorologie* (Suhrkamp: Frankfurt am Main, 1997); for a more general argument on metaphorical concepts, see George Lakoff and Mark Johnson, *Metaphors We Live By* (London: University of Chicago Press, 2003).

certainly very different from that of the factory. They differed not only in terms of content, but also in terms of status: while the factory metaphor only became important in the discourse of some early twentieth century intellectuals, the household metaphor had been a long-lasting and awe-inspiring figure of the Chinese imperial discourse. However, despite this important difference in content and status, the two metaphors shared a similar procedure: in both of them, a "micro-space" of social activity—the house during the empire, the factory in Li Dazhao's lecture—was used as an image of the "macro-space" of society as a whole. An analysis of the imperial metaphor of the house, still in use after the fall of the empire, might thus shed a light on the historical foundations of Li Dazhao's metaphorology.

In Qing times, the "state" was located in what can be called a residential space: it was the imperial palace.[4] This palace, where the emperor lived part of the year, was nothing other than a "house." It was a residential-cum-political institution that was ultimately rationalized in both "social" and "political" terms: it was the living place of a "household" or "family"[5]

---

[4]　The Qing emperors used to practice seasonal sojourning and many of them spent a lot of time in the surrounding villas. Qianlong, for example, had spent a lot of time in the Yuanmingyuan（destroyed in 1860 by the Anglo-French expeditionary force）. But the imperial palace remained one of their major residences until the end of the dynasty. See Evelyn Rawski, *The Last Emperors. A Social History of Qing Imperial Institutions*（Berkeley: University of California Press）, pp. 34-35; and more generally Geremie Barmé, *The Forbidden City*（Cambridge, MA: Harvard University Press, 2008）.

[5]　On the analogy between empire and family, see for example Peter Zarrow, *The Conceptual Transformation of the Chinese State, 1885-1924*（Stanford:

whose head was the ruler of the empire. The "household" indeed was one of the pillars of the imperial order. "The most important thing to rule the kingdom," says an imperial edict in 1880, "is to put one's own household (*jia*) in order."[6] This phrase, as is well known, comes from one of the *Four Books*, the *Great Learning*, which originally was a chapter in the *Book of Rites*. The attached commentary to this phrase in the original text says:

> By "in order rightly to rule the kingdom, it is first necessary to regulate the household," it is meant: it is not possible for one to teach others if he cannot teach his own household (*jia*). Therefore, the superior man, without leaving his own house (*jia*), is able to teach the kingdom. Filial piety is what is used to serve the ruler. Fraternal submission is what is used to serve the elders. Kindness is what is used to lead the masses. [7]

Whatever "putting the household in order" and "ruling the kingdom" meant in the actual praxis of the imperial elites, these ideas corresponded to both a conceptual and an institutional reality. The empire could itself be

---

Stanford University Press, 2012), especially 119-146; on the distinction between "private" and "public" (which creates the condition of a separation between "State" and "society"), see Peter Zarrow, "The Origins of Modern Chinese Concepts of Privacy: Notes on Social Structure and Moral Discourse," in Bonnie S. McDougall and Anders Hansson, eds., *Chinese Concepts of Privacy* (Leiden-Boston-Köln: Brill, 2002), pp. 121-146.

6　齊家為治國所先‧*Qing shilu*, juan 266, p. 566.

7　所謂治國必先齊其家者，其家不可教而能教人者，無之。故君子不出家而成教於國：孝者，所以事君也；弟者，所以事長也；慈者，所以使眾也. *Daxue*, 9, in *Sishu zhangju jizhu* (Beijing: Zhonghua shuju, 1983).

conceived as the supreme household which contains all the households of the empire: since it was the task of the virtuous ruler and his virtuous ministers to let "all-under-Heaven become one household" (*tianxia yi jia* 天下一家)(as a Yongzheng edict demanded with a direct allusion to the *Book of Rites*)[8], only someone who was able to manage his own household would be apt to manage the whole empire. The difference between "kingdom" and "household" was one of scale, but not a qualitative one: "family" relations, especially those commanded by filial piety, became "political" relations when extended to the whole empire.[9] This did not mean that the metaphor of the empire-household always had positive connotations: in the seventeenth century, when Huang Zongxi attacked the imperial system, he called it the "law of one single household" (*yi jia zhi fa* 一家之法) and opposed it to the law for the sake of "all under-Heaven."[10] But these negative uses of the household ran parallel, and did not contradict, the positive uses of the empire-household metaphor.

Such a language kept inspiring political representations until the end of the Qing dynasty, and even beyond.[11] When Zhang Zhidong, despite

---

8　*De Zhong jing huangdi shilu*, pp. 147-1.

9　Hence the importance of education, of "teaching," both for the "small household" of a single man and the "big household" of the empire: the people should be taught to become good subjects just like the children of each household were taught to behave properly. The "people"—conceived as those layers of the population who were excluded from imperial institutions—were analogous to children.

10　Huang Zongxi, *Mingyi daifang lu*, in *Huang Zongxi quanji*, Wu Guang et al., ed.(Hangzhou: Zhejiang guji chubanshe, 2012), vol 1, p. 6.

11　It actually was the central topic of the *Sacred Edict* of the emperor Kangxi, some of his reform ambitions, placed the so-called "Three Bonds" (*sangang* 三綱) at the center of his portrait of the imperial order, he was giving a rationalized version of the same idea: the bond between ruler and subject was inconceivable without the bonds between father and son and between husband and wife.[12] He was not just claiming that the order of the empire was maintained by a correct intersection between the three different sets of personal relations, but also that those personal relations, despite their specificities, were analogous and complementary to each other. "Political" relations were not distinguished from "social" ones; the political bond was just an extension of the personal dependencies of the domestic space.

Indeed, the domestic space was in itself a "political space." Two of the three bonds, father-son and husband-wife, took place within the walls of the residence (or residences) of scholar-officials: it was there where the "superior man" had the duty to keep order and harmony. The traditional genre of "family instructions" or "household instructions" (*jiaxun* 家訓), from Yan Zhitui in the sixth century to Zeng Guofan in the nineteenth, was a practical translation of this principle into the realm of writing: they were often used to regulate households and, in late imperial times, lineages—

---

whose impact even in the lower layers of the population remained strong until the end of the dynasty. See Victor Mair, "Language and Ideology in the *Sacred Edict*," in David Johnson, Andrew Nathan, and Evelyn Rawski, eds., *Popular Culture in Late Imperial China* (Berkeley: University of California Press, 1985), pp. 325-359.

12 Zhang Zhidong, *Quanxue pian* (Zhengzhou: Zhongzhou guji chubanshe, 1998), pp. 70-71; and see Peter Zarrow, *The Conceptual Transformation*, pp. 122-124.

which in some regions consisted of thousands of households. Lineages indeed resulted from the union of households which in theory shared the same ancestors, and were in a way conceived as a "household of households"; and since scholar-officials were supposed to be able to govern their "house" before being able to govern the empire, their "family instructions" could sometimes become a sort of "legal constitution" of all the households that composed the lineage. The purpose of these "family instructions" was not just to avoid trouble within the lineage or extended family, or to prevent conflicts among the members of each household: the goal was to record domestic techniques of "household governing" so that the model of one's own household could "teach" the realm the correct patterns of moral behavior. This was not in itself something new in late imperial times; households had been a key social unit all along Chinese imperial history. But under the Qing dynasty, since lineage organizations enjoyed corporate status, they tended to be an interface between the households and the officialdom; their heads took responsibility for collecting taxes, settling disputes between their members, handling lineage property, and organizing self-defense. In this sense, the lineage, and all the households that made part of it, were subject to the "political" action of their own principal members.[13]

---

13 For the emergence of lineages from the process of household registration in late imperial times, see David Faure, *Emperor and Ancestor: State and Lineage in South China* (Stanford: Stanford University Press, 2007), pp. 6-11. This phenomenon seems to have been characteristic of both the north and the south of China (*ibid.*, pp. 363-364).

The ruler-subject bond certainly had its own specific features, but it shared with the other two bonds a "domestic" pattern. The ruler-subject relation was "domestic" in three different layers: first, the layer of the emperor's "intimate" space, with his wives and personal servants; second, the court with its inner and outer divisions, where a particular type of "servants," the ministers, "helped" the emperor to rule his empire; third, the extended "domesticity" of the emperor, the empire as a whole, which he ruled with the help of his officials-"servants" (who in turn were called the "fathers and mothers of the people"). These layers of domesticity were distinguished in institutional, ritual and spatial terms, but they were complementary. The first layer of domesticity was the narrower domestic space of the emperor, that is, the most hidden part of the imperial palace, which was used for the most important task of the dynasty: produce a successor, the son who would inherit the Mandate of Heaven. In this place, the Three Bonds worked like in any other household of the realm: the emperor was a "ruler", a "father" and a "husband" in his own "house." The difference was that the palace was the most powerful "house" in the realm, and that the rest of the houses over the Earth only hosted people who could become the emperor's "servants", but never his "rulers." The second layer, the court, was an extension of the "domestic space" of the emperor. The palace was indeed not only a residence, but also a place for political deliberation and decision-making; the ministers and officers could not only develop quasi-domestic relations with the emperor, but many official duties were formally defined in relation with the needs of the imperial

"house."[14] Finally, the third layer of domesticity—the empire as a whole
with the rest of the imperial servants and the imperial subjects—was where
the ruler-subject bond showed its qualitative difference with the other two
bonds: in this larger space, the emperor was supposed to be not only a
good "father" and "husband," but also a ruler, a "lord," who ruled over his
"ministers and people" (*chenmin* 臣民); his ministers were equivalent to
"servants" and the rest of his subjects to "children," and they all owed the
emperor the respect owed to a "father" within a household.[15] To sum up:

---

14 This is of course the case of an inner offices like the Court of the Imperial Clan
(*zongren fu* 宗人府) and the Department of the Imperial Household (*neiwu fu*
內務府), but it also concerns more generally the palace-oriented organizational
principle of an important number of official duties. Since the Department of the
Imperial Household had the role of separating the affairs of the Palace from
other affairs of the empire, it represented a rupture with the former practice of
keeping movable boundaries between palace affairs and other administrative
issues. This differentiation of duties may have had two major historical reasons:
first, the consolidation of the distinct status of the Manchu conquerors regarding
the other populations of the Qing empire; and second, an awareness of the
complexity of the palace economy. It would be an anachronism to see these
facts as the sign of an increasing "awareness" of the distinction between "state"
and "society." However, this differentiation might have later helped to inspire
this dichotomy in the late 19th century.
15 This idea was expressed in stronger terms in the *Book of Filial Piety*, where it is
said that the "respect" owed to the father should be the same one owes too the
ruler. Kangxi's *Sacred Edict,* which together with Yongzheng's *Amplified
Instructions* circulated everywhere in the empire until the late nineteenth
century, was full of these patriarchal metaphors. On the patriarchal
representation of the ruler in the Qing code, see Jérôme Bourgon, "Lapsus de
Laïus. Entre régicide et parricide, l'introuvable meurtre du père," *Extrême
Orient-Extrême Occident*, 1(2012), pp. 313-339; for the interpretations of the
Book of Filial Piety in late Qing and Republican times, see Lü Miaofen, *Xiaozhi*

all social and political relations within the empire were depicted as "domestic" relations.

The different "households"—imperial, princely and scholar-official ones—demanded very specific forms of knowledge from the household chief. Since family relations coincided with political relations and since domestic morality was the foundation of a well-ordered polity, then anyone who intended to become an official had to get acquainted with the techniques needed to keep the harmony of both the "narrow" domestic space of his own house and the "extended" domestic space of the whole empire. When we take a look at the topics Zeng Guofan deals with in his "family instructions" (a collection of letters he addressed to his family), we see that the knowledge he employs to "put in order" his house is both analogous and complementary to the knowledge a minister and his emperor are supposed to employ in putting in order "all-under-Heaven." Zeng Guofan shows concern with some conflicts among the members of the family; with customs, luxury and the so-called "inner politics" (*neizheng* 內政[16]), the affairs of the household); and, most frequently,

tianxia: Xiaojing *yu jinshi Zhongguo de zhengzhi yu wenhua* (Taipei: Zhongyang yanjiu yuan, 2011), pp. 259-321; and for the *Sacred Edict* and its wide reception in late imperial times, see Victor Mair, "Language and Ideology."

[16] *Zeng Guofan jiaxun* (Changsha: Yuelu shushe, 1999), p. 254. The word "politics" is of course both an anachronism (in the Chinese speaking-world it was a late nineteenth century concept) and an anatopism (for it seems out of place when we use it to refer to family relations). However, I want to show in translation that the same word *zheng*, customarily translated by "politics" into English, was used for the ordering activity of both an emperor for his empire

with the reading and writing practice of his sons. The household is thus presented on the one hand as a sort of small imperial palace with its own inner chambers, its own economic morality and its own way of nurturing writing habits (writing was indeed one of the privileged activities of the imperial official); and on the other hand, it is also presented as the necessary complement of the palace, because the "scholar-official households" (*shihuan zhi jia* 士宦之家)[17] bring to the palace the knowledge the emperor needs to "educate" the people according the ritual principles inherited from the ancient sages. The "household" is conceived as the structuring unit of imperial institutions in general, and of any "political" action in particular.

As it has been clear from these different uses of the household metaphor, this domestic conception of political power did not only rely on a social or political representation, but also on a spatial one: the keyword *jia*（家）indeed referred to both the "household" and the "house," to the members of the extended family and to the physical spaces where they lived. For this reason, the "political domesticity" of the empire was not only expressed through discursive means, but was also visually manifested in the architectural organization of space.[18] Residential architecture was indeed supposed to follow imperial hierarchies. Since the imperial palace was the most important "house" of the realm—for it belonged to the head of the empire's most important household—its size, shape, and decoration

---

and a household head for his household.

[17] See for example *Zeng Guofan jiaxun*, p. 1.

[18] See for example Barmé, *The Forbidden City*, pp. 72-90.

had to display the visible signs of its superior status; it was followed by the other residences of the emperor (summer palace or other palaces), which, like the latter, signified majesty; the residences of the princes had analogous prerogatives to those of the emperor, but at a lower level; the houses of the ministers (which were not necessarily their residences[19]) only enjoyed the privileges of the "servants" of the emperor. Some of the ritual codes that regulated this hierarchy must have been customary, but many of them were encoded in ritual books on the one hand and in legal codes on the other. The Qing code has a section dedicated to buildings, and, in the section about military regulations, many items were dedicated to the imperial palace. Violations of the rules were severely punished. Some ritual questions were certainly not easy to solve, and this was one of the causes of the constant change in architectural procedures: for example, even though the *Yingzao fashi* 營造法式 remained a classical reference for imperial architecture, in the eighteenth century some works were written to respond to ritual problems of palace construction—such as the *Lijing gongshi dawen* 禮經宮室答問, by Hong Yixuan 洪頤煊. But beyond differences in the solution given to ritual and etiquette issues, the implicit rule in residential architecture remained the same: the general idea was that a status-oriented hierarchy had to be visibly embodied by the physical space of the empire, from the

---

[19] The Qing code prescribed that local officials had to live in their official residences: that means that their actual residence was not their "house." See *Da Qing lüli tongkao jiaozhu*, Wu Tan ed. (Beijing, Zhongguo zhengfa daxue, 1992), p. 1133. But they were still responsible for what happened within their household. Zeng Guofan's letters are an example of that.

house of a minister to the house of the emperor. Since the whole empire was conceived as a hierarchy of households, the residences had to follow the relative importance of each "father."

The "house"/ "household" was thus the place of imperial "politics." If anyone, from a scholar-official to the emperor, wanted to have some influence onto the imperial order, he was in theory supposed to "put in order" his *jia*; and this *jia* was represented as a physical, social and political space. As a physical space, it was the residence of a ministerial, princely or imperial household, each with a different name or with different signs of status; as a social space, it was the converging point of all the bonds that organized the polity: father-son, husband-wife, and ruler (or lord)—subject; as a political space, it was the place where virtuous rulers or lords had to act, where a minister had to set the example for the "people," where the emperor reproduced the dynasty, or—in the case of the extended domesticity of the whole empire—the place where ruler-subject relations were rectified. In the context of this ritual, institutional and spatial continuity of social and political relations, no separation between "state" and "society" were possible: everything "social" was "political," and everything "political" was "social"—just like in a family a "father" was not a "state," and children and wives were not "society."

The house and the nation

Li Dazhao's discourse was certainly very far from this "domestic" representation of political power. But some patterns seem to remain. First, both the factory and the house are *places*, socially and physically defined spaces. Second, they are micro-spaces of social activities that are taken as models for the organization of society at large. Third, they both ignore the distinction between the "social" and the "political." Fourth, they can be potentially extended to anyone who wants to belong to this place, to "all under Heaven" in the case of the empire-household or to the "world" in the case of the nation-factory. Li Dazhao was thus not "blurring" conceptual boundaries between state and society, but taking up a discursive pattern which was still alive in the way political discourses could be formulated. More than the modern political languages based on a distinction between the "social" and the "political," the metaphor of the house was in this respect the closest historical ancestor of the metaphor of the factory.[20]

---

20 The relation between the "house" and the "factory" even seems anticipated by the metaphors of manual work in the political language of the scholar-officials: the scholar-official, especially as a producer of texts, had sometimes been compared to the craftsman. But the distance between these metaphors and that of a factory worker was huge. The industrial worker was too sordid a figure from the point of view of a scholar-official: nothing charismatic or distinctive seemed to come out of the worker's hands; while the scholar-official was supposed to produce beautiful texts and extraordinary actions, the worker just struggled for subsistence. Actually, scholar-officials did not "work" in the proper sense of the word: they "cultivated" themselves and put their moral behavior, aesthetic skills and political wisdom to the service of the emperor; and this "labor," just like its "production," did not take place at the factory: it took place either at the "house" of the official or at the "house" of the emperor. Even though someone like Zhang Zhidong claimed that a good officer should have some knowledge of commerce and industry, the most conservative members of the court and of the imperial administration were certainly not inclined to compare a scholar-official with such an obscure figure as the industrial worker.

However, we should not overestimate the common features between Li Dazhao's metaphor of the factory and the imperial metaphor of the household. The linguistic and conceptual differences between the two metaphors are huge, and the relation between them is not one of harmonious continuity but of deliberate rejection: the nation-factory was, in political terms, at the antipodes of the empire-house. What was then the bridge between the old language of the house and the new language of the factory? To understand the mediations between the two socio-political spatial metaphors, we propose to take a look at a key concept in early twentieth century China: the "nation."

Before the "worker" and the "factory" could be included within the political discourse of a member of the early twentieth century learned elites, an institutional and conceptual operation had to take place in his mind: he had to be able to conceive that the political subject—that is, the person or group of persons who were able to hold political power—did not necessarily coincide with the existing political institutions; in other words, he had to be able to conceive that the source of political power was not an emperor or even an impersonal state, but a self-standing and independent entity which was the ultimate source of sovereignty. This entity, in the case of late nineteenth and early twentieth century Chinese elites, was the nation. The "nation" enabled them to imagine that political unity was not

---

For the origin of the concept of "labor" in its modern industrial sense in China, see Rudolf Wagner, "The Concept of Work/Labor/Arbeit in the Chinese World," in Manfred Bierwisch, *Die Rolle der Arbeit in verschiedenen Epochen und Kulturen*（Berlin: Akademie Verlag, 2003）, pp. 103-136, esp. pp. 119-127.

the top-down imposition of existing political institutions, but was rather the expression of a self-sustained cultural, racial or historical unit which was not the product of, but the artificer of its institutions. Whether it was the 1898 reformers, the late Qing constitutionalists, or republicans and revolutionaries in all their different versions, they all shared the idea that the new political subject was the "nation."

The nation was conceived in many different ways. Most of the translations of "nation" contained the word "people": *guomin*國民 "people of the country", usually used for "nation" in the sense of "the citizens", *minzu*民族 "the linage of the people" and *min*民 the "people" were all used in a "national" sense to refer to a political or pre-political entity united by a common blood or a common culture, or just by the common belonging to a political association. These multiple meanings were constitutive of the concept. They were not just produced by its new practical and conceptual uses in Chinese soil, but by the ambiguities the conceptual constellation of the nation already had in Europe proper: the relation between "nation" and "people," *nation* and *peuple*, *Nation* and *Volk* presented similar ambiguities.[21] But a fundamental feature brought all

---

21 See Reinhart Koselleck's overview of the German words "Nation" and "Volk" in Koselleck *et al.*, "Volk, Nation, Nationalismus, Masse," in Otto Brunner, Werner Conze, et Reinhart Koselleck, *Geschichtliche Grundbegriffe. Historisches Lexikon zur politisch-sozialen Sprache in Deutschland* (Stuttgart: Klett-Cotta, 1992), 7 (1992), pp. 382-389. For a history of the concept of nation in China, see Marc Matten, "China is the China of the Chinese: The Concept of Nation and its Impact on Political Thinking in modern China," *Oriens Extremus*, 51 (2012), pp. 63-106.

these concepts together, both in East Asia and in Europe: "national" representations of the political society were used as tools against status-based political relations. In China, *guomin*, *minzu*, or *min*, like other "nationalized" concepts of the Chinese political terminology, were used to attack the imperial segmentary society; they were used against the idea that complementary inequality and status hierarchy were positive and necessary means of organizing the polity; ethnic and status groups should not be differentiated through an unequal distribution of prerogatives and should not be ruled according to their own customs and institutions. The idea of nation enabled early twentieth century intellectuals to conceptualize a form of historical unity built on the basis of the nominal equality of national belonging. The fact of belonging to the same nation created a threshold of theoretical equality underlying the actual inequality of status and role.

The ways in which the nation could be invoked as a political actor in its own right varied from one version to another. In the anarchist versions of the nation（in the case of those anarchists who took the nation as a legitimate socio-political unit[22]）, the "people" could govern itself without the help of any political institution; monarchical or republican "forms of government" were just forms of oppression that the nation should get rid

---

[22] For the complex role of the nation early twentieth century Chinese anarchism, Gotelind Müller-Saini, "Thinking Globally, Acting Locally: Chinese Anarchists Between National and International Concerns, 1900-1930s," in W. Kirby *et al.*, *Global Conjectures: China in Transnational Perspective*（Berlin: Lit Verlag, 2006）, pp. 103-120.

of. The nation was for anarchists both a political and a pre-political entity: it was self-sufficient and capable of regulating itself without any form of authority. In the monarchist versions of the nation, or at least in some of them, the nation was a pre-political entity which could only rely on a monarchy to preserve its unity: the symbolic authority of a monarch could avoid the threats of division that internal conflicts could bring to the nation. The monarch was thus a sort of tutelary figure that should take care of the nation's fate. The extent of the monarch's powers varied from one monarchist to another (some proposed a stronger, others a weaker monarch, accompanied with different institutional frameworks and constitutional devices), but in most of the cases the nation's "will" was to be *interpreted* and *symbolized*, and could never express itself without the mediation of some irremovable figure who had to be as perennial as the "national essence" itself. Finally, in the republican version, the "nation" should become a full political actor, in such a way that its will was to be channeled through more or less restrictive election of representatives in political institutions. In all these versions, the nation was always an ambiguous actor. Monarchists and republicans addressed the nation as a single political actor, and at the same time they could not help but to accept a split between those who ruled (elected or not) and those who were ruled; as for the anarchists, they rejected that split, but they had to deal with the fact that the split already existed within the nation—the nation would never be free until it could get rid of all forms of authority. In any case, the nation was considered by all these groups the ultimate site of power: the will and needs of the "people" had to be interpreted and embodied in social and political institutions. The idea of "nation" thus helped to decenter political power. Even a hereditary monarch had to justify its position by presenting himself as the symbol or even tutor of the nation itself, and not, as in imperial times, by presenting himself as the owner of a mandate that was supposed to come from Heaven.

The concept of "nation" gave a strong blow to the political metaphor of the "house." The "nation" was not just the space defined by the jurisdiction of a "state;" it was not just the space inhabited by the subjects who were patriarchally ruled by the emperor and his officials. The nation was the political actor *par excellence*, the ultimate political subject. As a consequence, any "micro-space" within the nation, no matter its nature, could count as a political space; the house was not *a priori* more important than a university, an employer's association, a trade union or a factory: all of them belonged to the nation and could become a legitimate site of national politics. The concept of nation could thus be used either to marginalize the house as a metaphor of political power or to force into it completely new meanings.

If we take a look at the monarchist versions of the nation, we will see that, despite some traces of the familial representations of imperial times, the "nation" replaces the "house" as the site of political power. Kang Youwei, for example, who remained loyal to the Qing dynasty until the day of his death in 1927, said:

> The "all-under-Heaven" is the "all-under-Heaven" of the people
> inhabiting the "all-under-Heaven," and a single man could not

possess it privately. Therefore, the "all-under-Heaven" is public, and its principle is the most public. However, in the age of Disorder, when there are catastrophes and misery and the people do not have anyone to turn to, there are brilliant and illustrious people who emerge as rulers: the people get protection to get out of the catastrophe, and so the country temporarily becomes the possession of the ruler: this is something unavoidable in the age of Disorder. For example, according to today's law, the children, before reaching maturity, rely on the elder relatives as their surrogates to handle their own property; once they become adults, the surrogates, no matter whether they are their elder relatives or not, have to give them back their property and let them handle it. Mencius says: the territory is the most valuable, the ruler is the least valuable. If we understand the meaning of the age of Peace and consider the country a common property, then we will value it strongly; the ruler is but the surrogate of the nation, so he is less valued; if one considers the ruler as just a part of the nation and not that the ruler is the nation itself, then this is one of the deepest and clearest things in considering the nation a common property.[23]

---

23 蓋天下者，天下人之天下，非一人所能私有之，故天下爲公，理至公也。
但當亂世，水火塗炭，民無所歸，有聰明神武者首出爲君，民得所庇以出
水火，則國暫爲君有，亦亂世所不得已者。譬如今律，嬰兒未及歲，則許
長親爲代理人，管其產業；若而長及歲，則代理之人，無論長親與否，必
當歸還其業，俾自管之云爾。孟子曰：「社稷爲重，君爲輕」。蓋明平世

Kang Youwei used this metaphor in his "Saving the Nation from
Extinction" ("Jiuwang lun"), a text he wrote right after the 1911
Revolution. In this text, he criticized the revolutionaries and advocated the
creation of a "republic" with a "nominal" (or "empty") monarch (*xujun
gonghe* 虛君共和). We should keep this context in mind if we want to
understand the meaning of the household metaphor in the quoted passage.
The connection between this metaphor and its imperial forerunners is
undeniable: it compares the "people" to children who cannot rule
themselves, and who need a "surrogate," an adult, to take care of their own
property. But just like the "empty monarch" was not the emperor of yore,
this household metaphor conveys new elements. The first difference with
its predecessors is that this is a purely "rhetorical" metaphor, and not—like
the imperial "house"—the concept of a micro-space that is analogous to
the macro-space of the empire; Kang uses the metaphor for its explanatory
value, and not with the purpose of revealing—as it was the case in Qing
political discourse—the analogical display of a Heavenly principle in the
social order. The second difference relies on the way the "surrogate"
implicitly conceptualizes the role of the ruler. The nation-household sets
aside the natural roles traditionally ascribed not only to family members,
but also, analogically, to the ruler himself. Even though Kang presents the
ruler as the single figure who—in what Kang calls the "Age of

---

之義，以國爲公有，故重之；君不過爲國之代理人，故輕之，蓋以君爲國
中之一分，而不以君即國家，以國爲公有之大義，最深切彰明者也。Kang
Youwei, "Jiuwang lun," in *Kang Youwei zhenglunji* (Beijing: Zhonghua shuju,
1981), p. 662.

Disorder"[24]—can take care of the property of an "immature," child-like nation, and thus implies that the powers of the "people" should be limited until it behaves "maturely." He does not suggest that the ruler derives his power from a role bestowed on him by Heaven: the ultimate political subject is the nation, and the ruler is only a transitional, artificial but necessary figure that can take care of his compatriot's interests during a period of tutelage. In other words, the ruler is entitled to rule not because he is above the nation, but precisely because he shares with his subjects the same national belonging.

The household metaphor is certainly still present in Kang's representation of the "nation:" the split between ruler and ruled corresponds to the split between children and "elder relatives". But the logic of the metaphor in Kang's text depicts a very different "household" than the one that structured imperial metaphorology. This "household" does not look like a natural unity. The legal prerogatives of the "elder relatives" (the figures of the mother and the father are carefully avoided) come from the rational, bottom-up need of administering the children's property, not from an unquestionable order where the harmony of the

---

[24] The Age of Disorder (*luanshi*) is the first of three ages that characterize human history in Kang Youwei's historical teleology inspired from the tradition of New Text Confucianism; the other two are the Age of Ascending Peace (*shengping shi*) and the Age of Great Peace (*taiping shi*). The content of these ages varies from text to text, but here Kang stresses the transition of the Age of Disorder to the following ages: in the Age of Disorder, as he explains, the ruler is the single owner of the nation; in the ages of Ascending and Great Peace, the nation belongs to everyone. Kang Youwei, "Jiuwang lun," p. 662.

family guarantees the harmony of the whole realm. Kang Youwei does not appeal to the quasi-natural hierarchies of the "three bonds," but to the rational need of a society of equal beings—"equal" in the single sense that they share the same national belonging. And in the same way as the household is depicted as an artificial product of a rational order, the ruler is conceived as an artificial and rational institution; he *looks* like an "adult" among "children," but he is not. While the imperial monarch, an *analogon* of a father, was supposed to deserve the "natural" respect or love a son owed to his parents, Kang's monarch neither enjoys natural privileges nor derives his privileged position from the order of a house. Nothing is natural here, neither the monarch, nor the household.[25] That is how, in Kang's monarchic version of the "nation," the house loses its privilege as a major political space: now the real space of politics is the "country," that is, the "nation" in a social and territorial sense（*guo* 國）, and the political subject is the "people", or, more precisely, the "nation" as a human group. Kang's allusion to the phrase in the *Six Secret Teachings* ("the all-under-

---

25 This corresponds to Kang Youwei's ideas in his *Book of Great Unity*（*Datong shu*）, and more particularly to some key elements in his theory of society and history. For Kang, rulers and families, just like nations and states, belong to transitory social constructs in different stages of human history. They will disappear one day once humanity will reach the Era of Great Peace. Kang Youwei probably was one of the earliest advocates of the destruction of the family and the abolition of marriage — a shared discourse among many revolutionaries and reformers in the late Qing. See for example Liu Renpeng, "Wan Qing huijia feihun lun yu qinmi guanxi zhengzhi," *Qinghua Zhongwen xuebao*, 5（2011）, pp. 231-270.

Heaven is the all-under-Heaven of the people of all-under-Heaven")[26], the partial quotation of Mencius' words,[27] and his insistence on the "common ownership" (*gongyou* 公有) as opposed to the "personal" or "lordly ownership" (*junyou* 君有, *siyou* 私有), shows his intention to introduce a radical discontinuity between the lord and the "property" of the nation, that is, between the persons that inhabit the country and the lord that administers the territory that belongs to all. The "nation," in both its territorial and human sense, becomes the legitimate space of political action and the depository of political agency.

This new space of politics, less visible, more abstract than the "house," was so to speak a floating signifier that could be used to define a potentially unlimited number of sites of political action. One of those sites was precisely the factory: as one "national" site among others, the factory could now claim to be one of the depositories of political power.[28] In the

---

26 *Liu Tao* (Beijing: Zhonghua shuju, 2007), p. 7

27 *Mengzi jizhu*, in *Sishu zhangju jizhu* (Beijng: Zhonghua shuju, 1983), 14.367. The *sheji* refers here to the territory as a source of natural resources, and, by extension, to the people who live there. In its original sense, the phrase (which starts with the "people are the most valued," *min wei gui*) did not give political agency to the people: for Mencius, the ruler had to interpret the needs of the nation, for it was Heaven, not men, who were looking through the eyes of the people (see the classical reference in the *Book of Documents*, *Shangshu Zhengyi*, 11.181c., in *Shisanjing zhushu* [Shanghai, Shanghai guji chubanshe, 1997]). Kang Youwei proposes something different: he thinks the people will finally become the real political subject, and so concedes a limited political agency.

28 That is how strikes could be made in the name of the nation already in the late Qing. See for example Peter Zarrow, *China in War and Revolution, 1895-1949* (New York: Routledge, 2005), p. 119.

Qing political discourse, the metaphor of the house corresponded to the structuring role of the family in the imperial society. Even the most abstract idealizations of the house—for example the "house" of "all-under-Heaven"—was intimately attached to the actual house, as both a representation and an institution: the ultimate source of power indeed *was* the household of the emperor, and by extension the houses of the princes and ministers. But the nation has a much more abstract relation with the sites of politics: within its（ever changing, and sometimes inexistent）boundaries, the "national" political subjects or even the "national" institutions are not necessarily located in a pre-established place; and even when a particular "state" rules the nation（not every nation has a state）, there is no "site" which, like the house in former times, has *per se* the privilege of acting as the ultimate source of social and political power. Any place could be a legitimate site of politics. In this sense, the "nation," itself a new political（or pre-political）representation, paved the way for a full-fledged reformulation not only of political institutions, but also of all the different techniques, places, and social groups that constituted "nationally specific" political institutions. The factory as a place of politics emerged in that context, but many other places came onto the stage as well.

The result was that all the specific techniques and forms of knowledge that were related to the "house" as a political space, especially the "teaching"（*jiao*）that was imparted（at least theoretically）to and through the family in imperial society, had to be recast into a "national" shape. The knowledge of writing is a good example. When the nation became a structuring concept of political discourse and institutional action by the end of the Qing dynasty, writing was no longer conceived as the privilege of the "scholar-official households": it had to be extended to the whole nation, to all the places where the nation lived and worked. This meant that public education should be extended as much as possible. And in that extension, the nature of writing had to change: its styles, genres, pronunciation, everything was recast into a new "national" language that everyone had to learn at school and use at home and at work.[29] So against the situated forms of writing in imperial times—in a simplified picture, the vernacular style was for the amusement of the lower "people," the classical style for courtly and literati sociability–, the "national language" came from everywhere and extended to everybody: it had no space of its own which was not a "national" one. While the classical style was the written language of the "scholar-official households," that is, of particular houses, the national language was the language of the nation, and it knew no other boundaries than the boundaries of the nation itself.

The factory and the nation

The metaphor of the house was certainly compatible with the concept of the nation. As we saw in Kang Youwei's use of the metaphor, the house could even "explain" the nation: the "nation" could be conceived as one

---

29 On the constitution of a national language, see Elisabeth Kaske, "Mandarin, Vernacular and National Language," in Michael Lackner, and Natascha Vitinghoff, eds., *Mapping Meanings: The field of New Learning in Late Qing China* (Leiden: Brill, 2004), pp. 265-299.

"family" among other "families" on the world surface, and the national leaders—the "adults" — had the task of administering the nation's property. However, even in this case, the nation was more than the family. And the house, from being the pillar of an institutional order, was just reduced to one metaphor among others to depict the role of the nation in the modern world.

The idea that the "Chinese" were a nation, that is, a self-sustained entity with clear boundaries, was not a "Chinese" idea: it emerged from the conflicting interpretations some prominent nineteenth-twentieth century subjects of the Qing dynasty made of the European concept of nation—and, in so doing, they gave that concept meanings which were not necessarily present in Europe and which extended its semantic field. Many authoritative members of the Chinese elites, whether they travelled abroad or not, developed their understanding of the "nation" by reading treatises on international law, by having exchanges with diplomats, professors, politicians, activists and journalists from everywhere in the world, or by reading scholarly works of reputed men from America, Europe and Asia; but as we saw, they also interpreted the concept with the aid of the "Confucian" canonical books or of century-old works of virtuous men of the imperial past. No matter which conceptual materials these people used to forge their idea of nation, it seems to be clear that many of their discussions were by the late nineteenth and early twentieth centuries synchronized with analogous discussions in other parts of the world.

Li Dazhao took advantage of that transregional, actually transcontinental synchronicity of discourses. As librarian of the most important Chinese university, Peking University, and as a member of the most innovative circles of radical intellectuals in the 1910s, he could take advantage of networks of publicists and activists who were not only in China, but also in Japan, Europe, and the Americas.[30] Li Dazhao's metaphor of the "factory" was not a "reflection" of the fact that, in China, factories and urban workers, though still small in number, had become an important social and political force:[31] it was the result both of an active interpretation of social conditions in China and an intervention in discussions widely held within the networks of activists and radical intellectuals from East Asia to Europe and to the Americas.

Actually, the metaphor of the factory was not original in this transcontinental network. It almost certainly emerged from some trends of anarchist discourse in China, especially among those who considered labor a liberating force;[32] but it also recalls a metaphor in Lenin's famous work, *State and Revolution*, which does not seem to have been published in China before the late 1920 (although a previous clandestine translation could have circulated earlier[33]). Lenin had written:

---

30 For the different "linages" of Li Dazhao's ideas, and on his deliberate use of those linages, see Leigh Jenco, "New Pasts for New Futures: A Temporal Reading for Global Thought," *Constellations*, 23: 3 (2016), pp. 436-447.

31 See, for example, Peter Zarrow, *China in War and Revolution*, pp. 117-122.

32 Arif Dirlik, *Anarchism in the Chinese Revolution* (Berkeley and Los Angeles: University of California Press, 1991), pp. 177-178. That is the root of Li Dazhao interest in Tolstoy's "laborism" (*laodong zhuyi*).

33 See Arif Dirlik, *The Origins of Chinese Communism* (New York: Oxford University Press, 1989), pp. 32-33. Li Dazhao may have had access to Lenin through Japanese sources. On this question, see Ishigawa Yoshihiro, "Li Dazhao

When the majority of the people begin everywhere and in an autonomous way to keep such accounts and maintain such control over the capitalists (now converted into employees) and over the gentry intelligentsia, who still retain capitalist manners, this control will really become universal, general, national and there will be no way of getting away from it, "no way out." *The whole of society will have become one office and one factory with equal work and equal pay.* But this "factory" discipline, which the proletariat will extend to the whole of society after defeating the capitalists and subduing the exploiters, is by no means our ideal, or our final aim, but a necessary step for the radical cleansing of society of all the meanness and foulness of capitalist exploitation, in order to go forward.[34]

---

zaoqi sixiang zhong de Riben yinsu – yi Kayahara Kazan wei li," Shehui kexue yanjiu, 3 (2007), pp. 141-149.

[34] Когда большинство народа начнет производить самостоятельно и повсеместно такой учет, такой контроль за капиталистами (предвращенными теперь в служащих) и за господами интеллигентиками, сохранившими капиталистические замашки, тогда этот контроль станет дейсвительно универсальным, всеобщим, всенародным, тогда от него нельзя будет никак уклониться, «некуда будет деться». Все общество будет одной конторой и одной фабрикой с равенством труда и равенством платы. Но эта «фабрычная» дисциплина, которую победивший капиталистов, свергнувший эксплуататоров пролетариат распространит на все общество, никоим образом не является ни идеалом нашим, ни нашей конечной целью, а только ступенькой, необходимой для радикальной чистки общества от гнусности и мерзостей капиталистической эксплуатации и для дальнейшево движения вперед. V. Lenin, *Gosudarstvo i revolutsiia* (Moscow: LKI, 2010), pp. 101-102. The italics are mine.

Although the metaphor in Lenin's text evokes not only the lower layers of industrial work, but also the administrative layers (the "office"), the source of inspiration is clear: the purpose was to extend this "factory discipline" to the whole "nation," and finally to abolish the "state." Li Dazhao seems to have followed the same idea. He thought that the whole world should become a "factory" and that, through that discipline, the whole world would become one single "common people" (*shumin* 庶民), one single worker. The Bolshevik inspiration is explicit: Li says in the same lecture that the Russian Revolution is the "herald of the world revolution of the twentieth century."

However, Li Dazhao's position towards the "nation" seems to be more ambiguous than in Lenin's case. Li's ideas could be interpreted either in the sense of his earlier "populism" or in the sense of the internationalist discourse of the Third International (founded in 1919). The "populist" or *narodnik* interpretation would correspond to a "pan-nationalism" of the oppressed peoples of the world. If we read Li's metaphor in the light of his earlier writings on the "people's standards" (*minyi* 民彝)—an interpretation of the "Confucian" canonical texts which we will analyze below—he seems to claim that the "Chinese nation" was an individual, an actor with its own homogeneous and self-standing identity which is destined to last forever. In this sense, the Chinese nation as a whole was like a "worker" that could be placed side by side with other "nations-workers," each of them with their own individual characteristics. Such an idea would be closer to the "pan-nationalism" of some representatives of Austrian Marxism, who claimed at the time that each nation had its own peculiar characteristics that shaped the nature of national class struggles.[35] On the contrary, if we take the same metaphor of the "nation-worker" in the "internationalist" and class-oriented sense of the Bolshevik leaders (a form of internationalism Li Dazhao explicitly vindicates in a 1919 text[36]), then he seems to suggest that, once all the members of the Chinese people become "workers" within the "world-factory," then the limits of the "nation" will disappear. In this second case, national borders are not seen as something absolute, for they will dissolve one day or another.[37] By 1919, Li Dazhao had rapidly evolved into the direction of "internationalism," and not of "pan-nationalism." But in 1918, his position seems to be ambiguous: for him, the political subject was either the "Chinese" taken individually or the "Chinese" taken as a nation, and the "class" perspective was somewhat undistinguishable from the "national" perspective.

Another important difference between Lenin and Li Dazhao is their attitude towards the metaphor of the "world factory." Lenin says that the

---

[35] See section 4 in "Internationale und Pannationalismus" in Koselleck et al., "Volk, Nation, Nationalismus, Masse," in Otto Brunner, Werner Conze, et Reinhart Koselleck, Geschichtliche Grundbegriffe. Historisches Lexikon zur politisch-sozialen Sprache in Deutschland (Stuttgart: Klett-Cotta, 1992), pp. 403-405.

[36] See Li Dazhao, "Wo yu shijie," in Li Dazhao xuanji, p. 221.

[37] Internationale, as Carl Schmitt could still observe in the 1930s, was used in German Marxism to make a difference with the idea of zwischenstaatlich: the latter concept depicted the nations as actors in their own right, while the former was meant to emphasize the transnational character of class struggle — and so did not consider "nations" or "states" as the ultimate borders of class struggle. Carl Schmitt, Der Begriff des Politischen (Berlin: Duncker und Humblot, 2009), p. 53.

"factory discipline" is not an "ideal" or final aim, but only a means to the final abolition of classes and the state. This corresponds to an internal discussion in the Marxist tradition, not only regarding the value of labor in itself, but also more largely regarding the Bolshevik regime in Russia. The "love of work," for example, was condemned by one major figure of the Second International, Paul Lafargue. In the *Right to Laziness* (*Le Droit à la paresse*), Lafargue claimed that the "love of work" (*l'amour du travail*), one of the major evils of capitalist societies, forced workers to make hideous sacrifices to produce a huge quantity of goods which would never be consumed, not only because salaries only gave access to a tiny amount of those goods, but also because the bourgeoisie was unable to consume the whole of them.[38] Lafargue, like other Marxists of his generation, preached the "liberation from the realm of necessity" and the entrance into the "realm of freedom," and Lenin maybe had Lafargue's ghost in mind when, right after the metaphor of the "factory discipline," he carefully reminded his reader that the universalization of that discipline "is not our ideal."

However, many admirers of the Russian Revolution at the time took the metaphor of the factory seriously, and gave it a positive meaning: they called the Bolshevik regime an "ergatocracy," a term which seems to have been coined in the 1920's by the socialist couple Eden and Cedar Paul.[39]

---

38 Paul Lafargue, *Le Droit à la paresse* (Paris: Henry Oriol, 1883).

39 See Ian Bullock, *Romancing the Revolution* (Alberta: AU Press, 2011), p. 310. The book written by Eden and Cedar Paul is *Creative Revolution: A Study of Communist Ergatocracy* (New York: Thomas Seltzer, 1920).

Ergatocracy meant that "work," especially industrial work, should organize society according to its own principles: as Lenin said, the whole society would become a factory, but the "world factory" actually was in this case the ultimate social goal—the "ideal". In 1922, when discussing Lenin in an article, Li Dazhao talked about "ergatocracy" himself—a sign that the term circulated worldwide or that he had access to the Paul couple's book (or to a translation).[40] But even before using the term in writing, Li's interpretation of the Bolshevik's regime already was an ergatocratic one. In the excerpt we quoted of his 1918 lecture, Li made a clear point: the Chinese should not become "beggars" or "robbers;" they should all devote to work, that is, to the production of their own means of subsistence, and not live from the work of others. This interpretation matched a common conviction in the socialist tradition: "those who don't work should not eat." The assumption behind the phrase was that the capitalist was a "parasite:" while the capitalist did not work longer than the worker, he kept for himself the surplus value, while the worker only obtained the equivalent of his means of subsistence in the form of wages. Up to here, there was no difference between Li Dazhao's or Lenin's views. But in Li Dazhao's "ergatocratic" interpretation of Marxism, the ultimate end of a revolution was not—as Lafargue hoped—to abolish work, but to create a society where everyone was to become a "worker" and where no

---

[40] Li's article is entitled "Pingmin zhengzhi yu gongren zhengzhi," which he himself translates as "Democracy and Ergatocracy." In the article, which was published in 1922, he says that the word "ergatocracy" has appeared "not long ago." See *Li Dazhao xuanji*, p. 397.

one should be allowed to lead an unproductive life. "Quick! Go to work!"
the final exhortation was the most important mandate of Li's political
program. In this sense, the use of the metaphor of the factory looks even
closer to the use of the metaphor of the house in imperial times: the factory
was not seen as a transitional "social form" that would ultimately lead to
the abolition of the factory itself, but as an ultimate social and political
ideal. Just like the house set the "eternal" patterns of a harmonious empire,
so the factory seems to set the "eternal" patterns of an egalitarian society;
and in both cases, a "micro-space" of social relations is presented as a
moral standard for society as a whole. Li Dazhao's moral exhortation
ultimately relied on his idea that the "Eastern" civilization was "quietistic"
and that it needed to absorb the activism of the "West" to solve its
problems.[41]

Actually, neither Li Dazhao nor Lenin were the first ones to use the
factory as a metaphor of a polity or of the world as a whole. Li Dazhao's
metaphorology was similar to Cai Yuanpei's, who at the same time and
place in 1918 gave a lecture on "Labor is sacred" (*laogong shensheng* 勞
工神聖); Cai said that "everyone is a worker" and claimed that this world
was the " world of the workers"—which included both factory workers
and professors.[42] But two earlier occurrences of the metaphor deserve to

---

[41] Leigh Jenco, *Changing Referents: Learning Across Space and Time in China
and the West* (New York: Oxford University Press, 2015), pp. 174-178.

[42] In "Labor is Sacred" ("Laogong shensheng"), Cai Yuanpei glorifies both the
150,000 Chinese diggers of French trenches during the First World War and the
laborers in general: just like Li Dazhao, Cai says the world will be a "world of

be mentioned: one in Kang Youwei's *Book of the Great Unity*（*Datong shu*）, which had only been partially published at the time of the Bolshevik revolution, and the Saint-Simonian tradition. Claude-Henri Saint-Simon had famously claimed in the *Première opinion des industriels* that "France has become a great manufacture and the French nation a big workshop. This general manufacture has to be commanded in the same way as each particular factory."[43] In his time, Saint-Simon thought of both workshops and factories and had in mind a less developed form of industry; but this definitely was a forerunner of the factory metaphor. A century later, probably inspired by a dialogue in Edward Bellamy's *Looking Backward*, Kang Youwei already depicted a huge factory-state where

> In times of the Great Unity, the industry will be public, and its size will be unconceivable: its employees will be thousands of millions, its extension hundreds of thousands of li; its land will be like those of ancient states, its owners will be like the monarchs of ancient kingdoms... those who keep the records will be like the great literati（*dafu* 大夫）, those who administrate it will be like literati（*shi* 士）, its foremen will be

---

workers." Even though Cai was following another ideological path, the speech must certainly be read as a reference to the Russian Revolution. On this text, see Wagner, "The Concept of Work," pp. 116-117.

43 "La France est devenue une grande manufacture et la nation française un grand atelier. Cette manufacture générale doit être dirigée de la même manière que les fabriques particulières." Claude-Henri Saint-Simon, *Première opinion politique des industriels*（n. p.）, 1821, pp. 204-205.

like lower literati (*xia shi* 下士), its workers will be like the people, and the department where work will be discussed will be like the court (*chaoting* 朝廷)... [44]

There certainly are many differences between this passage and Li Dazhao's ergatocratic metaphor: first, Kang's is not exactly a metaphor, but a vision of the future world order; second it is not a moral exhortation, but a description of a future stage in human history; and second, we don't know if the imperial polity will become a factory, or the factory will become polity: since both will become one in the future, it seems that the two are functionally equivalent in this image. However, both Kang Youwei's vision and Li Dazhao's metaphor share the same inspiration: the world will one

---

44 當大同之時，工廠既盡歸公，則一廠之巨大，爲今世所難思議。用人可至千百萬，互地可至千百里‧廠內儼如古國土‧廠主儼如古邦君（……）記事之史如大夫‧其群管工之旅如士，其巡察之胥如下士，作役之徒如民，其議工之院如朝廷（……）‧ Kang Youwei, *Datong shu*, in *Kang Youwei Quanji*, vol. 7, p. 160. The passage in Bellamy's novel that might have inspired Kang Youwei is the following: "The nation (...) organized as the one great business corporation in which all other corporations were absorbed; it became the one capitalist in the place of all other capitalists, the sole employer (...). The obvious fact was perceived that no business is so essentially the public business as the industry and commerce (...), and to entrust it to private persons to be managed for private profit is a folly similar in kind, though vastly greater in magnitude, to that of surrendering the functions political government to kings and nobles to be conducted for their personal glorification. (...) The most violent foes of the great private monopolies were forced to recognize how invaluable and indispensable had been their office in educating the people up to the point of assuming control of their own business." Edward Bellamy, *Looking Backward: From 2000 to 1887* (Oxford: Oxford University Press, 2007), pp. 33-34.

day become a big factory and everyone will be a worker of the world.

The factory between the house and the nation

The idea of a "nation-worker" and ultimately a "world factory" shared some features with the imperial idea that the "all-under-Heaven" was a "house"—not in its political implications, but in the way the relation between a social space and the world space was represented. Both metaphors had in common the assumption that a tangible space of social experience, that of the "house" or that of the "factory," could be used as a model for the organization of bigger social units such as the "nation" and "the world;" and both are presented as moral *examples* for society. Another common feature between the factory and the house concerns the use of knowledge: both metaphors supposed that the knowledge needed to organize these "micro-spaces" could be used to rule society at large. As we saw, the "order" of the imperial "houses," those of the emperor and his ministers, demanded special forms of knowledge: in theory, only the one who could cultivate himself and properly rule his own house could start thinking of ruling the empire in an analogous way. The "teachings" which were necessary for the house of the members of the elites（like ritual and writing）were precisely the ones the emperor needed to rule the "extended house" of the empire. This is analogous to the way the factory was related to the use of knowledge in some socialist traditions: the knowledge of industrial labor was the key to understanding the laws of historical development. In the case of Marxism, which kept in this regard an attachment to an older topic in the Saint-Simonian tradition, the relations of production within the factory shaped social relations at large; that meant that to know the factory was equivalent to know the laws of historical development. In other words: the knowledge of what happened in a single "micro-space" of social activity was the key to understand what happened (and what should happen) with society as a whole. How far Li Dazhao shared these ideas in 1918 would demand a longer development, but they certainly played a role among early Chinese Marxists and proto-Marxists.

Despite these common features, there was a fundamental difference between the imperial metaphor of the "house/household" and the post-imperial metaphor of the "factory": while the "household" represented a hierarchical society with the pre-established, status-oriented roles of the family, the "factory" represented, in the language of Li Dazhao, a society of equal "workers." The factory as a space of social relations certainly was—and that is how Li Dazhao understood it—a place of exploitation and of reproduction of inequalities; but from the point of view of *production*, from the point of view of the necessary quantity of labor each one had to give to make the factory work, each producer was *equal* to the other. As such, in Li Dazhao's ideal of an "ergatocratic" society, the unequal social relations within the factory should be corrected on the basis of the equal quantity of labor demanded by the process of production: since production involved equal workers working side by side, since it should involve, as Lenin says, "equal work and equal pay," then the society both within and outside the factory should abolish inequalities. (Li Dazhao, like Lenin, thought of factories without owners, but he also thought of them without the bureaucratic "office" Lenin mentions in his own version of the metaphor.) The "world factory" was in this sense radically different from the "household" of "all-under-Heaven:" not just because of the emphasis on production (the house focused on family relations), but also because Li Dazhao's "factory" embodied a prospective ideal of a society of equals—while the "house" embodied a status-oriented ideal of a harmonious hierarchy of social roles.

Through its egalitarian foundations, the metaphor of the "world factory" seems to owe more to the concept of "nation" than to the metaphor of the house. The society of equal workers evokes a society of equal citizens, not the "harmonious" hierarchies of the house; and just like the nation hides existing inequalities under the equal belonging to a national polity, Li Dazhao's "world factory" disclaims the hierarchies of the house on the name of an egalitarian ergatocracy. However, if Li Dazhao's world factory was closer to a "nation" than to a "house," not all the concepts of nation were equally compatible with this metaphor. Li Dazhao had a particular concept of nation, which to a certain extent shared with the late Qing "national essence" (*guocui* 國粹) movement the same *narodnik* or "populist" assumptions: the Chinese nation conveyed trans-historical characteristics that its political institutions should not contradict. We already mentioned his 1916 article on the *minyi* 民彝 or "standards of the people."[45] This article, which he wrote after the failure of the imperial

---

45 He probably took the expression from the *Announcement to the Prince of Kang* in the *Book of Documents*. *Yi* 彝 means in this chapter the moral standards that organize society (the five relations), which were granted to the people by

restoration of Yuan Shikai 袁世凱（1859-1916）, consisted of an exegesis
of the "Confucian" books. Its purpose was to defend the endangered
Republic that was born in 1912, and it combined with liberalism,
nationalism and political egalitarianism a traditional language（classical
Chinese）and a traditional attitude towards ancient texts（search in the
statements of the ancient sages a solution for the problems of the present）.
It is probably in this text where we find the first seeds of convergence
between "nation" and "factory." Li Dazhao opposed two concepts
inherited from the Confucian canon: the "standards of the lineage" and the
"standards of the people." The "standards of the lineage"（*zongyi* 宗彝）
recalled in a way Huang Zongxi's argument about the "law of one single
house": they were the norms that a particular household imposed to the
whole realm. These norms did not derive from the people, but from the
particular "house"—a dynasty—that took imperial rule for itself and made
its own ancestors the ancestors of the whole polity. Since these "standards

---

Heaven itself. See *Shangshu zhengyi,* 14.204c. The term *yi* appears in different
classics, and Li Dazhao uses in his exegesis of the term many of these canonical
occurrences. The word *yi* is itself a metaphor: as Li Dazhao himself points out,
it refers to an instrument used in the ancestral temple, and by metonymy the
classics already used it in a more abstract way to refer to customs and norms.
As for the English translation of *yi*, I prefer the word "standards" to "rules,"
which is the English term Maurice Meisner uses in his biography of Li Dazhao.
In my opinion, "standard" is more accurate than "rules" because it combines the
meanings of "norms" and "moral disposition." See Maurice Meisner, *Li Ta-
chao and the Origins of Chinese Marxism*（Cambridge, MA: Harvard
University Press, 1967）, p. 31; see also Zhou Yanqiong, "Li Dazhao minyi
sixiang ji qi dangdai jiazhi," *Shenyang gongye daxue xuebao*, 10.6（2017）, pp.
565-670.

of the lineage" only meant domestic possession, they could be easily "usurped"; once a family was replaced by another family（that is, once there was a dynastic change）, the new family set its own ancestors as the ancestors of the empire and imposed to everyone the standards of its own lineage.[46] The old imperial politics, Li claimed, were based on these lineage standards. On the contrary, the "standards of people" were based on the "nature" of the people; they referred both to its nature and its moral disposition, and unlike the "standards of the lineage," these standards were permanent and could not be suppressed by the alien norms that each "lineage" attempted to impose onto everyone. Li's exegesis thus gave a negative meaning to the imperial language of the "household/house." Political institutions should no longer be considered a domestic patrimony, but the expression of the "standards of the people," and any constitution （xian 憲）should be organized according to these eternal standards. Such standards could not be "usurped" or "stolen," because they belonged to everyone; they were a common property of the nation and they were the spontaneous expression of the people's natural dispositions; and if someone attempted to repress those "standards"（as Yuan Shikai and the imperial dynasties had done）, then the people would naturally rebel.[47]

---

[46] Li Dazhao, "Minyi yu zhengzhi," in *Li Dazhao xuanji*, pp. 37-38.

[47] For a more thorough exposition of Li Dazhao's article on the standards of the people, see Duan Lian, "'Xinli', 'minyi' yu zhengzhi zhengdang xing – yi Minguo chunian Li Dazhao de sixiang wei zhongxin," in Huang Kewu ed., *Chong gu chuantong: Zai zao wenming: zhishi fenzi yu wusi xinwenhua yundong*（Taibei: Xiuwei zixun keji, 2019）, pp. 154-186.

Like other radical intellectuals, Li Dazhao sought in the "nature" or "essence" of the "nation-people" the objective force that led it into the path of the Republican revolution. The problem was that the nation's nature or essence, no matter how universal it was claimed to be, could only be found in the nation's history, and the nation's history seemed to contradict egalitarian ideas. To solve this problem, Li turned the Confucian canon upside down: he took from the classics the expression "standards of the people," filled it with *narodnik* connotations, and turned it into a key concept of his nation-oriented discourse. The "people" certainly had a central role in the Confucian tradition; the *Book of Documents*, for example, stated that Heaven "watched and heard" the ruler through the people.[48] But these books did not consider the people an actual political actor; the people was like "herbs" moving to and fro with the "wind" of their "lords," and like any other sign of nature, any disorder among the people was just seen as a heavenly sign of bad rule. No sovereign power was attributed to the people itself; sovereignty was attributed to Heaven and its earthly substitute, the monarch. Li Dazhao thus struggled to change this relation between people and sovereignty. In his criticism of Yuan Shikai's imperial restoration, and more generally of any form of monarchism, he claimed that only the political institutions that expressed the people's "standards" would be able to last, and that any appropriation of political power was doomed to self-destruction. The people did not need any education or protection coming from a self-proclaimed "sagely" and

---

48 See *Shangshu Zhengyi*, pp11.181c.

patriarchal ruler; quite on the contrary, those who were above had to be educated by the people's standards, and only thus would the rulers be able to build a suitable constitutional framework for China. In other words, the polity was not a "house."

This *narodnik* inversion of values put traditional exegesis to the service of the republican-revolutionary cause. What the Confucian books, and more generally imperial institutions, had taken as the natural foundation of political organization (in Li's terms, the "standards of the linage;" in our terms, the language of the "house/household") became in Li's exegesis something contingent and destined to disappear, while what looked contingent and subject to constant "rectification" (the standards of the people) should become the eternal foundation of the Chinese institutions.

The foundations of Li Dazhao's "world factory" in 1918 seem to be as much the continuation as the reformulation of these earlier *narodnik* ideas. On the one hand, the idea that the nation was a political subject, as well as the idea that the "people" had the potential of organizing themselves without political guidance (Lenin's "office" is absent in Li's version of the factory metaphor) show a certain consistency between this speech and the spontaneous "standards of the people." Li Dazhao still considered the "nation" as the agent of its own self-transformation, and in this sense, consciously or unconsciously, he rejected the Bolshevik conception that the social revolution should be led by a political avant-garde. On the other hand, however, one key assumption of the "standards of the people" disappeared in Li Dazhao's metaphor of the "world factory:" it was the idea that the people had an intrinsic, eternal and spontaneous nature that had to be *expressed* by political institutions. In the lecture before the former imperial palace, Li did not call for expression, but for self-transformation: the Chinese nation should no longer cultivate its "idle" nature, but impose on itself the duty of becoming a "worker of the world"; and in order to do it correctly, it should recast itself according to a model given by only a small part of the "nation:" that is, it should follow the model of the "factory," that micro-space of social life which embodied the whole world of the future. In other words, while the "standards of the people" demanded obedience to the past (which was supposed to have the key of the nation's "nature"), the "world factory" demanded observation of the present and projection into a necessarily unknown future. The proto-Marxist Li Dazhao of 1918 was no longer the *narodnik* Li Dazhao of 1916. The rhetoric of populist spontaneity was over; the rhetoric of self-transformation had emerged. The metaphor of the factory was due to bear this new perspective on social change.

***

The metaphor of the "world factory" was thus the product of three conceptual and metaphorological shifts: first, the emergence of the "nation" as a key political concept in the discourse of the Chinese elites; second, the embodiment of the "nation" in the "factory," a tangible space of social experience; third, the extension of the factory relations to the whole "nation" and to the whole "world." We should not interpret these shifts as a sort of natural evolution of late nineteenth-early twentieth century Chinese political discourse. On the contrary, it is likely that the metaphor of the factory represented the first steps of an ideological alternative to both nationalism and monarchism. Since the factory metaphor coexisted with these "-isms", it adopted and rejected elements from the two of them. By putting an emphasis on production and on equal work, it took from nationalism the idea of building a political community on the basis of shared features within a given population—in this case, a nation of workers. By conceptualizing the order of the world with the image of a tangible place of social life, it preserved from the empire-"house" the idea that a micro-space of human life could become an institutional model for the whole world. But the "world factory" was also intended as a rejection of both the "house" and the "nation": it rejected both the exclusivist perspective of the national borders and the status-oriented elements of the "domestic" model of social and political relations. The emergence of the "world factory" should be understood as a result of these coexisting discursive realms.

To sum up, the metaphor of the factory was not only the symptom of new social and spatial perceptions, but it was also a suitable instrument to put into crisis other major resources of Chinese political discourse. As a model for all social relations, Li Dazhao's factory metaphor overcame the "conservative" and hierarchical ideal embodied in the metaphor of the house; and since it also gave a central role to a micro-space of social life, he counteracted the invisibilizing effects that the nation—a deliberately abstract fiction—eventually had on the complex social relations that constitute modern polities.

Bibliography

Barmé, Geremie. *The Forbidden City*. Cambridge, MA: Harvard University Press, 2008

Bellamy, Edward. *Looking Backward. From 2000 to 1887*. Oxford: Oxford University Press, 2007

Blumenberg, Hans. *Paradigmen zu einer Metaphorologie*. Suhrkamp: Frankfurt am Main, 1997.

Bourgon, Jérôme. "Lapsus de Laïus. Entre régicide et parricide, l'introuvable meurtre du père," *Extrême Orient-Extrême Occident*, 1（2012）, pp. 313-339.

Bullock, Ian. *Romancing the Revolution*. Alberta: AU Press, 2011.

Da Qing lüli tongkao jiaozhu 大清律例通考校注. Beijing: Zhongguo zhengfa daxue, 1992.

Dirlik, Arif. *Anarchism in the Chinese Revolution*. Berkeley: University of California Press, 1991.

Dirlik, Arif. *The Origins of Chinese Communism*. New York: Oxford University Press, 1989.

Duan Lian 段煉, "'Xinli', 'minyi' yu zhengzhi zhengdang xing – yi Minguo chunian Li Dazhao de sixiang wei zhongxin 心力，民彝與政治正當性——以民國初年李大釗的思想爲中心," in Huang Kewu ed., *Chong gu chuantong - Zai zao wenming: zhishi fenzi yu wusi xinwenhua yundong* 重估傳統·再造文明：知識分子與五四新文化運動, Taibei: Xiuwei zixun keji, 2019.

Faure, David. *Emperor and Ancestor: State and Lineage in South China*. Stanford: Stanford University Press, 2007.

Huang Zongxi quanji 黃宗羲全集. Hangzhou: Zhejiang guji chubanshe, 2012. 12 vols.

Ishigawa Yoshihiro 石川禎浩. "Li Dazhao zaoqi sixiang zhong de Riben yinsu – yi Kayahara Kazan wei li 李大釗早期思想中的日本因素——以茅原華山爲例," *Shehui kexue yanjiu* 3（2007）, pp. 141-149.

Jenco, Leigh. "New Pasts for New Futures: A Temporal Reading for Global Thought," *Constellations*, 23: 3（2016）, pp. 436-447.

Jenco, Leigh. *Changing Referents: Learning Across Space and Time in China and the West*. New York: Oxford University Press, 2015.

Kang Youwei 康有爲. *Datong shu* 大同書, in *Kang Youwei quanji*, vol. 7, pp. 3-188.

_____. "Jiuwang lun 救亡論," in *Kang Youwei zhenglunji*. Beijing: Zhonghua shuju, 1981, vol. 9, pp. 222-239.

_____. *Kang Youwei quanji* 康有爲全集. Jiang Yihua 姜義華 and Zhang Ronghua 張榮華, eds. Beijing: Zhongguo renmin daxue chubanshe, 2006. 12 vols.

Kaske, Elisabeth. "Mandarin, Vernacular and National Language," in Michael Lackner, and Natascha Vitinghoff, eds., *Mapping Meanings. The field of New Learning in Late Qing China*. Leiden: Brill, 2004, pp. 265-299.

Koselleck, Reinhart, *et al.* "Volk, Nation, Nationalismus, Masse," in Otto Brunner, Werner Conze, et Reinhart Koselleck, *Geschichtliche Grundbegriffe. Historisches Lexikon zur politisch-sozialen Sprache in Deutschland*. Stuttgart: Klett-Cotta, 1992, Stuttgart: Klett-Cotta, vol. 7, 1992, pp. 141-431.

Lafargue, Paul. *Le Droit à la paresse*. Paris: Henry Oriol, 1883.

Lakoff, George, and Johnson, Mark. *Metaphors We Live By*. London: University of Chicago Press, 2003.

Lenin, Vladimir. *Gosudarstvo i revolyutsiya*. Moscow: LKI, 2010.

Li Dazhao 李大釗. "Minyi yu zhengzhi 民彝與政治," in *Li Dazhao xuanji*. Beijing: Renmin chubanshe, 1959, pp. 36-57.

_____. "Pingmin zhengzhi yu gongren zhengzhi 平民政治與工人政治," *Li Dazhao xuanji*, pp. 395-400.

_____. "Shumin de shengli 庶民的勝利," *Li Dazhao xuanji*, pp. 109-111.

_____. "Wo yu shijie" 我與世界 in *Li Dazhao xuanji*, p. 221.

Liu Renpeng 劉人鵬. "Wan Qing huijia feihun lun yu qinmi guanxi zhengzhi 晚清毀家廢婚論與親密政治," *Qinghua Zhongwen xuebao*, 5（2011）, pp. 231-270.

Liu Tao 六韜. Beijing: Zhonghua shuju, 2007.

Lü Miawfen 呂妙芬. *Xiaozhi tianxia. "Xiaojing" yu jinshi zhongguo de zhengzhi yu wenhua* 孝治天下, Taipei: Zhongyang yanjiu yuan, 2011.

Mair, Victor. "Language and Ideology in the *Sacred Edict*," in David Johnson, Andrew Nathan, and Evelyn Rawski, eds., *Popular Culture in Late Imperial China*. Berkeley: University of California Press, 1985, pp. 325-359

Matten, Marc. "China is the China of the Chinese: The Concept of Nation and its Impact on Political Thinking in Modern China," *Oriens Extremus* 51（2012）, pp. 63-106.

Meisner, Maurice. *Li Ta-chao and the Origins of Chinese Marxism* Cambridge, MA: Harvard University Press, 1967.

Müller-Saini, Gotelind. "Thinking Globally, Acting Locally: Chinese Anarchists Between National and International Concerns, 1900-1930s," in W. Kirby *et al.*, *Global Conjectures: China in Transnational Perspective.* Berlin: Lit Verlag, 2006, pp. 103-120.

Paul, Eden and Cedar Paul. *Creative Revolution: A Study of Communist Ergatocracy.* New York: Thomas Seltzer, 1920.

Qing shi lu 清實錄（*Da Qing Dezong Jing Huangdi shilu* 大清德宗景皇帝實錄）. Beijing, Zhonghua shuju, 1986.

Rawski, Evelyn. *The Last Emperors. A Social History of Qing Imperial Institutions.* Berkeley: University of California Press, 1998.

Saint-Simon, Claude-Henri. *Première opinion politique des industriels*（n.p.）, 1821.

Schmitt, Carl. *Der Begriff des Politischen.* Berlin: Duncker und Humblot, 2009.

Shangshu zhengyi 尚書正義, in *Shisanjing zhushu*, Shanghai: Shanghai guji chubanshe, 1997.

Shisanjing zhushu 十三經注疏, Shanghai: Shanghai guji chubanshe, 1997.

Sishu zhangju jizhu 四書章句集注. Beijing: Zhonghua shuju, 1983.

Wagner, Rudolf. "The Concept of Work/Labor/Arbeit in the Chinese World," in Manfred Bierwisch, ed., *Die Rolle der Arbeit in verschiedenen Epochen und Kulturen.* Berlin: Akademie Verlag, 2003, pp. 103-136.

Zarrow, Peter. "The Origins of Modern Chinese Concepts of Privacy: Notes on Social Structure and Moral Discourse," in Bonnie S. McDougall and Anders Hansson, eds., *Chinese Concepts of Privacy.* Leiden: Brill, 2002, pp. 121-146.

_____. *China in War and Revolution, 1895-1949.* New York: Routledge, 2005.

_____. *The Conceptual Transformation of the Chinese State1885-1924.* Stanford: Stanford University Press, 2012.

Zeng Guofan jiaxun 曾國藩家訓. Changsha: Yuelu shushe, 1999.

Zhang Zhidong 張之洞. *Quanxue pian* 勸學篇. Zhengzhou: Zhongzhou guji, 1998

Zhou Yanqiong 周艷瓊. "Li Daozhao minyi sixiang ji qi dangdai jiazhi 李大釗民彝思想及其當代價值," *Shenyang gongye daxue xuebao*, 10.6（2017）, pp. 565-670.

在家庭與工廠之間：
對於中國19世紀末20世紀初空間比喻的政治利用之反思

石保羅（Pablo A. Blitstein）

摘要

　　本文討論中國近代政治話語之中有關空間的比喻，尤其是「工廠」和「家」如何用來作國家或世界的政治比喻。「家」原先是帝國時代使用的關鍵比喻，它在清末經歷了何種轉變？它的轉變和民族主義的出現有何種關係？而「工廠」比喻又是在什麼語境下出現的，它在五四之前的政治話語中扮演了什麼角色？本文首先將追溯19和20世紀初「工廠」與「家」這兩個比喻的歷史，並揭示這兩個比喻之間的矛盾關係。然後，我們將集中討論李大釗如何使用工廠比喻，說明在1920年代"Ergatocracy"的概念出現以前，李大釗的工廠比喻已經包含了「民粹主義」和"Ergatocratic"的因素。最後，我們從全球史的視角來分析李大釗的工廠比喻在20世紀初馬克思主義話語中占有怎樣的位置。

關鍵詞：家、工廠、空間比喻、中國近代政治話語、李大釗

【論著】

The Concept of Politics in the May Fourth Era:

Hu Shi, Chen Duxiu, and Their Struggle with "Politics"

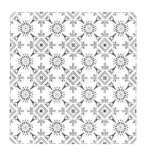 Thomas Fröhlich（范登明）

Thomas Fröhlich is Professor of Sinology Studies at the Hamburg University. His research focuses on modern Chinese philosophy, political thought, and intellectual history. Recently, he has authored the monograph *Tang Junyi: Confucian Philosophy and the Challenge of Modernity*（Brill, 2017）. He has published broadly on Chinese political thought from the Republican period.

The Concept of Politics in the May Fourth Era:
Hu Shi, Chen Duxiu, and Their Struggle with "Politics"

Abstract

The May Fourth era is characterized by controversial attempts to conceptualize "politics" within an evolutionary outlook on China's path to modernity. In particular, the relationship between politics and "new culture" became the subject of intense debates. Hu Shi and Chen Duxiu were prominent participants in these debates, and they initially held a common view on the necessity to implement scientific rationality in "politics." But by the end of the decade, they offered fundamentally different solutions for coping with the poor state of China's republican polity. Whereas Hu Shi eventually opted for realizing expert politics within a constitutional democracy, Chen Duxiu turned to a Marxist understanding of transforming Chinese society. This article argues that these ideological choices were in fact based on different conceptual strategies used by Hu Shi and Chen Duxiu in understanding the seemingly irrational and antagonistic side of politics. Furthermore, it is suggested that the conceptualization of politics was fundamental for May Fourth intellectuals' visions for modern China.

Keywords: concept of politics, scientific worldview, political party, expert politics, Marxism

1. The Evolutionary Framework for Conceptualizing Politics

The May Fourth era with its vibrant activities to create a "new culture" was pervaded by political contestation and controversies. This holds true no matter whether one assumes that the "May Fourth" began in 1915 or 1917, and ended in the mid-1920s, the late 1920s, or the first half of the 1930s. Many public debates from the cultural field reached, throughout this period, a level of resentment and hostility which indicated that these debates were political at their core. In many cases, participants or commentators openly professed that political matters were on the agenda, and direct references to an alleged national crisis were widespread. There are different ways to account for this politicization of controversies on literary issues, on science and its relevance for society, on historical studies, or on the evaluation of China's cultural heritage, to name but a few. Some controversies might have become, at some point, entangled with politics, perhaps even against the original intention of the participants. Alternatively, one might suspect that certain controversies were intended, from their outset, as cultural proxy wars, and hence pertained to political issues and positions. Both of these interpretations focus on the particular historical（political）contexts of controversies. However, the fact that cultural issues were turned into political contestations（about the national crisis, etc.）to such an extent cannot be convincingly explained by merely depicting the specific historical circumstances that led to such politicization. A more comprehensive explanation must take into consideration how May

Fourth intellectuals conceptualized politics (or the political), and by extension its relation to culture.[1]

The thought of two key intellectuals of May Fourth, Hu Shi and Chen Duxiu, exemplifies how the period was indeed characterized by highly controversial attempts to conceptualize an intrinsic relationship between politics and culture (or, "new culture," i.e. the extensive diffusion of the scientific worldview). By 1919-20, Hu Shi's and Chen Duxiu's understandings of politics clearly diverged from each other, and so did their conceptualizations of interlinking politics and culture. They now offered different solutions to the problem of coping with the seemingly irrational, dissociative, power-related side of political reality. This conceptual rift is arguably not the *consequence* of ideological choices (Hu Shi advocating constitutional democracy, Chen Duxiu turning to Marxism), but their very foundation. The conceptualization of politics

---

[1] It was Jerome B. Grieder who explicitly raised the question of how "politics" were conceptualized in the May Fourth era. Although my examination takes another direction, the title of this article pays homage by echoing the title of Grieder's short essay from 1972 entitled "The Question of Politics in the May Fourth Era." See Grieder, "The Question of Politics in the May Fourth Era," in Benjamin I. Schwartz (ed.), *Reflections on the May Fourth Movement. A Symposium* (Cambridge MA: Harvard University Press, 1972), pp. 95-101. I have addressed this question in my dissertation by examining the thought of Hu Shi, Chen Duxiu, Ding Wenjiang, and Zhang Junmai. The bulk of my argument and references to sources in this article follows my dissertation, but some aspects needed to be reconsidered, such as the early shifts in Hu Shi's conceptualization of politics. See Fröhlich, *Staatsdenken im China der Republikzeit (1912-1949). Die Instrumentalisierung philosophischer Ideen bei chinesischen Intellektuellen* (Frankfurt, New York: Campus Verlag, 2000).

was, in other words, the basic ingredient of Hu Shi's and Chen Duxiu's vision for modern China.

The fact that May Fourth intellectuals such as Hu Shi and Chen Duxiu battled over ideological issues should, however, not prevent us from examining fundamental commonalities that pervaded the intellectual mainstream. After all, both Chen and Hu belonged to the mainstream of thinkers who had subscribed to varieties of evolutionary theory in order to make sense of historical change on the national and global level. The evolutionary, linear view of history that had dominated Chinese thought since the early twentieth century was by definition universal in outlook, thereby facilitating frequent historical comparisons and analogies between the progress of Western civilization and the ostensible delay of progress in China.[2] The formation of the modern concept of politics occurred in China within such an evolutionary, universalist framework. It is also within these parameters that Chinese intellectuals came to terms with political particularity (including the Chinese adaptions of Western political ideologies). Their reflections on the nature of politics were therefore two-dimensional: They referred, for one, to a global dimension of political evolution that highlighted Western historical experience.[3] From this

---

[2] For analyses of Chinese reflections on progress; see: Thomas Fröhlich,; Axel Schneider (ed.), *Chinese Visions of Progress, 1895–1949* (Leiden: Brill, forthcoming).

[3] This global dimension contains the assumption of a center-periphery relation in which Western experience serves as the reference for conceptualizing politics. It is important to note that this is not simply a matter of Eurocentrism or ethnocentrism. More aptly, we may associate this constellation with Arif

perspective, they conceptualized the national dimension of Chinese political experience（mostly negative experience, such as failed revolutions, dysfunctional republican government, inequality in international relations）, and shaped their understanding of politics.

The framework for Chinese adaptions of Western political ideologies, theories and concepts during the May Fourth period was determined by evolutionary theories, and hence Post-Enlightenment in origin.[4] Thus, one may ask whether ideas of the Enlightenment itself were important for Chinese political thought of that time. This question would require a more detailed examination than can be offered in the present article. But even a cursory reading of writings by Hu Shi and Chen Duxiu from the May Fourth period shows that they indulged in the pathos of an Enlightenment. This pathos bespeaks their conviction that political emancipation in China required, in terms of a sine qua non, a groundbreaking reconsideration and reevaluation of intellectual and sociopolitical tradition. They were further convinced – by applying a global framework of reference – that such an

---

Dirlik's observation that modern Chinese intellectuals consciously re-appropriated an ethnocentric outlook; see: Arif Dirlik, "Modernity as History: Post-revolutionary China, Globalization and the Question of Modernity," *Social History,* 27:1（January 2002）, p. 18.

[4]　In comparison to evolutionary theories, philosophies of history – which belong to the European Enlightenment – played only a minor role in construing this framework. Here I argue along the line of Odo Marquard who convincingly showed that the dominant strand of historical speculation in the age of European Enlightenment was philosophy of history（Turgot, Condorcet, Kant, Herder, Fichte, Schelling, Hegel）; see Marquard, *Schwierigkeiten mit der Geschichtsphilosophie*（Frankfurt am Main: Suhrkamp, 1997, 4th ed.）.

undertaking called for the adoption of the scientific worldview in China. Their conceptualizations of politics thus highlighted, as will be shown, a juxtaposition of rational versus irrational that is not untypical for "classical" Enlightenment thought.

In accordance with this juxtaposition, Hu Shi was convinced that, first, political achievements in the modern West largely rested on the rise of the scientific civilization, and second, the same was to be the case in China. Even in the 1930s, when the New Culture movement had come to an end, Hu adhered to this outlook when observing the latest political development in Western countries such as Great Britain, the US, Italy, as well as the Soviet Union. He concluded that it was time to advocate expertocratic government in China. Until 1919-20, Chen Duxiu similarly construed the relationship between science and politics, and also applied an explicitly global outlook by reflecting on European scientific civilization and a Darwinian international struggle for survival. The global dimension remained significant regarding Chen's shift towards a new conceptualization of politics around 1920, because he was clearly driven by his own observation of international politics (such as the so-called Shandong question), and also by his interest in a political ideology that made explicitly global claims to validity, namely Marxism. It is therefore no exaggeration to say that both Hu Shi and Chen Duxiu offered conceptualizations of politics that rested on a linear view of history which had strong progressivist, homogenizing, and universalist implications. Only on this basis did they proceed to enunciate particular political experience on a national and transnational scale.

2. Two Perspectives on Conceptualizing Politics

The history of the *concept* "politics" is not to be confounded with the history of the word. The modern Chinese word for politics, *zhengzhi* 政治, is a Japanese loanword[5] that was fairly common in Chinese discourses by the mid-1910s. This historical sketch of the word *zhengzhi* can suffice for our purpose, because, even the most elaborate history of the *word* would inevitably fall short of the mark. Instead, we may outline conceptualizations of politics (for which the predominantly used word was *zhengzhi*) in the May Fourth period by considering the following two perspectives:

(1) The so-called May Fourth movement, or New Culture movement, amounted to an intellectual reaction to the failure of the republican government after 1912, and, by extension, to the failure of the political revolution in China. Hence, when advocating a literary revolution as a precondition for a truly successful political revolution, Chen Duxiu matter-of-factly stated in 1917:

> The history of early modern European civilization can simply
> be called the history of revolutions. So I say that the awesome

---

5   To be precise, *seiji* 政治 is a return graphic loan (i.e., a classical Chinese-character compound which had been used in Japan to translate the Western word "politics," and then being was reintroduced into modern Chinese); see Lydia H. Liu, *Translingual Practice. Literature, National Culture, and Translated Modernity – China, 1900-1937* (Stanford: Stanford University Press, 1995), pp. 302, 330-331.

and brilliant Europe of today is the legacy of revolution. My oblivious and fainthearted countrymen are as fearful of revolution as they are of snakes and scorpions. So even after three political revolutions, the darkness has yet to wane.... the exclusively political revolutions have not brought about any change, have not achieved any results, in our society.[6]

Chen Duxiu's bleak statement points to a basic political experience of that time, namely that the historical markers of 1911 (revolution), and by extension 1912 (founding of the republic), represented neither political progress nor the dawn of a new China. They instead marked the continuation of setbacks in external affairs, chaos in domestic politics, and the rise of a weak state. Consequently, "politics," as conceptualized in intellectual circles, primarily referred to the problem of approaching the anomaly of coercive military force and unending power struggles. Its affirmative meaning—shaping the republican polity through civic cooperation—was relegated to the background. This is the major perspective from which May Fourth intellectuals discussed the pressing

---

6   Chen Duxiu 陳獨秀, "Wenxue geming lun" 文學革命論, *Duxiu wencun* 獨秀 文存 (Hong Kong: Yuandong dushu gongsi, 1965), vol. 1, p. 135; quoted with slight amendments from the translation by Timothy Wong in Kirk Denton, *Modern Chinese Literary Thought: Writings on Literature 1893-1945* (Stanford: Stanford University Press, 1996), pp. 140-141. Chen did not elaborate on his reference to the three political revolutions in China. He certainly included the revolution of 1911, and probably also the so-called second revolution from 1913. In accordance with his line of argument, the third political revolution he had in mind was perhaps the Reform Movement of 1898.

issues concerning the foundations of political and social order after the
demise of the dynastic state. To be more precise, May Fourth discourses
centered on the shared experience that the modern republican polity was
conquered by the military and plagued by severe disruptions between the
center and the regions. Significantly, the republican state rested on a fragile
constitutional foundation（without a Bill of Rights）that consisted of
numerous constitutional drafts and provisional organic laws. Because this
constellation persisted in the 1910s and continued well into the 1920s,
intellectuals throughout the May Fourth period were compelled to handle
the problem that the political sphere of the republic lacked autonomy vis-
à-vis the military and socio-economic interest groups. The question of how
to conceptualize politics thus acquired immediate relevancy.

（2）The second perspective from which the question of politics took
center stage during the May Fourth period concerns the experience of
sociopolitical differentiation and pluralization in modern China. In contrast
to traditional China, the domain where modern politics was to be
conducted became a matter of uncertainty. Such uncertainty stems to a
considerable degree from the growing empowerment of modern society
vis-à-vis the state. Due to the increased economic prowess of social actors
and the enhanced production and diffusion of knowledge within societal
sectors, the idea that major political decisions were made and implemented
by the state and its institutions became ever more questionable. The
conceptual equation of politics with the state was losing its grip on social
reality. Liang Qichao analyzed this constellation with remarkable clarity

on the eve of the revolution of 1911 in an article entitled "Elementary Introduction to Constitutional Politics:"

> What is the meaning of politics (*zhengzhi*)? According to the common understanding of scholars, politics is the means which the state uses in order to reach its goals. Even though this meaning is very inclusive, when checked carefully, there is the suspicion that it is not yet exhaustive and [at the same time] too broad. Now then, the state, in order to take action, must make use of the organs that represent it. Yet, as regards political matters, those who carry them out are not solely [situated] in state organs. It is, after all, often the case that one may also participate in [political matters] based on one's qualification as a people or an individual.... But the goals of the state mean, as mentioned before, for one, the pursuing of interests on behalf of the state itself, and, second, the pursuing of interests on behalf of the individuals that constitute the state. Now, the scope of these two [types of] interests is extended to the point of being boundless.[7]

This statement by Liang is remarkable also because he had just subscribed to a state-centered reform agenda in the first decade of the twentieth century and pleaded for a strong constitutional state whose

---

7   Liang Qichao 梁啓超, "Xianzheng qianshuo" 憲政淺說, *Yinbingshi heji* 飲冰室合集 (Beijing: Zhonghua shuju, 1989), 3, sec. 23, p. 45.

coercive power would dominate society and curb its inner struggles.[8] In contrast, the statement quoted above might suggest that Liang now assumed that the time for a strong constitutional state that towered above society would be over in China before it even began.[9] Be that as it may, Liang claimed in 1910 that the vast majority of political problems in a modern constitutional state were identified and solved by political parties

---

[8] See: Peter Zarrow 沙培德, *After Empire. The Conceptual Transformation of the Chinese State, 1885-1924* (Stanford: Stanford University Press, 2012), pp. 109, 112-113, 117. In this context, Zarrow points out another important aspect of Liang's conceptualization of politics: At the turn of the twentieth century, Liang had developed a "sense of the political as normatively public"; see *After Empire*, p. 76.

[9] In his "Elementary Introduction to Constitutional Politics" Liang apparently referred to a universal evolution of statehood and society that comprised European/Western and Chinese history. From this perspective, it is intriguing to compare Liang's diagnosis with that of Carl Schmitt, who famously stated more than a decade later with respect to Europe: "Also, the general definitions of the political which contain nothing more than additional references to the state are understandable and to that extent also intellectually justifiable for as long as the state is truly a clear and unequivocal eminent entity confronting nonpolitical groups and affairs – in other words, for as long as the state possesses the monopoly on politics. That was the case where the state had either (as in the eighteenth century) not recognized society as an antithetical force or, at least (as in Germany in the eighteenth century and into the twentieth), stood above society as a stable and distinct force. The equation state = politics becomes erroneous and deceptive at exactly the moment when state and society penetrate each other. What had been up to that point affairs of state become thereby social matters, and, vice versa, what had been purely social matters become affairs of state – as must necessarily occur in a democratically organized unit." Carl Schmitt, *The Concept of the Political*, George Schwab (trans. and intro.), (Chicago: University of Chicago Press, 1996), p. 22.

which were essentially different from state organs.[10] He furthermore observed that the scope of interests affecting national objectives was actually boundless, containing social problems related to religion, language, literature, and the economy.[11] When Liang tried to distinguish social problems from political ones, he therefore refrained from defining particular problems as intrinsically social or political, but emphasized instead the fact that there existed no social matters that could *not* become political. In order to offer a criterion for the distinction between the social and the political, Liang referred to a temporal aspect: social problems were problems that were "not yet" political.[12] Liang provided several examples that underscored the temporal perspective and the openness in terms of content: In contemporary Europe and America, the questions pertaining to the protection of workers and the distribution of wealth were eminently political. In China, however, these issues did not yet pose a problem. The most urgent political problem in China was, as Liang believed in 1910, the establishment of a national assembly. Once this problem could be solved, it would be turned into the purely administrative and legal matter of promulgating a constitution and convening a national assembly.[13] Liang had of course no way of foreseeing that the constitutional question would

---

10 Liang Qichao 梁啓超, "Xianzheng qianshuo", *Yinbingshi heji*, p. 45.

11 Liang Qichao, "Xianzheng qianshuo", p. 45.

12 In the same vein, he distinguished administrative and legal problems from political problems: These were problems that were not political anymore; see ibid., p. 46.

13 Liang Qichao, "Xianzheng qianshuo," p. 46.

remain on the agenda until 1947, when the period of provisional constitutions ended. Nor could he have expected that the national assemblies which were convened in the following decades remained ineffective.

The issue of how to conceptualize the relation between the political and the social, which Liang had raised when stating that any social matter could be politicized in a modern state, was to concern intellectuals throughout the May Fourth period. Like many of their peers, Hu Shi and Chen Duxiu struggled with this issue. They were convinced that the political fate of the republic depended not solely on political matters in the narrow sense, but on social and cultural resources which they deemed to be necessary for the modern transformation of the Chinese society. They tacitly agreed, in other words, that social and cultural questions directly impacted on the polity, its institutions and practices. Although they held vastly different political and ideological positions, they hence shared a common concern for the foundations of the republican polity. However, their understanding of what constituted "politics" did not remain unchanged during the May Fourth period, and by the early 1920s, as will be shown, the question of how to conceptualize the antagonistic, seemingly irrational side of the political set them at odds. Their case is intriguing because both their initial commonalities and their ensuing unbridgeable differences regarding the question of conceptualizing the political shed light on fundamental intellectual issues during that period.

3. Hu Shi

3.1 The Meta-Political View

Even before returning to China from his study abroad in the US in 1917, Hu Shi had repeatedly expressed his disappointment with the political situation in Republican China.[14] Until the early 1920s, he essentially perceived Chinese politics as a sphere of antagonistic action dominated by warlords and their corrupt regimes. Given the failure of constitutional government, the spread of corruption, and the uncontrolled use of coercive force in power struggles, Hu coined in effect a concept of politics that centered on a political pathology. In retrospect, Hu expressed the assessment of Chinese politics as a dysfunctional realm of dissociation in 1931 as follows:

> But the downfall of Yüan Shih-kai did not bring the country
> nearer to the "level of political stability and order" as had been

---

[14] He had critically observed the failure of democracy in China, for example in the article "China and Democracy" (1915); see Chou Min-chih, *Hu Shih and Intellectual Choice in Modern China* (Ann Arbor: University of Michigan Press, 1984), p. 112. Pan Kuang-che examined Hu's student life in the US, concluding that Hu had obtained important stimuli regarding his understanding of democracy from his observation of US politics, and presidential elections in particular; Pan Guangzhe 潘光哲, "Qingnian Hu Shi de 'minzhu jingyan'" 青年胡適的「民主經驗」, Qian Yongxiang 錢永祥 (Sechin Y.-S. Chien) (ed.), *Pubian yu teshu de bianzheng: Zhengzhi sixiang de tanjue* 普遍與特殊的辯證：政治思想的探掘 (Taipei: Zhongyanyuan Renshe zhongxin, 2012), pp. 154, 167-168.

expected; nor did it remove all the evil forces which Yüan Shih-kai had planted throughout the country, and which soon ran wild and plunged the nation into disunion and civil strife lasting to the present day.[15]

Hu drew the following two consequences from this perception of politics:

（1）The sole remaining option for intellectuals like himself was to stay consciously unpolitical, which is, however, not to be confounded with an apolitical position. When Hu decided not to discuss "politics" for twenty years, the trigger for this resolve was, as he later explained, his observation of the desolate situation in Shanghai's publishing and educational sector upon his return to China in 1917. He concluded from this observation that the recent attempt to restore the Qing dynasty by General Zhang Xun had been inevitable. What was therefore most needed at the present time was "to act for [the benefit of] Chinese politics by constructing a basis for reform [within the realms of] thought, literature

---

15 See Hu Shi, "The Literary Renaissance," *Symposium on Chinese Culture*, Sophia H. Chen Zen (ed.), (Hong Kong: Chinese Book Service, undated reprint; first published by the China Institute of Pacific Relations, 1931), pp. 129-130. On Hu's early conception of politics, see Jerome B. Grieder, *Hu Shih and the Chinese Renaissance: Liberalism in the Chinese Revolution 1917-1937* (Cambridge MA: Harvard University Press, 1970), pp. 177-178; Xu Jilin 許紀霖, "Zhongguo ziyouzhuyi de wutuobang — Hu Shi yu 'haozhengfuzhuyi' taolun" 中國自由主義的烏托邦——胡適與「好政府主義」討論, Liu Qingfeng 劉青峰 (ed.), *Hu Shi yu xiandai Zhongguo wenhua zhuanxing* 胡適與現代中國文化轉型 (Hong Kong: Zhongwen daxue chubanshe, 1994), p. 36.

and art." [16]

（2）Due to the impenetrable irrationality of contemporary politics, any real solution to China's political malaise should be sought, according to Hu, in terms of fundamental, *meta-political* measures. Among these, he emphasized the importance of educational reform and industrialization. He accordingly stated in 1919:

> Let alone the Anfu Club; let alone the internal peace conference at Shanghai; let alone the petty political intrigues in Peking and elsewhere, – we still have the masses to educate, the women to emancipate, the schools to reform, the home industries to develop...[17]

So even if the experience of warlord rule and the disaster of the First World War seemed to suggest that intellectuals remain aloof from "politics," such an intellectual ethos did not prevent Hu from seeking other

---

[16] Hu Shi, "Wo de qilu" 我的歧路, *Hu Shi zuopin ji* 胡適作品集（Taipei: Yuanliu, 1986）, vol. 9（first published in *Nuli Zhoubao* 努力週報 no. 7, June 18, 1922）, p. 65. Hu's notion of keeping politics at bay also resulted from his intellectual ethos. Already in 1915, he had critically commented, in his diary, on John Dewey's participation in a demonstration organized by the suffragette movement. He called into question any active involvement in politics by scholars; see Pan Guangzhe, "Qingnian Hu Shi de 'minzhu jingyan,'" pp. 166-167; Jerome B. Grieder, *Hu Shih and the Chinese Renaissance*, p. 54.

[17] See Hu Shi, "Intellectual China in 1919," Chih-P'ing Chou（ed.）, *English Writings of Hu Shi: Chinese Philosophy and Intellectual History*, vol. 2 （Heidelberg: Springer, 2013）, pp. 1-7（first published in *The Chinese Social and Political Science Review* vol. 4, no. 4, December 1919, pp. 345-355）, p. 5.

means to propel China's modernization. His involvement in cultural activities in the fields of language and literature, philosophy, historical studies, and science indeed explicitly points to this direction.[18] It appears that Hu Shi's self-imposed stipulation of remaining consciously unpolitical actually included such an engagement. In other words, Hu abandoned the attempt to straightforwardly dissolve the irrational, dissociative side of politics, but at the same time never stopped to seek solutions to problems with Chinese politics. Hu's solution thus had to be meta-political by nature. He believed that the task of turning politics into a domain of rational solution-seeking was feasible, however, it had to be undertaken from outside the realm of politics itself. In his English article "Intellectual China in 1919," he accordingly stated:

> Ever since 1898, the attention of intellectual China has been confined to things political. Its protagonists… had staked all their hopes on the political at the expense of neglecting the non-political. They were bound to be disappointed, and great indeed was the disappointment! Then the events of 1919 gave us a new lesson. It was the non-political forces, – the students, the merchants, the demonstrations and street orations and the boycott, – that did the work and triumphed.[19]

18　See: Chen Pingyuan 陳平原, "Zai xueshu yu zhengzhi zhi jian – lun Hu Shi de xueshu quxiang," 在學術與政治之間——論胡適的學術取向, *Xueren* 學人, 1（1991）, pp. 126-127.

19　Hu Shi, "Intellectual China in 1919," pp. 4-5.

At this stage, Hu conceptualized politics as a sphere of action devoid of an inherent dynamic towards China's modernization. Such a dynamic had to be infused into politics from outside, i.e. primarily through the social diffusion of the scientific civilization. It is therefore no coincidence that Hu traced Western political achievements such as people's rights and the liberal system of government back to a quasi-scientific attitude of "divine discontent," which he identified to be a trigger for the unparalleled scientific progress achieved by Western civilization. In comparison, "Eastern civilization" was falling behind in terms of scientific civilization, and hence in literally every respect, including the sociopolitical realm.[20] The underlying assumption, namely that politics itself did not produce crucial inputs for modernization, also characterized Hu's later reconceptualization of politics. He in fact never theorized politics in such a way that its intrinsic plurality of contesting group interests and social antagonisms was understood to be progressive in itself. Politics in the positive sense was for Hu therefore not so much about organizing

---

[20] Hu Shi, "Women duiyu Xiyang jindai wenming de taidu" 我們對於西洋近代文明的態度, *Hu Shi zuopin ji*, vol. 2 (first published in *Xiandai pinglun* 現代評論 vol. 4, no. 83, July 10, 1926), p. 113; see also pp. 109-110. Hu's notion that the modern transformation of societies (or nations, civilizations) is essentially a knowledge-based process involving scientific and technological progress conforms to the baseline of Li Dazhao's thoughts on Western and Eastern civilization from the mid-1910s. Hu and Li Dazhao, as well as Chen Duxiu (see below), assumed that the evolution of political and social institutions largely depends on meta-political forms of knowledge (e.g. scientific, cultural, industrial knowledge etc.); on Li Dazhao see Pablo Blitstein's contribution to the present issue.

compromise, but rather administrating superior insights. It is no coincidence that the political key term "interest" (*liyi* 利益) played only a minor role in his political writings. Much more important was the term "problem" (*wenti* 問題), which in Hu's usage implied something very different from the continuing contest of political interests: "Problems" could be consensually objectified, and then tackled by rational, "instrumental" solutions.[21]

3.2 Rational Politics and Elite Participation

In the early 1920s, Hu Shi reconceptualized politics and abandoned his earlier view of politics as a domain of dissociation that deflected reasonable intervention except for meta-political attempts to reformat the political sphere altogether. It seems that this reconceptualization was partially caused by Ding Wenjiang's criticism of Hu's claim that the sole option for successful reform consisted of a meta-political approach. Ding

---

21 To my knowledge, there is so far no comprehensive historical examination of *wenti* 問題 as a political concept in modern China. The concepts of political planning and political instrumentalism also belong to this context. Hu discussed political planning first in his diary in 1916, thereafter in mid-1922, when he advocated the idea of government by "good men." See Hu Shi, *Liuxue riji (si)*, 留學日記（四）, *Hu Shi zuopin ji*, vol. 37, pp. 60-62（diary entry from July 20, 1916）; Hu Shi, "Women de zhengzhi zhuzhang" 我們的政治主張, *Hu Shi zuopin ji*, vol. 9, pp. 21-25（*Nuli zhoubao* 努力週報 no. 7, May 13, 1922）, pp. 21-25; Hu Shi, "Zhe yi zhou: Zhengzhi yu jihua" 這一週．政治與計劃, *Hu Shi zuopin ji*, pp. 126-130. As regards the idea of "political instrumentalism," Hu presented it, according to Grieder, for the first time in 1923; see Jerome B. Grieder, *Hu Shih and the Chinese Renaissance*, pp. 194-195.

seriously doubted whether efforts in education and industrialization as anticipated by Hu could ever succeed in transforming the domain of politics under such detrimental conditions as prevailed in China.[22] In response, Hu delimited his previous political pathology, suggesting that politics could be cleared from its irrational aspects by reducing its dissociative tendencies *from within*. Instrumental to such an undertaking was first and foremost the role of the intellectual elite, and especially its politically involved members. Here, then, Hu reverted to his earlier belief in the benefits of elitist intervention in politics which he had held before becoming profoundly disillusioned with China's educated elite upon returning to Shanghai in 1917. Already in 1915, Hu had agreed with Liang Qichao's assumption that a fundamental solution of the problems affecting the Chinese polity after 1912 could be reached only if members from the educated elite formed the state leadership. Hu had also followed Liang's proposal that those members of the economic elite who maintained high moral standards might participate in politics, whereas the majority of the

---

[22] See Chou Min-chih, *Hu Shih and Intellectual Choice in Modern China*, p. 119; Jerome B. Grieder, *Hu Shih and the Chinese Renaissance*, p. 189. Hu himself cited two further reasons for readdressing political issues. For one, there was the fact that he had to take on editorial responsibility for the political journal *Weekly Review* (*Meizhou Pinglun* 每週評論) after Chen Duxiu was arrested in June 1919. In addition, he deplored the silence with which the warlord politics of the Anfu Club in Shanghai had been met by the "new" elements. Instead of discussions on "real political problems" (as related to the Anfu Club), there was, according to Hu, too much empty talk about anarchism and Marxism; see Hu Shi, "Wo de qilu," *Hu Shi zuopin ji* 胡適作品集, vol. 9, pp. 65, 67.

population should obey orders.[23]

The emphasis on the intellectuals' engagement in politics mirrored Hu's deep distrust towards professional politicians and party figures throughout the 1920s and 1930s. In regards to the common citizens, Hu considered their political participation essentially to be a means to develop their weak civic consciousness, or "learning by doing," rather than a manifestation of political reason.[24] Hu's confidence in elitist politics became particularly evident when he claimed that the essential cause for the political turmoil after 1912 had been the lack of elitist participation at that time. In the manifesto "Our political propositions," he expressed his regret that the "good men," having initially participated in politics after 1912, had turned their backs on politics, thus allowing members of the old imperial bureaucracy to return to the political stage. Since 1916 the "good men have stood by with their hands in their sleeves watching China being torn apart."[25] Tellingly, Hu and the signatories of the manifesto concluded

---

23 In his diary, Hu referred to Liang's article "Zhengzhi zhi jichu yu yanlunjia zhi zhizhen" 政治之基礎與言論家之指針; see Hu Shi, *Liuxue riji* (*si*), pp. 76-78 (diary entry from May 23, 1915); Chou Min-chih, *Hu Shih and Intellectual Choice in Modern China*, pp. 112-113.

24 See for example Hu Shi, "'Zhengzhi gailun' xu" 「政治概論」序, *Hu Shi zuopin ji* 胡適作品集, pp. 16-18. On Hu's conception of civic participation, see Thomas Fröhlich, *Staatsdenken im China der Republikzeit* (*1912-1949*) (Frankfurt, New York: Campus Verlag, 2000), pp. 252-255.

25 Quoted from: Jerome B. Grieder, *Hu Shih and the Chinese Renaissance*, p. 193. The manifesto was written by Hu Shi in 1922, revised by Cai Yuanpei and Li Dazhao, and signed by 15 prominent intellectuals, among them Ding Wenjiang, Luo Wengan, Tao Zhixing, Liang Shuming, and Gao Yihan. Eleven signatories had an affiliation with Peking University.

that "[n]egative political opinion is not enough – it is necessary to have a militant and decisive public opinion."[26] In drastic rhetoric, they stated that it was necessary to wage war against the forces of evil in the country.[27]

In line with this diagnosis, Hu upgraded the role of political commentators (*zhenglunjia* 政論家), and also, for a very short period in 1922, the idea of establishing a "government of good men" (*hao ren zhengfu* 好人政府). The notion of "good men" as understood by the signatories of the manifesto of 1922 is aptly captured by Edmund S.K. Fung: "'Good men' were experts in their fields with foreign experience. They were presumably men of superior intellect and high character, fit to govern, who constituted an ideal type of political leaders and administrative officials."[28] However, the attempt to establish such a government by filling ministerial posts with members of the educated elite failed miserably and had to be abandoned within a month's time in late summer 1922.[29] As regards political commentators, Hu assigned them a crucial role in mitigating the dissociative, disruptive effects caused by party politics. For one, he presumed that party theoreticians were capable

---

26 Hu Shi, "Women de zhengzhi zhuzhang" 我們的政治主張, *Hu Shi zuopin ji* 胡適作品集, pp. 22-23; quotation from Jerome B. Grieder, *Hu Shih and the Chinese Renaissance*, p. 193.

27 Hu Shi, "Women de zhengzhi zhuzhang," *Hu Shi zuopin ji*, p. 21.

28 Edmund S.K. Fung, *The Intellectual Foundations of Chinese Modernity: Cultural and Political Thought in the Republican Era* (Cambridge, UK: Cambridge University Press, 2010), p. 175.

29 In the aftermath, Cai Yuanpei resigned from the presidency of Peking University in 1923; see Chou Min-chih, *Hu Shih and Intellectual Choice in Modern China*, p. 123.

of expressing fair criticism of party figures and decisions from within their own political party, thereby displaying a sort of trans-partisan spirit. Even more important were, as Hu believed, political commentators without party affiliation. They might exert considerable influence in shaping reasonable public opinion, because their major concern was not directed to a particular party, but for the state and society as a whole. Political parties simply could not afford to constantly ignore the presence of non-partisan commentators in the public sphere.[30] It is on this premise that Hu Shi emerged, since the 1920s, as an intellectual who was politically involved by participating in numerous public debates to which he contributed in such journals as *The Endeavor* (*Nuli zhoubao* 努力週報), *The Crescent* (*Xin yue yuekan* 新月月刊), and *The Independent Critic* (*Duli pinglun* 獨立評論).

3.3 The Expertocratic Vision of Politics

In the 1930s, Hu Shi was flirting with the idea of turning democracy into a system of expert politics. Hu now referred to "politics" as a sphere of action where scientific knowledge and expertise guide decision-making and its implementation. This assumption about the potency of science to shape politics was consistent with Hu's earlier thought. Already before the 1920s, but most importantly during the debate on "science and view of

---

[30] Hu Shi, "Zhenglunjia yu zhengdang" 政論家與政黨, *Nuli zhoubao* 努力週報, 5 (June 4, 1922), p. 1.

life" from 1923, Hu had prepared its conceptual ground.[31] In 1930, he subscribed to a distinctly expertocratic linkage of politics and science: In an article published in the collection of writings on human rights, Hu criticized Sun Yat-sen's political application of Wang Yangming's famous phrase on the unity of knowing and acting, titling his own article "Knowing is difficult, acting is not easy either." Hu prescribed a new type of politics by using the formulaic phrase of politics as a "boundless scholarship that was everywhere in action and at any time knowing."[32] For him, this was no phrase-mongering. On the contrary, he tried to substantiate his conception against the background of diagnosing a national crisis. In a crisis-ridden situation, the rise of "expert politics" constituted, as he believed, an adequate reaction, even in nations where democracy had already been established:

> Let us cast a glance at democratic politics in Great Britain
> which had all along been common sense politics. The British
> themselves have always boasted of [their] "muddling through"
> politics; right up to the past few decades, some visionaries
> finally advocated the importance of expertly skills [and]

31 See my analysis of Hu's theory of science and his "scientific view of life" in Thomas Fröhlich, *Staatsdenken im China der Republikzeit (1912-1949)*, pp. 212-232; see also Hu Shi, "Intellectual China in 1919," Chou Chih-P'ing (ed.), *English Writings of Hu Shi*, vol. 2, pp. 6-7; Hu Shi, "Wo de qilu," *Hu Shi zuopin ji*, pp. 67-68.

32 Hu Shi, "Zhi nan, xing bu yi," Hu Shi, Liang Shiqiu 梁實秋, and Luo Longji 羅隆基 (eds.) *Renquan lunji* 人權論集 (Shanghai: Xinyue shudian, 1930), pp. 163, 167.

knowledge in politics; the movement of the Fabian Society is most representative for this new awareness. During the late part of the Great War and the recent period of economic panic, when the power of the state was greatly expanded, the politics of experts could finally be tested on a large scale. Let us cast a glance at democratic politics in America. On the one hand, is it not a [case of] very childish politics? [But on the other,] there eventually emerged, during the previous one year and half, the so-called "think tank" politics in America. This is exactly so because in normal times, democratic politics does not require special expertly skills. But during the extreme crisis of recent years, the congress has empowered the president and enabled him to test a new kind of dictatorship. In these times, everybody becomes finally aware of the need to [establish] "think tanks." [33]

Hu directly related this observation to the Chinese situation, hence temporalizing the British and American experience as a window on China's future political course. Significantly, Hu had not expressed such expectations while China was still in the grip of warlord violence. Even though the single-party rule by the Guomindang was certainly a far cry from British or American democracy, Hu obviously assumed that it could serve as a stepping stone to political reform.

Hu was certainly not naïve in the sense of expecting that such a form

---

33 Hu, "Zhongguo wu ducai de biyao yu keneng" 中國無獨裁的必要與可能, *Duli pinglun* 獨立評論 130（December 9, 1934）p. 4.

of expert politics could be fully realized in present-day China. Instead, his new concept of politics served a double function. First, with respect to observing the West, it provided a depiction of politics in modern nation-states. Second, such depiction, when applied to China, was turned into normative propositions. This switch from a descriptive-analytical to a normative approach was not untypical for Chinese political thought of that time. It clearly resulted from a temporalization in the aforementioned sense: the contemporary Western experience served as reference for future-related statements on China's own options.[34] Hu accordingly applied criteria derived from the idea of expert politics to his reflection on the Chinese situation. This is particularly evident from his contributions to the debate on democracy and dictatorship during the mid-1930s. There, he commented on contemporary expert politics in Great Britain and America, and concluded that for practical reasons – i.e. the current lack of political experience and ability among the Chinese citizens – democracy was the best choice for China. Yet in doing so, Hu equated democracy with a sort of "kindergarten politics" (*youzhiyuan de zhengzhi* 幼稚園的政治), and thus implied that a modern dictatorship, i.e. "research institute politics" (*yanjiuyuan de zhengzhi* 研究院的政治), could be considered the superior, more advanced form of politics.[35]

---

[34] For an analysis of Hu's conceptual temporalization of the West, see: Thomas Fröhlich, "Prospect Optimism in Modern China: The Formation of a Political Paradigm," in Thomas Fröhlich, Axel Schneider (eds.). *Chinese Visions of Progress, 1895–1949* (Leiden: Brill, forthcoming).

[35] Hu Shi, "Zhongguo wu ducai de biyao yu keneng," 中國無獨裁的必要與可能,

Hu Shi's normative conceptualization of expert politics, or expertocracy, further guided his critical view of the parliamentary system, including the role of party politics. He indeed subscribed to a highly elitist notion of political representation when agreeing, in 1932, that a "popular organization for interference in politics" (*renmin ganzheng tuanti* 人民干政團體)[36] was desirable in order to support and monitor the government.[37] As Hu would have it, the primary task of such an organization was not to mirror the plurality of socioeconomic interest groups, but rather to provide "outstanding personalities from the intellectual and professional classes" with opportunities to head sub-organizations, and thereby exert influence.[38] By the mid-1930s, Hu made no secret of his aversion to the idea that the parliament was the place where contesting political interest groups struggled for compromises. He even surmised that under the conditions of crisis,

---

Duli pinglun 獨立評論, p. 4. See also: Thomas Fröhlich, "Prospect Optimism in Modern China".

[36] Hu Shi, "Zhongguo zhengzhi chulu de taolun" 中國政治出路的討論, *Hu Shi xuanji* 胡適選集, Zhenglun 政論, 110, p. 20-21 (first published in *Duli pinglun* 17, September 11, 1932).

[37] Hu Shi, "Zhongguo zhengzhi chulu de taolun" 中國政治出路的討論, *Hu Shi xuanji* 胡適選集, p. 19.

[38] Hu Shi, "Zhongguo zhengzhi chulu de taolun" 中國政治出路的討論, *Hu Shi xuanji* 胡適選集, p. 21. In particular, Hu envisioned three types of sub-organizations that could be integrated into an organization operating on the national level, namely: (1) scientific organizations (including associations for social sciences, political science, economics, engineering, geology, as well as professorial councils, etc.); (2) commercial organizations (chambers of commerce, banking associations, financial associations, etc.); (3) professional organizations (associations of lawyers, journalists, industrial workers, sailors, etc.).

there was a global shift towards a new type of parliament that essentially represented the unity of intentions (as opposed to representing the plurality of interests). In this context, he agreed with one Chinese commentator writing under the pseudonym Shou Sheng 壽生 and stated that:

> … all modern dictatorial politics are indeed what he [Shou Sheng] calls a "dictatorship of purpose and intention (*zhiqu zhuanzhi* 旨趣專制)," and not an "autocracy [based on] force" from antiquity. The dictatorial politics in Italy and the Soviet Union, for example, are indeed such that many people, due to their approval of [its] purpose and intention, desire action for its implementation. This observation by Shou Sheng is correct. He furthermore points out that the system of parliament in democratic states is a kind of "dictatorship of purpose and intention" too, and also a matter of "conquering the people with theory, winning the people's confidence, and breeding the opinion of the whole nation based on their (the people's) own opinion"; "but whereas the dictatorship of purpose and intention in Great Britain and America is pluralistic and [upheld in mutual] exchange, [its counterparts] in Italy and the Soviet Union [rely on a] single authority and wants to infinitely extend its purposes and intentions."[39]

---

39 Hu Shi, "Yi nian lai guanyu minzhi yu ducai de taolun" 一年來關於民治與獨裁的討論, *Hu Shi xuanji*, Zhenglun, 110, p. 141. Hu added that neither type of modern dictatorship could be established in contemporary China, because there

Unsurprisingly, Hu refrained from acknowledging that political parties played a positive role in establishing democratic government in China. He predicted instead that in future China party politics would persist to a very limited extent only.[40]

Hu Shi's advocacy of expert politics was an attempt to eliminate the threat of civil war and uncurbed political violence within the Chinese nation-state by infusing the domain of politics with the scientific worldview. For that purpose, Hu conceived of expert politics in the government and parliament, while at the same time recasting the public sphere as the place of rational discourse by the elite, and reducing political participation by the common citizens to the act of casting votes.[41] The scientific worldview, which Hu considered to be the key element of a "new culture," would serve as the transmission belt for establishing rational politics. This reconceptualization of politics allowed Hu to circumvent the predicament that his earlier concept of politics had created. It had left him with no choice but to remain silent on politics at a time when almost

---

was no "purpose and intention" with which to arouse the emotions and intellect of all citizens; see: Hu Shi 胡適, "Yi nian lai guanyu minzhi yu ducai de taolun" 一年來關於民治與獨裁的討論, *Hu Shi xuanji* 胡適選集, Zhenglun, 110, p. 141.

[40] Hu Shi, "Cong yi dang dao wu dang de zhengzhi" 從一黨到無黨的政治, *Duli pinglun* 171（October 6, 1935）, p. 4. Hu in fact admired "the spirit of non-partisanship" that prevailed in Sun Yat-sen's constitutional blue-print:.

[41] This reductionist understanding of participation contradicts to a certain degree those interpretations that portray Hu as a strong advocate of civic participation in democracy; see e.g. Pan Guangzhe "Qingnian Hu Shi de 'minzhu jingyan,'" pp. 170-171,179-180.

everyone agreed that China was in the grip of a national crisis. This silence would have relegated Hu's work to insignificance outside of the academic field. In contrast, his expertocratic vision of politics enabled him to interlink the agenda of new culture with his diagnosis of the national crisis.

The intellectual elite that participated in the so-called New Culture movement never reached, as we know, a consensus on how to define, let alone implement a new culture. As a consequence, the intellectual field from which the elite might have ventured to purify politics once and for all from its ostensible irrationality was never demarcated. The manifold controversies on the "new culture," which was to provide the meta-political foundation for solving the alleged national crisis, belong to the legacy of the May Fourth period. It is a mixed legacy, owing to the fact that, on the one hand, the very idea of "new culture" smacks of a monistic vision, while on the other, it engendered intense, politicized debates that contributed to a vivid public sphere.

4. Chen Duxiu

4.1 Science Over Politics: The Annihilation of Political Antagonisms

Chen Duxiu is well-known for coining one of the most famous slogans of the May Fourth, namely the call for "Mister Science" and "Mister Democracy." However, Chen had altered this slogan twice before proclaiming, in 1919, his hope for the arrival of science and democracy in China. In 1915, he had called for science and human rights, and in 1918 for science and republicanism.[42] These shifts indicate that despite the fluctuation of political options, entailing such diverse claims as human rights, republic and democracy, Chen's insistence on founding the new era on science remained unchanged（although Chen's understanding of science changed between 1915 and 1919）.[43] Equally consistent was his choice to construct the slogan by referring to science first, and putting the political option in the second place.[44]

The relevance of the sequence "science – politics" becomes particularly obvious when we consider that Chen greatly highlighted the sociopolitical impact of science since 1915 and throughout the May Fourth era（including his later advocacy of another type of science, namely Marxism）. This is also evident from his repeated references to the theory of three stages by the French philosopher of positivism and founding figure of modern sociology, August Comte. The theory of three stages was

---

[42] See the following texts by Chen Duxiu: "Jing gao qingnian" 敬告青年, *Duxiu wencun* 獨秀文存, vol. 1, p. 9; "Kelinde bei" 克林德碑, *Duxiu wencun* 獨秀文存, vol. 2, p. 359; "Xin qingnian zui'an zhi dabian shu" 新青年罪案之答辯書, *Duxiu wencun*, vol. 1, p. 362. It should be noted that Chen was a polemicist and at times an erratic thinker who was inclined towards tactical shifts in his position that caused twists and turns in his understanding of science, politics, and the relation between the two.

[43] See Thomas Fröhlich, *Staatsdenken im China der Republikzeit（1912-1949）*, pp. 281-282.

[44] In accordance with this sequence, Chen suggested in 1919 that "politics" was just a "tool"（*gongju* 工具）, albeit an important one, for attaining a higher goal, namely "the advancement of social life"（*shehui shenghuo xiang shang* 社會生活向上）; see Chen Duxiu, "Shixing minzhu de jichu" 實行民主的基礎, *Duxiu wencun*, vol. 1, p. 374.

an influential nineteenth century attempt to explain how, in an imminent era of the positive sciences, human society and consciousness would be transformed in accordance with the scientific spirit.[45] In line with Comte's expectation about the omnipresence of science in society, Chen emphasized the sociopolitical importance of science throughout, and consequently rejected the idea of a complete separation of science and politics. For Chen, such a separation was in fact an unacceptable option that would condemn China to forever remain a static, non-modern country. In his famous "Call to Youth," published in the first issue of *Youth Magazine* (*Qingnian zazhi* 青年雜誌) in 1915, he identified science as the central realm of contemporary European civilization. Science thus appeared to be the foundation of Western progress and superiority in terms of modernization and international politics. Science, as Chen would have it, was nothing less than the key factor for success in a Darwinian, international struggle for survival.[46] Chen pursued this line of thought in the following years, e.g. during the controversy on Confucianism as a state religion in 1917, whereby he essentially claimed that the rational-scientific

---

[45] See, for example, in 1915: Chen Duxiu, "Jing gao qingnian," pp. 7-8; in 1917, Chen Duxiu, "Jindai Xiyang jiaoyu – zai Tianjin Nankai Xuexiao yanjiang," 近代西洋教育——在天津南開學校演講, *Chen Duxiu wenxuan* 陳獨秀文選, pp. 74-77; and in 1923, Chen Duxiu, "'Kexue yu renshengguan' xu" 科學與人生觀序, *Chen Duxiu xuanji* 陳獨秀選集, p. 190.

[46] Chen Duxiu, "Jing gao qingnian," p. 9. Even though Chen suggested that human rights were just as important as science with respect to China's modern transformation, his "Call to Youth" clearly centers on his explanation of how science and the scientific worldview facilitate sociopolitical change.

transformation of all spheres of life propelled the evolution of human civilization. In effect, this amounted to the conviction that science should replace religion, and Chen, consequently, asserted that the "correct path" (*zheng gui* 正軌) for mankind is the "belief" in scientific explanation. There was no doubt for Chen that the "future evolution of mankind" would continue to follow "the sciences which had just begun to flourish." Eventually, all man-made laws which were inherently conventional, limited and finite, could be enhanced by the sciences, thereby gradually attaining the same validity as natural laws.[47]

Indeed, Chen was not blind to the fact that the contemporary world was still marked by a lack of scientific rationality. There were many areas in which such "civilizing activities" had not yet transformed reality, as evinced by the persistence of international warfare and conflicts between social classes.[48] Against this background, Chen perceived politics before 1919 from a normative and intrinsically rationalist point of view, hence opting, in the above-mentioned manner, for the primacy of science over politics. This is evident, for example, from his mission statement for the *Weekly Review* (*Meizhou pinglun* 每週評論) in which he identified the German defeat in the First World War as a sign for the global "victory of justice over the right of the strongest" (*gongli zhansheng qiang quan* 公理戰勝強權) – i.e. the victory of reason over force. The *Weekly Review*

---

[47] Chen Duxiu, "Zai lun Kongjiao wenti" 再論孔教問題, *Duxiu wencun*, vol. 1, p. 129.

[48] Chen Duxiu, "Dangdai liang da kexuejia zhi sixiang" 當代兩大科學家之思想, *Duxiu wencun*, vol. 1, pp. 78-79.

should thus "stand up for justice and oppose the right of the strongest."[49]

As will be shown below, Chen eventually disavowed this struggle against the right of the strongest, conceptualizing it instead as an unalterable quality of political reality. Before he did so, however, his thoughts on politics clearly tended to downplay, if not sweep aside, its irrational aspects which resisted domination by scientific rationality. Chen indeed belonged to the mainstream discourse on science during the May Fourth era to the extent that he was convinced that the sciences were to permeate all spheres of modern society – not only in terms of providing knowledge, technology etc., but also by fostering a scientific spirit that immediately impacted on sociopolitical praxis, including ethics. The sequence "science – politics," i.e. "science over politics," to which Chen had subscribed, therefore did not entail a purely technocratic outlook that would have eliminated any normative consideration about praxis. Chen instead focused throughout on normative questions, and for the same reason participated in discussions about the prevalent political and ethical consciousness in China. In 1916, he had joined the chorus of those who deplored the alleged political immaturity of "the people." He added that the Chinese people were lacking political consciousness due to the long

---

49 Chen Duxiu, "'Meizhou Pinglun' fakan ci"《每週評論》發刊詞, Hu Ming 胡明 (ed.), *Chen Duxiu xuanji*, p. 71. As Bernal points out, "*qiang quan*" has been used both in Japanese and Chinese writings to denote "the right of the strongest;" see: Bernal, *Chinese Socialism to 1907* (Ithaca, London: Cornell University Press, 1976), pp. 91-93. Liang Qichao's essay "On the Right of the Strongest" ("Lun qiang quan" 論強權 in *Qingyi bao* 清議報, no. 31, 1899) contains the English translation of "*qiang quan*" as "the right of the strongest."

period of imperial "dictatorship," which had resulted in a lack of "self-consciousness" (*zijue* 自覺) among "the majority of the citizens." The insistence on "self-consciousness" had strong ethical implications, and Chen explicitly claimed that its highest level was ethical in nature. It had to be attained in a public orientation towards Western politics and morality, and in particular the principles of freedom, equality, and autonomy. The lack of such consciousness would inevitably impede the free and autonomous conduct of politics by the citizens.[50] Chen concluded that in the current absence of a trustworthy public opinion, Chinese republican politics could not be built on the present will of the people. He consequently turned elsewhere – to the elitist strata which he referred to as "the youth."[51]

It seems that Chen compensated for his discovery that there was no such thing as a substantial political will of the people in China by conceptualizing an idealized people's will. He therefore introduced in 1916 the concept of a "comprehensive will of the majority of the citizens," which he juxtaposed against the allegedly detrimental effects of "party

---

[50] Chen Duxiu, "Wu ren zui hou zhi juewu" 吾人最後之覺悟, *Duxiu wencun*, vol.1, pp. 52-56. Similarly, Chen stated in 1917 that the "masses" in China were disinterested in politics. The citizens were therefore lacking in "political knowledge" and "political ability"; see Chen Duxiu, "Yanjiushi yu jianyu" 研究室與監獄, *Chen Duxiu xuanji*, p. 77.

[51] At one point in 1919, he even called on the youth to summon the strength to leave the research laboratories and enter the jails: Chen Duxiu, "Yanjiushi yu jianyu" 研究室與監獄, *Chen Duxiu xuanji*, p. 77.

tactics" on democracy.[52] He accordingly placed great confidence in non-partisan, elitist agents such as "the youth" to forge a unified national will, while vehemently rejecting the intervention by conventional political parties. It is no coincidence that prior to 1919, Chen waged an intellectual war against the idea that political partisanship might play a positive role in democracy. In 1916, he deemed party politics to be obsolete and unsuitable for China, claiming that the "national movement" (*guomin yundong* 國民運動) would transcend it.[53] At other times, he effectively reduced the concept of partisanship to that of political egotism, highlighting the contrast between "the movement of the masses," which should be endorsed, and the deficient political parties in contemporary China.[54] He thus made the following promise:

> Regarding political parties, we also acknowledge that they are a necessary means for conducting politics. But we will never bear to join those political parties that solely protect the private interests of a minority, or the interests of a class, without having in mind the happiness of the whole society.[55]

The kind of political party that might fulfill such a requirement was never described by Chen prior to his involvement in the Chinese

---

52 Chen Duxiu, "Da Wang Shuqian" 答汪叔潛, *Duxiu wencun*, vol. 2, pp. 11-12.

53 Chen Duxiu, "Yijiuyiliu nian" 一九一六年, *Duxiu wencun*, vol. 2, pp. 45-46.

54 Chen Duxiu, "Xin qingnian xuanyan" 新青年宣言, *Duxiu wencun*, vol. 1, pp. 366-367.

55 Ibid.

Communist Party. He did not develop an affirmative view of political parties before 1920, but was content to issue vague calls for the "strong elements" in Chinese society to organize a political party that would be supported by the citizens.[56]

Chen's notion of a "comprehensive" political will which circumvents partisan politics also corresponds to his conceptualization of direct, popular, constitutional decisions as the core of "true" democracy in 1919. Here, Chen reflected on the foundation of democratic government, and he temporarily turned to John Dewey's theory of democracy. While he reaffirmed Dewey's thoughts on social and economic democracy, he tried to transform the American philosopher's understanding of political democracy into a notion of "true popular government" (*zhenzheng minzhi* 眞正民治). What Chen meant by "true popular government" prima facie conforms to Dewey's proposition that the democratic public should consist of small communities and groupings on the communal level.[57] Chen suggested that the popular will should be deployed by a national system of delegates, based on local and professional associations of a small scale. The ability of the citizens to autonomously organize themselves would thereby be enhanced.[58] Detailed as this outlook might seem, it remains

---

[56] Chen Duxiu, "Chu san hai" 除三害, *Duxiu wencun*, vol. 2, p. 591.

[57] Dewey expounded this idea, which belongs to his theory of "associated living," in the lectures he gave in China; see John Dewey, *Lectures in China*.

[58] Chen Duxiu, "Shixing minzhu de jichu" 實行民主的基礎, *Duxiu wencun*, vol. 1, pp. 375-376, 378, 382-384. Chen explicitly stated that the Chinese democracy should be modelled after the democracies of England and America; see: Chen Duxiu, "Shixing minzhu de jichu," p. 380.

obscure with respect to the key concept that Chen introduced in this context, namely, the people's "direct" decision on the constitution.[59] Chen did not explain how this decision by the people might retain its distinctive quality of being *direct* while at the same time emerging from struggles among particular interest groups in communal and national contexts. He simply declared that "direct decision-making powers" (*zhijie yijue quan* 直接議決權) could be preserved in small-scale organizations of the above-mentioned type insofar as they were headed by an acting director and did not need to apply a system of delegates.[60] Even if one were to grant that the popular will can directly manifest itself in small associations guided by a temporary director, this still begs the question of what happens to the popular will on the national level where it needs to be delegated. Obviously, Chen's insistence on conceptualizing a "directly" manifest popular will comes at the prize of sealing the popular will off from the plurality and heterogeneity of extant political wills on the national level.

4.2 Towards the Affirmation of Political Antagonisms

Chen Duxiu's advocacy of "science over politics" constituted a meta-political vision comparable to Hu Shi's perception of the political. Like Hu, Chen encountered great conceptual difficulties in trying to reconcile

---

59 Chen Duxiu, "Shixing minzhu de jichu" 實行民主的基礎, *Duxiu wencun*, pp. 375-376.
60 Chen Duxiu, "Shixing minzhu de jichu" 實行民主的基礎, *Duxiu wencun*, pp. 383, 385.

the emancipatory claim of the republic（i.e. popular and national sovereignty）with the observation that（1）national and international politics was antagonistic in essence and governed by "the rule of the strongest," and（2）there was no Chinese citizenry upon which to build representative government, but merely a populace lacking in political knowledge, experience and ability. In 1919, Chen vented his frustration by proclaiming that the "right of the strongest" should not be overcome at all, but made to serve the purpose of democratic action:

> The only method for fundamental emergency aid is that "the common people conquer the government": Based on the majority within the common people – in the realms of scholarship, trade associations, and associations of farmers and workers –, the spirit of democratic politics should be realized through the right of the strongest. Apart from those associations of the common people, there is no need for political parties.[61]

This remarkable shift is also evident from Chen's acknowledgment that the right of the strongest was a necessary means for political resistance in a Chinese republic that existed only in name.[62]

The "right" that is to be displayed by "the strongest" is obviously

---

[61] Chen Duxiu, "Shandong wenti yu guomin juewu" 山東問題與國民覺悟, *Duxiu wencun*, p. 646.

[62] Chen Duxiu, "Zai zhiwen 'Dongfang Zazhi' jizhe" 再質問《東方雜誌》記者, *Xin qingnian*, 6:2（February. 15, 1919）, p. 150; see also: Chen Duxiu, "Shixing minzhu de jichu," p. 376.

neither a legal concept, nor a concept belonging to the European tradition of natural right in early modernity. It is a social Darwinian concept that refers, according to Chen, to a factual manifestation of irrationality. Chen now altered the function of this concept with respect to his understanding of politics: Whereas before he had treated the right of the strongest as a political goal in the negative sense of something to be eliminated, he now switched to the affirmative sense by identifying it as a necessary political means. This shift arguably marks the very core of Chen's reflection on the historical events that led to the demonstrations of May 4th, 1919:

> Based on the question of Shandong, we citizens should attain fundamental insights in two respects: (1) The insight that we cannot solely rely on justice (*gongli* 公理); (2) the insight that we must not allow a minority to monopolize political power (*zhengquan* 政權). (…) We should attain the insight that justice cannot flourish by itself, but needs to be supported by the right of the strongest.[63]

Even though Chen did not elaborate on this conceptual shift in detail, it is evident that it amounted to a reconceptualization of politics. It should be noted that this reconceptualization probably occurred slightly earlier than his immersion in Marxism in 1920. In addition, the reconceptualization obviously influenced his choice within the field of socialist currents in China. In 1920, Chen again referred to the right of the strongest when

---

63 Chen Duxiu, "Shandong wenti yu guomin juewu," p. 644.

vehemently rejecting anarchism in his essay entitled "Discussing politics."
In terms of practical politics, he disagreed with anarchists because they
ostensibly refused to understand that for the time being the state and its
means of coercion would be necessary for strengthening the working class
through "revolutionary" methods.[64] He therefore suggested that one should
not "blindly raise an objection against the right of the strongest," but rather
try to find an adequate "application method."[65] This task had conceptual
implications, as Chen concluded when stating that the right of the
strongest, the state, politics, and law were "four designations for the same
thing." He added that politics was inescapable, even if one were to refuse
to talk about it. The only place where one could actually get rid of politics
was "a place deep in the mountains," where no traces of human beings
existed.[66]

The political reality was thus characterized by an intrinsic and resilient
substrate of irrationality. An immediate transformation of political life

---

[64] Chen Duxiu, "Tan zhengzhi" 談政治, in *Duxiu wencun*, vol. 2, pp. 556-557.
Chen consequently related the concept of proletarian class struggle to the
"national revolution," which he believed was inevitable in the face of the
continuing suppression of the Chinese by "foreign capitalism"; see Chen,
"Shehuizhuyi piping," p. 13. Chen's critique of anarchism belongs to the larger
context of attempts by Chinese Marxists to distance themselves from anarchism
and socialist utopianism; see the contribution by Peter Zarrow in this issue.

[65] Chen Duxiu, "Tan zhengzhi," p. 546. At the time, Chen was convinced that the
working class could achieve better living conditions only through class struggle
and had to wrestle political power from the "oppressive capitalist class." See:
Chen Duxiu, "Tan zhengzhi," p. 547; Chen, "'Gongchandang' yuekan fayan"
《共產黨》月刊發言, *Chen Duxiu xuanji*, p. 129.

[66] Chen Duxiu, "Tan zhengzhi," pp. 542-543.

through the diffusion of science in all spheres of life, as Chen had
imagined after 1915, was now out of the question. Yet Chen did not
surrender to political irrationality altogether, but insisted that it was still
possible to rationally (scientifically) account for forms of repression in
sociopolitical life, and even devise ways to eliminate them. It was
Marxism that offered a scientific explanation for the existence of coercion
and antagonisms in the process of human society.[67] We can thus surmise
that Chen's interest in Marxism was not solely due to the signaling effect
of the Russian revolution, or organizational know-how in Leninist party-
building offered by China-based Comintern experts. Marxism was highly
attractive to Chinese intellectuals such as Chen Duxiu also because it
provided them with an ostensibly scientific explanation for the course of
history in general, including the future of humankind, and the seemingly
irrational, antagonistic (class-)structure of modern society in particular.
Marxism even demonstrated that social antagonisms were not detrimental
to emancipation in the end, but in fact, propelled historical progress. Chen
accordingly referred to the *Communist Manifesto* in 1921 by announcing

---

[67] Ibid., p. 556; see also Chen Duxiu, "Da Zheng Xianzong" 答鄭賢宗, *Duxiu
wencun*, p. 260. The linkage between Chen's reconceptualization of politics and
his heightened interest in Marxism is also evident from his participation in a
brief debate in summer 1920 on the relationship between justice (*gongli*) and
the right of the strongest (*qiang quan*). During this debate, there was a
discussion on the question of whether the Bolshevik's victory had been due to
justice or the right of the strongest; see Michael Y.L. Luk, *The Origins of
Chinese Bolshevism. An Ideology in the Making, 1920-1928* (Hong Kong:
Oxford University Press, 1990), pp. 40-41, 51.

that there existed a "necessary way" to conclude class struggle and eliminate the capitalist class in order to finally dissolve all classes.[68] For Chen Duxiu and his fellow Marxist intellectuals this meant reliance, in the form of Marxist theory, on a thoroughly rational account for the inevitable irrationality of socioeconomic and political life under current conditions. Even better, Marxism renewed the hope for implementing a fully rational organization of human society. It upheld, after all, its strong claim to the inseparability of Marxist theory from praxis – namely the claim to integrate the two tasks of explaining and changing the world. Marxism thus compensated, as it were, for the loss of the high hopes that had accompanied previous attempts by Chinese intellectuals such as Chen to depict Western scientific civilization as the cure-all for China's political, social, and economic problems. One just had to work towards the future communist society in which politics would be finally eliminated and replaced by the administration of material abundance.

5. Conclusion

Hu Shi and Chen Duxiu both belonged to the mainstream of May Fourth thinking on politics, culture, and society that remained within a conceptual framework forged by over two decades of Chinese interpretations of evolutionary theories. This framework provided Chinese intellectuals

---

[68] Chen Duxiu, "Shehuizhuyi piping" 社會主義批評, *Xin qingnian*, 9:3（July 1, 1921）, p. 12; see also Chen, "Makesi xueshuo" 馬克思學說, *Xin qingnian*, 9:6（July 1, 1922）, pp. 6-8.

with a globalized historical outlook on political reality that encompassed China *and* the modern world. Consequently, the realm of experience which became accessible when addressing the question of politics in China was considerably expanded beyond China's own past and present. It was now immediately plausible, as it were, to include observations of political reality from different corners of the world when trying to cope with Chinese politics, and this pertained also to the challenge of conceptualizing politics itself.

When Liang Qichao stated in 1910 that the realm of politics within a society was no longer identical with the realm of the state and its institutions, he seemingly referred to the West, but his text clearly implies that he had contemporary China in mind too. It would therefore be misleading, from Liang's point of view, to suppose that China's political fate rested solely on the decision-making within the institutions of the dynastic state. Rather, one had to reckon with the politicization of much broader social strata. It is no exaggeration to say that this conceptual shift continued to pose a challenge for Chinese intellectuals who tried to cope with "politics" for decades after the revolution of 1911.

The realm of historical experience that emerged within the evolutionary framework offered Chinese intellectuals not only a globalized historical outlook, but also an orientation towards the scientific civilization. To be sure, the debates of the May Fourth era testify to the fact that there were various, often conflicting understandings of science, scientific rationality, scientific civilization, or the scientific worldview. What these references to science had in common was the claim that evolutionary change of modern societies rested on the production and diffusion of scientific knowledge throughout society, including the spheres of politics and culture. Based on this premise, May Fourth intellectuals such as Hu Shi and Chen Duxiu reflected on China's political reality.

The political thought of Hu Shi and Chen Duxiu did certainly not belong to the constructivist type of political theory that engages in thought experiments and covers the ground of normative theorizing on such issues as justice and freedom. Hu and Chen would rather have described their own political thought as hermeneutical in nature. Therefore, they pursued a thorough interpretation of political reality, and therein insisted on the need to preserve an astute sense of reality. They consequently felt obliged, as we have seen, to remain closely focused on practical problems in Chinese political life, which they described as characterized by irrationality, corruption, moral decay, and rampant power struggles throughout society. Their analyses of the current situation offered the bleak conclusion that in the Chinese case, neither revolutionary violence nor post-revolutionary coercive power used by the authorities had produced political stability, let alone a prosperous republican polity. China's fundamental problem apparently still consisted in attaining political unity, rather than establishing new forms of political plurality. Significantly, neither Hu Shi nor Chen Duxiu conceptualized "politics" in a way that depicted the plurality of interests, meanings, values, and norms as its salient feature. Nor did they perceive such a plurality as an intrinsic aspect of political life that ought to be preserved. Their initial decision to opt for distinctively meta-political solutions for China's political problems was therefore an obvious choice. When they finally abandoned their respective meta-political attempts, they turned to the idea of using intermediate *political* means to eliminate political contestation, or politics altogether. Hu Shi thus pinned his hopes on a non-partisan government led by members of the intellectual elite in the early 1920s. When it failed, he anticipated an ever-increasing reliance on expert knowledge in democratic decision-making. Hu Shi's expertocratic thought indeed highlighted the task of rationalizing politics within the institutional shell of a constitutional democracy. Chen Duxiu, for his part, had found around 1920 an allegedly scientific (Marxist) explanation for the need to rely on class struggle. According to this scheme, class struggle was indispensable for achieving victory in the future socialist revolution, which would pave the way for the historical stage of a communist society free from political rule. Hu Shi and Chen Duxiu hence shared, in spite of their different ideological choices, the expectation of a future society in which political rule as a means to attain unity would cease to exist.

Bibliography

Bernal, Martin. *Chinese Socialism to 1907*. Ithaca: Cornell University Press, 1976.

Chen Duxiu 陳獨秀. "Zai zhiwen 'Dongfang Zazhi' jizhe" 再質問東方雜誌記者, *Xin qingnian* 新青年, 6:2（Feb. 15, 1919）, pp. 148-160.

_____. "Shehuizhuyi piping" 社會主義批評, *Xin qingnian* 新青年, 9:3（July 1, 1921）, pp. 1-13.

_____. "Makesi xueshuo" 馬克思學說, *Xin qingnian* 新青年, 9:6（July 1, 1922）, pp. 1-9.

_____. *Duxiu wencun* 獨秀文存. Hong Kong: Yuandong dushu gongsi, 1965, Vols. 1-2.

Chen Pingyuan 陳平原. "Zai xueshu yu zhengzhi zhi jian — lun Hu Shi de xueshu quxiang" 在學術與政治之間——論胡適的學術取向, *Xueren* 學人, 1（1991）, pp. 124-159.

Chou Min-chih. *Hu Shih and Intellectual Choice in Modern China*. Ann Arbor: University of Michigan Press, 1984.

Denton, Kirk A. *Modern Chinese Literary Thought. Writings on Literature 1893-1945*. Stanford: Stanford University Press, 1996.

Dewey, John. Robert W. Clopton and Tsuin-Chen Ou（trans. and eds.）*Lectures in China, 1919-1920*. Honolulu: University Press of Hawaii, 1973.

Dirlik, Arif. "Modernity as History: Post-revolutionary China, Globalization and the Question of Modernity," *Social History,* 27:1（January 2002）, pp. 16-39.

Fröhlich, Thomas. "Prospect Optimism in Modern China: The Formation of a Political Paradigm," in Thomas Fröhlich and Axel Schneider（eds.）. *Chinese Visions of Progress, 1895–1949*, Leiden: Brill, forthcoming.

Fröhlich, Thomas. *Staatsdenken im China der Republikzeit（1912-1949）: Die Instrumentalisierung philosophischer Ideen bei chinesischen Intellektuellen*. Frankfurt, New York: Campus Verlag, 2000.

Fung, Edmund S.K. *The Intellectual Foundations of Chinese Modernity: Cultural and Political Thought in the Republican Era*. Cambridge, UK: Cambridge University Press, 2010.

Grieder, Jerome B. "The Question of Politics in the May Fourth Era," in Benjamin I. Schwartz（ed.）. *Reflections on the May Fourth Movement: A Symposium*. Cambridge, MA: Harvard University Press, 1972, pp. 95-101.

_____. *Hu Shih and the Chinese Renaissance: Liberalism in the Chinese Revolution 1917-1937*. Cambridge MA: Harvard University Press, 1970.

Hu Ming 胡明（ed.）. *Chen Duxiu xuanji* 陳獨秀選集. Tianjin: Tianjin renmin chubanshe, 1990.

Hu Shi 胡適. "Intellectual China in 1919" Chou Chih-P'ing（ed.）. *English Writings of Hu Shi: Chinese Philosophy and Intellectual History（Volume 2）*. Heidelberg: Springer, 2013, pp. 1-7.

_____. "Zhenglunjia yu zhengdang" 政論家與政黨, *Nuli zhoubao* 努力週報（*The Endeavor*）, 5（June 4, 1922）, p. 1.

_____. "Zhi nan, xing bu yi" 知難，行不易, Hu Shi, Liang Shiqiu 梁實秋, and Luo Longji 羅隆基（eds.）*Renquan lunji* 人權論集. Shanghai: Xinyue shudian, 1930, pp. 145-168.

_____. "Zhongguo wu ducai de biyao yu keneng" 中國無獨裁的必要與可能, *Duli pinglun* 獨立評論, 130（Dec. 9, 1934）, pp. 2-6.

_____. "Cong yi dang dao wu dang de zhengzhi" 從一黨到無黨的政治, *Duli pinglun* 獨立評論, 171（Oct. 6, 1935）, pp. 10-12.

_____. *Hu Shi xuanji* 胡適選集, Zhenglun 政論, 110. Taipei: Wenxing shudian, 1966.

_____. *Hu Shi zuopin ji* 胡適作品集. Taipei: Yuanliu, 1986.

_____（signed Hu Shih）. "The Literary Renaissance" Sophia H. Chen Zen（ed.）. *Symposium on Chinese Culture*. Hong Kong: Chinese Book Service（undated reprint; first published by the China Institute of Pacific Relations, 1931）, pp. 129-141.

Liang Qichao 梁啓超. "Xianzheng qianshuo" 憲政淺說. *Yinbingshi heji* 飲冰室合集 3, sec. 23. Beijing: Zhonghua shuju, 1989, pp. 29-46.

Liu, Lydia H. *Translingual Practice: Literature, National Culture, and Translated Modernity – China, 1900-1937*. Stanford: Stanford University Press, 1995.

Luk, Michael Y.L. *The Origins of Chinese Bolshevism: An Ideology in the Making, 1920-1928*. Hong Kong: Oxford University Press, 1990.

Marquard, Odo. *Schwierigkeiten mit der Geschichtsphilosophie*. 4th ed., Frankfurt am Main: Suhrkamp, 1997.

Pan Guangzhe（Pan Kuang-che 潘光哲）. "Qingnian Hu Shi de 'minzhu jingyan'" 青年胡適的「民主經驗」, Qian Yongxiang（Sechin Y.-S.Chien 錢永祥）（ed.）. *Pubian yu teshu de bianzheng: Zhengzhi sixiang de tanjue* 普遍與特殊的辯證：政治思想的探掘. Taipei: Zhongyanyuan renshe zhongxin, 2012, pp. 151-194.

Schmitt, Carl. *The Concept of the Political*. George Schwab（trans. and intro.）. Chicago: The University of Chicago Press, 1996.

Wu Xiaoming 吳曉明. *Chen Duxiu wenxuan* 陳獨秀文選. Shanghai: Shanghai yuandong chubanshe, 1995.

Xu Jilin 許紀霖. "Zhongguo ziyouzhuyi de wutuobang — Hu Shi yu 'haozhengfuzhuyi' taolun" 中國自由主義的烏托邦——胡適與「好政府主義」討論, Liu Qingfeng 劉青峰（ed.）. *Hu Shi yu xiandai Zhongguo wenhua zhuanxing* 胡適與現代中國文化轉型. Hong Kong: Zhongwen daxue chubanshe, 1994, pp. 35-54.

Zarrow, Peter. *After Empire. The Conceptual Transformation of the Chinese State, 1885-1924*. Stanford, Calif.: Stanford University Press, 2012.

五四時期的政治概念：
胡適、陳獨秀及其政治概念化的應對

范登明（Thomas Fröhlich）

摘要

五四時代的突出的特點是如何使「政治」概念化的對立與交鋒，而這一切都發生在中國現代化進程新的演變視角之下。政治與「新文化」之間的關係尤其成爲辯論的焦點。自1910年代中期以來，胡適和陳獨秀兩人成爲辯論的主要方面。起初兩人都一致認爲有必要在「政治」中引入科學理性。然而，時至十年末，爲擺脫共和政治的窘境，他們卻提出了迥異的解決方案。胡適最終選擇了在憲政民主制憲中實現專家政治，而陳獨秀則轉向了馬克思主義社會改造的觀點。本文作者認爲，胡適和陳獨秀政治思想方面的不同選擇，實際因爲兩人爲應對政治中表現出的非理性和對立部分採用了不同的概念性策略的不同造成的。本研究表明，政治的概念化對於五四知識分子現代化中國的構想至關重要。

關鍵詞：政治概念，科學世界觀，政黨，專家政治，馬克思主義

【五四圓桌論壇】

從紀念政治到學術研究的反思[*]

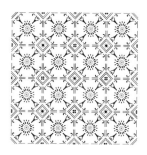

發言人：黃克武

整　理：趙席夐

---

* 此文是2019年5月4日我在中央研究院所舉辦五四百年學術研討會中「圓桌論壇」的即席發言，爲個人對三天會議的側寫，其内容無法包括所有的討論，尚祈原諒。本文由趙席夐根據現場錄音所做的整理，再由我略做潤飾、增補而成。

各位女士、各位先生：

　　大家下午好，非常高興到了「五四百年」會議的最後階段。這一
次會議參加者非常踴躍，在中央研究院開會能有這樣的規模，大概只
有幾年前馬英九先生來近史所談釣魚台事件那次演講可以媲美，不過
那次會場裡有不少是維安人員與抗議民眾，而這次大家則是因為關心
五四而自願參加的。在紀念五四百年之時，一方面因為科學與民主的
理想仍是未竟之業，讓人感到很沉重，另一方面我覺得它也可以反映
出時代與心理的變化。前兩天BBC發了一篇文章，指出「五四是現
代文明與落後野蠻的纏鬥，而在這纏鬥過程之中，五四就像一個可以
充電的電池，即使時代改變了，但隨時可以充電，而使它具有無比的
感召力」。BBC這篇文章也指出，「這種現代文明與野蠻落後的纏
鬥，可能要到現代文明在中國完全建立才會結束。所以一旦我們在紀
念五四，就表示這場纏鬥還未結束」。[1]

　　如果我們回到五四的歷史的現場，那一代的人有什麼感受？我很
喜歡唐君毅先生一篇談60年來中國青年運動的文章。他指出五四時
代的青年運動，是代表青年愛國的熱情而上街，他們背後有一個理
念，就是：只有在民主體制之下，才可使中國免於受帝國主義者的壓
迫。我覺得這個講法滿深刻的，他把青年愛國的熱情跟　種自由民主
體制、反帝國主義的情緒結合在一起，這大概是後來人們將五四愛國
運動與五四新文化運動結合起來的一個原因。但是唐君毅先生又批評
五四青年，他說這些青年的愛國運動就像他們談戀愛一樣，是一種資

1　山海，〈五四運動百年：現代文明與野蠻落後的纏鬥〉（2019/05/03），
　　「BBC NEWS：中文」，https://www.bbc.com/zhongwen/trad/chinese-
　　news-47991927（2019/10/28檢索）。

產階級的談戀愛，有點生澀、有時大膽、有時畏縮，遠遠不如抗戰時期的青年那麼光明正大。[2]這裡可以看到，如果我們回到五四現場，把青年運動當作一個主體來看，可以看到問題的核心其實是剛才夏伯嘉院士所講的如何愛國、如果愛國，是要愛那一個國？

　　到底「要愛那一個國」的問題牽涉到很複雜的一些歷史情境。在香港與臺灣或其他「華夏邊緣」地帶的人們對此有深刻感受。以臺灣來說，大多數人其實自外於五四。我和陳永發院士曾討論到這個現象，他說如果我們與中國無關的話，那麼五四當然不重要。其實不盡然，從日治時代開始臺灣與五四就有千絲萬縷的連結（參見簡明海，《五四意識在臺灣》一書）。這幾年為了紀念五四百年，臺灣各地（中研院、台大、政大等）也辦了不少的活動。我也很高興看到我們的會議辦得這麼成功。我可以透露一個有趣的消息，潘光哲主任告訴我說，昨天賴清德前院長到胡適紀念館來訪問，來參拜胡適並表達對五四的敬意。他可能是少數臺灣政治人物裡面對五四感興趣的一個人。[3]

　　相對於臺灣多數人對五四的冷漠，大陸對五四是一種曖昧。剛才有一位媒體記者問「為什麼在當代中國的愛國主義之中，會把愛國主義嫁接成聽黨話、跟黨走的愛國主義？」很可惜來自大陸的與會者因

2　唐君毅，〈六十年來中國青年精神之發展〉，收入《生命的奮進唐君毅、徐復觀、牟宗三、梁漱溟四大學問家的青少年時代》（台北：時報文化出版有限公司，1986），頁79、81。

3　2019年5月3日，賴清德在臉書，以「五四運動一百週年，談談獨立與自由」為題發表感想。他談到參訪胡適紀念館，又說「中國早就忘了五四運動的民主精神」。賴也說，五四百年後的今天，他想召喚民進黨創黨的核心價值「獨立自主」。https://www.facebook.com/chingte/posts/2647730048577331/（2019/10/28檢索）。

有所忌諱而沒有回答。我的看法是：大陸對五四青年愛國運動一直有
一種愛憎交雜的情緒，這跟國民黨對五四的態度十分類似，生怕有人
藉機鬧事。但是即使如此，五四有其重要的歷史地位，代表現代中國
思想與文化的一個起點，所以無論站在什麼立場，都要對五四表達意
見。今年4月19日中國大陸習近平主席有一個關於五四的講話，特別
提到要蒐集五四的材料，要發揚五四的歷史意義，特別著重鼓舞青年
的愛國精神。這是在中共青年節之下的脈絡來講述的，然後他接著就
把五四愛國主義與跟黨走、聽黨話嫁接在一起。如何看這件事情？從
我們這次會議的兩篇文章可以回答。第一個是陳永發院士的主題演
講，〈毛澤東如何綁架五四？〉我覺得中共一直「綁架」到今天，這
是第一個回答。第二個回答是陳儀深先生的〈從五四精神看中共政權
的失敗〉，檢討1949年後中共統治發展歷程中，現代化的機會如何消
失。簡單來說，如果說從陳永發到陳儀深所點出的脈絡來看，「跟黨
走、聽黨話」的一個嫁接，事實上就是綁架歷史、背叛五四，這是我
對於大陸紀念五四的一個感想。這也是我這個簡短的講話裡面要指出
的一個觀點，如果我們要從五四的研究找到一個未來的方向，一定要
從紀念史學轉移到學術研究。這也是拙文談到例如顧昕的書（《中國
啓蒙的歷史圖景：五四反思與當代中國的意識形態之爭》）和余英時
先生的文章所指出的學術思想與意識形態的區隔。從五四運動發生之
後，五四就不斷的被各方所挪用，不管是中國共產黨、中國國民黨、
自由主義乃至新儒家，都嘗試紀念五四、批判五四，而闡明自己的立
場。最簡單的說法，他們把五四做爲近代中國的起點，以及歷史發展
未來的一個方向，希望藉著五四的歷史動向，發揮指點江山的作用，
這就是所謂的「意識形態化」。我覺得在五四運動的探討之中，如果
不對意識形態化作一批判、反省，那麼就非常難突破剛才黃進興先生

談到的怎樣更深刻、更多層次地來展現五四。

　　這次的會議透露了一些訊息，我有下面幾點感受。第一，五四作為一個學生運動、愛國運動有非常複雜、多元的歷史背景。如果回到五四的現場，可以看到呂芳上先生開始講的青年運動發展的一個脈絡。當然青年有其主體性，但是他跟當權者之間有各種糾纏不清的關係，有「利用」與「被利用」的兩面性，而且幾乎所有掌權者在主政之後，就開始壓制青年，這好像是青年運動的一個宿命。但這種線性的以青年運動為歷史發展之主軸的觀點，在這次的會議中有所反省。特別是唐啟華、黃自進等幾位先生所描述的歷史裡，我們可以發現五四運動背後有非常複雜背景。這個背景包括北洋軍閥的直系、皖系之爭，包括馮國璋、段祺瑞、徐世昌之間的恩怨，也包括研究系、安福系在裡面穿針引線的作用。黃自進引用日本使館的報告，看日本人如何看待五四。這一篇文章呈現出以往所不太瞭解的五四運動。這包括運動的錢從哪裡來？學生運動的理念是什麼？能量是什麼？學生運動怎樣跟罷工、罷市相結合。這些都是以前的研究不太注意的面向。我們也可以看到研究系反覆發佈真新聞、假新聞來動員學生。北京的學生運動的錢是來自馮國璋，他把四千大洋給了林長民，讓林長民轉給學生。上海的學生運動是國民黨在背後操作；而各地的學生運動，根據日本使館的報告，多半是美國的教會學校、美國領事館在背後支持。

　　陳以愛的報告也特別指出所謂的東南集團，地方上的青年會、教育會，以及他們與商會之間交織而成的一種複雜關係。簡單的說當我們重新回到五四時會發現，五四是一個各方競逐的場域，而學生只是競逐的棋子。在這場運動之中，實際上主要是「運動學生」，談不上太多的「學生運動」。過去對青年愛國運動多帶有一種純潔青年精神

的一種想像，然而當我們將背後的「藏鏡人」逐漸挖出來之後，可以
看到五四運動背後的複雜因素。

　　其次如果我們把五四當作新文化運動，這次會議的第二個亮點就
是把民主、科學與新文化運動放進一個國際脈絡裡來考察，這方面我
覺得非常出色。五四除了有中國本土的脈絡之外，有非常深厚的國際
脈絡，也有跨文化的各種翻譯活動，而翻譯的操作是往復轉還的。在
這些討論裡，許多文章特別注意到日本的重要性，像魯迅、周作人的
觀點，不管是文學革命或改造國民性，背後都有非常深厚的日本根
源。甚至魯迅的〈破惡聲論〉中「偽士當去，迷信可存」[4]的話都是翻
譯自日本。剛才潘光哲也談到，《太陽》雜誌或大正民主之內容在中
國思想傳播上所扮演的一個角色。所以把中日結合在一起，我們可以
看到中國新文化運動背後有日本文化能量的累積。

　　同樣地韓國朋友告訴我們，中韓之間有「知」的連結。不過在
「知」的連結之中又各自有脈絡。例如：韓國「三一運動」對中國五
四運動起到催化的作用，但非常有趣的是在韓國沒有「德先生」與
「賽先生」的口號。他們有對於新政體的一種想望，但是從來沒有像
中國一樣把德先生、賽先生標舉出來。這就是剛才王汎森先生所談到
的在中國非常特別的一個現象。韓國人也談民主、救亡、啓蒙等，但
是對於科學只有模糊的想像，也不標舉反傳統。他們真正在乎的是抗
議日本殖民統治，希望建立一個自由而獨立的國家，在這個建立的過
程中必須要保存傳統。這裡面可以看到中韓之間一方面交織互動，另
一方面又有不同的地方。

4　魯迅，〈破惡聲論〉（1908），《魯迅全集編年版》（北京：人民文學出版
　　社，2013），第一卷（1898-1919），頁149。

　　另外一個國際脈絡是蘇俄。王奇生先生的文章分析俄國與共產國際，他提到「三二運動」，我想多數人都沒聽過這個運動，這是共產國際在1919年成立紀念日（共產國際，通稱第三國際，於1919年3月2日在列寧領導下成立，總部設於蘇聯莫斯科）。共產國際成立之後對中國產生重大的影響。除了政治層面，俄國因素也包括陳相因教授所講的俄國文化的影響。例如托爾斯泰、高爾基等人的作品深受國人歡迎，像李大釗就深受托爾斯泰人道主義思想的影響。總之，五四時期俄國文化對於中國新政治、新科學的輸入扮演非常重要的角色，這個議題還可以繼續挖掘。

　　這次會議的第三個特點是有兩組有關「賽先生」（科學）的分組討論。我特別向雷祥麟教授請教這兩場討論有什麼特別處。他表示過去學界討論五四時期德先生、賽先生的文章很多，但對賽先生大概只有一個解釋，就是scientism（唯科學主義、科學萬能主義）。這一次的兩個分組討論都企圖超越scientism的解釋模式。第一個解釋模式是雷祥麟教授組織那一場「德先生與賽先生的緊張關係」，各文把賽先生當作歷史過程之中浮現的一種現象，探討科學自晚清以來興起及轉化的過程，最後德先生與賽先生又結合成車之雙輪的跨國歷史脈絡，我覺得這是非常重要的一個突破。

　　第二個場次策略不太一樣，致力於探討被賽先生所壓抑的其他科學的層面，所以它叫做「令人意外的賽先生」。蕭建業（Victor Seow）先生談到關於賽先生聚焦於科學方法，五四時期突出一個強調發明的科學傳統，一方面透過愛迪生強調發明，又把發明跟中國的四大發明結合在一起，創造出中國是一個擁有發明傳統的文明。傅家倩（Jia-chen Fu）的論文也指出，李石曾在法國做豆腐，但豆腐是把黃豆的傳統記憶，轉化成現代的一種工藝，使得黃豆成為一種新興的關鍵經

濟作物，而使豆漿取代牛奶成為蛋白質的一種來源。事實上，科技跟
其它幾個歷史面向密切相關，這幾篇文章談到科技跟民主的關係，以
及科學與救國的關係。為什麼科學可以救國？科學跟救國的連繫是如
何形成的？王文基教授談到家庭革命跟科學，跟心理分析、心理學的
發展是結合在一起的，甚至我們可以看到女性在科學論述裡面的缺
席，反映了科學論述的一種特殊性與局限性。這兩個分組討論讓我們
對 scientism 之外，賽先生的發展有更深入的認識。

　　第四個感想是這次會議討論到民主、科學與「多元現代性」的爭
議，這牽涉到中國歷史後來比較重要的發展，也和許紀霖教授所談到
的從「文明自覺」到「文化自覺」的轉變有關。在 1923 年科玄論戰
之後，表面上科學派占了上風，取得了全盤的勝利，可是事實上玄學
派在歷史發展之中，從來沒有銷聲匿跡。在現代文學的分組討論中王
德威教授報告了「魯迅、韓松與未完的文學革命」。他談到魯迅在科
玄論戰之中有意的缺席，而且他提出「懸想」、「神思」，認為「迷信
可存」，而魯迅所說的「迷信」，又跟胡適在〈終身大事〉裡面想要
破除的「迷信」是不一樣的，由雙方對於迷信的不同定義，可以看出
他們對於科學的不同看法。在一個從經學當家到科學獨霸的世俗化時
代，如何面對精神層面的問題，是五四與五四後時代非常重要的一個
課題。民主與科學如果不是唯一的答案，那麼我們有沒有其他的選
項？

　　在這方面，這一次會議的文章至少有四個層面的反省。第一個層
面的反省是宗教界的回應，康豹先生主持的分組討論，可以看出從佛
教、道教到基督教對五四運動的各種回應。宗教界人士從事社會活
動，甚至帶起一種革命精神，結合宗教與科學，來反思西方以科技文
明為主的一種現代性，而推動另一種現代性。太虛大師的思想就非常

有意思，他一方面讀佛學、哲學，另一方面他非常喜歡讀嚴復的《天演論》，而寫了一本書《論嚴譯》（1915），從佛教的角度來解析嚴復譯作。這種把《天演論》的新宇宙觀跟哲學、佛學結合在一起的努力，是宗教界面對科學的衝擊所作的反應。

　　第二個層面是教育界的回應。我覺得羅久蓉教授談到蔡元培主張「以美育代替宗教」是對這個問題的另一種回應。也就是說在世俗世界裡面，我們不再依靠宗教的話，那麼美育是否可以取而代之？同時在教育裡面，也有人認為「讀經」可以代替宗教，他們主張以經學的復興來安頓科學時代的精神世界。家庭問題也可以放在這一個範疇。這一次會議有一場「百年來中國家庭變遷」圓桌座談，探討家庭的延續與變遷。中國家庭具有強韌的生命力，國家所灌注的現代意識有時很難滲透到家庭之內，而且在中國文化傳統之中，「孝」是唯一能與宗教相提並論的力量。第三種反省是文學界的回應，彭小妍在他的《唯情與理性的辯證：五四的反啟蒙》一書談到的唯情論和創造社，它依靠倭伊鏗和柏格森的精神傳統，創造一種新的精神世界，來反思五四的啟蒙。第四個回應是跟上述文學動向配合的一種哲學思想的回應，包括許紀霖教授談到「新派中的舊派」，例如學衡派如何接引哈佛大學白璧德的精神，對於五四轉化的啟蒙作一種反省。這也牽涉到新儒家對科學世界之衝擊所做的反思。新儒家強調西方民主科學之後有一個精神，如何能夠把這個精神接引過來，是唐君毅、徐復觀、牟宗三、錢穆先生長期以來的一個志願。他們最大的貢獻是讓我們瞭解到所謂的中國傳統並不是像五四思想家所說的是禮教、鴉片、小腳、太監等等負面的東西，而是唐君毅先生所說的「中國文化的精神價值」，而這種精神價值包括一種「求諸己」的自做主宰的精神，也包括「從道不從君」的批判意識，這種反省讓我們對於儒家有更深入的認識。

　　這幾個命題都是在文明自覺和文化自覺的衝擊之中，希望找到一種將「我們的」與「最好的」結合在一起的努力。五四百年的意義，在於繼承五四，再超越五四。可是不管如何探討五四，不能依靠綁架歷史，也不能依靠依附西方。如何建立一種批判的觀念，反省「意識形態化」、「全盤西化」的侷限，並以自覺的精神對於五四做學術性的探討，這樣的五四或許才具有「啓蒙」的價值。

【論文】

程敏政《道一編》與
王陽明《朱子晚年定論》關係考辨

何威萱

現任元智大學中國語文學系副教授，研究興趣爲宋明理學及
明清思想學術史。研究成果散見《臺大中文學報》、《臺大
歷史學報》、《臺大文史哲學報》、《清華學報》、《成大中文
學報》、《明代研究》、《中國文化研究所學報》等學術期刊。

程敏政《道一編》與
王陽明《朱子晚年定論》關係考辨

摘要

　　《道一編》是弘治初年著名學者程敏政（1445-1499）的著作，該書透過編排、考證朱熹（1130-1200）、陸九淵（1139-1193）的書信文字，論證二人的思想「早異晚同」，是「朱陸異同」爭論史中重要的里程碑，在當時頗具影響力。《道一編》在選錄書信的年代編排上確有瑕疵，然程敏政實欲藉此書宣揚所謂朱陸二人晚年共趨之道——「尊德性爲本輔之以道問學」，以矯元代以來朱學流於訓詁岪文之弊。不過正因爲《道一編》的結論將朱陸二家共冶一爐，故程氏之學術立場頗受歷來學者質疑爲「陽朱陰陸」，論者同時也認爲，此書與爾後王陽明（名守仁，1472-1529）《朱子晚年定論》關係密切，甚至視《朱子晚年定論》爲《道一編》的續編與副產品。本文針對此二點細加探查，指出程敏政實爲奠基於朱學的修正者，《道一編》並非爲陸學張本之作；而《朱子晚年定論》與《道一編》在形式與取材上都有很大的差距，並且王陽明雖曾見過《道一編》，卻是以之爲失敗之前鑒，故其編纂《朱子晚年定論》的方法與目的都已不同於《道一編》。要之，程敏政站在朱學的立場，以《道一編》衡定朱學眞諦之學理基礎；陽明則是藉由朱子「國家級」的學術權威爲證成自身學術主張的合理性，並樹立其學術地位與價值。

關鍵詞：程敏政、道一編、王陽明、朱子晚年定論、朱陸異同

一、前言

弘治元年（1488）十月十八日，少詹事兼翰林院侍講學士程敏政（字克勤，號篁墩，1445-1499）遭御史魏璋彈劾，黯然返回休寧老家。[1]在家鄉近三年半的時間裡，他集中精力完成《道一編》、《新安文獻志》、《心經附註》三部重要著作，其中在思想史上影響最鉅者為《道一編》。該書透過編排、考證朱熹（1130-1200）、陸九淵（象山，1139-1193）的書信文字，論證二人的思想「早異晚同」，是「朱陸異同」爭論史中重要的里程碑。此書在當時頗具影響力，如陳建（1497-1567）便指出：「近年各省試錄，每有策問朱陸者，皆全據《道一編》以答矣！」[2]隨著《道一編》的傳播，相關討論陸續出現，主要麕集於以下三點：

（1）《道一編》核心的卷三、四、五三卷，分別收錄程敏政所認定的朱子早、中、晚年之文字（附以陸象山等人文字），然其中所收朱子文字或有年代顛倒、不按次序的情況，故正德時程曈撰《閑闢錄》相駁，就是為了「明《道一編》之顛倒」，[3]並澄清「篁墩之說恐非朱子本意」；[4]陳建則不滿《道一編》及王守仁（陽明，1472-1529）

1　此事始末，參拙文，〈寂寞的神童——明儒程敏政生平要事考釋〉，《中國文化研究所學報》，63（香港，2016），頁102-111。

2　陳建，《學蔀通辨》（台北：廣文書局，1971），卷3，〈前編下〉，頁29。

3　施璜編，《紫陽書院志》（合肥：黃山書社，2010），卷9，〈列傳・程莪山先生〉，頁222。

4　程曈，《閑闢錄》，收入《四庫全書存目叢書》子部第7冊（台南：莊嚴文化事業有限公司，1995，影印清華大學圖書館藏明嘉靖四十三年［1564］刻本），卷6，〈答陸子靜書〉，頁243。關於《閑闢錄》，參解光宇，〈程敏政、程曈關於「朱、陸異同」的對立及其影響〉，《中國哲學史》，2003：1（北京，2003），頁106-111。然此文作者稱「陳建受《閑闢錄》

《朱子晚年定論》將朱子文字「早年者以爲晚歲，晚歲者又以爲早年，
誰料篁墩著書，從頭徹尾，顛倒欺誑」，遂撰《學蔀通辨》嚴辨之；[5]
朱澤澐（1666-1732）《朱子聖學考略》責詈程敏政的年代編排「詐欺
顛倒」、「指鹿爲馬」，並在《學蔀通辨》的基礎上，對朱子文字的年
代考據、文義大旨等另加考證與分析。[6]這些批評固然關乎各自的學術
立場，但他們所指出《道一編》年代失考的問題，確實擊中要害。

（2）其次，程敏政的結論在部分儒者眼中頗有「陽朱陰陸」之
嫌，程氏於其書信中，坦言其書在當時已招來「抑朱扶陸」、「辱朱
榮陸」之譏；[7]其他批評者如陳建則謂程氏「附合於象山，其誣朱子
甚矣！」。[8]馮柯（1532-1601）亦誚「篁墩陰附陸子」；[9]晚近錢穆
（1895-1990）更直斥程氏「引朱歸陸」，「其謂朱子晚年乃始深悔痛
艾，轉依象山正路，豈亦篁墩之自道其內心乎？」[10]甚至連正面贊同

的啓發，著《學蔀通辨》一書，提出朱陸『早同晚異』說，並影響到羅欽
順、顧炎武等人」（頁111），此大不然，蓋陳建書成於嘉靖二十七年
（1548），而羅欽順已逝於前一年（1547），焉能影響之？

5　見陳建，《學蔀通辨》，卷3，〈前編下〉，頁25。關於《學蔀通辨》，參錢
　　穆，〈讀陳建《學蔀通辨》〉，《中國學術思想史論叢（七）》（台北：東大
　　圖書公司，1993），頁213-230、蔡龍九，〈論陳建《學蔀通辨》之貢獻與
　　失誤〉，《國立臺灣大學哲學評論》，36（台北，2008），頁149-192。

6　見朱澤澐，《朱子聖學考略》，收入《續修四庫全書》子部第946冊（上
　　海：上海古籍出版社，1995，影印遼寧省圖書館藏民國刻本），卷6、卷
　　7，頁388、413。此書相關研究參游騰達，〈論朱澤澐《朱子聖學考略》對
　　「朱陸異同論」的文獻探析〉，《東華漢學》，14（花蓮，2011），頁111-143。

7　程敏政，《篁墩程先生文集》（台北：國家圖書館藏明正德三年[1508]徽
　　州知府何歆刊本），卷54，〈復司馬通伯憲副書〉，葉16上。

8　陳建，《學蔀通辨》，〈提綱〉，頁2。

9　馮柯，《求是編》，收入《叢書集成續編》第188冊（台北：新文豐出版公
　　司，1989），卷4，頁758。

10　錢穆，〈讀程篁墩文集〉，《中國學術思想史論叢（七）》，頁39、43。

《道一編》的季本（1485-1563），也視此書爲替陸學張本之作。[11]

（**3**）繼《道一編》後，王陽明《朱子晚年定論》在學界掀起更大波瀾，學者多認爲《朱子晚年定論》係受《道一編》啓發，甚至視《朱子晚年定論》是對《道一編》的襲取與強化。如陳建認爲：「程篁墩之《道一編》，至近日王陽明因之，又集爲《朱子晚年定論》」，[12]清初劉以貴亦稱：「敏政嘗著《道一編》，舉朱陸緒論而顛倒年月，謂其『早異晚同』，姚江因之，成《朱子晚年定論》之錄」，[13]日本學者岡田武彥（1909-2004）甚至認爲「《朱子晚年定論》是《道一編》的續編與副產品」。[14]

以上係歷來學者對《道一編》的三大論點。第一點由於論據充分，學界已有深入考析，大體已無疑義；[15]然後二點卻頗有深論的空間。首先，程敏政在書中並非一味尊陸貶朱，相反地，尊朱之處更爲

11 見季本，《季彭山先生文集》，收入《北京圖書館古籍珍本叢刊》第106冊（北京：書目文獻出版社，1998，影印清初抄本），卷4，〈跋朱陸二先生論尊德性道問學書後（篇名下小註：書即《道一編》）〉，頁908。

12 陳建，《學蔀通辨》，〈自序〉，頁1。

13 清・張耀璧、清・王誦芬纂，《濰縣志》，收入《中國方志叢書》華北地方第388號（台北：成文出版社，1976，影印清乾隆二十五年[1760]刊本），卷6，〈藝文志・鄭康成論〉，頁690-691。

14 岡田武彥著，吳光、錢明、屠承先譯，《王陽明與明末儒學》（上海：上海古籍出版社，2000），頁31。

15 除前述程曈、陳建、朱澤澐的考辨，夏國安碩士論文〈程敏政的儒學思想〉第三章中，已根據陳來《朱子書信編年考證》表列出《道一編》所收所有朱子書信的撰寫年代；筆者博士論文〈程敏政（1445-1499）及其學術思想：明代陽明學興起前夕的學術風氣研究〉第五章，對程敏政錯植書信年代的原因有更深入的討論。見夏國安，〈程敏政的儒學思想〉（新竹：國立清華大學碩士論文，1993），頁64-66、71-72；拙文，〈程敏政（1445-1499）及其學術思想：明代陽明學興起前夕的學術風氣研究〉（香港：香港理工大學中國文化學系博士論文，2013），頁219-225。

顯著，並且程氏的學術思想向來即是宗主程朱，《道一編》是否確為
「抑朱扶陸」，須再商榷。其次，《朱子晚年定論》的主題與論證方式
雖有與《道一編》相通處，但無論形式、選材都有明顯差異，並且王
陽明對程敏政的態度也值得玩味，是否能簡單認定《朱子晚年定論》
直承《道一編》，恐需再探。職是，本文將集中第二、三項議題，深
入分析《道一編》之編纂、內容、以及核心觀點，並重新檢討該書與
《朱子晚年定論》的關係，提供不同於當前諸論之鄙見以供方家卓參。

二、《道一編》的編纂及其內容文字

　　在進入兩大論題前，須先概觀《道一編》的編纂及結構，以利討
論。

　　《道一編》由程敏政門人李信刊刻於弘治三年（1490）底。[16]此書
嚴格來說並非程氏之創作，而是自朱、陸等人文集中摘錄書信、文章
若干，讓諸人各自「現身說法」於讀者面前，並於每卷卷首及所選文
字前後加上按語，向讀者說明這些書信、文章所呈現的思想傾向，及

---

16 李信〈道一編後序〉云：「信敬閱之餘，遂命工刻梓，廣其傳，與四方學
　者共焉」，文末日期題為「弘治庚戌冬十一月朔旦」。見程敏政，《道一
　編》（李信本），收入《續修四庫全書》子部第936冊（影印南京圖書館藏
　明弘治三年［1490］李信刻本），李信〈道一編後序〉，頁565-566。李信刊
　刻之六卷本《道一編》，今收入《續修四庫全書》子部第936冊。臺北國
　家圖書館藏有另種六卷本《道一編》，〈後序〉屬名「李汛」（按：李信後
　更名為李汛），其版式、文字與李信本多有不同。筆者另撰有他文，詳論
　兩種版本之相關問題，並考訂李信本為弘治二年程敏政編定之原本。相關
　討論參拙文，〈現存三種《道一編》版本考辨——兼論轟豹刪改本之意
　義〉，《成大中文學報》，55（台南，2016），頁159-175。以下引用《道一
　編》處若未特別標明，均引自李信本。

其入選的原因。全書六卷結構如下：[17]

表一：

卷數	卷首按語
卷一	此卷凡七書，皆二先生論「無極」者，書之以識其異同之始。
卷二	此卷凡三詩，蓋二先生論所學者，其不合與論「無極」同。
卷三	此卷朱子之說凡十六條，所謂**始焉若冰炭之相反**者。（原註：附見陸子之說二十條。）
卷四	此卷朱子之說凡十六條，所謂**中焉覺疑信之相半**者。（原註：附見陸子之說十四條，南軒張氏之說一條。）
卷五	此卷朱子之說凡十五條，所謂**終焉若輔車之相倚**者。（原註：附見陸子之說十條。）【何按：該卷末尚收真德秀之說一條。】
卷六	此卷凡六條，皆後賢論二先生者。後賢之論二先生多矣，然獨有取於是焉，以其究事精審，觀理平正，而無偏黨適莫之弊也。

其中卷三、四、五為全書核心，分別呈現朱陸二人學說「若冰炭之相反」、「覺夫疑信之相半」、「終則有若輔車之相倚」的三階段，[18]卷一、二、六則是輔助說明相關情況。

　　至於書中所收文字，除主要的朱、陸二人外，尚囊括朱子、象山、陸九齡（1132-1180）、陸象山、包恢（1182-1268）、張栻（1133-1180）、真德秀（1178-1235）、虞集（1272-1338）、鄭千齡、鄭玉（1298-1358）、趙汸（1319-1369）等人之書信、文章，可參下表：

---

17 以下分別見程敏政，《道一編》，卷1，頁514；卷2，頁528；卷3，頁529；卷4，頁541；卷5，頁553；卷6，頁561。

18 見程敏政，《篁墩程先生文集》，卷28，〈道一編序〉，葉15上。

表二：

卷數	文字作者	書信篇數	文章篇數	總計
卷一	朱子	4		7
	陸象山	3		
卷二	陸九齡	1		4
	陸象山	1		
	朱子	1		
	包恢	1		
卷三	朱子	16		36
	陸象山	17	3	
卷四	朱子	13	3	31
	陸象山	11	3	
	張栻	1		
卷五	朱子	15		26
	陸象山	8	2	
	眞德秀	1		
卷六	虞集		1	6
	鄭千齡		1	
	鄭玉		1	
	趙汸		1	

　　爲簡省篇幅以突出重點，這些文字多非完整節錄，往往在節錄過程中再加淬鍊。試舉所錄朱、陸文字各一爲例。如卷三〈朱子答劉公度書〉：

所喻「世豈能人人同己？人人知己？在我者明瑩無瑕，所
益多矣。」此等言語殊不似聖賢意思，無乃近日亦爲異論
漸染，自私自利，作此見解邪？甲臨川近說愈肆，〈荊舒
祠記〉曾見之否？此等議論皆學問偏枯、見識昏昧之故，
乙私意又從而激之。若公度之說行，則此等事都無人管，
恣意横流矣！丙[19]

斠以朱子原文，[20]甲處刪去「不知聖賢辨異論闢邪說……然未嘗以此
爲悔也」共七十五字，乙處刪去「而」一字，丙處刪去「試思之如
何……便相學不說話也」共二十七字。[21]又如卷三〈陸子與張輔之
書〉：

甲孟子於孔子特曰「願學」而已，吾於孔子弟子方且師仰
敬畏之不暇，如顏子、曾子固不待論，平時讀書至子夏、
子游、子張、蘧伯玉、南宮适諸賢言行，未嘗不惕焉愧畏
欽服而師承之，而子遽可以孔子望我邪？乙學者大病，在
於師心自用，師心自用則不能克己，不能聽言，雖使羲皇
唐虞以來，群聖人之言畢聞於耳，畢熟於口，畢記於心，
祇益其私、增其病耳，爲過益大，去道愈遠，非徒無益，
而又害之。丙古之所謂「曲學詖行」者，不必淫邪放僻，

---

19 程敏政，《道一編》，卷3，〈朱子答劉公度書〉，頁536。
20 朱子文集版本複雜，主要分爲閩本、浙本兩大類，詳參尹波、郭齊，〈朱
熹文集版本源流考〉，《西南民族大學學報（人文社科版）》，25：3（成
都，2004），頁447-453。此處校對參考今人據多種版本整理校勘而成的
《朱子全書》本（並參其校勘記）。
21 見朱熹，《晦菴先生朱文公文集》，收入朱傑人等編，《朱子全書》第22冊
（上海：上海古籍出版社，合肥：安徽教育出版社，2002），卷53，〈答劉
公度〉，頁2486。

顯顯狼狼，如流俗人不肖子者也，蓋皆放古先聖賢言行，
依仁義道德之意，如楊墨鄉原之類是也，此等不遇聖賢知
道者，皆自負其有道有德，人亦以爲有道有德，豈不甚可
畏哉？⊤[22]

斠以象山原文，[23]甲處刪去「來書累累及己事……此尤非所宜言哉」
共二百二十二字，乙處刪去「且子既能……試更爲詳言之」共八十
二字，丙處刪去「來書謂……未必不由此也」共一百一十三字，⊤
處刪去「曾子曰……非所敢憚也」共二百七十三字。[24]除上述刪節情
況外，《道一編》甚至有將兩封書信截搭爲一封的情形，如卷四〈朱
子與呂伯恭書〉：

欽夫之逝，忽忽半載，每一念之，未嘗不酸噎。計海內獨
尊兄爲同此懷也。陸子壽復爲古人，可痛可傷，不知今年
是何氣數，而吾黨不利如此。[25]

斠以朱子原文，「欽夫」至「此懷也」節錄自一封書信（信首爲「元
範人回」），[26]而「陸子壽」至「如此」節錄自另一封（信首爲「久不奉
問」），[27]程敏政將兩封不同的書信糅合爲一，復各有刪節。

　　這種編纂手法固能以最簡練的篇幅呈現朱、陸等人的文字精華，

---

22 程敏政，《道一編》，卷3，〈附陸子與張輔之書〉，頁536。
23 程敏政當時較可能看到的象山文集是宋、元刊本及成化年間陸和刻本，由
　　於宋、元刊本今皆不傳，故此處參考成化本。
24 陸九淵，《象山先生文集》，收入《宋集珍本叢刊》第63冊（北京：線裝
　　書局，2004，影印明成化刻本），卷3，〈與張輔之一〉，頁550-551。
25 程敏政，《道一編》，卷4，〈朱子與呂伯恭書〉，頁546。
26 朱熹，《晦菴先生朱文公文集》，《朱子全書》第21冊，卷34，〈答呂伯
　　恭〉，頁1503-1506。
27 朱熹，《晦菴先生朱文公文集》，《朱子全書》第21冊，卷34，〈答呂伯
　　恭〉，頁1509-1510。

然既經刪削，所錄文字能否完整反映作者原意，必須謹慎對待。

三、《道一編》的核心觀點，及程敏政的立場與目的

　　瞭解《道一編》的內容與形式後，將針對「前言」之兩大問題詳加剖析。首先是程敏政是否確爲「抑朱扶陸」，此問題可從兩方面入手，一是《道一編》的實質觀點，二是程敏政的理學立場。

（一）《道一編》的核心觀點

1.「早異晚同」：程敏政的朱陸異同觀

　　《道一編》之主旨，在展現朱、陸二人由早年之格格不入，至晚年共同轉入尊德性、道問學並重的變化脈絡。事實上，這種以「和會朱陸」論「朱陸異同」的思想早已發端於宋末，遠在程敏政之前，如吳澄（1249-1333）、虞集、鄭玉、趙汸均有類似主張，[28]但他們大多僅自朱、陸論學語尋找共通點，平面地調停其間，直至趙汸〈對問江右六君子策〉，始提出「使其合於於暮歲，則其微言精義必可契焉」的假設，俾「早異晚同」在時間軸上成爲尙未實現的可能。[29]這雖然

28　參全祖望，《鮚埼亭集》，收入朱鑄宇等編，《全祖望集匯校集注》（上海：上海古籍出版社，2000），外編，卷44，〈奉臨川先生帖子一〉，頁1681-1682、侯外盧、邱漢生、張豈之主編，《宋明理學史（上）》（北京：人民出版社，1997），第27章，〈元代的朱陸合流與陸學〉，頁749-767、張恭銘，〈南宋至元的朱陸和會思想〉，《孔孟月刊》，35：9（台北，1997），頁15-21、劉成群，〈元代新安理學的四個「轉向」〉，《漢學研究》，29：4（台北，2011），頁168-174。

29　見趙汸，《東山存稿》，收入《景印文淵閣四庫全書》第1221冊（台北：臺灣商務印書館，1983），卷2，〈對問江右六君子策〉，頁192。并參劉成群，〈元代新安理學的四個「轉向」〉，《漢學研究》，29：4，頁173-174、

只是一種可能性，卻可使學者在面對朱、陸某些不可調和的對立時不再陷於尷尬的窘境，而能視之爲二人早年不成熟的想法，從而繞過這些死結，直探二人晚年可能共趨的核心價值。換言之，此前學者眼中的朱陸異同，係兩個固定、成熟的學術體系的交融與和會，是一種純概念式的分析與比附；而趙汸則摻入時間的變量，將朱陸異同視爲兩個互相影響而不斷完滿、成長，最終或能融合爲一的動態學術發展過程。[30]

　　順著趙汸思路繼續精進者，爲程敏政的《道一編》，全祖望（1705-1755）明白指出：「明儒申東山之緒者，共推篁墩」。[31]然而，程敏政並非徒然將趙汸的論點具體化而已，而是有所修正。按趙汸所云，他在朱、陸二人間看到的只是一種相合的傾向與可能，而非既成之事實：

　　　　子靜則既往矣，抑不知子朱子後來德盛仁熟，所謂「去短集長」者，使子靜見之，又當以爲如何也？[32]

　　　　吳兆豐，〈元儒趙汸的遊學、思想特色及其治學歷程〉，《中國文化研究所學報》，51（香港，2010），頁38-42。

30 吉田公平稱程敏政《道一編》在歷來的朱陸異同討論中，首先導入「時間」的動態概念的新視野，此說顯然忽略了趙汸的地位。見吉田公平，《陸象山と王陽明》（東京：研文出版，1990），頁213。

31 全祖望，《鮚埼亭集》，《全祖望集匯校集注》，外編，卷44，〈奉臨川先生帖子一〉，頁1682。程敏政會選擇趙汸的論點繼續深入並非偶然，他曾對宗人論及鄉先輩詩文之可宗者唯四：「先達如汪浮溪（藻）、羅鄂州（願）方可師，除此二家外，近世惟宗老野南（程文）、趙東山（汸）兩人耳。」並且在其編纂之《皇明文衡》、《新安文獻志》中，分別收錄趙汸文字六篇、三十二篇及詩十三首，爲數均不少，可見他對趙汸的著作極爲熟稔，且有高度評價。見程敏政，《篁墩程先生文集》，卷53，〈答富溪宗人景宗書〉，葉15下。

32 趙汸，《東山存稿》，卷2，〈對問江右六君子策〉，頁192。

「晚同」在趙汸眼裡是尚未發生的想像與期待，他認爲陸象山逝於朱子思想發展成熟之前，未及相論朱子晚年之新悟，故「晚同」只是可能的推論，並無具體可徵的事證。然程敏政對此卻不以爲然，他在《道一編》卷六中雖選錄趙汸的〈對江右六君子策〉，作爲後世學者「於朱陸之學蓋得其眞」[33]的代表之一，卻在文後的按語批評道：

> 此篇曲盡二先生道德之詳，獨謂朱子「去短集長」之說在陸子沒世之後，則恐未然。蓋朱子劾唐仲友在淳熙九年（1182），陸子有書亟稱之，而虞道園考朱子與陸子書，所謂「病中絕學捐書，覺得身心頗相收管」，及周叔謹、胡季隨二書，皆在一時，則兩先生殊途同歸之好，當不出此數歲間。而謂陸子去世，不及與朱子合并者，殆未之深考也。[34]

在程氏心中，「晚同」不僅是想像與期待，更是已然確切發生的事實，換言之，他「坐實」了趙汸筆下的「可能的結局」。誠如張吉（1451-1518）所論：「近世儒臣（按：指程敏政）又謂其學始雖殊途，終則同歸於一致，備摘二家辭旨近似者，類而證之」，[35]《道一編》之作正爲證明此事爲眞。[36]反對「早異晚同」說最力的陳建頗能洞悉

---

33 程敏政，《篁墩程先生文集》，卷28，〈道一編序〉，葉15上。
34 程敏政，《道一編》，卷6，〈東山趙氏對江右六君子策略〉按語，頁564。
35 張吉，《古城集》，收入《景印文淵閣四庫全書》第1257冊，卷2，〈陸學訂疑并序〉，頁606。
36《道一編》卷五中有按語云：「二先生胥會，必無異同可知，惜其未及胥會，而陸已下世矣。」此語似同於趙汸而不然。蓋趙汸之意爲象山在朱子晚年悟道之前已經謝世，而程敏政所指乃是二人雖已晚同，但未及再次會面論學而陸氏已亡，二者之間仍有不同。見程敏政，《道一編》，卷5，〈朱子答陸子書〉按語，頁555。

趙、程之異：

> 近世東山趙汸氏〈對江右六君子策〉，乃云朱子〈答項平
> 父書〉有「去短集長」之言，……「使其合并於晚歲，則
> 其微言精義必有契焉，而子靜則既往矣」，此朱陸「早異
> 晚同」之說所由萌也。程篁墩因之，迺著《道一編》，分
> 朱陸異同爲三節，始焉「若冰炭之相反」，中焉則「疑信
> 之相半」，終焉「若輔車之相倚」，朱陸「早異晚同」之
> 說於是乎成矣。[37]

析言之，若謂趙汸在朱陸「早異晚同」問題上只是在空中擘畫一帶有
些許遺憾的美好想像，程敏政則是在此基礎上蒐羅證據，鋪訂成編，
試圖論證朱陸「早異晚同」的眞實性，使之成爲學界不容忽略的一道
論題。

2.《道一編》的學派立場

　　《道一編》雖主張朱陸晚年已同歸於一，但所謂的「晚同」究竟
是朱同於陸？陸同於朱？或是共趨一是？此不可輕輕放過。如本文
〈前言〉所指出，論者多謂程敏政「假朱子以彌縫象山」，[38] 視《道一
編》爲替陸學張本之作。然而，若直探《道一編》文本，恐不盡如前
人所訾議。

　　觀程敏政按語，所謂「朱子晚年有取於象山」的論點固不罕見，
如：「朱子晚歲乃兼有取于陸子之說」、[39]「陸子有論『明理』、『踐行』
一條，朱子晚年蓋嘗有取焉者」、[40]「蓋朱子自是有取于象山，日加一

---

37 陳建，《學蔀通辨》，〈提綱〉，頁1。

38 陳建，《學蔀通辨》，〈提綱〉，頁3。

39 程敏政，《道一編》，卷3，〈朱子答劉季章書〉按語，頁533。

40 程敏政，《道一編》，卷4，〈朱子答張敬夫書〉按語，頁541。

日矣」。[41]這些按語表現出朱子晚年對象山逐漸認同，並有取於其學說，如此便給人以「朱同於陸」的印象，進而導致尊朱者之抨擊，謂程敏政爲「形朱子平日之非」而「著象山之是」的陸學學者。[42]但事實上，上引按語僅是書中一隅，程敏政同時也強調「象山有取於朱子」的一面，惟幾不見批評者提起。換言之，「早異晚同」不是朱子的單方面演變，而是朱陸二人共趨之途。

　　綜觀全書結構，程敏政首先將朱、陸「無極之辯」置諸首卷，以之爲二人「早異」之始，並指出二人早年最大的歧異，在於朱子指責象山「祖習禪學誤後生」，而象山則批評朱子「假先訓自附益」，[43]這是因爲二人對尊德性、道問學偏重不同：

> 陸子方以學者口耳爲憂，欲其以尊德性爲先，以收放心爲
> 要；朱子乃欲學者依文句玩味，意趣自深，又欲其趁此光
> 陰排比章句，玩索文理，正與象山之教相左。[44]

由於學問取徑各有偏重，造成朱子偏於外、象山偏於內的傾向，加上朱子門人道聽途說的推波助瀾，[45]遂致彼此牴牾，不能相合。但隨著交往加深，二人轉入「疑信相半」的階段，程氏認爲，朱子於此時期「始稱陸子有讀書窮理之益，與鵝湖議論不同」，[46]而陸象山在呂祖謙

---

41 程敏政，《道一編》，卷4，〈朱子與呂伯恭書〉按語，頁545。

42 見陳建，《學蔀通辨》，卷1，〈前編上〉，頁8。

43 程敏政，《道一編》，卷3，〈附陸子與胡季隨書〉按語，頁530。又如：「朱子謂陸子本禪學，欲以欺人，人不可欺，徒以自欺而陷于不誠之域；陸子亦有書云：『苟爲大言以蓋繆習，囂以自勝，豈惟不足欺人，平居靜慮，亦寧能自欺其心哉？』殆指朱子也。」見程敏政，《道一編》，卷4，〈朱子與孫敬甫書〉按語，頁543。

44 程敏政，《道一編》，卷3，〈朱子答劉季章書〉按語，頁533。

45 見程敏政，《道一編》，卷3，〈朱子與黃直卿書〉按語，頁535。

46 程敏政，《道一編》，卷4，〈附南軒張氏答陸子書〉按語，頁547。

（1137-1181）祭文中亦有「追惟曩昔，麤心浮氣，徒致參辰」[47]之語，
可見二人論學正逐漸朝互相理解、兼取其長的方向邁進。到了晚年，
二人於自身學問俱有新悟，「朱子既自以支離爲病，陸子亦復以過高
爲憂」，[48]彼此都認識到尊德性與道問學不可偏於一邊：

> 朱子書在前兩卷者曰「子靜全是禪學」，至此始謂「陸學
> 固有似禪處」，且勸學者「要得身心稍稍端靜，方於義理
> 知所決擇」。即是觀之，則道問學固必以尊德性爲本，而
> 陸學之非禪也明矣。陸子之言有與朱子相發者，謹附著
> 之。[49]

> 陸子亦有書，論爲學有「講明」，有「踐履」，全與朱子
> 合，而無中歲枘鑿之嫌。[50]

程氏指出，二人至此都瞭解到「或以支離而失之，或以過高而失之，
其所病異，而失則一也」，[51]因此均走向以尊德性爲本而兼舉道問學之
途，「陸子晚年益加窮理之功，朱子晚年益致反身之誠」，[52]並互相
「去短集長，兼取眾善」，[53]最終同入「若輔車之相倚」之境地。

　　可見在全書架構中，「早異晚同」是朱陸二人共同的經歷，程敏
政絕不認爲早異晚同是單向的「朱同於陸」或「陸同於朱」，而是在
互動過程中相互產生影響，朱子有取於象山所偏重的「尊德性」，象
山亦有取於朱子所偏重的「道問學」，各以對方的優點補強自身罅

---

47 程敏政，《道一編》，卷4，〈附陸子祭呂伯恭文〉，頁549。
48 程敏政，《道一編》，卷5，〈朱子答陸子書〉按語，頁555。
49 程敏政，《道一編》，卷5，〈朱子答陳膚仲書〉按語，頁554。
50 程敏政，《道一編》，卷5，〈朱子答項平父書〉按語，頁553。
51 程敏政，《道一編》，卷5，〈朱子答呂子約書〉按語，頁556。
52 程敏政，《道一編》，卷5，〈朱子答吳伯豐書〉按語，頁557。
53 程敏政，《道一編》，卷5，〈朱子答吳伯豐書〉按語，頁557。

漏。因此程氏所謂「晚同」是朱陸二人共趨於一，共同走向尊德性、道問學皆不偏廢的終點；並指出這是可以利用文獻驗證的事實，而非趙汸以爲的「陸子去世，不及與朱子合并」。

然而，《道一編》確實屢見單獨提及「朱子晚年有取於象山」，次數較明揭「象山晚年有取於朱子」處爲多。此現象應如何解釋？筆者以爲這非但不是抑朱揚陸，反而是其推尊程朱的結果。爲清楚辨析，以下將詳考程敏政之學思，以明其立場。

（二）程敏政的理學立場與編纂《道一編》的目的

1. 程敏政的理學立場

若暫時撇開《道一編》直探程敏政的理學立場，可發現其程朱傾向至深至濃，此可就內、外兩面觀之。

就外在行動而言，程敏政十七歲（天順五年，1461）時纂成《蘇氏檮杌》一書，透過批判三蘇（蘇洵，1009-1066；蘇軾，1037-1101；蘇轍，1039-1122），捍衛程朱理學的正統地位，可見其自少年起已傾心於程朱之學；[54]他亦曾透過系列考證，認定自己是二程（程顥，1032-1085；程頤，1033-1107）的直系後裔，[55]並據以自勉：「我先世……沒傳宣聖之絕學，侑食於庭者兩人（按：指二程），學固程氏家法也，可弗勉乎！」[56]其最常使用的私章，刻的便是「伊洛淵源」四字；[57]而在其編於弘治十年（1497）、現藏於安徽省圖書館的

---

54 見程敏政，《道一編》，拾遺，〈蘇氏檮杌序〉，葉2下-3上。

55 參林濟，〈程敏政「冒祖附族」說考辨〉，《安徽史學》，2007：2（合肥，2007），頁104-105。

56 程敏政，《篁墩程先生文集》，卷39，〈書本宗譜後〉，葉17下。

57 見程敏政，〈道一編序〉，《道一編》，頁510、明，程敏政編，《休寧

《休寧陪郭程氏本宗譜》，更鈐上了「程伯之後」、「伊川後人」兩枚
私印。[58]此外，程氏於成化十八年（1482）居休寧守喪時，四處奔走
冀求重建當地之「二程夫子祠」；[59]弘治元年（1488）上〈奏考正祀
典〉時，亦倡議在孔廟中別立一祠（即後來的「啓聖祠」），專祀孔
子之父啓聖王叔梁紇，並以顏子、曾子、孔鯉、孟子，以及二程、朱
子之父配享，欲透過國家的認證肯定二程、朱子在道統傳承上的崇高
地位。[60]這些行動都反映了程敏政推尊程朱的立場。

　　就內在學思而論，程敏政從不吝於表露對程朱的贊賞，如其向來
主張「至宋河南程氏、考亭朱氏者出，而後斯道復明，故三賢者悉得
從祀，……求孔子之道，必自程朱始」，[61]更高揚程朱主敬工夫對後世
的貢獻：

　　　夫性之德具于心，心之爲物也易放，而其要括之一言，曰
　　　「學」；學之爲術也易舛，而其要括之一言，曰「敬」。心
　　　非若異端之掃幻即空者也，必具乎寂感；學非若俗儒之洽
　　　物守陋者也，必兼乎博約；敬非若異端之一于攝念、俗儒

　　志》，收入《北京圖書館古籍珍本叢刊》第29冊（影印明弘治四年[1491]
　　刻本），〈休寧志序〉，頁459。
58 此書筆者暫未得見，此據郭琦濤的介紹。見Qitao Guo, "Genealogical
　　Pedigree versus Godly Power: Cheng Minzheng and Lineage Politics in Mid-
　　Ming Huizhou," *Late Imperial China*, 31:1（June 2010）, pp. 39-40.
59 程敏政，《篁墩程先生文集》，卷53，〈與提學婁侍御克讓請立二程夫子祠
　　堂書〉，葉7下-8下、卷14〈休寧重修二程夫子祠記〉，葉8下-10上。
60 見程敏政，《篁墩程先生文集》，卷10，〈奏考正祀典〉，葉6上。相關討
　　論參拙文，〈明中葉孔廟祀典壇變的理論基礎：程敏政的〈奏考正祀典〉
　　及與張璁孔廟改制觀的異同〉，《清華學報》，47：1（新竹，2017），頁
　　59-64。
61 程敏政，《篁墩程先生文集》，卷14，〈休寧縣儒學先聖廟重修記〉，葉1
　　下-2上。

之工于稽〔夅旦〕者也，必貫乎動靜。……敬也者，聖學

始終之樞紐乎！……歸宿于一敬，則程子發之，朱子闡

焉，實有功于聖門，而有大惠于來學者也。[62]

此處學、敬並舉，即伊川「涵養須用敬，進學則在致知」之意；[63]學

易舛必括之以敬，即朱子「居敬爲本，而窮理以充之」之意；[64]謂敬

「貫乎動靜」、爲「聖學始終之樞紐」，亦同於朱子以敬爲「徹頭徹尾

工夫」。[65]易言之，「聖經賢傳浩無津涯，而入道之門日一敬，舍是無

與致力者。……其道簡而約，其工夫節目莫備于晦菴夫子之箴（按：

指朱子〈敬齋箴〉）」。[66]他更頌揚道：

聖門之教莫先求仁，而求仁之要又非遠人以爲道也，禁止

其視聽言動之非禮而敬以主之，則日用之間表裡交正而德

可全矣。顧其爲說莫詳于顏、冉氏之所聞，又莫切于程、

朱氏之所箴者，惜乎後學不能體而行之，則其群居之間徒

有講習誦說而已。[67]

程敏政認爲，孔門聖學的核心工夫在於敬，而論敬最詳切者除顏回、

冉雍（仲弓）外，當數程朱，其尊程朱之意昭然可見。

　　此尊朱之傾向亦見於《道一編》中，觀書中按語云：

---

62 程敏政，《篁墩程先生文集》，卷18，〈徽州府婺源縣重建廟學記〉，葉1
　　下。

63 見程顥、程頤，《二程集》（北京：中華書局，2004），《河南程氏遺書》，
　　卷18，〈伊川先生語四〉，頁188。

64 見黎靖德編，《朱子語類》（北京：中華書局，2004），卷126，〈釋氏〉，
　　頁3016。

65 見黎靖德編，《朱子語類》，卷7，〈學一・小學〉，頁371。

66 程敏政，《篁墩程先生文集》，卷20，〈敬齋記〉，葉13上。

67 程敏政，《篁墩程先生文集》，卷34，〈五箴解序〉，葉13下-14上。類似
　　說法又見同書卷56，〈敬養齋箴〉，葉6上。

> 陸子輪對五箚……皆不見所謂禪者，然析理之精，擇言之
> 審，百代之下孰有加於紫陽夫子者哉？[68]

此處雖爲象山辯解，但隨即更強調朱子獨尊之地位。觀《道一編》全
書按語，皆未有特別抬高象山之處，甚至還批評象山道：「朱子豈倡
爲空言者哉？其（陸子）說可謂大不審矣！」[69]倘程敏政屢云「朱子
晚年有取於象山」係如陳建、錢穆所謂「形朱子平日之非」而「著象
山之是」，並以朱陸之晚同是朱子單向地向象山學習「尊德性」，其
又何必在此推崇朱子高於象山？

　　是以筆者以爲，正由於程敏政尊朱子爲「諸儒之集大成者」，[70]因
此「早異晚同」雖是朱、陸二人並進的歷程，但他顯然希望讀者能以
朱子爲聖學之模範，故其論述時多將筆墨匯聚於朱子，觀其如何意識
到自身的不足，並以開放的心胸有取於象山，遂於象山學思的演變及
其對朱子的取法輕輕帶過。這種以朱子爲全書主角的理念從該書排版
上亦有所反映，該書雖兼收朱、陸等人文字，然觀建構「早異晚同」
的核心──卷三、四、五三卷，所收篇章之標題，凡朱子以外者開頭
皆加一「附」字、全文亦低一格，就連陸象山的文字亦不例外。可見
《道一編》在呈現朱陸「早異晚同」的圖像時，是以朱子爲中心展開
論述，象山在敘事脈絡中僅處附庸、襯托之地位而遭到「冷處理」，
故其屢就「朱子晚年有取於象山」處加以著墨，非爲抑朱揚陸，反而
是出於尊朱的理念；特其所形塑的朱子形象敞開了與象山學間的嚴密
界線，故招徠嚴守邊界者的猛烈抨擊。

---

68 程敏政，《道一編》，卷4，〈朱子與劉子澄書〉按語，頁544。
69 程敏政，《道一編》，卷3，〈朱子答呂子約書〉按語，頁529。
70 程敏政，《道一編》，卷5，〈朱子答項平父書〉按語，頁553。

2. 程敏政對時弊的認識與挽救

　　程朱理學在程敏政心中地位崇高，更視主敬工夫直承聖門精粹，無怪乎其於〈奏考正祀典〉疏中，亟呼「今當理學大明之後，《易》用程、朱，《詩》用朱子，《書》用蔡氏，《春秋》用胡氏，又何取於漢魏以來駁而不正之人，使安享天下之祀哉？」[71]既然如此，何以《道一編》會令人貶抑朱子之感？除過於聚焦朱子學說的演變，而未以對等篇幅描繪象山對朱子的認可外，另一原因即上引文所透露：程敏政認為當下流行的朱子學已非朱學原貌，學者「不能體而行之」，「徒有講習誦說而已」，故亟欲糾正之。

　　自宋末起，增益、豐富朱子之言成為學界主要走向。以《四書》為例，如真德秀（1178-1235）《四書集編》、趙順孫（1215-1277）《四書纂疏》、劉因（1249-1293）《四書集義精要》、史伯璿（1299-1354）《四書管窺》、胡炳文（1250-1333）《四書通》、詹道傳《四書纂箋》、倪士毅《四書輯釋》等，皆以朱子或其後學之文字對《四書集注》加以補充、辯白，[72]明成祖纂修《大全》亦多取材於斯。[73]這些著作雖大幅充實了程朱學派對《四書》五經的詮解與論證，但由於以字詞訓詁與摘錄程朱學者的闡說為主，愈到後期愈予人雜蕪之感，特別是這些著作一旦與科舉掛勾，則易流於盲目的形式，脫離身心修養

---

71 程敏政，《篁墩程先生文集》，卷10，〈奏考正祀典〉，葉3下-4上。
72 參朱鴻林，〈丘濬《朱子學的》與宋元明初朱子學的相關問題〉，《中國近世儒學實質的思辨與習學》（北京：北京大學出版社，2005），頁136-137。
73 最新研究參朱冶，〈十四、十五世紀朱子學的流傳與演變——以《四書五經性理大全》的成書與思想反應為中心〉（香港：香港中文大學歷史系博士論文，2012），頁147-260。

的實踐。[74]宋末學者對此走向已有所警惕，如趙崇潔（1207-1259）
云：「竊謂宋文公朱子……使人精體實踐，由此身而達之閨門鄉黨，
推之於天下國家，而非徒口耳誦習之謂也！……比年以來，晦菴先生
之書滿天下，家藏人誦，不過割裂掇拾以為進取之資，求其專精篤
實，能得其所以言者蓋鮮！」[75]故自明初以來，反思其弊者多強調身
心修養與經世之學的重要性，冀予導正、革新。[76]

　　程敏政對此流弊亦有深刻體認：

> 其在宋末元盛之時，學者於六經、《四書》纂訂編綴，曰
> 「集義」、曰「附錄」、曰「纂疏」、曰「集成」、曰「講
> 義」、曰「通考」、曰「發明」、曰「紀聞」、曰「管
> 窺」、曰「輯釋」、曰「章圖」、曰「音考」、曰「口

---

74 全祖望云介軒學案（董夢程）中諸人「自許山屋（許月卿）外，漸流為訓
　詁之學矣」。見黃宗羲、黃百家編，清・全祖望修定，《宋元學案》（台
　北：廣文書局，1979），卷89，〈介軒學案〉，頁1412。
75 吳師道，《敬鄉錄》，卷14，〈徐僑・謚議〉，收入《叢書集成續編》第
　257冊（台北：新文豐，1989，影印適園叢書本），頁282。
76 如錢穆曰：「元儒尊朱，終不免走上考索注解文字書本一路。明初《四書
　五經大全》，皆元儒成業，懸為明代一代之功令，當時諸儒不免心生鄙
　厭，康齋敬齋，乃皆在操存踐履上努力，而撰述之事非所重。……遂使明
　代理學，都偏向了約禮一邊」。見錢穆，〈明初朱子學流衍考〉，《中國學
　術思想史論叢（七）》，頁5-6。另參 Wing-tsit Chan 陳榮捷, "The Ch'eng-
　Chu School of Early Ming," in Wm. Theodore de Bary and the Conference on
　Ming Thought ed., *Self and Society in Ming Thought* (New York: Columbia
　University Press, 1970), pp. 29-55、佐野公治著，劉黛譯，〈明代前期的思
　想動向〉，收入方旭東編，《日本學者論中國哲學史》（上海：華東師範大
　學出版社，2010），頁48-62、Hung-lam Chu 朱鴻林, "Intellectual Trends in
　the Fifteenth Century," *Ming Studies,* 27（Spring 1989）, pp. 1-33、呂妙芬，
　〈歷史轉型中的明代心學〉，收入陳弱水編，《中國史新論（思想史分冊）》
　（台北：中央研究院：台北：聯經出版公司，2012），頁317-352。

義」、曰「通旨」，芬起蝟興，不可數計，六經註腳，抑
又倍之。……今去朱子三百年，人誦其書，家傳其業，顧
未有小學追補之功，而又以記誦詞章之工拙爲學問之淺
深，視晚宋盛元諸儒更出其下，此僕所以大懼而不敢苟爲
異同者也。[77]

他認爲宋末以來此類經解著作非但無法體現朱學的眞實精神，反使朱
學失卻本來面目：

自宣聖以「博約」之訓異顏子，以「一貫」之說告曾子，
而子思之「明善誠身」、孟子之「知言養氣」，後先立教
如出一揆，蓋知之眞則其行也達，行之力則其知也深，兩
者並進，如環之循，然後作聖之功可圖，而道可幾也。去
聖既遠，百家肆出，爲世大蠹，至程朱氏而後絕學以傳，
從事其遺書者，蓋多以聞道自詭，所謂知之眞、行之力
者，其孰可當其人邪？[78]

程朱固然上繼孔孟之絕學，然後世學者僅僅彙輯、訓釋朱子文字而毫
無切己的體認與創見，甚至徒然記憶背誦之以應付科舉考試，如此朱
學眞髓既喪，更將步向支離空疏的歧途。故其有意起而矯之：

竊意近世學者，類未探朱子之心及其所學肯綮何在，口誦
手錄，鑽研訓釋，只徒曰「我學朱子」云爾，僕所以深憂
大懼，思有以拯之。[79]

爲救正近世學者之舛誤，程氏指出，「知之眞」、「行之力」乃朱學核
心，「兩者並進，如環之循，然後作聖之功可圖，而道可幾也」。

---

77 程敏政，《篁墩程先生文集》，卷55，〈答汪僉憲書〉，葉3上-3下。
78 程敏政，《篁墩程先生文集》，卷17，〈定宇先生祠堂記〉，葉10上-10下。
79 程敏政，《篁墩程先生文集》，卷54，〈復司馬通伯憲副書〉，葉16上。

　　如何能「兩者並進」？程敏政認爲，入手樞機在於「尊德性而道
問學」：

　　夫「尊德性而道問學」二者，入道之方也。譬之人焉，非
　　有基宇則無所容其身，終之爲佃傭而已，德性者，人之基
　　宇乎？基宇完矣，器用弗備，則雖日租于人而不能給，且
　　非己有也，問學者，人之器用乎？蓋尊德性者，居敬之
　　事；道問學者，窮理之功，交養而互發，廢一不可也。然
　　有緩急先後之序焉。故朱子曰：「學者當以尊德性爲本，
　　然道問學亦不可不力」，其立言示法可當審矣。[80]

程氏以「尊德性」爲「居敬之事」，以「道問學」爲「窮理之功」，
前者「若《中庸》之『戒愼』，《玉藻》之『九容』」，偏向身心修養
的工夫；後者「如《大學》之『格致』，《論語》之『博約』」，偏向
知識學問的工夫。[81]但他強調，二者之工夫屬性雖不相同，卻須「交
養而互發，廢一不可」：

　　大抵尊德性、道問學只是一事，如尊德性者制外養中，而
　　道問學則求其制外養中之詳；尊德性者由中應外，而道問
　　學則求其由中應外之節。[82]

因此「尊德性」與「道問學」不但不可偏廢，並且「當以尊德性爲
本」復輔之以道問學，「緩急先後之序」不可紊焉；並且「道問學」

---

80 程敏政，《篁墩程先生文集》，卷29，〈送汪承之序〉，葉16上-16下。朱
　　子原文作「學者於此固當以尊德性爲主，然於道問學亦不可不盡其力」。
　　見朱熹，《晦菴先生朱文公文集》，收入《朱子全書》第24冊，卷74，
　　〈玉山講義〉，頁3592。
81 見程敏政，《篁墩程先生文集》，卷55，〈答汪僉憲書〉，葉2上-2下。
82 程敏政，《篁墩程先生文集》，卷55，〈答汪僉憲書〉，葉2下。

的內容不是浩瀚的一切知識學問，而是與「尊德性」有關的「制外養中之詳」，其範疇較朱子爲窄，且更具有針對性。程敏政早前於其〈奏考正祀典〉一疏，力主於孔廟從祀中罷黜馬融、戴聖、杜預等德行有失的「傳經之儒」，呼籲進祀德行完滿的「明道之儒」，即是出於此種理念。[83]此理念深獲堅守程朱立場之清儒陸隴其（1630-1692）激賞，譽其「說得甚好！」[84]

程敏政將上述「尊德性爲本而輔之以道問學」的理念視爲朱學眞諦，「其立言示法可當審矣」。無論這是否爲朱子本意，宋末以降朱學日益偏向「道問學」一邊確爲事實，故其感歎道：

> 中世以來，學者動以象山藉口，置尊德性不論，而汲汲乎道問學，亦不知古之人所謂問學之道者何也，或事文藝而流于雜，或專訓詁而流于陋，曰：「我之道問學如此」，孰知紫陽文公之所謂問學者哉？尊德性而不以問學輔之，則空虛之談；道問學而不以德性主之，則口耳之習，茲二者皆非也。[85]

程氏認爲，近來流行之朱學過於偏向道問學一途而流於雜陋，這非但不契朱子原意，更將導致學術步入歧徑。因此吾人應認清朱子「尊德性爲本而輔之以道問學」的教法，不可「動以象山藉口，置尊德性不論，而汲汲乎道問學」。

---

83 詳參拙文，〈從「傳經」到「明道」：程敏政與明代前期孔廟從祀標準的轉變〉，《臺大歷史學報》，56（台北，2015），頁55-68。

84 陸隴其，《松陽鈔存》收入《叢書集成續編》第42冊（影印清同治三年［1864］當歸草堂叢書本），卷上，〈爲學〉，頁64。

85 程敏政，《篁墩程先生文集》，卷29，〈送汪承之序〉，葉16下。

　　由於朱學確有側重知識學問的特質，[86]就連朱子門人陳淳（1159-
1223）亦分析道：「老先生（按：指朱子）平日教人最喫緊處，尊德
性、道問孝二件工夫固不偏廢，而所大段著力處却多在道問孝
上」，[87]因此程敏政編《道一編》，正是爲了證明「尊德性爲本而輔之
以道問學」才是朱子之終教；非徒然也，這也是陸象山晚年共同的看
法：

> 夫朱子之道問學，固以尊德性爲本，豈若後之講析編綴者
> 畢力於陳言？陸子之尊德性，固以道問學爲輔，豈若後之
> 忘言絕物者悉心于塊坐？走誠懼夫心性之學將復晦且尼於
> 世，而學者狃於道之不一也，考見其故，詳著于篇。[88]

可見《道一編》正是程敏政「思有以拯之」的具體實踐，其所欲「拯
之」者，乃其眼中已然走偏之朱學，以及學者各據「尊德性」、「道
問學」一端的兩種極端的問學方式。是以書中雖多次提及朱子認同象
山之處，然全書宗旨實爲突顯朱、陸二人的歧見日漸縮小，不再各據
「尊德性」、「道問學」之一隅而各有修正；惟全書以朱子的演變歷程

---

86 朱子雖主張「此本是兩事，細分則有十事，其實只兩事，兩事又只一事，
只是箇『尊德性』。將箇『尊德性』來『道問學』，所以說『尊德性而道
問學』也」，然由於格物窮理是其學理中涵養明性之主要功夫，而天下萬
物之理無窮無盡，「一書不讀，則闕了一書道理；一事不窮，則闕了一事
道理；一物不格，則闕了一物道理」，因此爲了達到「一旦豁然貫通焉，
則眾物之表裡精粗無不到，而吾心之全體大用無不明」的最終境界，勢必
在讀書窮理上猛下功夫，這便導致在實際操作上或偏向道問學的現象。見
黎靖德編，《朱子語類》，卷64，〈中庸三‧第二十七章〉，頁1589；卷
15，〈大學二‧經下〉，頁295；朱熹，《四書集注》（台北：世界書局，
1997），《大學章句》，頁10。

87 陳淳，《北溪先生大全文集》，收入《宋集珍本叢刊》第70冊（北京：線
裝書局，2004年，影印明抄本），卷23，〈答李郎中貫之〉，頁133。

88 程敏政，《篁墩程先生文集》，卷16，〈道一編目錄後記〉，葉11上-11下。

爲敘事主體，故於朱子著墨尤多，並非出於「抑朱扶陸」、「辱朱榮陸」之心態而然也。

（三）《心經附註》對《道一編》的延伸發揮

　　程敏政《道一編》透過考證朱、陸文字年代並重加編排的方式，論證「尊德性爲本而輔之以道問學」乃朱子終教，朱、陸晚年均臻此境。其年代考證成果固有疑義，朱、陸二人對「尊德性」、「道問學」的理解或亦不盡如其所闡，[89] 然其尊朱的立場、以及挽救朱學時弊的目的洵無可疑，在此脈絡下，宋末以來側重「道問學」的學風，是「誤用」了朱子早年未成熟的想法，非其晚年之定見，學者應依循朱子晚年與象山共趨之終教，以「尊德性」爲爲學之本，如此方能習得「眞朱學」。

　　如果說《道一編》是論證「眞朱學」之所以成立的證據，那麼程

---

89 陳來指出，朱、陸二人對尊德性、道問學的理解並不相同：「陸以尊德性即是存心、明心，是認識眞理的根本途徑，道問學只起一種輔助鞏固的作用，而在朱熹看來，尊德性一方面要以主敬養得心地清明，以爲致知提供一個主體的條件；另一方面對致知的結果加以涵泳，所謂『涵泳於所已知』。因此，認識眞理的基本方法是『道問學』，『尊德性』則不直接起認識的作用」。鍾彩鈞更進一步分析：「朱子的約處是『聖人之微意』，象山的約處是『本心』，故朱子於聖人之言必求甚解，而象山的重點是發明本心，對聖人之言不求必解，乃至以本心明白爲了解聖賢之言的前提」，因此「朱子以著書來求約，象山則不以著書來求約」，這便導致朱子「把讀書發展爲獨立領域」，「（道問學）甚至可以說成爲尊德性工夫的主要內容」。見陳來，《朱子哲學研究》（上海：華東師範大學出版社，2000），頁398-399；鍾彩鈞，〈朱子學派尊德性道問學問題研究〉，收入鍾彩鈞主編，《國際朱子學會議論文集》（台北：中央研究院中國文哲研究所籌備處，1992），頁1279、1282、1298。

敏政於弘治五年（1492）編纂之《心經附註》則是進一步揭櫫如何奉
行「眞朱學」之工夫指南。該書以南宋中期程朱後學眞德秀（1178-
1235）編纂之《心經》爲基礎，廣搜程朱及其後學論心性工夫之文字
近五百條，按其性質補充於眞氏原書三十七條正文之下，試圖建立一
套細膩可行的「心學」工夫，是陽明學興起前夕程朱理學最精緻而完
善的「心學」論述大成。[90] 在以《心經附註》嘗試建構程朱之心學工
夫之際，程敏政同時將兩年前《道一編》的核心觀點帶入書中，成爲
支撐《心經附註》工夫論述的重要理據，這特別體現在該書對眞氏
《心經》最末條的補充之中。

　　《心經》第三十七條，眞德秀摘錄的是朱子〈尊德性齋銘〉，程
敏政於其下補入大量文字，這些文字依序可分爲四個部分：

（一）首先論尊德性、道問學「不可有偏重之失」。[91]

（二）復引朱子文字論其中歲「於道問學爲重」。[92]

（三）其後則論其晚歲「有以尊德性爲重」，此蓋朱子之定論，
　　　「故《心經》以是終焉」。[93]

（四）最末則論朱子歿後理學之偏失流弊，勉學者當「以朱子爲

---

90 錢穆指出，「最能發揮心與理之異同分合及其相互間之密切關係者蓋莫如
　朱子，故縱謂朱子之學徹頭徹尾乃是一項閎密宏大之心學，亦無不可」。
　眞德秀撰，見錢穆，《朱子新學案》第2冊（北京：九州出版社，2011），
　頁89。關於眞德秀《心經》，參拙文，〈眞德秀《心經》析論〉，《正
　學》，3（南昌，2015），頁231-260；關於程敏政《心經附註》，參拙文，
　〈程朱「心學」的再發揮——論程敏政的《心經附註》〉，《正學》，5（南
　昌，2017），頁161-180。

91 眞德秀撰，程敏政註，《心經附註》（台北：國家圖書館藏明嘉靖四十五
　年[1566]朝鮮刊本），卷4，葉22上。

92 眞德秀撰，程敏政註，《心經附註》，卷4，葉23下。

93 眞德秀撰，程敏政註，《心經附註》，卷4，葉25下。

> 師，以敬爲入道之要，求放心、尊德性，而輔之以學問，
> 先之以力行，堅之以持守，……則聖門全體大用之學或庶
> 幾焉，而此《經》所摭亦不爲空言矣」。[94]

這些對朱子思想變化的描述，顯然挪用了《道一編》的結論，故其並
未解說何以朱子思想在其早年、晚年會有如此變化，亦不必像《道一
編》那樣對比朱、陸文字加以論證，他已經把朱子由早年偏重尊德性
至晚年轉重道問學視爲理所當然的定論，並且爲了簡化論述，將《道
一編》中的早、中年合併爲「朱子中歲」，與「朱子晚歲」形成更強
烈的對比。

　　在該條附註最末，程敏政加上一條按語，細闡其理想中的聖人之
學。他首先指出學者易犯的毛病：

> 學者之弊，非馳心簡捷，蕩而爲異學之空虛，則極意鑽
> 研，流而爲俗學之卑陋。在先哲之時已然，而況後此三百
> 年之久哉？[95]

「馳心簡捷」指過度追求玄虛的概念，「極意鑽研」指陷於章句訓
詁，二者悉爲學者通病，如此不但未得朱學眞諦，更無法有效涵養身
心。他認爲解決之道唯有遵循朱子晚年的定論：

> 學者於此痛心刻苦，以朱子爲師，以敬爲入道之要，求放
> 心，尊德性而輔之以學問，先之以力行，堅之以持守，俾
> 虛空者反就乎平實，卑近者上達于高明，則聖門全體大用
> 之學或庶幾焉，而此《經》所摭亦不爲空言矣。[96]

這段按語透露兩項訊息：（一）程氏期望學者的身心修養當「以朱子

---

94 眞德秀撰，程敏政註，《心經附註》，卷4，葉34下-35上。
95 眞德秀撰，程敏政註，《心經附註》，卷4，葉34下。
96 眞德秀撰，程敏政註，《心經附註》，卷4，葉34下-35上。

為師」，而《心經附註》所引用的文字絕大多數確實來自程朱學派理學家，全書四百八十二條資料中，二百四十條出自朱子，占一半篇幅，而出自二程者（程子＋程顥＋程頤）亦有九十條之多，[97]由此可見程敏政確實堅守崇奉朱學的理學立場，未可輕易斷以「附合於象山」、[98]「陰附陸子」。[99]（二）程氏謂學者當「尊德性而輔之以學問」，如此「此《經》所摭亦不爲空言」，而細檢《心經附註》摘引、歸納的身心工夫，確實將內外工夫一齊收攝至「敬」底下，並且極力強調維護初發一念之純正，[100]在在顯示出程敏政將德性涵養上推至優先地位的渴望，與《道一編》的結論若合符契。

　　據此可見，《道一編》係《心經附註》之所以能夠成立的理論基礎，而《心經附註》則是對《道一編》的發揮與落實，提供尊德性具體的工夫論述，俾學者能以朱子爲效法之主體，據以修習朱子與象山共趨之終教。故二書當併觀，方能完整體現程敏政的理學立場與工夫理想——程敏政或可視爲接納部分陸學的朱學修正者，但絕非前人所指責的「陽朱陰陸」。

四、《朱子晚年定論》與《道一編》的關係

　　其次討論王陽明《朱子晚年定論》與程敏政《道一編》的關係。出於二書皆以節錄朱子文字的形式，試圖呈現朱子晚年思想上的演

---

97 參拙文，〈程朱「心學」的再發揮——論程敏政的《心經附註》〉，《正學》，5，頁164。
98 陳建，《學蔀通辨》，〈提綱〉，頁2。
99 馮柯，《求是編》，卷4，頁758。
100 參拙文，〈程朱「心學」的再發揮——論程敏政的《心經附註》〉，《正學》，5，頁166-179。

變，故論者多認爲此二書關係匪淺，無論其是否認同程、王二人的觀點。贊成者如汪宗元曰：

> 篁墩先生當群曉眾咻之餘，而有《道一》之編也。繼是而得陽明先生獨契正傳，而良知之論明言直指，遠紹孟氏心法，亦是編有以啓之也。[101]

汪宗元是嘉靖三十一年（1552）重刻五卷本《道一編》的主要參與者之一，[102]他不僅肯定了《朱子晚年定論》獨契《道一編》之正傳，更直指陽明良知說系受《道一編》啓迪。此說雖過於誇大，卻代表贊成派對二書關係的觀點。反對派如陳建曰：

> 不意近世一種造爲早晚之說，迺謂朱子初年所見未定，誤疑象山，而晚年始悔悟而與象山合。其說蓋萌於趙東山之〈對江右六君子策〉，而成於程篁墩之《道一編》，至近日王陽明因之，又集爲《朱子晚年定論》。[103]

反對程、王二書的陳建，稱陽明《朱子晚年定論》是因襲趙汸、程敏政而來。此外馮柯也認爲：

> 此書（按：指《朱子晚年定論》）之意，本出於程篁墩《道一編》，而去取互有得失，年歲互有異同。[104]

可見無論是否認同二書所論，當時學者皆強烈感受到這兩部著作存在

---

101 程敏政編，轟豹刪校，《道一編》（五卷本），收入《四庫全書存目叢書》子部第6冊（影印北京大學圖書館藏明嘉靖三十一年[1552]刻本），汪宗元〈道一編後序〉，頁660。

102 五卷本《道一編》爲嘉靖七年（1528）轟豹所刪校，詳參拙文，〈現存三種《道一編》版本考辨——兼論轟豹刪改本之意義〉，《成大中文學報》，55（台南，2016），頁157-200。

103 陳建，《學蔀通辨》，〈自序〉，頁1。

104 馮柯，《求是編》，收入《叢書集成續編》第188冊，卷4，頁756。

某種相似性。近代學者多沿襲此說，如張健點校本《道一編》收錄之周曉光〈序〉云：

> 程敏政《道一編》對王陽明的啓發和影響極大。不少學者指出，王陽明解決朱熹異同問題的重要著述《朱子晚年定論》，實際上採納了程敏政《道一編》的基本思想。[105]

又如吳長庚點校之《朱子晚年定論》，其〈點校說明〉中亦有類似說法，謂王陽明以程敏政爲基礎，「繼承前說」。[106]此外如解光宇認爲「王陽明的《朱子晚年定論》，其基本思想是順著程敏政關於朱、陸『卒同於晚歲』、『早異晚同』的思路進行的」；[107]劉彭冰認爲「緊繼其後的王陽明，仿《道一編》的編撰體例，進一步發揮朱、陸早異晚同之論，……著成《朱子晚年定論》一書」；[108]岡田武彥與李紀祥皆認爲「《朱子晚年定論》是《道一編》的續編與副產品」、「程敏政的《道一編》便成了陽明仿襲取資的對象」；[109]劉勇亦稱程敏政在《道一編》裡的「這個論斷被王陽明在《朱子晚年定論》中所信奉並加以強化」；[110]陳寒鳴則認爲「陽明之編《朱子晚年定論》乃受啓於敏政所

---

105 周曉光，〈道一編序〉，收入程敏政編，張健校注，《道一編》（合肥：安徽人民出版社，2007），頁21。

106 吳長庚，〈朱子晚年定論點校說明〉，收入吳長庚主編，《朱陸學術考辨五種》（南昌：江西高校出版社，2000），頁86。

107 解光宇，〈程敏政「和會朱、陸」思想及其影響〉，《孔子研究》，2002：2（濟南，2002），頁109。

108 劉彭冰，《程敏政年譜》（合肥：安徽大學碩士論文，2003），頁13。

109 岡田武彥著，吳光、錢明、屠承先譯，《王陽明與明末儒學》，頁31、李紀祥，〈理學世界中的「歷史」與「存在」——「朱子晚年」與《朱子晚年定論》〉，《宋明理學與東亞儒學》（桂林：廣西師範大學出版社，2010），頁196、198。

110 劉勇，〈中晚明理學學說的互動與地域性理學傳統的系譜化進程——以「閩學」爲中心〉，《新史學》，21：2（台北，2010），頁18。

編《道一編》，《道一編》堪稱《朱子晚年定論》之先導則可肯定無疑」，並指出「陽明用以論證『朱子晚年定論』的資料，頗有與敏政《道一編》所錄資料相同者，甚至敏政的一些失考之處也被陽明沿襲。」[111]錢明的看法亦同此。[112]

　　以上觀點，皆將王陽明《朱子晚年定論》視爲接續程敏政《道一編》而作的產物，不但陽明主要論點皆來自程敏政，並且其所採用的材料頗多相沿自程書，無怪乎岡田武彥會認爲「《朱子晚年定論》是《道一編》的續編與副產品」。[113]由於《朱子晚年定論》與《道一編》在形式與內容上存在相似性，因此初步翻閱二書，極容易產生這種想當然爾的想法與印象，然此觀點勢必難以回答這兩項質疑：（1）既然《朱子晚年定論》大體上承《道一編》，何以在陽明留下的文字中，提及程敏政和《道一編》處僅一見，且未有任何誦芬之詞？[114]（2）既然《朱子晚年定論》繼承《道一編》朱陸「早異晚同」的觀點，何以在王陽明〈朱子晚年定論序〉中未見隻字提及陸象山與所謂「早異晚同」之論？[115]爲解此惑，下文將分別從形式與內容切入，重新檢視《朱子晚年定論》與《道一編》的關係。

---

111 陳寒鳴，〈程敏政和王陽明的朱、陸觀及其歷史影響〉，收入吳光主編，《陽明學研究》（上海：上海古籍出版社，2000），頁239-240。

112 錢明，《王陽明及其學派論考》（北京：人民出版社，2009），頁437-438。

113 岡田武彥著，吳光、錢明、屠承先譯，《王陽明與明末儒學》，頁31。

114 「近年篁墩諸公嘗有《道一》等編，見者先懷黨同伐異之念，故卒不能有入，反激而怒。今但取朱子所自言者表之，不加一辭，雖有褊心，將無所師其怒矣」。見王守仁，《王陽明全集》（上海：上海古籍出版社，2006），卷4，〈與安之〉，頁173。

115 見王守仁，《王陽明全集》，卷3，〈傳習錄下·朱子晚年定論〉，頁127-128；卷7，〈朱子晚年定論序〉，頁240-241。

（一）《朱子晚年定論》與《道一編》的差異

1. 形式上的差異

　　《朱子晚年定論》與《道一編》雖均節錄朱子文字以呈現該書主旨，然二者之形式仍有差異。

　　程敏政《道一編》自朱子、陸象山、陸九齡、包恢、張栻、眞德秀、虞集、鄭千齡、鄭玉、趙汸等人著作中選錄文字若干，包含書信、詩文。程敏政於核心的卷三、四、五三卷將朱、陸文字依朱子年歲之早、中、晚分類，並於每卷卷首和所收文字之間寫下按語加以闡析。王陽明《朱子晚年定論》取材範圍相對狹隘，不但只從朱子、呂祖儉、吳澄三人著作中選錄文字而未及象山（呂、吳文字僅各收一篇），[116]並且所選朱子文字僅限書信，全書亦未分卷。蓋陽明是編欲呈現者僅限朱子「晚年定論」，未涉及學說演變歷程，且陽明認為「世之所傳《集註》、《或問》之類，乃其中年未定之說，……而其諸《語類》之屬，又其門人挾勝心以附己見，固於朱子平日之說猶有大相謬戾者」，[117]因此獨取朱子之書信，不取《集註》、《或問》、《語類》等其他文字。又，《朱子晚年定論》除最末所收吳澄一文之前寫有四十四字按語外，其餘完全未添按語。

　　在篇數方面，程敏政《道一編》共收朱子文字五十二則，陸象山文字四十八則，鄭玉、趙汸文字各二則，陸九齡、包恢、張栻、眞德秀、虞集、鄭千齡文字各一則。王陽明《朱子晚年定論》則收朱子文

116　陳建對二書的取材加以比較道：「蓋《道一編》猶竝取二家言語，比較異同。陽明編《定論》，則單取朱子所言，而不及象山一語」。見陳建，《學蔀通辨》，卷3，〈前編下〉，頁38。

117　王守仁，《王陽明全集》，卷3，〈傳習錄下・朱子晚年定論〉，頁128；卷7，〈朱子晚年定論序〉，頁240。

字三十四則，呂祖儉、吳澄文字各一則，其中呂祖儉寫給朱子的回信附於所收朱子〈答呂子約〉之後。取程、王二書對勘，則二書重複篇章共十一篇，分別爲：〈答呂子約〉_{四書}、〈與呂子約〉、〈與周叔謹〉、〈答陸象山〉、〈答符復仲〉、〈答呂子約〉_{四書}、〈與吳茂實〉、〈答張敬夫〉、〈答呂子約〉_{四書}、〈答林擇之·又〉_{三書}、〈答何叔景·又〉_{三書}（以上順序與篇名依《朱子晚年定論》）。上述內容可整理爲下表以便理解：

表三：

	《道一編》	《朱子晚年定論》
所收文章作者及篇數	朱子（52）、陸象山（48）、陸九齡（1）、包恢（1）、張栻（1）、眞德秀（1）、虞集（1）、鄭千齡（1）、鄭玉（2）、趙汸（2）	朱子（34）、呂祖儉（1）、吳澄（1）
全書篇數	110	36
形式	分爲六卷，前五卷主要收朱、陸二家之文字，以朱爲主、以陸爲附；第六卷收各家論朱陸之文字。每卷卷首及所收文字之間皆有程敏政按語。	不分卷，除最末所收吳澄一文之前有四十四字按語，其他部分全無按語。
重覆篇數占所收朱子文字之比重	11 / 52 ＝ 21.6%	11 / 34 ＝ 32.6%

表中最末一欄呈現的是《道一編》和《朱子晚年定論》重覆收錄的十一封書信占各自所收朱子文字之比重，可以看出這些篇章只占《道一

編》的21.6%、與《朱子晚年定論》的32.6%。參下圖：

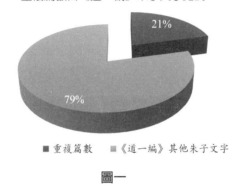

重複篇數占《道一編》朱子文字比例

■ 重複篇數　■《道一編》其他朱子文字

圖一

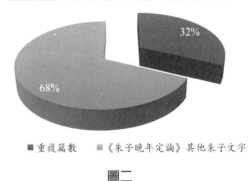

重複篇數占《朱子晚年定論》朱子文字比例

■ 重複篇數　■《朱子晚年定論》其他朱子文字

圖二

若進一步分析這十一封書信在《道一編》中的分布，一封位於卷三
（早年）、兩封位於卷四（中年）、八封位於卷五（晚年）。參下圖：

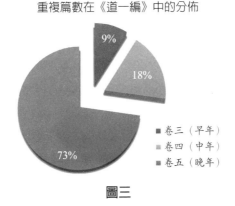

圖三

　　透過形式上的對比，無論收錄的作者、選擇的材料、卷數的安排、以及按語的有無，皆可看出二書的差異性遠大於相似性，且重複篇目亦僅十一篇而已。若《朱子晚年定論》全襲《道一編》而來，何以二書不但形式有異，且王陽明只取《道一編》朱子文字21%的篇幅而不取其他的79%？尤有進者，若這十一篇確實全襲自程敏政，何以其中三篇會抄錄自程敏政判定爲朱子早、中年的《道一編》卷三、卷四？明人黃鞏（1480-1522）據此質疑，既然二書對朱子書信年代早晚劃定有異，顯示所謂「定論」純屬子虛烏有。[118]姑先不論黃鞏的結論是否正確，至少可見這兩部書之間並非如前人所宣稱的那樣緊密，《朱子晚年定論》決非單純對《道一編》的挪用與沿襲。

2. 內容上的差異

　　《朱子晚年定論》與《道一編》雖均選錄朱子文字以昭示其思想

118　見黃鞏，《黃忠裕公文集》（揚州：江蘇廣陵古籍刻印社，1997），卷5，
　　　〈讀朱子晚年定論〉，頁251-253。

旨趣，但即使兩人選擇同一份材料，王陽明並不一定完全順從程敏政的節錄。仔細考察二書重覆的十一封朱子書信，首先，二書確有刪節相同之處：

> △《道一編》卷五〈朱子與呂子約書〉，僅自原長信中節錄七十
> 字；《朱子晚年定論》所選亦同。[119]
>
> △《道一編》卷五〈朱子答呂子約書〉（卷五三書之二），於
> 「則事事皆病耳。又聞講授亦頗勤勞」二句之間，刪去「來喻
> 拈出劉康公語……因風幸示一二也」共二百九十三字；《朱
> 子晚年定論》與《道一編》全同。[120]
>
> △《道一編》卷五〈朱子答何叔京書〉，自「向來妄論持敬之
> 說」節起；《朱子晚年定論》同之。[121]

然二書刪節相異處更多：

> △《道一編》卷五〈朱子答呂子約書〉_{卷五三
書之三}，所選部分自「日用
> 工夫」至「不亦誤乎」止；《朱子晚年定論》則於「不亦誤

119 見程敏政，《道一編》，卷5，〈朱子答呂子約書〉，頁554、王守仁，《王
陽明全集》，卷3，〈傳習錄下‧朱子晚年定論〉，頁130。朱子原信見朱
熹，《晦菴先生朱文公文集》，《朱子全書》第22冊，卷47，〈答呂子
約〉，頁2202-2204。

120 見程敏政，《道一編》，卷5，〈朱子答呂子約書〉，頁558、王守仁，《王
陽明全集》，卷3，〈傳習錄下‧朱子晚年定論〉，頁132。朱子原信見朱
熹，《晦菴先生朱文公文集》，《朱子全書》第22冊，卷48，〈答呂子
約〉，頁2208-2209。

121 見程敏政，《道一編》，卷5，〈朱子答何叔京書〉，頁556、王守仁，《王
陽明全集》，卷3，〈傳習錄下‧朱子晚年定論〉，頁137。朱子原信見朱
熹，《晦菴先生朱文公文集》，《朱子全書》第22冊，卷40，〈答何叔
京〉，頁1821-1823。

乎」後繼續抄錄至最末「臨風嘆息而已」，多出十九字。[122]

△《道一編》卷五〈朱子答陸子書〉，全錄朱子原文；《朱子晚年定論》僅自最末「熹病衰日侵」抄起，不取前面的一百三十二字。[123]

△《道一編》卷三〈朱子與吳茂實書〉，自信首「近來尙覺」錄至倒數第三句「自不害爲入德之門也」；《朱子晚年定論》開頭雖同，然僅錄至「幸老兄偏以告之也」，較《道一編》少九十三字。[124]

△《道一編》卷四〈朱子答張敬夫書〉，選錄範圍爲「子靜兄弟……將流於異學而不自知耳」；《朱子晚年定論》則選「熹窮居如昨……直是意味深長也」一段。原信文字頗長，程氏取信尾，陽明取信首，二者不但無一字重覆，中間尙隔三百六十三字。[125]

---

[122] 見程敏政，《道一編》，卷5，〈朱子答呂子約書〉，頁556、王守仁，《王陽明全集》，卷3，〈傳習錄下‧朱子晚年定論〉，頁129。朱子原信見朱熹，《晦菴先生朱文公文集》，《朱子全書》第22冊，卷47，〈答呂子約〉，頁2205。

[123] 見程敏政，《道一編》，卷5，〈朱子答陸子書〉，頁555、王守仁，《王陽明全集》，卷3，〈傳習錄下‧朱子晚年定論〉，頁131。朱子原信見朱熹，《晦菴先生朱文公文集》，《朱子全書》第21冊，卷36，〈答陸子靜〉，頁1564-1565。

[124] 見程敏政，《道一編》，卷3，〈朱子與吳茂實書〉，頁539、王守仁，《王陽明全集》，卷3，〈傳習錄下‧朱子晚年定論〉，頁132。朱子原信見朱熹，《晦菴先生朱文公文集》，《朱子全書》第22冊，卷44，〈與吳茂實〉，頁2028。

[125] 見程敏政，《道一編》，卷4，〈朱子答張敬夫書〉，頁541、王守仁，《王陽明全集》，卷3，〈傳習錄下‧朱子晚年定論〉，頁132-133。朱子原信見朱熹，《晦菴先生朱文公文集》，《朱子全書》第21冊，卷31，〈答張敬夫〉，頁1349-1350。

△《道一編》卷五〈朱子答呂子約書〉_{卷五}，開頭自「年來覺得
　日前爲學不得要領」選起；《朱子晚年定論》更往前多取
　「聞欲與二友俱來而復不果，深以爲恨」十五字。中間《道一
　編》刪去「且如臨事遲回……極令人悵恨也」五十二字，
　《朱子晚年定論》則全錄之。[126]

△《道一編》卷五〈朱子答何叔京書〉，中間刪去「中間一
　書……何邪」共二十二字；《朱子晚年定論》全錄之。然
　《道一編》僅錄至「自不能逃吾之鑒邪」，《朱子晚年定論》
　則多錄六十字至「自可見矣」。[127]

此外，某些《道一編》的誤字，《朱子晚年定論》並未照著出錯。

△ 如《道一編》卷五〈朱子答呂子約書〉卷五三書之一，作
　「日用工夫，比**後**何如」；《朱子晚年定論》作「比**復**何如」，
　同《朱子文集》。[128]

△《道一編》卷四所收〈朱子與林擇之書〉，作「初**說**只如此**講**

---

126 見程敏政，《道一編》，卷5，〈朱子答呂子約書〉，頁559、王守仁，《王
　　陽明全集》，卷3，〈傳習錄下‧朱子晚年定論〉，頁134。朱子原信見朱
　　熹，《晦菴先生朱文公文集》，《朱子全書》第22冊，卷48，〈答呂子
　　約〉，頁2209-2210。

127 見程敏政，《道一編》，卷5，〈朱子答何叔京書〉，頁556、王守仁《王
　　陽明全集》，卷3，〈傳習錄下‧朱子晚年定論〉，頁137。朱子原信見朱
　　熹，《晦菴先生朱文公文集》，《朱子全書》第22冊，卷40，〈答何叔
　　京〉，頁1821-1823。

128 見程敏政，《道一編》，卷5，〈朱子答呂子約書〉，頁556、王守仁，《王
　　陽明全集》，卷3，〈傳習錄下‧朱子晚年定論〉，頁129。朱子原信見朱
　　熹，《晦菴先生朱文公文集》，《朱子全書》第22冊，卷47，〈答呂子
　　約〉，頁2205。

漸涵自能入德」;《朱子晚年定論》作「初**謂**只如此**講學**漸涵
自能入德」,同《朱子文集》。[129]

可見王陽明在編纂《朱子晚年定論》時,必然參考過《道一編》,否
則不會出現部分刪節結果一模一樣的情況;但陽明對《道一編》的襲
取十分有限,他是在重新翻閱《朱子文集》的基礎上,做了更進一步
的思索與檢討,並於多處選文中展現自己與程敏政不同的意見,否則
將無法解釋何以在二書重覆的十一封朱子書信文字中,存在至少六則
刪節極不同處,也無法解釋何以有三封書信會出現在程敏政判定為朱
子早、中年的《道一編》卷三、卷四裡。

　　進一步分析二書主旨,程敏政所選朱子文字,主要集中在朱子對
象山的評價,以突顯二人互相認識彼此學問的過程;第五卷在強調尊
德性之際,也不忘選錄朱子所謂「陸丈教人,於收拾學者散亂身心甚
有功,然講學趨向上不可緩,要當兩進乃佳耳」[130]的持平之論。至於
王陽明《朱子晚年定論》,其所選朱子文字主要都與闡述不應耽溺書
冊文字者有關,甚至透露要人靜中體認之意,例如「熹以目昏,不敢
著力讀書,閒中靜坐,收斂身心,頗覺得力」、[131]「目力全短,看文字
不得;冥目靜坐,卻得收拾身心」、[132]「為學之要,只在著實操存,密
切體認,自己身心上理會」、[133]「近覺向來為學,實有向外浮泛之

---

129 見程敏政,《道一編》,卷4,〈朱子答林擇之書〉,頁545、王守仁,《王
　　陽明全集》,卷3,〈傳習錄下‧朱子晚年定論〉,頁135。朱子原信見朱
　　熹,《晦菴先生朱文公文集》,《朱子全書》第22冊,卷43,〈答林擇
　　之〉,頁1983。
130 程敏政,《道一編》,卷5,〈朱子答滕德章書〉,頁559。
131 王守仁,《王陽明全集》,卷3,〈傳習錄下‧朱子晚年定論〉,頁130。
132 王守仁,《王陽明全集》,卷3,〈傳習錄下‧朱子晚年定論〉,頁130。
133 王守仁,《王陽明全集》,卷3,〈傳習錄下‧朱子晚年定論〉,頁134。

弊，……始知文字言語之外，眞別有用心處」、[134]「今大體未正，而便
察及細微，恐有『放飯流啜，而問無齒決』之譏也」[135]等等，不勝枚
舉，幾乎未見朱子評論象山的文字。這些選材給讀者的第一印象，便
是朱子主張放下書本，向內體認涵養，「若於此看得透、信得及，直
下便是聖賢，便無一毫人欲之私做得病痛」。[136]可見二人選錄文字
時，著重的重點、以及希望透過選文傳達的訊息亦不一致。

（二）王陽明的目的

　　由於王陽明在後世的影響大於程敏政，因此對《朱子晚年定論》
的批評亦較《道一編》來得猛烈，最嚴重的指責，當屬陳建所稱：
「篁墩蓋明以朱陸爲同，而陽明則變爲陽朱而陰陸耳」。[137]爲陽明辯護
者亦有之，除著名的李紱（1673-1750）《朱子晚年全論》外，較重要
者爲陳榮捷〈從朱子晚年定論看陽明之於朱子〉一文。陳氏認爲向來
稱陽明「誣朱譽陸，援朱入陸」者，「全是門戶之見」，[138]其從陽明之
生平及論學文字中加以考索，認爲陽明不但「全部精神注乎自創新
見，于朱陸之辨，未感興趣」，[139]更常以象山爲粗，未嘗抬高象
山；[140]雖不曾承認朱子的權威地位，但其學問歷程整體來說「必求與

134　王守仁，《王陽明全集》，卷3，〈傳習錄下・朱子晚年定論〉，頁139。

135　王守仁，《王陽明全集》，卷3，〈傳習錄下・朱子晚年定論〉，頁140。

136　王守仁，《王陽明全集》，卷3，〈傳習錄下・朱子晚年定論〉，頁135。

137　陳建，《學蔀通辨》，卷3，〈前編下〉，頁38。

138　陳榮捷，〈從朱子晚年定論看陽明之于朱子〉，《朱學論集》（台北：臺灣
　　學生書局，1988年），頁361。

139　陳榮捷，〈從朱子晚年定論看陽明之于朱子〉，《朱學論集》，頁362。

140　陳榮捷，〈從朱子晚年定論看陽明之于朱子〉，《朱學論集》，頁363-365。

朱子歸一」,「此可見陽明對于朱子之敬奉」。[141]總之,陳氏認定「至善之心、良知、與明明德爲陽明三大宗旨,而皆借助于朱子」,此文可謂「援王入朱」之作。[142]

　　以上兩種截然相反的論點,一將陽明視爲陸學,另一則視之爲朱學,竟然都能在陽明論學文字中找到支持己說的解釋,可見光憑《朱子晚年定論》一書,難以明確呈現陽明之目的。筆者以爲,應充分考慮王陽明思考朱陸異同問題的心路歷程,及其他對《道一編》的看法與回應,方能確切掌握《朱子晚年定論》的主旨,也才可能眞正釐清二書的關係。

　　今《王陽明全集》收有〈朱子晚年定論序〉兩篇,一篇收於卷三,附於《傳習錄》最末,署年正德乙亥(十年,1515)冬十一月朔,另一篇收於卷七,署年戊寅(正德十三年,1518)。[143]前者是其完書後所寫,後者則是刊刻時所用。[144]之所以延宕三年才將此書付梓,蓋因正德十一年(1516)以來,陽明受兵部尙書王瓊(1459-1532)舉薦,接連征勦福建、江西等地,至正德十三年方得喘息。在班師休兵之際,陽明不但設立社學、修濂溪書院,更刊刻了《古本大學》、《朱子晚年定論》、《傳習錄》(由薛侃[1486-1545]刊刻,即今本之卷上)等書,[145]此舉看似是對教育普及的推廣,但更重要的意義在於建立屬於自己學派的經典依據和宣傳文獻。正如學者所指出,王

---

141 陳榮捷,〈從朱子晚年定論看陽明之于朱子〉,《朱學論集》,頁365-371。
142 陳榮捷,〈從朱子晚年定論看陽明之于朱子〉,《朱學論集》,頁372。
143 見王守仁,《王陽明全集》,卷3,〈傳習錄下‧朱子晚年定論〉,頁127-128、卷7,〈朱子晚年定論序〉,頁240-241。
144 《朱子晚年定論》刊刻於正德十三年七月,見王守仁,《王陽明全集》,卷32,〈年譜一〉,頁1254。
145 見王守仁,《王陽明全集》,卷32,〈年譜一〉,頁1252-1255。

學的傳播除口耳講學之外，亦不容忽視利用印刷術散發小冊子的影響力，[146] 正德十三年的刻書活動，正可視爲王陽明首次公開確立不同於他者的學派意識，理由在於這三本書的特殊性：《古本大學》是王學最重要的經典理論依據，《傳習錄》是供門徒學習、景仰的學派宗主言行紀錄，而《朱子晚年定論》則是要對自身學派與代表國家正統的朱學之間的差異作出合理解釋。因此此三書之刊刻斷非偶然，必經精心策劃以樹立新學派的地位。[147]

　　從陽明留下的文字可發現，早年與論敵的辯難是促成其編纂《朱子晚年定論》的一大因素：

> 留都時偶因饒舌，遂致多口，攻之者環四面。取朱子晚年
> 悔悟之説，集爲《定論》，聊藉以解紛耳。[148]

正德七年（1512）至十一年（1516），陽明主要任官南京，與當地官員學者展開多次學術論辯，據最新研究，最重要的論敵是魏校（1483-1543）。[149] 王、魏等人論學細節目前尚難釐清，但據陽明寫予汪循（1452-1519）的信中所稱：

> 朱陸異同之辯，固守仁平日之所召尤速謗者，……乃取朱

146　參張藝曦，〈明中晚期古本《大學》與《傳習錄》的流傳及影響〉，《漢學研究》，24：1（台北，2006），頁235-237、249-255；呂妙芬，〈歷史轉型中的明代心學〉，收入陳弱水編，《中國史新論（思想史分冊）》，頁338-340。

147　錢穆清楚看到陽明樹立新學派的意向：「（陽明）〈大學問〉之作，蓋欲以易朱子之〈格物補傳〉，而懸爲一時之新教典」。見錢穆，《四書釋義》（台北：蘭臺出版社，2000），〈大學中庸釋義〉，頁317。

148　王守仁，《王陽明全集》，卷4，〈與安之〉，頁173。

149　參楊正顯，〈道德社會的重建——王陽明提倡「心學」考〉，《新史學》，19：4（台北，2008），頁57-67。

　　子晚年悔悟之説，集爲小冊，名曰《朱子晚年定論》。[150]
可推測「朱陸異同之辯」應是其所「饒舌」者。不難想見，陽明在南
京時因談論朱陸異同，與魏校等人屢生齟齬，遂生起著書的念頭以抵
禦他人詰難，這便是其撰著《朱子晚年定論》的導火線。

　　但若進而追索陽明此時期所持之朱陸異同論，則明顯不同於今日
所見的《朱子晚年定論》，其主張可以寫於正德六年（1511）的兩封
〈答徐成之〉書爲代表。[151]陽明在信中明確表示，象山「未嘗不教其

150 王守仁，《王陽明全集（新編本）》（杭州：浙江古籍出版社，2010），卷
　　44，〈補錄六・與汪仁峰書二〉，頁1791。關於王陽明與汪循的交往，參
　　錢明，《王陽明及其學派論考》，頁421-441、錢明，〈王學在新安地區的
　　遭遇與挫折——以王守仁與汪循關係爲例〉，《黃山學院學報》，10：4
　　（黃山，2008），頁13-16。
151 《王陽明全集》中，兩封〈答徐成之〉下標「壬午」（嘉靖元年，
　　1522），然《年譜》將二信置於正德六年（辛未，1511）正月。日本學者
　　山本正一認爲「壬午爲壬申之誤」，山下龍二認爲「即使能夠確認壬午是
　　錯誤的，也難以斷定是辛未還是壬申」。按：筆者以爲二信年代並非無
　　解，考二信寫作對象爲徐守誠（字成之，餘姚人，弘治六年進士），其傳
　　記稱他「潛心理學，……遷山東參議，以疾歸，踰年而卒」。據《（嘉
　　靖）山東通志》，徐氏曾任山東左參議，接任者爲吳江，而據《實錄》，
　　徐氏於正德四年（1509）十月上任，吳江則上任於五年（1510）八月，
　　因此其「以疾歸」應在正德五年底，旋即謝世。可見陽明的兩封〈答徐
　　成之〉應依《年譜》定爲正德六年辛未較妥。見山下龍二著，錢明譯，
　　〈《王文成公全書》的成立——兼述《傳習錄》的形成〉，收入吳震編，
　　《思想與文獻——日本學者宋明儒學研究》（上海：華東師範大學出版
　　社，2010），頁307-308；王守仁，《王陽明全集》，卷21，〈答徐成
　　之〉、〈答徐成之二〉，頁806-810、卷33，〈年譜一〉，頁1232-1233；蕭
　　良幹、張元忭等編，《（萬曆）紹興府志》，收入《四庫全書存目叢書》
　　史部第201冊（影印北京師範大學圖書館藏明萬曆刻本），卷41，〈人物
　　志七・鄉賢之二〉，頁300；陸鈇等編，《（嘉靖）山東通志》，收入《四
　　庫全書存目叢書》史部第188冊（影印山東省圖書館藏明嘉靖刻本），卷
　　10，〈職官〉，頁44；費宏等纂《明武宗實錄》（台北：中央研究院歷史

徒讀書窮理」，朱子「亦何嘗不以尊德性爲事」，固然象山「『覺悟』
之說雖有同於釋氏」，朱子「平日汲汲於訓解，……論者遂疑其玩
物，……遂議其支離」，但二人「要皆不失爲聖人之徒」。陽明又稱：

> 象山辯義利之分，立大本，求放心，以示後學篤實爲己之
> 道，其功亦寧可得而盡誣之？而世之儒者附和雷同，不究
> 其實，而概目之以禪學，則誠可冤也已。故僕嘗欲冒天下
> 之譏，以爲象山一暴其說，雖以此得罪無恨。……世之學
> 者以晦庵大儒，不宜復有所謂過者，而必曲爲隱飾增加，
> 務詆象山於禪學，以求伸其說，且自以爲有助於晦庵，而
> 更相倡引，謂之扶持正論，不知晦庵乃君子之過，而吾反
> 以小人之見而文之。[152]

可見陽明早年的朱陸異同之辯，是希望直陳朱子的不足與末定，並彰
顯象山之可取處，這種主張與元儒吳澄、虞集的和會朱陸論相近。[153]
故於著書伊始，他一度欲以此論作爲書中主旨：

> 朱陸異同之辯，固守仁平日之所召尤速謗者，亦嘗欲爲一
> 書，以明陸學之非禪，見朱說亦有未定者。又恐世之學
> 者，先懷黨同伐異之心，將觀其言而不入，反激怒焉。[154]

所謂「嘗欲爲一書，以明陸學之非禪，見朱說亦有未定者」，是陽明
在編寫《朱子晚年定論》前的早期想法，以朱子、象山爲書中主角，

語言研究所，1962），卷56，正德四年十月丁巳條，頁1265、卷66，正
德五年八月丁亥條，頁1434-1435。

152 以上俱見王守仁，《王陽明全集》，卷21，〈答徐成之二〉，頁807-810。

153 吳澄、虞集的論點參張恭銘，〈南宋至元的朱陸和會思想〉，《孔孟月
刊》，35：9，頁17-19。

154 王守仁，《王陽明全集（新編本）》，卷44，〈補錄六・與汪仁峰書二〉，
頁1791。

論其異同與得失。其中重要論點:「朱說亦有未定者」,可開出二義:一是認爲時人所講之朱子學未必是朱子之定論,朱子之權威性必須放低;二是在朱子學說中加入了時間因素,指出其學說曾經歷轉變,非前後一致。後者雖未如《道一編》明確劃分朱子學說的演變分期,亦未必深論朱陸之「早異晚同」,然均是以時間爲變量拉出朱子學說的「定」與「未定」,並於不同程度上肯定了象山學說。

　　然誠如上引文最末所云,陽明稍後意識到,「又恐世之學者,先懷黨同伐異之心,將觀其言而不入,反激怒焉」,若效法前人論朱陸異同,不但容易造成朱學學者黨同伐異的攻擊,更需一肩扛下從前論朱陸早異晚同的前輩學者的歷史包袱,反陷入更深的門戶之爭。陽明此語絕非妄言,他眼前活生生的敗筆,正是程敏政及其《道一編》:

　　　近年篁墩諸公嘗有《道一》等編,見者先懷黨同伐異之
　　　念,故卒不能有入,反激而怒。[155]

程敏政是陽明弘治十二年(1499)參加會試時的座師,對乃師的著作及經歷,陽明必定瞭然於胸。[156]陽明明確指出,程敏政《道一編》是失敗的反例,非但不能達成目的,反生波瀾。因此他最終決定跳脫朱陸之間糾纏不清的關係,放棄鋪排朱子學說演變歷程的模式,直接聚焦於朱子晚年的定說而不加入任何按語評論:

　　　乃取朱子晚年悔悟之說,集爲小冊,名曰《朱子晚年定

---

155 王守仁,《王陽明全集》,卷4,〈與安之〉,頁173。

156 據說曾與程敏政共事翰林院的王陽明之父王華(1446-1522),對程氏頗有微辭,或許也影響了陽明對程敏政的態度。見焦芳等纂,《明孝宗實錄》(台北:中央研究院歷史語言研究所,1962),卷184,弘治十五年二月癸亥條,頁3398-3399;拙文,〈寂寞的神童──明儒程敏政生平要事考釋〉,《中國文化研究所學報》,63,頁113。

論》，使具眼者自擇焉，將二家之學，不待辯說而自明
矣。[157]

今但取朱子所自言者表章之，不加一辭，雖有褊心，將無
所施其怒矣。[158]

至此，陽明捨棄最初朱陸兼收、論「朱說亦有未定者」的手段，只取
朱子「晚年」之文字，纂成《朱子晚年定論》並付梓流傳，成為陽明
學派最先問世的三本重要著作之一。他避開了程敏政《道一編》的失
敗，用一種新的方式重探朱學之終教。

　　瞭解陽明編纂《朱子晚年定論》的心路歷程後，回頭重讀其
〈序〉，則可發現他已全然拋開那種圍繞朱陸異同的學說對比、以及
朱子學說由「未定」至「定」的線性鋪展論述，逕置重點於朱子晚年
的學說定論與自己求道的體悟上：

（予）獨於朱子之說有相牴牾，恆疚於心，切疑朱子之
賢，而豈其於此尚有未察？及官留都，復取朱子之書而檢
求之，然後知其晚歲故已大悟舊說之非，痛悔極艾，至以
為自誑誑人之罪，不可勝贖。世之所傳《集註》、《或問》
之類，乃其中年未定之說，自咎以為舊本之悟，思改正而
未及，而其諸《語類》之屬，又其門人挾勝心以附己見，
固於朱子平日之說猶有大相謬戾者，而世之學者局於見
聞，不過持循講習於此。其餘悟後之論，概乎其未有聞，
則亦何怪乎予言之不信、而朱子之心無以自暴於後世也

---

157 王守仁，《王陽明全集（新編本）》，卷44，〈補錄六・與汪仁峰書二〉，
　　頁1791。
158 王守仁，《王陽明全集》，卷4，〈與安之〉，頁173。

乎？[159]

引文清楚顯示，陽明並不希望讀者以「朱陸異同」與「朱子學說發展史」的觀點來閱讀此小冊，而是直接指明「這些就是朱子晚年最終、最正確的想法」，使讀者勿涉《集註》、《或問》、《語類》等「中年未定之說」，逕往閱讀朱子晚年之自道。固然在選錄朱子文獻資料時，不免涉及以時間判定朱子學說之早、中、晚年，否則無法確定哪些屬於朱子之「『晚年』定論」，但這已被收歸於隱而未發的書前準備工作，並未如《道一編》明揭於書中，成為讀者必須直接接觸的外在形式。可見陽明經歷早年高談朱陸異同問題所招徠的攻擊，以及眼前程敏政《道一編》引發爭議的做法，使他更加謹慎，決定不再陷入前輩的種種糾纏，而是以嶄新的形式另闢新戰場。因此在《朱子晚年定論》中，不但全無與陸象山、朱陸異同、朱子「中年未定之論」等有關文字，[160]更不見陽明對朱子文字的評價、按語，顯然他對朱陸異同問題及朱子學說的具體演變經歷採取迴避的策略。[161]

　　這種傾向可從其與程敏政的選材異同上看出端倪。程、王二人皆

---

159 王守仁，《王陽明全集》，卷3，〈傳習錄下‧朱子晚年定論〉，頁128。
160 書中唯一提到陸氏之處為〈答林擇之‧又〉：「陸子壽兄弟，近日議論，卻肯向講學上理會。其門人有相訪者，氣象皆好，但其間亦有舊病」。此處雖對陸氏兄弟稍有稱讚，但陽明引此封書信的目的在於突顯朱子批評當時某些學者「末流之弊只成說話，至於人倫日用最切近處，亦都不得毫毛力氣」，無關朱陸異同問題。見王守仁，《王陽明全集》，卷3，〈傳習錄下‧朱子晚年定論〉，頁135。
161 戴景賢認為，陽明編《朱子晚年定論》是「不欲學者之即以『朱陸異同』之角度，視其與朱子間之分歧，其意亦可微覘而知」。筆者以為此說是而未盡，陽明不僅如戴氏所論，更不欲涉入朱陸異同相關爭論中。戴氏之說見氏著，〈論陽明與象山思想之關連及其差異〉，收入鍾彩鈞主編，《中國學術思想論叢──何佑森先生紀念論文集》（台北：大安出版社，2009），頁168。

收錄朱子〈答張敬夫〉書，然節錄卻大相徑庭。程氏取其信尾：

> 子靜兄弟氣象甚好，其病卻是盡廢講學而專務踐履，卻於
> 踐履之中要人提撕省察，悟得本心，此為病之大者。要其
> 操持謹質，表裡不二，實有以過人者，惜乎其自信太過，
> 規模窄狹，不復取人之善，將流於異學而不自知耳。[162]

程氏置此信於《道一編》卷四，即二人「中焉覺疑信之相半」之時
期，文中表現朱子對象山的批判，指責象山盡廢講學。然陽明卻視此
信為朱子晚年之作，並節錄了信首：

> 讀書反己，固不無警省處，終是旁無彊輔，因循汩沒，尋
> 復失之。近日一種向外走作，心悅之而不能自己者，皆準
> 止酒例戒而絕之，似覺省事。……舊讀《中庸》「慎
> 獨」、《大學》「誠意」、「毋自欺」處，常苦求之太過，
> 措詞煩猥；近日乃覺其非，此正是最切近處，最分明處，
> 乃舍之而談空於冥漠之間，其亦誤矣。……至於文字之
> 間，亦覺向來病痛不少。蓋平日解經最為守章句者，然亦
> 多是推衍文義，自做一片文字，非惟屋下架屋，說得意味
> 淡薄，且是使人看者將註與經作兩項工夫，做了下梢，看
> 得支離，至於本旨，全不相照。[163]

陽明不取信尾，固與該處表現的是朱子對象山的批評有關，但更重要
的原因，恐怕是信首較能體現朱子對自身支離虛浮的檢討，而這也是
陽明想透過《朱子晚年定論》塑造、並傳達給讀者的朱子晚年形

---

162 程敏政，《道一編》（李信本），收入《續修四庫全書》子部第936冊，卷
　　4，〈朱子答張敬夫書〉，頁541
163 王守仁，《王陽明全集》，卷3，〈傳習錄下・朱子晚年定論〉，頁133。

象。[164]正如吉田公平指出，陽明《朱子晚年定論》與《道一編》最大不同處，在於《道一編》是以朱、陸二人「晚同」者作爲朱子的晚年定論，而《朱子晚年定論》則是以「朱子晚年的悔悟」爲定論，二者的判準並不一致。[165]換言之，無論陽明平時對象山的表彰與繼承達到何種程度，朱子與象山是否「晚同」並非《朱子晚年定論》關心所在，該書旨在強調朱子晚年的主張已不同於尋常習聞諸論，這種論述導向實則更接近於陳獻章（白沙，1428-1500）弟子林光（1439-1519）的《晦翁學驗》一書。[166]

　　此外，通過〈朱子晚年定論序〉，還可看到陽明更深一層目的。陽明早年的學習經歷已透露與朱學之扞格，除卻著名的「格竹」故事，翻開紀錄其早年言行的《傳習錄》卷上（即刊於正德十三年

---

[164] 由於程、王節取此信的段落不同，故吉田公平在計算《朱子晚年定論》選取《道一編》所收書信篇數時顯然忽略此信，謂《朱子晚年定論》與《道一編·卷四》重覆者只有一封（若加上此信實爲二封）。見吉田公平，《陸象山と王陽明》，頁215。

[165] 吉田公平，《陸象山と王陽明》，頁215-216。按：吉田氏指出了這種「現象」，但並未深探陽明改採如此判準的心路歷程，本文前段所論正可補充此不足。

[166]《晦翁學驗》今佚，然其序仍可一見：「及來嚴州，見官書笥有《文公大全》，……日取一二冊而讀之，凡封事及朋遊書問門弟子答應之間，皆先生之手筆，而自悔之言猶屢屢見之。乃知先生之學，其所以悔者，乃其所以進，晚年體驗，蓋有人不及知而獨覺者矣！……今年夏，乃取硃記者手錄之，庶便暮年之檢覽以自策其昏憒，而於先生平日之辛苦受用處，亦可以此而窺見一二，因以《晦翁學驗》名焉」。見林光，《南川冰蘗全集》，收入《廣州大典》第五十六輯，集部別集類第3冊（廣州：廣州出版社，2015，影印中山大學圖書館藏清咸豐元年［1850］刻本），卷2，〈晦翁學驗序〉，頁462。關於林光的學說，參容肇祖，〈補明儒東莞學案——林光與陳建〉，《容肇祖集》（濟南：齊魯書社，1989），頁226-234；楊正顯，〈白沙學的定位與成立〉，《思想史》2（台北：聯經出版公司，2014），頁16-19。

者），首條便是對朱子《大學》「新民」說的駁正，因此如何解釋自身學術思想與朱學的落差，始終是陽明無法迴避的一大問題。在〈朱子晚年定論序〉中，陽明提到他於龍場悟道之後，「證諸《五經》、《四子》，沛然若決江河而放諸海也」，[167] 獨於朱子之說仍感牴牾，經過再次仔細翻閱朱子文字，才知道原來朱子「晚歲固已大悟舊說之非」，與常人所習知的《集註》、《或問》、《語類》等「中年未定之說」不同。他更申論道：

> 予既自幸其說之不謬於朱子，又喜朱子之先得我心之同然，且慨夫世之學者徒守朱子中年未定之說，而不復知求其晚歲既悟之論，競相呶呶，以亂正學，不自知其已入於異端。輒採錄而裒集之，私以示夫同志，庶幾無疑於吾說，而聖學之明可冀矣！[168]

陽明強調，他所悟得而被「聞者競相非議，目以為立異好奇」的道，[169] 與朱子晚年的主張並無二致，不但「自幸其說之不謬於朱子」，並且「又喜朱子之先得我心之同然」，以此證明其學說並無絲毫悖反於國家正統之朱學，反而是那些責難自己的人「徒守朱子中年未定之說，而不復知求其晚歲既悟之論」。當然，這種說法並不表示陽明左袒朱學，以致不敢有絲毫違逆；相反地，這或許是在面對樹立於前方的巨大學術權威時採取的一種策略，一方面可減少來自四方的攻擊，另一方面更是藉此對從前的學術權威進行超克。[170] 由於陽明學

167 王守仁，《王陽明全集》，卷3，〈傳習錄下‧朱子晚年定論〉，頁127。
168 王守仁，《王陽明全集》，卷3，〈傳習錄下‧朱子晚年定論〉，頁128。
169 王守仁，《王陽明全集》，卷3，〈傳習錄下‧朱子晚年定論〉，頁128。
170 筆者曾以羅洪先為例，探討類似的現象。參拙文，〈羅念菴的「龍溪情結」——以念菴三〈紀〉為中心〉，《中國文學研究》，31（台北，

說提出後，遭朱學學者如顧璘（1476-1545）、羅欽順（1465-1547）等強力反擊，並且其學說對朱子的質疑與批判更將引起恪守國家正統學術的士大夫不安，因此《朱子晚年定論》的論調正是爲了敉平其學說與朱學之間的差距，將二者的矛盾消磨至最低，以求得學派更平順地發展。正如清儒陸隴其（1630-1692）之見：

> 自陽明王氏倡爲良知之說，以禪之實而託儒之名，且輯《朱子晚年定論》一書，以明己之學與朱子未嘗異。[171]

羅澤南（1807-1856）亦云：

> （陽明）乃錄其（按：指朱子）言之與己相似者，著爲《朱子晚年定論》，謂朱子悟後之論實與吾道脈相脗合。[172]

即此而論，《朱子晚年定論》表面上雖是試圖證明朱子晚年罕爲學者留意的學說，實際上卻是爲了證成自身學術主張的合理性，藉由朱子「國家級」的學術權威爲自己的新說背書，以樹立陽明學派的學術地位與價值。就傳揚學派宗旨而言，這樣的方式顯然比糾結於朱、陸二人是否早異晚同要有力得多。

　　總之，《朱子晚年定論》是王陽明在朱陸異同問題上一項不同於前輩的新嘗試，程敏政《道一編》雖有一定的啓迪作用，但對陽明來說那是一條已走到極致的死衚衕，是個失敗的負面教材。因此《朱子

2011），頁83-111。

171 陸隴其，《學術辨》（上海：商務印書館，1936），辨上，頁1。

172 羅澤南，《姚江學辨》，收入《續修四庫全書》第952冊（影印清咸豐九年[1859]羅忠節遺集本），卷2，頁492。錢穆稱「自來攻擊陽明，未有如羅山之嚴正明快者。」見錢穆，〈羅羅山學述〉，《中國學術思想史論叢（八）》（台北：三民書局，1990），頁315。

晚年定論》雖與《道一編》有著某種相似性，但彼此之間卻有著更大
量的差異；《朱子晚年定論》亦是陽明爲其學說所安放的一枚盾牌，
不但有著緩解王學與朱學衝突的作用，更乘勢抬高其新說之地位，它
能成爲陽明學派率先刊刻的三部著作之一，實有著不可取代的必然
性。

六、結論

　　研究明代思想史者，對《道一編》之名並不陌生，但往往是在接
觸《朱子晚年定論》時稍有涉及，並未深入認識該書。本文首先討論
了《道一編》的文字構成，指出該書不但自朱子、象山、以及其他宋
元儒者的文字中摘錄編排，在選錄時更有「節上節」的情況。接著分
析了程敏政的撰作動機，一方面係爲矯正元代以來朱學流於名物訓
釋、支離空疏的弊端，另一方面則希望找回失落的朱子學傳統──尊
德性爲本而輔之以道問學。至於書中的核心觀點，程敏政有取於宋末
以來和會朱陸的思潮，並進一步發揮趙汸的朱陸「早異晚同」說，使
之成爲《道一編》的論述主軸，但有兩點現象值得關注：一是其朱陸
「早異晚同」論以及以尊德性爲主的主張雖招致陰附象山的批評，但
無論是在《道一編》裡，抑或其平時的論述中，程敏政皆以朱學爲
尊，對陸學的吸收僅著眼於能矯正朱學末流之弊；一是《道一編》雖
欲論證理學史上一大公案，然其所採用的形式並非僅止於理學概念與
理論的剖析論辯，而是試圖以他最擅長的博學考據，旁徵博引原始文
獻論證朱、陸二人確爲早異晚同。[173]雖然其考據結果仍存在諸多爭

---

173 程敏政素以博學聞名，並對考據有著濃厚興趣，時人稱「成化、弘治
　　間，翰林稱敏政學最博贍」，閻若璩譽其「博極群書者也，尤精考究」，

議，然由此可看到明代中期博學經世風潮的影響，以及明人的考據特色。[174]

　　本文最後也比較了《道一編》與《朱子晚年定論》二書。學者向來視王陽明《朱子晚年定論》與程敏政《道一編》一脈相承，但經筆者考查，在形式與取材上，二書都有很大的差距，即便有取於同一封朱子信件，所取段落亦不盡相同；進而論析陽明的撰作目的，他已明確認識到座師程敏政《道一編》論證朱陸早異晚同的手法非但無法達成最終的理想，反而激起見者黨同伐異的攻詰，因此他拋開前人包袱，刻意迴避朱陸異同問題，以一種新的方式直探朱子晚年思想，一來以之敉平其學說與朱學之間的差距，二來更將之與古本《大學》、《傳習錄》一同刊刻，確立不同於他者的學派意識。因此王陽明《朱子晚年定論》雖曾受《道一編》啓發，然二書的關係並不像學者認定的那樣緊密、直截，目的亦各殊：程敏政站在朱學的立場，以《道一編》衡定朱學眞諦之學理基礎，以《心經附註》架構程朱學派理想的身心工夫，冀藉此修正元代以來的朱學流弊，俾之重返巔峰；陽明則是藉由朱子「國家級」的學術權威以證成自身學術主張的合理性，並樹立其新學派的地位與價值。

　　四庫館臣亦肯定他「學問淹通，著作具有根柢，非游談無根者比」。見鄭曉，《吾學編》，收入《北京圖書館古籍珍本叢刊》史部第12冊（北京：書目文獻出版社，1988年，影印明隆慶元年［1567］鄭履淳刻本），《名臣記》，卷17，〈太子少保程襄毅公〉，頁407；閻若璩，《潛邱箚記》，收入《清代詩文集彙編》第141冊（上海：上海古籍出版社，2010年，影印清乾隆九年［1744］眷西堂刻本），卷5，〈與戴唐器‧又〉，頁180；永瑢等編，《四庫全書總目》（北京：中華書局，2003年），卷170，〈篁墩集〉，頁1491。

174 關於明代中期博考經世的風潮，參 Hung-lam Chu（朱鴻林），"Intellectual Trends in the Fifteenth Century," pp. 1-33.

　　此外，值得一論的是，這種考察並重揭朱子「晚年定論」的方式，於當時並不罕見。以朱子《家禮》爲例，該書收錄於永樂年間編纂之《性理大全》後，地位大幅提升，也日漸普及成爲士大夫參考、施行的範本。[175] 然由於《家禮》初成後稿本旋被盜去，待朱子歿後方重現於世，因此出現了幾種不同的版本，[176] 不僅各本之間部分內容不同，與朱子晚年所論亦有出入。如《家禮》含有始祖、先祖之祭，然朱子晚年實反對祀之，只保留了四世之祭：「古無此（按：指始祖、先祖之祭），伊川以義起。某當初也祭，後來覺得僭，遂不敢祭。」[177] 但後來流傳的《家禮》部分版本（特別是五羊本和大全本）仍保有始祖、先祖祭法，故明代學者對此頗有爭議。[178] 正因《家禮》與朱子晚年思想不盡相侔，因此朱子禮學的「晚年定論」亦是明代學者的研究重點，如明初馮善《家禮集說》在註解《家禮》時，便強調須「從朱子晚年所行者爲正」，[179] 其他如李濂（1488-1566）、東山葛氏、乃至明末的錢士升（1575-1652）等人都有相關討論。[180] 可見探究朱子「晚

---

175 參何淑宜，《香火：江南士人與元明時期祭祖傳統的建構》（台北：稻香出版社，2009），頁162-176；趙克生，〈修書、刻圖與觀禮：明代地方社會的家禮傳播〉，《明代地方社會禮教史論叢——以私修禮教書爲中心》（北京：中國社會科學出版社，2011），頁2-5。

176 參吾妻重二著，郭海良譯，〈《家禮》的刊刻與版本——到《性理大全》爲止〉，《朱熹《家禮》實證研究》（上海：華東師範大學出版社，2012），頁75-100。

177 黎靖德編，《朱子語類》，卷90〈禮九‧祭〉，頁2318。

178 見何淑宜，《香火：江南士人與元明時期祭祖傳統的建構》，頁111-112、175-176、186-188。

179 馮善，《家禮集說》（台北：國家圖書館藏明成化十五年［1479］刻本），〈家禮集說凡例〉，葉6下。

180 參趙克生，〈明代士人對家禮撰述與實踐的理論探索〉，《明代地方社會禮教史論叢——以私修禮教書爲中心》，頁40-43。

年定論」不特出現於明代理學中，在朱子禮學領域同樣爲明人所關注。這些現象反映，朱學在成爲國家正統學術後，得到士人廣泛而深入的研究，所論愈加精細；另一方面，某些朱學論點或已脫離朱子原意，或已難契時代精神，故學者以朱子「晚年定論」爲「護身符」，找到合理的創新空間，將朱學拉近並詮釋成符合當代潮流與需求的理論基礎，似亦爲一種學術趨勢。

徵引書目

（宋）朱熹，《四書集注》，台北：世界書局，1997。

　　　　，《晦菴先生朱文公文集》，收入朱傑人等編，《朱子全書》，上海：
　　上海古籍出版社，合肥：安徽教育出版社，2002，第20-25冊。

（宋）陳淳，《北溪先生大全文集》，收入《宋集珍本叢刊》，北京：線裝書
　　局，2004，影印明抄本，第70冊。

（宋）陸九淵，《象山先生文集》，收入《宋集珍本叢刊》，北京：線裝書局，
　　2004，影印明成化刻本，第63冊。

（宋）程顥、程頤，《二程集》，北京：中華書局，2004。

（宋）黎靖德編，《朱子語類》，北京：中華書局，2004。

（元）吳師道，《敬鄉錄》，收入《叢書集成續編》，台北：新文豐，1989，影
　　印適園叢書本，第257冊。

（元）趙汸，《東山存稿》，收入《景印文淵閣四庫全書》，台北：臺灣商務印
　　書館，1983，第1221冊。

（明）王守仁，《王陽明全集》，上海：上海古籍出版社，2006。

　　　　，《王陽明全集（新編本）》，杭州：浙江古籍出版社，2010。

（明）季本，《季彭山先生文集》，收入《北京圖書館古籍珍本叢刊》，影印清
　　初抄本，第106冊。

（明）林光，《南川氷蘖全集》，收入《廣州大典》，廣州：廣州出版社，
　　2015，影印中山大學圖書館藏清咸豐元年[1850]刻本，第五十六輯，集
　　部別集類第3冊。

（明）張吉，《古城集》，收入《景印文淵閣四庫全書》，台北：臺灣商務印書
　　館，1983，第1257冊。

（明）陳建，《學蔀通辨》，台北：廣文書局，1971。

（明）陸釴等編，《（嘉靖）山東通志》，收入《四庫全書存目叢書》，台南：
　　莊嚴文化事業有限公司，1995，影印山東省圖書館藏明嘉靖刻本，史部
　　第187-188冊。

（明）焦芳等纂，《明孝宗實錄》，台北：中央研究院歷史語言研究所，1962。

（明）程敏政，《心經附註》，國家圖書館藏明嘉靖四十五年[1566]朝鮮刊本。

　　　　，《道一編》（李信本），收入《續修四庫全書》，上海：上海古籍出
　　版社，1995年，影印南京圖書館藏明弘治三年[1490]李信刻本，子部第
　　936冊。

　　　　，《篁墩程先生文集》，台北國家圖書館藏明正德三年[1508]徽州知府

何歆刊本。

（明）程敏政編，《休寧志》，收入《北京圖書館古籍珍本叢刊》，北京：書目文獻出版社，1998，影印明弘治四年[1491]刻本，第29冊。

（明）程敏政編，（明）聶豹刪校，《道一編》（五卷本），收入《四庫全書存目叢書》，影印北京大學圖書館藏明嘉靖三十一年[1552]刻本，子部第6冊。

（明）程敏政編，張健校注，《道一編》，合肥：安徽人民出版社，2007。

（明）程曈，《閑闢錄》，收入《四庫全書存目叢書》，影印清華大學圖書館藏明嘉靖四十三年[1564]刻本，子部第7冊。

（明）馮柯，《求是編》，收入《叢書集成續編》，台北：新文豐出版公司，1989，第188冊。

（明）馮善，《家禮集說》，台北國家圖書館藏明成化十五年[1479]刻本。

（明）黃鞏，《黃忠裕公文集》，揚州：江蘇廣陵古籍刻印社，1997。

（明）鄭曉，《吾學編》，收入《北京圖書館古籍珍本叢刊》，北京：書目文獻出版社，1988，影印明隆慶元年[1567]鄭履淳刻本，史部第12冊。

（明）蕭良榦、張元忭等編，《（萬曆）紹興府志》，收入《四庫全書存目叢書》，影印北京師範大學圖書館藏明萬曆刻本，史部第200-201冊

（清）永瑢等編，《四庫全書總目》，北京：中華書局，2003。

（清）全祖望著，朱鑄宇等編，《全祖望集匯校集注》，上海：上海古籍出版社，2000。

（清）朱澤澐，《朱子聖學考略》，收入《續修四庫全書》，影印遼寧省圖書館藏民國民國刻本，子部第946冊。

（清）施璜編，《紫陽書院志》，合肥：黃山書社，2010。

（清）張耀璧、清‧王誦芬纂，《濰縣志》，收入《中國方志叢書》，台北：成文出版社，1976，影印清乾隆二十五年[1760]刊本，華北地方，第388號。

（清）陸隴其，《松陽鈔存》，卷上，〈為學〉，收入《叢書集成續編》，影印清同治三年[1864]當歸草堂叢書本，第42冊。

（清）陸隴其，《學術辨》，上海：商務印書館，1936。

（清）黃宗羲、黃百家編，清‧全祖望修定，《宋元學案》，台北：廣文書局，1979。

（清）閻若璩，《潛邱箚記》，收入《清代詩文集彙編》，上海：上海古籍出版社，2010，影印清乾隆九年[1744]眷西堂刻本，第141冊。

（清）羅澤南，《姚江學辨》，收入《續修四庫全書》，影印清咸豐九年[1859]羅忠節遺集本，第952冊。

山下龍二著，錢明譯，〈《王文成公全書》的成立——兼述《傳習錄》的形

成〉，收入吳震編，《思想與文獻——日本學者宋明儒學研究》，上海：
　　華東師範大學出版社，2010，頁299-312。
尹波、郭齊，〈朱熹文集版本源流考〉，《西南民族大學學報（人文社科
　　版）》，25：3（成都，2004），447-453。
吉田公平，《陸象山と王陽明》，東京：研文出版，1990。
朱冶，〈十四、十五世紀朱子學的流傳與演變——以《四書五經性理大全》
　　的成書與思想反應為中心〉（香港：香港中文大學歷史系博士論文，
　　2012）。
朱鴻林，〈丘濬《朱子學的》與宋元明初朱子學的相關問題〉，《中國近世儒
　　學實質的思辨與習學》，北京：北京大學出版社，2005，頁120-142。
佐野公治著，劉黛譯，〈明代前期的思想動向〉，收入方旭東編，《日本學者
　　論中國哲學史》，上海：華東師範大學出版社，2010，頁48-62。
何威萱，〈羅念菴的「龍溪情結」——以念菴三〈記〉為中心〉，《中國文學
　　研究》，31（台北，2011），頁79-112。
　　　　，《程敏政（1445-1499）及其學術思想：明代陽明學興起前夕的學術
　　風氣研究》（香港：香港理工大學中國文化學系博士論文，2013）。
　　　　，〈真德秀《心經》析論〉，《正學》，3（南昌，2015），頁231-260。
　　　　，〈從「傳經」到「明道」：程敏政與明代前期孔廟從祀標準的轉
　　變〉，《臺大歷史學報》，56（台北，2015），頁35-86。
　　　　，〈寂寞的神童——明儒程敏政生平要事考釋〉，《中國文化研究所學
　　報》，63（香港，2016），頁91-122。
　　　　，〈現存三種《道一編》版本考辨——兼論聶豹刪改本之意義〉，《成
　　大中文學報》，55（台南，2016），頁157-200。
　　　　，〈程朱「心學」的再發揮——論程敏政的《心經附註》〉，《正學》，
　　5（南昌，2017），頁161-180。
　　　　，〈明中葉孔廟祀典嬗變的理論基礎：程敏政的〈奏考正祀典〉及與
　　張璁孔廟改制觀的異同〉，《清華學報》，新47：1（新竹，2017），頁45-
　　84。
何淑宜，《香火：江南士人與元明時期祭祖傳統的建構》，台北：稻香出版
　　社，2009。
吳兆豐，〈元儒趙汸的遊學、思想特色及其治學歷程〉，《中國文化研究所學
　　報》，51（香港，2010），頁25-49。
吳長庚主編，《朱陸學術考辨五種》，南昌：江西高校出版社，2000。
吾妻重二著，郭海良譯，〈《家禮》的刊刻與版本——到《性理大全》為
　　止〉，《朱熹《家禮》實證研究》，上海：華東師範大學出版社，2012，
　　頁75-100。

呂妙芬，〈歷史轉型中的明代心學〉，收入陳弱水編：《中國史新論（思想史分冊）》，台北：中央研究院，台北：聯經出版公司，2012，頁317-352。

李紀祥，〈理學世界中的「歷史」與「存在」──「朱子晚年」與《朱子晚年定論》〉，《宋明理學與東亞儒學》，桂林：廣西師範大學出版社，2010，頁165-244。

岡田武彥著，吳光、錢明、屠承先譯，《王陽明與明末儒學》，上海：上海古籍出版社，2000。

林濟，〈程敏政「冒祖附族」說考辨〉，《安徽史學》，2007：2（合肥，2007），頁101-108。

侯外盧、邱漢生、張豈之主編，《宋明理學史》，北京：人民出版社，1997。

夏國安，《程敏政的儒學思想》（新竹：國立清華大學歷史所碩士論文，1993）。

容肇祖，〈補明儒東莞學案──林光與陳建〉，《容肇祖集》，濟南：齊魯書社，1989，頁218-246。

張恭銘，〈南宋至元的朱陸和會思想〉，《孔孟月刊》，35：9（台北，1997），頁15-21。

張藝曦，〈明中晚期古本《大學》與《傳習錄》的流傳及影響〉，《漢學研究》，24：1（台北，2006），頁235-268。

陳來，《朱子哲學研究》，上海：華東師範大學出版社，2000。

陳寒鳴，〈程敏政和王陽明的朱、陸觀及其歷史影響〉，收入吳光編，《陽明學研究》，上海：上海古籍出版社，2000，頁233-249。

游騰達，〈論朱澤澐《朱子聖學考略》對「朱陸異同論」的文獻探析〉，《東華漢學》，14（花蓮，2011），頁111-143。

楊正顯，〈道德社會的重建──王陽明提倡「心學」考〉，《新史學》，19：4（台北，2008），頁29-76。

──────，〈白沙學的定位與成立〉，《思想史》，2（2014），頁1-51。

解光宇，〈程敏政「和會朱、陸」思想及其影響〉，《孔子研究》，2002：2（濟南，2002），頁103-112。

──────，〈程敏政、程瞳關於「朱、陸異同」的對立及其影響〉，《中國哲學史》，2003：1（北京，2003），頁103-106、111。

趙克生，〈修書、刻圖與觀禮：明代地方社會的家禮傳播〉，《明代地方社會禮教史論叢──以私修禮教書爲中心》，北京：中國社會科學出版社，2011，頁1-34。

劉成群，〈元代新安理學的四個「轉向」〉，《漢學研究》，29：4（台北，2011），頁167-199。

劉勇，〈中晚明理學學說的互動與地域性理學傳統的系譜化進程──以「閩學」爲中心〉,《新史學》,21：2（台北,2010）,頁2-58。

劉彭冰,《程敏政年譜》（合肥：安徽大學碩士論文,2003）。

蔡龍九,〈論陳建《學蔀通辨》之貢獻與失誤〉,《國立臺灣大學哲學評論》,36（台北,2008）,頁149-192。

錢明,〈王學在新安地區的遭遇與挫折──以王守仁與汪循關係爲例〉,《黃山學院學報》,10：4（黃山,2008）,頁10-18。

_____,《王陽明及其學派論考》,北京：人民出版社,2009。

錢穆,〈羅羅山學述〉,《中國學術思想史論叢（八）》,台北：東大圖書公司,1990,頁309-318。

_____,〈明初朱子學流衍考〉,《中國學術思想史論叢（七）》,台北：東大圖書公司,1993,頁1-33。

_____,《四書釋義》,台北：蘭臺出版社,2000。

_____,《朱子新學案》,北京：九州出版社,2011。

戴景賢,〈論陽明與象山思想之關連及其差異〉,收入鍾彩鈞主編,《中國學術思想論叢──何佑森先生紀念論文集》,台北：大安出版社,2009,頁167-198。

鍾彩鈞,〈朱子學派尊德性道問學問題研究〉,收入鍾彩鈞主編,《國際朱子學會議論文集》,台北：中央研究院中國文哲研究所籌備處,1992,頁1273-1300。

Chan, Wing-tsit 陳榮捷, "The Ch'eng-Chu School of Early Ming," in Wm. Theodore de Bary and the Conference on Ming Thought , eds. *Self and Society in Ming Thought.* New York: Columbia University Press, 1970, pp.29-50.

Chu, Hung-lam 朱鴻林, "Intellectual Trends in the Fifteenth Century," *Ming Studies 27*, Spring 1989, pp. 1-33.

Guo, Qitao 郭琦濤, "Genealogical Pedigree versus Godly Power: Cheng Minzheng and Lineage Politics in Mid-Ming Huizhou," *Late Imperial China*, 31:1, June 2010, pp. 28-55.

A Study of Cheng Minzheng's *Daoyi Bian* and Wang Yangming's *Zhuzi Wannian Dinglun*

Ho Wei-hsuan

Abstract

In the history of Neo-Confucianism, the similarities and differences between Zhu Xi（朱熹, 1130-1200）and Lu Jiuyuan（陸九淵, 1139-1193）have triggered fierce debates. An important and creative argument is that although the concepts and theories about learning held by Zhu and Lu originally differed, the two men eventually reconciled with each other in their final years. Most scholars deemed that the most iconic treatise on this topic was Cheng Minzheng's（程敏政, 1445-1499）*Daoyi bian* 道一編 and Wang Yangming's （王陽明, 1472-1529）*Zhuzi wannian dinglun* 朱子晚年定論, and that the latter was derived from *Daoyi bian* as a kind of by-product. Later scholars also accused Cheng of supporting Lu Jiuyuan stealthily. This article demonstrates that Cheng Minzheng both faithfully followed and corrected Zhu Xi. Furthermore, the forms and purposes of these two books were so different, that Wang Yangming's *Zhuzi wannian dinglun* was certainly not a sequel to Cheng's work.

Keywords: Cheng Minzheng, *Daoyi bian*, Wang Yangming, *Zhuzi wannian dinglun*, similarities and differences between Zhu Xi and Lu Jiuyuan

【書評及書評論文】

美國革命的啟蒙政治理想

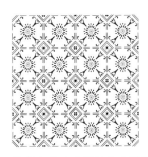

曾怡嘉

倫敦大學政治思想史與思想史碩士（MA History of Political
Thought and Intellectual History），論文題目爲〈亞當‧佛格
森共和主義中的帝國與自由〉，並獲得特優（distinction）的
畢業級別。主要研究興趣爲啟蒙思想史、西方哲學史與近代
早期政治思想，同時也關注代議政治、自由與民主等議題。
有數篇文章見刊於《臺大哲學論評》、《新史學》等期刊。
進行中的研究包含「蘇格蘭啟蒙中的帝國與自由：共和主義
與雅各賓主義的對比」、以及博士論文計畫「休謨的政治知
識論」。

Richard D. Brown, *Self-Evident Truths: Contesting Equal Rights from the Revolution to the Civil War*. New Haven: Yale University Press, 2017. x+387pp.

Jonathan Israel, *The Expanding Blaze: How the American Revolution Ignited the World, 1775-1848*. Princeton: Princeton University Press, 2017. 755pp.

　　「人人生而平等」（all men are created equal）可謂《獨立宣言》之中最令人懷疑的一項「眞理」。[1] 儘管美國的開國元勳們主張這是所有不證自明的眞理（self-evident truth）之首，然而，誠如美國作家豪威爾斯（William Dean Howells, 1837-1920）所言：「在美國人心裡，對不平等（inequality）的愛好並不亞於自由」（頁10）。[2] 由布朗（Richard D. Brown）在2017年出版的《自明的眞理：對革命至內戰期間平等權利的辯駁》書中可知，造成這種「不平等」根深蒂固的主因在於：美國人民過往對財產權的觀念並未隨著革命掙脫傳統歐洲階級社會的桎梏而崩毀；同年在伊斯瑞爾（Jonathan Israel）的《延燒的烈火：1775-1848年美國革命如何引燃世界》之中，透過細緻地重構歷史場景，得以發現不平等觀造成了美國政治發展過程裡深刻的張力，除了導致國內實踐民主共和主義（democratic republicanism）的政治理想受阻之外，對十九世紀的革命浪潮乃至於當代政治的種種問題影響亦不容小覷。兩位作者皆主張美國歷史的發展軌跡一再顯現了

---

[1] 本文初稿承蒙陳正國老師和陳禹仲助研究員惠賜諸多寶貴意見，筆者謹表謝忱。

[2] William Dean Howells, *Impressions and Experiences*（New York: Harper and Brothers Publishers, 1896）, p. 274.

《獨立宣言》和《美國憲法》儘管被視爲啓蒙政治理想的實踐場域，「不平等」卻儼然成爲現實中最顯而易見且不證自明的眞理。

　　本文評論布朗與伊斯瑞爾的兩本美國革命史作品，筆者並不期待涵括書中所有內容，而是要爲讀者建議一種閱讀提案，這種理解方式將有助於掌握兩本書共同關注的焦點，進而思考啓蒙運動的價值觀與美國歷史進程的互動關係，以及更廣義而言，啓蒙運動作爲歷史現象或思想志業，透過美國歷史發展與大西洋兩岸的革命是否能看出終結。筆者認爲兩部作品研究的年代皆落在獨立戰爭至十九世紀中晚期，但兩位作者所關注的面向相反——布朗聚焦於國內的政治發展、伊斯瑞爾則強調革命思想輸出到全世界所造成的效應，但兩者的敘事交會點在於以啓蒙運動的政治理想——平等的進步價值與民主共和主義——爲分析主軸。將兩部作品並列閱讀，則能窺見一世紀間美國政治思想史演進的完整圖像。因此本文第一至二節將先討論兩本書中的平等議題，以布朗的分析爲主，了解美國人民如何詮釋啓蒙運動的平等概念，再輔以伊斯瑞爾從歐洲思想的「他者」角度，讓兩部作品互相闡發。第三節則在前兩節討論平等概念的基礎上評介伊斯瑞爾書中最有特色之處，即美國思想對全球的衝擊。文末將評析兩位作者的特殊觀點對美國乃至於歐洲思想史研究的學術價值。

一、不平等、財產與自由

　　布朗在書中首章開宗明義地指出，不平等觀念的來源其來有自：《獨立宣言》和《美國憲法》（頁300）。就其內容與兩百餘年以來政治人物的詮釋，可見或許美國獨立時追求的啓蒙價值並不如一般想像的開明，這點可由兩方面說明。首先，傑佛遜（Thomas Jefferson,

1743-1826）起草《獨立宣言》時改換了洛克（John Locke, 1632-
1704）所謂的「生命、財產、自由」爲「生命、自由、追求幸福的權
利」（life, liberty and the pursuit of happiness）（頁90），[3]因此布朗進一
步問：爲何是財產權被置換爲追求幸福的權利？無論是洛克或美國早
期共和的政治人物，大體上都不會接受在人人生而平等的基礎所追求
的財產權意味著財富的重新分配（頁23），而對美國人而言，自由與
財產權是一體兩面，儘管他們反對英國的階級社會，但在得以擁有私
產的情況下，社會階級的等差無可避免，政治參與的程度也取決於財
產限制，因此美國人反而會認爲擁有私產是人人皆可享的「權利」
（right）、並非「特權」（privilege），特別是革命時期的愛國派（the
Patriots）強調私產是政治自由的必要條件，在這種情況下不平等的
社會階級必然存在，因爲沒有私產，何談獨立追求自由的能力（頁
298）。

　　關於傑佛遜詮釋啓蒙價值的方式，伊斯瑞爾之書亦有著墨，他認
爲應回到洛克的思想本身，便能發現美國與歐洲啓蒙在動機、策略與
目的上都差異不小。洛克提出自然權利理論目的有二：正當化光榮革
命（the Glorious Revolution），以及解釋政治社會的形成與指向，意
即人們選擇進入政治社會是爲了保護私產不受他人侵犯，因此財產權
便成爲了統治正當性的基礎，而保護人民的財產與安全則是統治者的
目標所在（頁90）。伊斯瑞爾在前述基礎上爲以追求幸福代換財產權
的問題提供了一個柏林式（Berlinian）的解釋：這種更動顯示出洛克

3　Ray Forrest Harvey, *Jean Jacques Burlamaqui: A Liberal Tradition in American Constitutionalism*（Chapel Hill: University of North Carolina Press, 1937）, p. 120; cf. John Locke, *Political Essays*（Cambridge: Cambridge University Press, 1997）, pp. 67-72.

與傑佛遜對國家的責任與存在目的有不同的見解；對洛克而言，財產權是重中之重和區分出社會階級的基礎，然而，當傑佛遜以追求幸福取而代之時，階級分化的意義就被邊緣化了，反而凸顯出美國是一個機會平等的國家，就算是無產階級也可以靠自身努力而向上流動；由此可見，洛克強調對人民財產與安全的保護反映的是消極自由（negative liberty），而對傑佛遜而言，自由是一種積極的、具有發展性的概念，能夠透過國家提供的先天條件以及個人後天的行動實踐之（頁91）。

　　布朗在書中指出，美國革命從一開始就注定不會達成平等與民主，因爲不平等觀深植於殖民地人民經常用來爲革命背書的輝格意識形態（Whig ideology）。殖民地人民反抗英國國會和國王，主因在於深信自己的財產權受到當時的稅制侵害，同時在國會裡缺少殖民地的實質代表（virtual representatives），使他們成爲英國的政治奴隸（political slaves），因此以捍衛自由作爲革命理由相當合理（頁245-246）。然而革命成功後，可以確定的是美國人民並未獲得眞正由他們自己決定自己事務的權利，早期共和的領導人物如亞當斯（John Adams, 1735-1826）等人多爲知識菁英，主張沒有財產的人並不具有獨立自主的能力，他們害怕若讓所有人民不分階級皆授與同等的權利，會使好不容易獨立建國的政府毀於一旦，因此直到1870年的憲法第十五項修正案以前，選舉權仍有頗爲嚴苛的財產限制。由此可見，當時政治人物仍普遍不信任大眾，而這種心態也在一定程度上影響了立法，使得下層階級的人民成爲司法體制運作中沉默的一群（頁250）。有鑑於此，布朗斷言美國人「絕非平等主義者……他們大多重視有平等的機會可以獲得財產，而不是平等地分配之」（頁24，254）。換言之，儘管財產權不見於《獨立宣言》開頭的三項權利之

中，但就美國歷史發展進程觀之，當美國人以自由作爲政治行動的口
號時，背後的財產權概念如影隨形。

　　布朗以財產權問題解釋1786-1787年麻州發生的謝伊斯叛亂（the
Shays' Rebellion），認爲該事件暴露出建國以來經濟長期不平等的弊
端（頁256-257）。伊斯瑞爾則透過分析當時出版的小冊和媒體報
導，主張這次叛亂除了是建國以來最大規模的一次動亂之外，輿論的
風向事實上協助了聯邦派（the Federalists）呼籲政府體制的改革，即
建立實權更大的中央政府（頁182-188）；謝伊斯叛亂的消息在歐洲造
成一片譁然，當時在許多思想家心中，美國是啓蒙理想獲得落實的場
域，然而此一叛亂可謂擊垮了他們心中第一個現代的共和國在政治上
的成功形象，當時的激進啓蒙者（radical enlighteners）如龔多賽
（Marie Jean Antoine Nicolas de Caritat, Marquis of Condorcet, 1743-
1794）也承認整起動亂的嚴重性已經危害了革命的精神，而讓愈來愈
多人轉而支持英國君主制的混合政體（mixed constitution）作爲最理
想且穩定的政治制度，在此數年之間，混合政體因而經常被用來與人
民政府（popular government）對立，其中謝伊斯叛亂被引用作爲共
和國不受歡迎的反例（頁189）。在美國國內，這起事件讓「政治、
社會和思想」上的「貴族（aristocratic）與民主（democratic）」在司
法與政府體制層面的對立白熱化，然而在往後數年非但未獲得解決，
反而加劇社會衝突（頁190）。至此，高度建立在啓蒙政治理想上的
邦聯政府失敗了。

二、奴隸與其他少數族群的平等

　　布朗在書中第三至六章分別探討了外來移民、有色人種、婦女與

兒童等在社會上相對少數的族群所遭遇的不平等待遇。藉由分析他們的處境，布朗更加堅定主張「人人生而平等」在美國的語境之中作為政治策略的意涵遠高於真心希望落實啓蒙運動尊重人性尊嚴的精神（頁8）。他指出：「生而平等的理想所引發的核心問題在於如何界定誰是革命時期美國社會的局外人」。（頁18）婦女與兒童顯然始終被排除於革命之外，被視為沒有獨立地位的「屈服公民」（subordinate citizens），即婦女的地位由婚姻狀態來定義而依附於丈夫之下。直到近代，女性才能藉由教育改變地位，且在憲法第十九條修正案之後才有選舉權（頁242）。

布朗認為歐裔移民算是美國社會的特例，因為人們大多贊成賦予他們相同的公民權，反而是政府官員將他們視為社會動亂的根源，甚至在部分地區例如新英格蘭（New England），連從其他州遷入的移民都日益受到排斥（頁102-103）。此一現象令人好奇美國人究竟以什麼標準來評斷是否接納國內外的外來移民？布朗提出一項可能的解釋：移民受接納與否，取決於他們遷徙的動機，自食其力來追求自由的人會比尋求庇護（asylum）者受到歡迎（頁104）。有趣的是，布朗認為當殖民地人民將獨立戰爭訴諸於他們也享有的「英國人的權利」（the English rights），此一宣稱事實上已經造成了邏輯矛盾，因為他們破壞了「自然、社會與政治平等的區別」，而啓蒙時代英國人宣稱天生擁有的權利其實不分種族皆適用，因此，當美國社會的知識菁英標舉啓蒙價值作為政治理想，他們同時就不得不面對有色人種偏見與奴隸貿易仍然存在的矛盾，而基督教在社會上的傳播只會加深這項問題（頁107-111）。這項問題為何會困擾美國社會長達數十年之久？布朗主張，國會之所以未積極在立法上試圖解決，是因為他們只將《獨立宣言》視作「一項政治工具」，用啓蒙的政治理想來提醒美國人在過去遭遇的「英國羞辱」（頁111-112）。

　　布朗指出美國社會的意識形態日益保守，反映在對「人人生而平等」的詮釋在獨立戰爭結束後的二三代日趨狹隘。特別是在美國南方，內戰前已經完全排除有色人種適用這項原則的可能，共和主義者在過去訴求的普世平權已不復見，甚至由當時的法院紀錄可以發現，人們對法律之前是否亦人人平等頗有疑慮，數據顯示，黑人在審判中的處決率高達白人的三倍之多（頁139-140）。儘管內戰後死刑的判刑率日益減少，但這並不表示人們對黑人平權的看法有所進步。布朗斷言：「美國人是共和主義者，但在種族議題上，他們習慣性地毫不容忍且充滿偏見」（頁166）、「即便是今日，所有公民擁有平等權利仍是不切實際的謊言」（頁169）。

　　布朗的分析較不容易看出奴隸問題在國家與各州的層級上被如何看待，對此，伊斯瑞爾指出，奴隸問題在1787年的制憲會議（Constitutional Convention）上並非出於對人性尊嚴的重視、而是各州在以平等為訴求爭取利益的情況下被搬上檯面。儘管在獨立戰爭時期，北方有些地區已經意識到奴隸的存在與他們標舉的啓蒙理想相悖（頁140），因而陸續解放一些奴隸，但在邦聯時期各州基本上對此議題態度十分模糊，少數北方州在州憲中明定不可蓄奴。在制憲會議上，南方奴隸主的勢力仍相當可觀，而南方有龐大的奴隸人口，就計算國會的比例代表制而言對北方不太公平。南北在會議上達成「五分之三妥協」（Three-Fifths Compromise），即明定人口計算方式為：黑人人口總數乘以五分之三再加上白人人口才是該州總人口數。這項妥協等於承認了憲法認可奴隸制度存在。伊斯瑞爾更進一步分析，整個制憲會議期間完全沒有提到廢奴（abolition）議題，而在憲法的定案之中，與會者更是有意避免「奴隸」一詞出現，顯示了開國的政治人物們一點也不想讓奴隸被立國的重要文獻記載，同時歐洲各國也並未特別對此有疑義。伊斯瑞爾據此斷言，制憲會議訂立這種憲法，說明了美國革命傳遞的訊息是：美國人可以拒絕英國的階級制造成社會不平等，但又同時在現實中將權利保持在地主和菁英階層之內，亦不會造成解放奴隸的「風險」（頁156）。其中值得注意的爭議點是：究竟黑奴是否被視爲社會成員之一？伊斯瑞爾引用麥迪遜（James Madison, 1751-1836）對憲法的評論，麥迪遜認爲五分之三妥協事實上已經嚴重抵觸各州的州憲，因爲過去從未承認過這種看待黑奴的原則，各州州憲之中事實上是將奴隸排除於社會之外（頁157）。伊斯瑞爾在此處的論述正好能與布朗書中的基本論調呼應：美國人所標舉的平等原則僅適用於他們意識形態上認可的社會成員身上。

三、大西洋革命與啓蒙政治理想的擴散

　　華盛頓（George Washington, 1732-1799）在1796年的退職演說中曾經警告：爲了維護共和國的政治穩定，美國應遠離歐洲事務。然而，在十九世紀革命浪潮之中，無論是美國人民的支持，或是美國作爲一種共和主義政治典型的形象再現於歐洲，再再顯示出新世界與舊大陸仍有無法剪斷的連結。有趣的是，歐洲人對於美國所代表的政治理想經常有不太精準的理解，仍無礙於他們以此對抗舊時代的君主制。伊斯瑞爾從第十四章〈美國與海地革命〉談起，至第二十章〈1848革命浪潮：民主共和主義與社會主義的對抗〉，詳盡討論了歐洲與拉丁美洲各國在十九世紀前半葉的革命，美國作爲大西洋革命（the Atlantic Revolution）的先鋒，無論是否實質涉入各地的獨立戰爭，在意識形態上對這些國家影響甚大，而此時的政治情勢亦可謂牽

一「國」而動全身。而此時亦能發現，美國革命與法國革命基本上依循相同的共和主義軌跡——追求自由與平等的共和國——但拿破崙戰爭以降，愈來愈多知識分子意識到美國的共和主義在新世界在進步時，法國1789年革命的成果在拿破崙稱帝的野心下日漸衰頹，拉法葉（Gilbert du Motier, Marquis de La Fayette, 1757-1834）就曾對傑佛遜說：「人道的目標在美國獲得勝利，且再也沒有任何事物能使之轉向、毀其進步或阻止它繁盛。……但在法國它已經無法挽回地失落了」（頁423-425）。

伊斯瑞爾指出，拿破崙戰爭時期的美國外交基本上親法，麥迪遜總統任內兩國簽訂軍事同盟條約，拿破崙為維護法國利益而持續在美國與西班牙間居中協調、同時防止美國強行併吞佛羅里達，可見歐洲對美國的領土擴張仍有防備。此時，西班牙的啟蒙知識分子比較在意美國革命對於西屬美洲（Spanish America）殖民地是否造成鼓動效果，顯然美國革命的成果已經威脅到英國、法國、西班牙、葡萄牙和其他歐洲國家在全球的帝國擴張事業。伊斯瑞爾主張十九世紀初美國革命在歐洲智識界的論辯中發生了哲學轉向，焦點已經由革命對帝國和殖民的衝擊進入更政治哲學的層面——好政府的本質為何？如何安排更好的社會與道德秩序？甚至是更貼近哲學本質的問題：啟蒙的時代精神為何（頁421-430）？然而西班牙知識分子擔心的事仍然發生了，當啟蒙思潮傳播到西屬美洲殖民地後，當地人民紛紛要求自由貿易的經濟改革，而美國革命讓他們意識到自己受到母國的壓迫情形宛如當年英國人對待十三州殖民地一般，因此也要求在政治上西班牙能以平等國家的地位對待他們，從當時知識分子出版的作品中經常可見這類論述。1808年拿破崙入侵西班牙，觸發了西屬美洲殖民地人民累積已久的不滿，第一起革命隔年於祕魯發難。伊斯瑞爾特別要澄清的是，過去常有誤解認為是該起入侵事件直接「導致」美洲殖民地革命，但事實上在此之前，甚至早在1780年代當地知識分子就已經閱讀許多法國啓蒙思想家的著作、對後來的大革命也相當了解，因此在十九世紀初殖民地已經具備相當強烈的啓蒙傾向（頁438-439）。

　　在接續的章節中，伊斯瑞爾預示了美國與歐洲在政治與思想上的分道揚鑣，拿破崙戰敗後的歐洲王室復辟時期（the Restoration），美國革命及其所代表的政治意涵成為各國避之唯恐不及的對象。1815年神聖同盟（the Holy Alliance）在復辟各國王室的行動中最大的目標即消除所有關於美國革命與法國大革命的民主原則與共和主義，基本上沒有任何歐洲國家想跟美國有瓜葛，伊斯瑞爾據此斷言：「在1815年後，英國領導的復辟歐洲與美國之間呈現緊張、冷峻且相互猜疑的共存關係」（頁457）。然而在1820年代，啓蒙運動有東山再起之勢，伊斯瑞爾歸因於在復辟時期持續存在的地下革命文化（underground revolutionary culture），稱之為「晚期激進啓蒙」（the late Radical Enlightenment），由流亡各國的激進派人士在背後支撐著（頁512-513）。伊斯瑞爾指出，過去對1830年革命浪潮的歷史解釋有所謬誤，當時的革命並非由人民、特定族群或階級自發性的起義，尋求民族解放、憲政改革與對抗復辟王室，民族主義和馬克思主義史學（Nationalist and Marxist historiography）往往訴諸此一觀點。這些人們並沒有足夠的能力得以重新組織啓蒙運動，是故晚期激進啓蒙的發動者別無他人，正是啓蒙運動極盛期的老練知識菁英，由他們操作連貫的哲學思想或政治意識形態，同時利用情勢不利於政府時，加以攏絡社會大眾，歐洲人對美國革命的正面論述重新見刊於當時的報章雜誌。於是晚期激進啓蒙蓄積的能量，以及在社會上精巧的佈局，終究帶來1830年法國、比利時、波蘭等國一連串的革命（頁515-546）。

　　在書中第二十章，伊斯瑞爾認爲相較於1830年革命，美國人對歐洲1848年的革命浪潮顯得不那麼熱衷，儘管在革命之初，美國人宣稱他們「支持廢奴、民主化、解放黑人、世俗化、女權運動以及同情最近的移民問題」，但或許由於國內政治問題以及內戰前社會分裂日益加劇，上述宣稱很快就消退了，而美國的報紙態度也不甚一致，甚至有些媒體出於對社會主義（socialism）的恐懼而對這次革命抱持負面評價（頁547）。伊斯瑞爾指出，美國似乎在革命浪潮看見了一條近似他們建國的道路，即1847-1848年的瑞士（the Swiss revolution）革命，這也是歐洲歷史發展上最接近美國的時刻，瑞士同樣採行聯邦制和兩院制，並以權力分立（separation of powers）爲政治運作的基本原則（頁548-549）。這種政治意識形態上的親近正如美國在法國大革命以及1830年革命時樂見新共和的誕生相同。然而在1840年代，儘管美國在民主共和主義的道路上已經比歐洲走得更遠許多，但在成年男子普選權這類在政治上爭議已久的問題上，新舊世界其實相去不遠。美國直到1840年代仍因爲財產限制而爲人詬病，甚至引發1841-1843年由哈佛大學畢業的律師多爾（Thomas Wilson Dorr, 1805-1854）號召且獲得國內民兵響應的多爾戰爭（the Dorr War）（頁569-571）。

　　伊斯瑞爾主張十九世紀中葉以後，民主共和主義的陣營在美國與歐洲革命浪潮裡的社會主義陣營開始長期對抗，奴隸問題與社會主義的擴張直接左右了美國對歐洲國家革命的態度。美國對社會主義的恐懼相當合理，因爲它對當時日漸白熱化的奴隸問題爭議而言，提供了一條誘惑而危險的出路。從開國以來就沒有解決的貴族與民主政治對立問題，此時反映在國會中「自由社會」（free society）與「奴隸社會」（slave society）此二分歧世界觀的爭辯之上。此時以保守勢力爲主的國會對民主抱持著矛盾的心理，1848年法國取消了法屬西印度群島的奴制，此舉等於是強迫美國正視他們的民主共和主義之中確實有實踐平等的可能（頁574-576）。而1850年代支持廢奴和賦予女性選舉權的路易斯維爾平台（the Louisville Platform）對抗反天主教和排斥外國人的「無知黨」（Know-Nothing Party）失敗後，伊斯瑞爾斷言此一結果爲美國對待革命浪潮的「最大諷刺」，同時也是美國的民主共和主義在大西洋兩端之終結（頁599）。啓蒙的進程止步於十九世紀中葉，此後日益增長的不寬容精神將美國的民主導向民粹主義（popularism），而美國與歐洲的發展分道揚鑣，直到二戰才重新交集（頁606）。

四、結語

　　布朗和伊斯瑞爾的這兩本書拆毀了傳統歷史解釋的斷垣殘壁，他們對於美國啓蒙政治理想的詮釋或許不是完全創新，但他們的作品有系統地分析了美國人民在追求自由與平等時呈現的複雜思維。布朗的分析價值在於將《獨立宣言》去神聖化，並由解釋美國與歐洲啓蒙理想相異之處，說明美國政治與社會的不平等事實上來自於他們強調「追求幸福」這項價值。換言之，美國人的平等觀事實上和財產權掛鉤，他們相信人人都有相同的機會可以累積與保護個人的財產不受侵害，而非消除社會地位、種族、性別等差異，也不是要求財產的重新分配，更非保障所有人在法律面前皆能受到相同待遇。伊斯瑞爾這本著作則可說是完成了他的啓蒙世界觀，意即以美國革命作爲激進啓蒙（Radical Enlightenment）的最後一環。這種歷史解釋相對平衡了美國與法國革命對近代民主共和發展的影響，並將美國視爲民主現代性

（democratic modernity）的開端（頁457，485）。

　　就寫作手法而言，兩人的作品風格迥異，布朗的筆調直率而犀利，問題意識相當清晰，在每章開頭都要從不同的主題反覆詰問「人人生而平等」該句的眞義，並且擅長使用法律文獻和政府檔案作爲個案的例證；伊斯瑞爾的文風華麗繁複，在七百餘頁的篇幅之中完整重建了美國革命的前因後果，以及思想傳播如何挑戰大航海時代以來的世界秩序。作者所傳遞的世界觀，正如啓蒙思想一般，一直都是複數的，因此我們可以看到美國革命如何不斷地被重新理解與詮釋，讀者必須緊跟著作者的思想理路才能良好理解長篇巨構的用意。總之，當美國革命思想在近代挑戰世界秩序時，布朗和伊斯瑞爾書中的「啓蒙」觀點也重新挑戰了美國與歐洲歷史的傳統觀點。

　　布朗主張，《獨立宣言》並非共和國實際的建設藍圖，而應當視爲一份訴諸啓蒙理想的政治宣傳。他在書中以略微悲觀的筆調總結了百餘年的歷史現實：開國元勳們高呼的生命、自由與追求幸福的權利僅止於「追求」（pursuit）而已，並非用以「落實」（realization）。布朗的著作衝破美國所代表的平等與進步的神話，直接叩問開國元勳們標舉平等的眞正意圖。書中兼顧了傳統政治史與社會史的敘事，並以微觀史學（microhistory）的手法處理不同族群的人們如何受到不平等的待遇。這項「除魅」工程的結果顯示，儘管我們在十九世紀內戰以前看到的諸多政治、法律文獻或出版刊物中都訴諸啓蒙的政治理想來建設新的共和國，所謂「美國公民」的身分認同亦立基於此（頁306），但事實上美國政治史就是一部在追求平等價值之中掙扎的歷史。對平等觀念的認識分歧成爲早期美國實踐民主共和的阻礙，甚至威脅國家的憲政基礎，暴露出政治運作中應然與實然的巨大落差。

　　伊斯瑞爾這部巨著可視爲 2001 至 2011 年間出版的「啓蒙三部

曲」[4]之續作，貫穿這四部著作的中心思想即民主共和主義與現代
性（modernity）的開展，而背後更深層的提問則是：啓蒙運動是否
成功了？何時才是啓蒙運動終結的時刻？儘管主題爲美國革命，但
在書中能發現內容相當詳盡的近代歐洲史和拉丁美洲的獨立運動始
末，顯示出伊斯瑞爾的意圖在於將美國革命放入全球史的脈絡發展之
中，以美國作爲政治與思想行動的主體來分析，是故書名中「延燒
的烈火」意象十分傳神，同時在如此宏大的敘事架構下仍能兼顧歷
史發展中驚人的細節實屬不易。名爲「烈火」，實爲伊斯瑞爾另一項
思想的隱喻：激進啓蒙。他對該主題的興趣要追溯到早年的斯賓諾
莎（Baruch Spinoza, 1632-1677）研究，其中他發現斯賓諾莎的政治
思想正是近代早期（early modern）民主共和主義的濫觴。[5]而本書中
的激進啓蒙意指思想與社會運動，推動革命與社會平等的改革（頁
603），作爲哲學思想和政治意識形態傳播至各地的過程則一直是伊
斯瑞爾關注的焦點，在他2014年出版的法國大革命思想史著作中便
可發現他已經開始在革命年代的脈絡中深入思考此題。[6]儘管美國革
命和其他歐洲國家的革命共享了許多進步的價值，但伊斯瑞爾在本

4　Jonathan Israel, *Radical Enlightenment: Philosophy and the Making of Modernity 1650-1750*（Oxford: Oxford University Press, 2001）; *Enlightenment Contested: Philosophy, Modernity, and the Emancipation of Man 1670-1752*（Oxford: Oxford University Press, 2006）; *Democratic Enlightenment: Philosophy, Revolution, and Human Rights 1750-1790*（Oxford: Oxford University Press, 2011）.

5　Richard Bourke, "Rethinking Democracy," *Modern Intellectual History*, 13:1（2016）, p. 249.

6　Jonathan Israel, *Revolutionary Ideas: An Intellectual History of the French Revolution from the Rights of Man to Robespierre*（Princeton: Princeton University Press, 2014）.

書結論指出，自十九世紀中葉以來，美國逐漸偏離歐洲，進而走向「美國特殊論」（American Exceptionalism），啓蒙的政治理想被帝國主義（imperialism）、民族主義（nationalism）、和不穩定的人民主權（popular sovereignty）取代，這些意識形態時至今日仍在美國政壇上角力（頁609-611）。因此本書儼然是一部民主共和主義的興衰史：民主共和主義在美國革命時躍上政治思想舞台，強勢地以平等價值觀撼動著新舊世界，然而「76年精神」的沒落，顯示美國的確走出了一條新道路，但它已經不再是啓蒙政治理想的普世典範了（頁612）。

How To Write About Economic Ideas In Early China

傅揚

臺灣大學歷史系學士、碩士，英國劍橋大學東亞系博士，現爲東吳大學歷史系助理教授。研究領域爲中國古代史、中國中古史、政治文化史、思想史學，近期研究主題包括先秦經濟論述、漢代社會思想、南北朝的政治文化等。

During its completion, this research was kindly funded by the School of Liberal Arts and Social Sciences, Soochow University, Taiwan.

本文撰改期間，曾獲得東吳大學人文社會學院之研究計畫補助，謹此致謝。

How To Write About Economic Ideas In Early China

Abstract

Historians of early societies are always faced with the problem of anachronism. The charge of anachronism is especially pertinent to historians of ideas who attempt to elucidate the intellectual practices and reconstruct a mental universe of the past. The understanding of "economy" or "economics" in early societies is a case in point: the existing scholarship on the history of early Chinese economic thought often draws insights from the economics and faces the risk of anachronism. This article identifies the limitations of the existing scholarship and proposes an alternative approach to the subject matter. It argues that researchers should pay attention to references to wealth and labor in early Chinese texts and examine the ways in which they are elaborated in relation to other matters. The focus should not be to recover "economic thought" or "economic ideas" in and of itself, but to scrutinize the representations of economic discourse.

Keywords: history of economic thought, economic discourse, Chinese intellectual history, wealth, labor

Introduction

Historians of early societies are always faced with the problem of anachronism. As Moses Finley concedes, while the study of ancient history is by nature no different from studies of any other history, in the field of ancient history "the concepts and underlying assumptions are derived in very large part from more or less recent experience."[1] The charge of anachronism is especially pertinent to historians of ideas who attempt to elucidate the intellectual practices and reconstruct a mental universe of the past. In describing and analyzing how people in the past may have thought and how ideas related to actual practice and behavior, they must use terms and ideas partly drawn from the modern world. If we have modern presuppositions in mind, our studies may be less about how and why people in the past thought in their given way, than interpretations of their behavior in a way that is more "accessible" for us to understand.[2] To be sure, it is impossible to sidestep the problem of anachronism, for whenever we ask a question we inevitably do so from our own perspectives that are inspired by modern conceptions. Moreover, we also need historical imagination to re-enact and reconstruct lost worlds, especially intellectual ones.[3] Only when reducing the impact of anachronism, however, can we

---

1   Moses I. Finley, "Generalizations in Ancient History," in *The Use and Abuse of History* (London: Penguin, 1990), pp. 69-73.

2   Quentin Skinner, "Interpretation, Rationality and Truth," in *Visions of Politics*, 1 (Cambridge, UK: Cambridge University Press, 2002), pp. 27-56.

3   William H. Dray, *History as Re-enactment: R.G. Collingwood's Idea of History* (Oxford: Clarendon Press, 1995), pp. 32-66; 319-322.

aspire to achieve two goals. First, as has been suggested, we can elaborate how, historically, people in the past may have thought and behaved. Second, in so doing we should be able to ponder about our present conditions. By elucidating the agency of humans in their given contexts, instead of within frameworks imposed on them by modern scholars, history may well serve as a probe into not only the past but also the present.[4]

　　The understanding of "economy" or "economics" in China is a case in point. The English word "economy" was introduced to China in the late nineteenth century.[5] From then onward there appeared a number of Chinese renditions for "economy" and "economics," such as *fuguo* 富國 (the enrichment of the state), *jingji* 經濟 (*jingshi jimin* 經世濟民, to order the world and succor the people), *licaixue* 理財學 (the science of the management of wealth), *pingzhunxue* 平準學 (the science of the balancing of prices), *shengjixue* 生計學 (the science of livelihood), and so on.[6] Yan Fu 嚴復 (1854–1921), a renowned scholar and translator in

---

4　Elazar Weinryb, "Historiographic Counterfactuals," in Aviezer Tucker, ed., *A Companion to the Philosophy of History and Historiography* (Chichester: Wiley-Blackwell, 2009), pp. 115-116.

5　Like many other terms, it was introduced to China through Japanese borrowings. For an overview of the ways through which new terms were introduced to China in the late nineteenth century, see Federico Masini, *The Formation of Modern Chinese Lexicon and Its Evolution Toward a National Language: The Period from 1840 to 1898* (Berkeley: Project on Linguistic Analysis, University of California, 1993).

6　趙靖主編,《中國經濟思想通史》(北京：北京大學出版社，2002)，頁 56-59。

the late nineteenth and early twentieth centuries, reflected on the difficulty of making sense of "economy" in the context of the Chinese language. As the first person to translate Adam Smith's（1723-1790）*The Wealth of Nations* into Chinese（published in 1901）, Yan was very much concerned with the way in which the term "economy" should be translated. He referred to the ancient Greek roots of "economy," *oikos* and *nomos*, and elaborated that "economy" denotes the calculation and management of wealth and resources of both the household and the state. The science of it, "economics," he proposed, was to be translated as *jixue* 計學, literally "the science of calculation," since the ways in which the word *ji* in Chinese texts is used come closer to the Greek word *oikonomia* than any other.[7]

Yan's translation strategy, however, is paradoxical. On the one hand, his attempts to "locate" the word "economy" in Chinese texts deserve acclamation. Through his efforts we learn about possible parallels between the English word "economy" and some Chinese terms. On the other hand, in referring to Chinese terms present in texts compiled centuries ago, Yan neglected the fact that even the single word *ji* 計 may have meant much more than what can be encompassed by the term "economy." In his defense, Yan's ambition was to produce a translation instead of a detailed examination of Chinese vocabulary, hence his foremost task was to find out an appropriate word for translation, not to complicate the picture. In

---

7　嚴復，〈譯斯氏計學例言〉，收入嚴復著，王栻主編，《嚴復集》（北京：中華書局，1986），頁 97-102。

fact, Yan Fu could be flexible in choosing terms to translate "economy."
He argued in a letter that in addition to *jixue*, *shihuo* 食貨 and *huozhi* 貨殖
could also be Chinese renditions for "economic" (*shihuo wenti* 食貨問題
for "economic problems" and *huozhi bian ge* 貨殖變革 for "economic
revolution").[8] This indeed demonstrates Yan's flexibility and
understanding of the complex interplay between terms, ideas, and China's
economic reality.

The rendition which in the end became the standard term for
"economy" in the Chinese language is *jingji*. This would have worried Yan
Fu, for he criticized it as being too general and loose.[9] The term *jingji* was
coined in Chinese texts long before the nineteenth century, originally
referring to *jingshi jimin*, literally "to order the world and succor the
people." It was the Japanese who, in the late nineteenth century, first
appropriated this term as a rendition for "economy." The Chinese imported
this usage, but only after the 1910s did it more or less dominate other
translations.[10] I suspect the semantics of *jingji* – to order the world and
succor the people – played an important role in its final prevalence over
other alternatives. In short, what people in the early twentieth century
expected from "economy" or "economics" was something useful to solve
their contemporary problems, both economic and beyond.[11] Bryna

8 嚴復，〈與梁啓超書（三）〉，收入《嚴復集》，頁518-519。
9 嚴復，〈譯斯氏計學例言〉，收入《嚴復集》，頁97。
10 趙靖，〈經濟學譯名的由來〉，《趙靖文集》（北京：北京大學出版社，
  2002），頁57-59。
11 The versatile man of letters Liang Qichao 梁啓超（1873-1929）is a good

Goodman likewise suggests that the earliest efforts to translate and introduce writings about economics in late-nineteenth-century China were mainly concerned with the revival of the state.[12] Yan Fu himself is a good example, showing how much people in late nineteenth and early twentieth century China aspired to enrich the state and the people through the study of "economics."[13] In this respect, though loose and porous, the term *jingji* better met the needs of the time than any other terms.[14] Nowadays, however, most Chinese-speaking people are unaware of the fact that the term *jingji* means more than money, business or industry. This may well reflect a change in the Chinese understanding of "economy" over the course of the twentieth century.

Early China, especially between the eighth and third centuries BCE, has long been considered a pivotal period in Chinese history, laying the foundations for, among other things, ideas and discourses that were extremely significant throughout the civilization's past and present. Yet, it is obvious that people in early China did not conceive of a term equivalent

---

example; see 森時彥，〈梁啓超の経済思想〉，收入狹間直樹編，《共同研究梁啓超：西洋近代思想受容と明治日本》（東京：みすず書房，1999），頁 229-254；賴建誠，〈梁啓超的經濟論述：綜述，回顧，省思〉，《新史學》，12:1（台北，2001），頁 157-186。

12 顧德曼（Bryna Goodman），〈翻譯的鍊金術：民國早期上海的經濟學〉，收入沙培德（Peter Zarrow）、張哲嘉編，《近代中國新知識的建構：第四屆國際漢學會議論文集》（台北：中央研究院，2013），頁 179-182。

13 Benjamin I. Schwartz, *In Search of Wealth and Power: Yen Fu and the West* (Cambridge, MA: Belknap Press, Harvard University Press, 1964), pp. 113-129.

14 金觀濤、劉青峰，〈從經世到經濟：社會組織變化的思想史研究〉，《臺大歷史學報》，32（台北，2003），頁 139-189。

to the word "economy" (be it in ancient Greek, English, or any other Indo-European language). Nor do we know whether they would sympathize with or wish to modify the ways in which "economy" was perceived from the eighteenth century onward. Historically speaking, many questions therefore arise: To what extent can we talk about economic ideas in early China? What are their main components? Under what circumstances were economic ideas brought to the fore? How are they presented in early Chinese texts? Can we provide a historical account of its development? This article is an attempt to offer reflections about some of these questions, in the knowledge that many of them remain inevitably inconclusive.

In this article I take on two tasks. First, I provide an overview of scholarship on the history of Chinese economic thought and identify the limitations of existing scholarship. Second, I propose an alternative approach to the investigation of economic discourse in early China. In combination they should shed some fresh light on how to study the ways in which people in early China thought and talked about economic matters.

Economics and the History of Chinese Economic Thought

Before examining the research on early Chinese economic thought, we should first take a glance at previous studies of Chinese economic history. Chinese scholarship of economic history can be divided into three groups. The first aims to reconstruct facets of economic life in the past by collecting and presenting source materials, and extends its coverage to related aspects, especially social and political ones. While there are certainly traces of Western and Japanese influence, this approach nonetheless has its roots in the recording of "economic" issues – tax, food, money and so on – in traditional Chinese historiography.[15] The second type of studies, stimulated by Marxism and the debate over the nature of Chinese society in the 1930s, establishes interpretive frameworks to explore the trajectory of China's social and economic history. The third approach, though also intending to reconstruct aspects of economic life, centers on applying quantitative methods to its research objects. Originating in the West, especially North America, this approach exerted great influence on Chinese writings about economic history in the 1970s and 80s, whereby the interests in numbers, models and the concept of structure grew rapidly.

Japanese scholarship of pre-modern Chinese economic history is mainly concerned with two themes: how to reconstruct economic matters through evidential studies (*kōshō* 考証), and how to relate economic matters to grand theories regarding state and society, especially Marxism and the Naito Hypothesis.[16] In the English-speaking world, the so-called "California School" has greatly enriched our understanding of Chinese economic history by applying both quantitative methods and comparative perspectives to the subject matter; yet its emphasis is on the early modern

---

15 梁啓超,《中國歷史研究法》(上海:上海古籍出版社,2006),頁241-246。

16 礪波護、岸本美緒、杉山正明編,《中国歴史研究入門》(名古屋:名古屋大學出版社,2006),頁38-40; 44-48; 59-63; 86; 90-91; 109-112。

period (sixteenth century) onward and therefore has contributed rather little to the study of pre-modern China.[17]

Unlike research on Chinese economic history, much less attention has been paid to the study of economic ideas.[18] This phenomenon is especially evident in Western scholarship on early China. James L. Y. Chang pointed out in 1987 that "works on the history of Chinese economic thought are exceedingly scarce outside China;"[19] after three decades this statement remains somewhat valid. The historian who aims to reconstruct economic performance in the past has rather fewer troubles defining his or her object of enquiry, such as ways of production, exchange, and consumption. Yet to scholars who intend to elaborate economic ideas, or the ways in which people thought about economics in the past, the problem of what counts as "economic" becomes real. One way to tackle this challenge is using the existing framework provided by the modern science of economics, which explains why most of the works on the history of Chinese economic thought are written by scholars in economics departments, rather than historians.

Indeed, historians of economic thought, despite not necessarily referring to themselves as "historians," have made substantial contributions

---

[17] Richard Von Glahn, *An Economic History of China: From Antiquity to the Nineteenth Century* (Cambridge: Cambridge University Press, 2016), pp. 1-10.

[18] 陳國棟、羅彤華主編,《經濟脈動》(北京：中國大百科全書出版社, 2005),頁6。

[19] James L. Y. Chang, "History of Chinese Economic Thought: Overview and Recent Works," *History of Political Economy*, 19:3 (1987), pp. 481-483.

to our understanding of economic ideas in the past.[20] Chen Huan-chang's 陳煥章 (1880-1933) *The Economic Principles of Confucius and His School* (1911), based on his doctoral dissertation in economics from Columbia University, is probably the first serious attempt to write about the history of Chinese economic thought.[21] In it Chen takes Confucianism as a whole and organizes evidence from early Chinese texts in accordance with modern economic concepts, in order to show that ideas and doctrines in early China had much to do with economics. Nevertheless, he does not carry out textual criticism; as a result, his book is merely a loose compilation of passages relating to economic life.

Despite the fact Chen's book was well received in the West, it did not have significant influence in China. Two points should then be made concerning the development of the history of Chinese economic thought in China. First, scholars who had studied abroad had an important place in scholarship on the history of Chinese economic thought. Indeed, a number of Chinese scholars during the Republican period obtained masters or doctoral degrees in economics in Europe or the United States.[22] Before the 1950s Chinese scholars who had studied abroad (in the United States and Europe) played a critical role in the teaching and research of every aspect

---

[20] Cheng Lin and Wang Fang, "Introduction," in Cheng Lin, Terry Peach and Wang Fang, eds., *The History of Ancient Chinese Economic Thought* (New York: Routledge, 2014), pp. 1-31, especially pp. 1-6.
[21] Chen Huan-Chang, *The Economic Principles of Confucius and His School* (New York: Columbia University, 1911).
[22] 鄒進文，〈民國時期的經濟思想史研究——來自留學生博士論文的考察〉，《中國經濟史研究》，2015：3（北京，2015），頁 54-65。

of economics in China.[23] The most notable among them who devoted themselves to the history of economic thought include Tang Qingzeng 唐慶增（1902−1972）, Hu Jichuang 胡寄窗（1903−1993）, and Wu Baosan 巫寶三（1905−1999）. Tang's monograph, *Zhongguo jingji sixiangshi* 中國經濟思想史（*The History of Chinese Economic Thought*, 1936）, is considered the best work on the history of ancient Chinese economic thought before 1949.[24] Hu obtained his master's degree in economics from the London School of Economics and Political Science in 1938, and published a number of titles on the history of economic thought, including one in English. Wu was awarded PhD in economics by Harvard University, and carried out research on different aspects of the history of economic thought, not least the comparative history of economic thought.

Second, the history of Chinese economic thought in China was officially established as a sub-discipline of economics. A number of PhD degrees in the history of Chinese economic thought have been awarded since the late 1950s. Hu Jichuang, Wu Baosan, Zhao Jing 趙靖, and Ye Shichang 葉世昌 trained generations of scholars dedicated to the history of Chinese economic thought. The Association of the History of Chinese Economic Thought（*Zhongguo Jingji sixiangshi xuehui* 中國經濟思想史學會）was established in 1980 and has since organized a series of annual conferences. Because of these efforts, numerous research articles and

---

23　Paul B. Trescott, *Jingji Xue: The History of the Introduction of Western Economic Ideas into China, 1850-1950*（Hong Kong: Chinese University Press, 2007）, pp. 1-22; 185-208; 259-290.
24　唐慶增，《中國經濟思想史》（上海：商務印書館，1936）。

monographs on the history of economic thought have been published, and Chinese scholars have initiated collaborative work to produce a rather comprehensive history of Chinese economic thought: the four-volume *Zhongguo jingji sixiang tongshi* 中國經濟思想通史（*General History of Chinese Economic Thought*, 1991-1998）under the auspices of Zhao Jing.[25]

Most works on the history of economic thought draw their hypotheses and terminology from economics. They deal with how a given thinker or text addresses the issues of production, exchange, distribution, and consumption. They also quite frequently make judgements concerning the extent to which their research objects may or may not echo modern economic theory. An article by Wu Baosan is a case in point. He outlines six emphases in the ancient Chinese way of economic analysis – quantitative methods for the interplay of production, taxation, and land systems; theories about tax base and tax rate; the political economy regarding how to enrich the state; theories about labor division and exchange; the nature and circulation of money; and the relationship between consumption and economic dynamism – and argues that although historians of Chinese economic thought do investigate economic ideas scattered in diverse texts, what they find most intriguing and significant are passages which cast light on economic analysis in a modern sense.[26]

---

25 趙靖主編，《中國經濟思想通史》。
26 巫寶三，〈中國古代經濟分析論著述要〉，《巫寶三集》（北京：中國社會科學出版社，2003），頁116-128。

Pitfalls of the "History of Economic Thought" Approach

Notwithstanding its contributions, the study of the history of Chinese economic thought has two major problems. First, by drawing insights from the discipline of economics, there appears a risk of anachronism. Given that the science of economics was a product of eighteenth-century Europe, its insights derived from observations of a booming commercial society and intellectual resources at that time. When the forerunners of economics were articulating their theory, the socio-economic milieu they were faced with and the concerns they held were very different from those in early China. To examine how thinkers and texts address the economic processes of production, exchange, distribution, and consumption can of course be valuable in itself, but this may distract researchers to paint a fuller picture of economic ideas in the past. As the economic sphere was not conceived as independent, attitudes towards economic matters in early China were nearly always tied to thinking about other aspects of life. However, historians of economic thought often single out only those materials that best bear out their understandings of economic processes, thereby putting insufficient emphasis on evidence which, at face value, does not appear directly relevant to "economic thought." In so doing they risk missing some of the most significant questions in our enquiry: under what circumstances and for what reasons did thinkers in the past talk about economic matters? What is the relationship between economic ideas and other notions in a given text? To be sure, historians of economic thought are not ignorant about the fact that early Chinese thinkers rarely viewed economic matters as separate from political and ethical concerns; this point is often brought up in the introductions of monographs on the history of economic thought. Among other scholars, Tang Kailing 唐凱麟 and Chen Kehua 陳科華, who work on philosophy (ethics) rather than the history of economic thought, explicitly argue that analysing economic matters from ethical perspectives is a defining characteristic of ancient Chinese economic thought.[27] Yet in practice historians of economic thought remain focused on demonstrating how references to the use of resources in early texts reveal knowledge identifiable in modern economics. In fact, as early as the 1960s there was a debate in China regarding whether scholars should make use of modern economic theories to describe and analyze economic thought in the past.[28] Although no camp overwhelmingly won the argument, many scholars then and now believe that it is necessary to examine the history of Chinese economic thought by means of economic science.

The second problem is that in existing scholarship on Chinese economic thought, one easily discovers a sense of nationalism. This can be seen in the fact that most Chinese works accuse Western scholars of

---

27 唐凱麟、陳科華,《中國古代經濟倫理思想史》（北京：人民出版社，2004），頁1-6。
28 葉世昌,〈經濟思想史研究中的古人現代化問題──與胡寄窗同志商権〉,《學術月刊》, 1963：11（上海，1963），頁28-33；胡寄窗,〈關於目前中國經濟思想史研究的幾個問題〉,《學術月刊》, 1964：1（上海，1964），頁31-40；姚家華、郭庠林,〈是不是把古人經濟思想現代化──與胡寄窗先生商権〉,《學術月刊》, 1964：3（上海，1964），頁57-62。

neglecting China when writing general histories of economic thought. Hu Jichuang serves as a representative case. In 1984 he published an English version of his *The Concise History of Chinese Economic Thought* (*Zhongguo jingji sixiangshi jianbian* 中國經濟思想史簡編), which, to the best of my knowledge, remains the most comprehensive treatment of Chinese economic thought over the centuries available in a Western language.[29] He explains in the preface why it is necessary to publish the book in English:

> One generally accepted assumption of Western economists is that, so far as ancient economic theories are concerned, only the Greeks and Romans developed anything worthy of study. Some scholars go so far as to claim that the Eastern countries never achieved anything comparable to the economic analyses of the Western monks of the Middle Ages ... As a matter of fact, all along China had an abundance of economic doctrines and theories of various sorts ... However, because Chinese economists have not presented their research to the West in readily available form, Western scholars have remained ignorant of ancient China's accomplishments in this field. This book was prepared in the hope of remedying that ignorance ... The author has tried to include what foreign readers desire and need to know about the development of Chinese economic thought ...[30]

29　胡寄窗，《中國經濟思想史》（上海：上海人民出版社，1962）。
30　胡寄窗，《中國經濟思想史》，頁 i-ii.

In his epilogue Hu also argues that before the mid-eighteenth century "the Chinese pattern of economic thought may stand comparison with any country's economic thought of the same period," and that ancient Chinese economic thought "did have some impact on European economic thought."[31] In the same spirit, a few years later Hu wrote a world history of economic thought before Adam Smith, making the point that the importance of China should be recognized in such a history.[32] Although Hu realized the fundamental difference between ancient Chinese economic thought and economics since Adam Smith, and confined himself to introducing the former, he nevertheless hoped to throw light on how Chinese economic thought might contribute to modern economic theory, as this is "what foreign readers desire and need to know."[33] Many other scholars have suggested that the purpose of studying ancient Chinese economic thought lies in its usefulness to the articulation of a specifically Chinese economic theory relevant to a modern and, purportedly, socialist China.[34] One scholar even argues that historians of Chinese economic thought ought to concentrate on the "Needham question" into their subject matter: why, unlike in the West, did economic ideas in China before the nineteenth century not develop into a modern science of economics?[35]

31 胡寄窗,《中國經濟思想史》,頁553-554。
32 胡寄窗,《政治經濟學前史》(瀋陽:遼寧人民出版社,1988),頁1-2。
33 胡寄窗,《中國經濟思想史》,頁ii。
34 殷衷,〈中國古代經濟思想研究〉,收入宋濤主編,《20世紀中國學術大典:經濟學》(福州:福建教育出版社,2005),頁44-46;葉世昌,《古代中國經濟思想史》(上海:復旦大學出版社,2003),頁7-8。
35 熊金武,〈經濟思想史上的李約瑟之謎──理解中國傳統經濟思想變遷的

These concerns with national identity and glory make researchers consciously or unconsciously evaluate Chinese economic thought and filter their evidence through the lens of modern economics.

It should be noted that the concern with how economic ideas in the past might cast light on modern economic theories also occupies many historians of economic thought in the West. For example, Alessandro Roncaglia suggests that, facing debates on different theoretical approaches, the history of economic thought finds it helpful "to investigate the history of such a debate, looking for the points of strength and weakness which explain the dominance or decline of the different approaches." Accordingly, the history of economic thought "belongs more to the broad field of economic science than to the history of culture or of ideas."[36] D. P. O'Brien proposes that the history of economic thought should be taken as an aid to understanding modern economic theory, and that the historian of economic thought should possess techniques "which can be employed in a modern policy context." Therefore, according to him, "in practice it is thus necessary for historians of economic thought to be economics graduates."[37] Likewise, Bernard Corry maintains that "the history of economic thought should remain a subject taught within economics

---

一個框架〉,《甘肅社會科學》, 304：4 (蘭州, 2015), 頁 155-160。

[36] Alessandro Roncaglia, *The Wealth of Ideas: A History of Economic Thought* (Cambridge, UK: Cambridge University Press, 2005), pp. 5-17.

[37] D. P. O'Brien, "History of Economic Thought as an Intellectual Discipline," in Antoine E. Murphy and Renee Prendergast, eds., *Contributions to the History of Economic Thought: Essays in Honour of R.D.C. Black* (London: Routledge, 2000), pp. 31-54.

departments."[38] These opinions are more or less derived from the Whig interpretation of economic theory – the belief that "an economist's job is to produce judgements based on single theoretical approaches or methods, considering no alternatives to these theories or methods, nor alternative possible judgements that would arise from these alternatives were they not excluded" – that has recently received a critical re-evaluation.[39] Clearly, the tension between economists and historians of ideas is not an exclusively Chinese phenomenon.[40]

To sum up, the approach of "the history of economic thought" represents but one way through which economic ideas in past societies can be examined. This approach is at times problematic in that it takes modern economic theories as the framework for investigating and explaining evidence that pertains to economic ideas; when the study of early China is concerned, this problem becomes even more acute. Therefore, for scholars aspiring to carry out a more historical-oriented examination of the ways in which economic matters were perceived in early societies, the limits of an economics-based approach invites further reflection about methodology.

---

[38] Bernard Corry, "Reflections on the History of Economic Thought or 'A Trip Down Memory Lane,'" in Antoine E. Murphy and Renee Prendergast, eds., *Contributions to the History of Economic Thought: Essays in Honour of R.D.C. Black* (London: Routledge, 2000), pp. 55-69.

[39] Alan Freeman, Victoria Chick, and Serap Kayatekin, "Samuelson's Ghosts: Whig History and the Reinterpretation of Economic Theory," *Cambridge Journal of Economics*, 38 (2014), pp. 519-520.

[40] Donald Winch, "Intellectual History and the History of Economics," in Richard Whatmore and Brian Young, eds., *A Companion to Intellectual History* (Malden, MA: Wiley Blackwell, 2016), pp. 170-183.

Towards An Analysis of Economic Discourse

The critical question remains how we understand "economy" or things "economic." The problem with definition is a perennial one. The foremost task to engage in, in Moses Finley's words, is to distinguish "between economic analysis and the observation or description of specific economic activities, and between both and a concept of 'the economy.'"[41] The concept of "the economy" has been debated in the field of economic anthropology, and, in the study of early societies, leads to the discussion of the "ancient economy." For the former, Marshall Sahlins makes it clear that economy "in its formal signification is a category of behavior, whereas in substantive terms it is a category of culture."[42] For the latter, Moses Finley, understanding "the economy" in a substantive sense, suggests that ancient Greeks and Romans lacked "the concept of an 'economy'" and "the conceptual elements which together constitute what we call 'the economy,'"[43] which inspired generations of scholars to examine and modify his model.[44] As Keith Tribe argues, without the understanding that

---

41 Moses I. Finley, "Aristotle and Economic Analysis," *Past & Present*, 47 (1970), p. 3.

42 Marshall Sahlins, "Economic Anthropology and Anthropological Economics," *Social Science Information*, 8:5 (1969), p. 15.

43 Moses I. Finley, *The Ancient Economy* (Berkeley: University of California Press, 1999), pp. 17-34.

44 Jean Andreau, "Twenty Years after Moses I. Finley's *The Ancient Economy*," in Walter Scheidel and Sitta von Reden, eds., *The Ancient Economy* (Edinburgh: Edinburgh University Press, 2002), pp. 33-49; Anthony J. Barbieri-Low, *Artisans in Early Imperial China* (Seattle: University of Washington Press,

"the economy" exists as an autonomous sphere, references to land or labor "were not inherently 'economic categories' whose use signaled the existence of 'economic thought.'"[45] We should thus not focus on "economic thought" or "economic analysis," I argue, as it is based on the modern concept of "the economy."

The question, then, is what counts as descriptions of or references to economic matters? As has just been noted, economic anthropologists have worked on the issue of definition. From a philosophical point of view, R. G. Collingwood (1889–1943) defines economic action as the doing of something because people find it expedient, which is distinct from doing things for impulsive or moral reasons.[46] Yet in historical analysis of ideas such a distinction is too ideal to have practical applicability. As E. P. Thompson (1924–1993) has pointed out, our modern usage of "economics" "is a notion for which there is no word and no exactly corresponding concept" in pre-industrial societies.[47] Indeed, even though the word for "economy" has long existed in Western languages, the understanding of what is deemed to be "economic activity" is a matter of constant change.[48]

2007), pp. 26-29.

[45] Keith Tribe, *The Economy of the Word: Language, History, and Economics* (New York: Oxford University Press, 2015), p. 4.

[46] R. G. Collingwood, "Economics as a Philosophical Science," *International Journal of Ethics*, 36:2 (1926), pp. 162-185.

[47] E.P. Thompson, "History and Anthropology," in *Making History: Writings on History and Culture* (New York: New Press, 1994), p. 221.

[48] Keith Tribe, *The Economy of the Word*, pp. 21-88.

In light of this, what we need is not so much a definition of "economy" regardless of the constraints of time and space, but rather a loose yet effective viewpoint on what should be included in a given investigation. As far as the gist of this article is concerned, this viewpoint should be flexible for us to probe the world of thought in early China; but it should also have a boundary or limit in order to avoid that we take everything into consideration. Here I would like to refer to Maurice Godelier's insights. To incorporate the important aspect of services into the discussion of the economy on the one hand, and to avoid seeing all aspects of human activity as being economic on the other, Maurice Godelier suggests that the economic domain covers "the production, distribution and consumption of goods and services," which, in addition to the management of material goods, includes activities involving "the exchange and use of material means."[49] At the heart of Godelier's definition is the critical role of resources, especially material ones. Based on the above consideration, I propose that there are certainly some aspects of life in humanity's early past that can be seen as "economic" in the sense that they involve the management of resources, the significance of which cannot be fully unraveled unless we relate them to other categories of culture.[50]

---

[49] Maurice Godelier, *Rationality and Irrationality in Economics* (London: Verso, 2012), pp. 251-257.

[50] Of course, further research on the social and economic reality of early China will undoubtedly reciprocate the study of economic ideas. Yet it is equally important not to project some modern image or judgement of economic life

In the case of early China, economic ideas are ubiquitous and consist of references to the use of resources, whose emphasis is on the interaction between corporeal and mental realities. Such an understanding of economic ideas is endorsed by historians working in other fields. In evaluating the literary sources for studying the ancient economy, Paul Cartledge suggests that they should be taken "in the significatory sense," "as evidence of ancient Greek mentality, the whole nexus of ideas in Greek culture," and thus we can assume "that mentality does not merely reflect but also up to a point determines economic (as other) reality."[51] Or, as Keith Wrightson notes, economic life can be viewed "as a point of entry to an even larger concern with the nature of social organisation and cultural values in past societies – with changes in the manner in which human relationships have been ordered and invested with meaning."[52] Economic ideas should be seen as derived from references to aspects of economic life that entail no abstract or a priori meaning; it is through discursive practices that we find arguments within these references about the ways in which economic matters come to the fore with regard to other physical and

---

onto early China. The idea of the "original affluent society" by Marshall Sahlins, which suggests that the hunter-gatherer society was far from poor as contrary to one might think, remains illuminating in this regard. See Marshall Sahlins, *Stone Age Economics* (New York: Routledge, 2017), pp. 1-37, especially pp. 31-37.

[51] Paul Cartledge, "The Economy (Economies) of Ancient Greece," in Walter Scheidel and Sitta von Reden, eds., *The Ancient Economy*, p. 17.

[52] Keith Wrightson, *Earthly Necessities: Economic Lives in Early Modern Britain, 1470-1750* (London: Penguin, 2002), p. 1.

mental realities. To better understand how each thinker/text in early China makes sense of economic matters, we should therefore focus more on the analysis of economic *discourse*.

In speaking of economic discourse I do not propose a specific theoretical formulation of the idea of discourse. Rather, I suggest that a preferable approach to the investigation of economic ideas in early China consists of looking at the ways in which references to economic matters are brought to the fore in relation to other factors in a given text. As simple as this definition seems to be, there are three reasons to support it. First, considering that existing scholarship on early China, particularly English language scholarship, has paid insufficient attention to economic ideas, the examination of references to economic matters is in itself worthwhile and necessary. Second, in using the phrase "economic discourse" I also intend to keep a distance from the current approach of the history of economic thought. The writing of the history of Chinese economic thought, as I have indicated, often begins with the framework drawn from modern economics according to which source materials are to be organized. Through the analysis of the relationship between economic references and other concepts or arguments in a given text, we may, by contrast, be cautious about the assumption that some ideas are ontologically "economic." In other words, notwithstanding the fact that the use of resources is a fundamental component of the economic sphere, references to it in early Chinese texts are as much moral and political as economic.

Thirdly, economic discourse can serve as a means to rethink the intellectual history of early China. Discursive practice does not exist in a vacuum but is carried out with certain intentions. Because of the scarcity of extant evidence, the reconstruction of the intentions behind texts or thinkers in early China is extremely difficult, if not impossible. Yet, I argue, if we consider varying economic discourses in early China as efforts to respond to the changing socio-political milieu based on the discussion of the management of resources, and if we closely examine how different texts may have engaged with each other in terms of economic ideas, we should be able to gain fresh insights into the development of early Chinese thought. In articulating his idea of "language" in studying political discourse, John Pocock proposes that the objects to be scrutinized are "idioms, rhetorics, ways of talking about politics, distinguishable language games of which each may have its own vocabulary, rules, preconditions and implications, tone and style."[53] If we replace "politics" with "economy" or "economic matters," Pocock's proposition best elucidates the components of economic discourse to be analyzed proposed by this article.

Economic Discourse in Early Chinese Texts

To the best of my knowledge, two themes are most frequently addressed in early Chinese texts with regard to the thinking about the management of resources. One is wealth. No one would reject the idea that

---

[53] J. G. A. Pocock, "The Concept of a Language and the *métier d'historien*: Some Considerations on Practice," in *Political Thought and History: Essays on Theory and Method* (Cambridge, UK: Cambridge University Press, 2009), p. 89.

wealth has a central place in the thinking about resources. Indeed, in the *Questions on the Encyclopaedia* (*Questions sur l'encyclopédie*), Voltaire (1694–1778) explicitly explains that the word "economy" (*economie*) means "in its normally accepted sense the way in which one manages one's wealth."[54] The point thus lies not in whether or not wealth is an important issue, but in how it is spoken of and elaborated in early Chinese texts. For now I limit myself to two remarks. First, many Chinese terms connote wealth, most notable ones including *zi* 資, *cai* 財, and *fu* 富. Needless to say, there are nuances and different emphases. But we should also keep in mind that there exists a much larger vocabulary that is related to wealth or property. On the one hand, some terms throw light on the issue of wealth in a less general sense, such as references to physical objects or possessions. On the other, terms such as *li* 利 and *yong* 用, while on certain occasions denoting the management of wealth, have more complex connotations. Therefore, we cannot conduct our investigation by merely examining some keywords; we have to go through each text and look at diverse expressions in relation to wealth. Second, in terms of wealth we should take into account the pursuit of material benefits of both the state and the individual. Writings on the history of economic thought often focus on how past thinkers proposed to enrich the state and society, but pay insufficient attention to the ways in which people as individuals ought to manage wealth. This is partly because most of these studies draw

---

54 Voltaire (David Williams, ed.), *Voltaire: Political Writings* (Cambridge, UK: Cambridge University Press, 1994), p. 38.

their framework from modern economic theory and assume accordingly that aspects connected to political economy are more important to the study of economic thought. Yet the individual's management of wealth also occupies a significant place in early Chinese economic discourse. Only when we look at both the state and the level of individuals can we make more sense of how wealth matters to early Chinese thinkers.

Another major theme is labor. Labor has an important place in economic affairs, for it is both the means to bring about resources and, in its form as an exploitable workforce, a resource in itself. A great deal of research has been undertaken to show the importance of labor in China's early history. Since labor is necessary to produce food and goods, most studies explore this topic in terms of economic history, focusing especially on agrarian activities. In contrast, scholars rarely examine the discourse on labor in early China. Research on labor as a form of taxation is a notable exception. However, such research usually only takes into consideration the role of conscripted labor, and centers mainly on financial issues rather than how labor figures in discursive practices.[55] Another common approach is to focus on the idea of the division of labor by looking at individual thinkers or texts. Nonetheless, this approach, as adopted by historians of economic thought, often draws insights from modern economics and attempts to show that such ideas already existed in early China. Rudolf Wagner has concentrated on the term *laodong* 勞動 to investigate the concept of work/

---

55 張守軍,《中國古代的賦稅與勞役》(北京:商務印書館,1998),頁 140-173。

labor in China. Though insightful, his research is of limited help to the investigation in question, since it aims to trace the usage of *laodong* in terms of its reception and socio-political and cultural implications in modern China and thus says little about early China.[56]

It is important to emphasize that wealth and labor are also the central issues when economic affairs are concerned in other early societies. In the ancient Near East, forced or corvée labor and different forms of material wealth – land and craft goods – were at the heart of economic life.[57] In Plato's *Republic*, references to the division of labor based on skills and the acquisition of wealth reflect a concept of the economy and figure significantly in his argument concerning justice.[58] Xenophon's writings emphasize the effective administration of human capital, an aim of which is to augment wealth.[59] Aristotle, who has long been seen as laying the foundation of economic thought for thinkers in the Middle Ages, is also concerned with wealth/property and labor in his *Politics*, *Nicomachean Ethics*, and other works.[60] Roman economic thought puts heavy emphasis

---

[56] Rudolf G. Wagner, "Notes on the History of the Chinese Term for 'Labor,'" in Michael Lackner and Natascha Vittinghoff, eds., *Mapping Meanings: The Field of New Learning in Late Qing China* (Leiden: Brill, 2004), pp. 129-142.

[57] Daniel C. Snell, *Life in the Ancient Near East, 3100-332 B.C.E.* (New Haven: Yale University Press, 1997), p. 1-5.

[58] Malcolm Schofield, "Plato on the Economy," in *Saving the City: Philosopher-kings and Other Classical Paradigms* (London: Routledge, 1999), pp. 69-81.

[59] S. Todd. Lowry, *The Archaeology of Economic Ideas: The Classical Greek Tradition* (Durham: Duke University Press, 1987), pp. 45-81.

[60] Scott Meikle, *Aristotle's Economic Thought* (Oxford: Clarendon Press, 1995), especially pp. 46-52; 74-81; 183-190.

on landed wealth and manual labor, in which economics stands as a means to justify social and political distinction whereby some people are entitled to rule over others.[61] The ancient Indian classic, *Arthasastra*, or "Science of Wealth," concentrates on at least three issues: that economic activity is aimed at bringing about material wealth, that the ruler should manage economic undertakings through efficient administration, and that economic rewards and penalties are a means to control individual behavior.[62]

A concern with wealth and labor is omnipresent in the above-mentioned societies; no less evident is the fact that the ways in which wealth and labor are conceived of and addressed in relation to other issues vary in different societies. How and why diverse responses are made to similar concerns relating to the management of resources deserve further attention. In light of this, the analysis of economic discourse serves as a good entry point for comparative studies of the ancient worlds; the findings and interpretations in studying early China may thus be of interest to scholars beyond the field of Sinology or Chinese studies.[63]

It should be noted that there exist many terms that are often taken as

---

[61] Gloria Vivenza, "Roman Economic Thought," in Walter Scheidel, ed., *The Cambridge Companion to the Roman Economy* (Cambridge, UK: Cambridge University Press, 2012), pp. 25-44.

[62] Kishor Thanawala, "Kautilya's *Arthasastra*: A Neglected Work in the History of Economic Thought," in B. B. Price, ed., *Ancient Economic Thought* (London: Routledge, 1997), pp. 43-58. A latest analysis of the *Arthasastra*, see Mark McClish, *The History of the Arthaśāstra: Sovereignty and Sacred Law in Ancient India* (Cambridge: Cambridge University Press, 2019).

[63] G.E.R. Lloyd, *Adversaries and Authorities: Investigations into Ancient Greek and Chinese Science* (New York: Cambridge University Press, 1996), pp. 1-15.

research objects of Chinese economic thought, such as *zhisheng* 治生 ("making a living"), *huozhi* 貨殖 ("Goods Multiplication"), and so on. As important as they may be, the study of these terms alone could be less satisfactory, for such an inquiry is very likely to produce a study of "keywords," neglecting the possible "contents" of the terms in question. What I have been doing, instead, is to provide with "contents," namely, elements of wealth and labor, for these terms. A better way of studying economic ideas in early China, I believe, entails dissecting every mention to wealth and labor in the text, be it specific term or common usage, and examining why and how it is expressed and associated with other utterances.

Some Cases

Here I would like to draw some evidence from early Chinese texts to showcase the approach as hitherto discussed, namely, to locate economic discourse in its social and intellectual settings. One point needs to be clarified. Over the years, reflections on how to write about intellectual history/history of ideas have nurtured different approaches, and the most influential among them, arguably, are the history of political thought as practiced by the so-called Cambridge School and its followers, as well as *Begriffsgeschichte*, or conceptual history, advocated by Otto Brunner, Reinhart Koselleck, and others. However, there are difficulties for such approaches to be fully applied to the study of early China. Most importantly, there was no distinctive category of "author" or "book" as we understand today. In early China, pieces of writing on bamboo strips served as "building blocks" to be appropriated and arranged with others to form different bundles of manuscripts. When bundles were put together, then, there emerged a corpus that can be referred to as a "book" or "work." [64] In other words, we cannot know for sure the specific contexts of given passages, nor can we provide a definitive, chronological narrative of the history of linguistic usages throughout these texts. Limits notwithstanding, with just a few examples the reader may agree that insights from the history of political thought and conceptual history remain relevant to the study of early Chinese intellectual history.

For instance, a king in one passage is said to mint "large coins" (*daqian* 大錢), larger in size and heavier in weight than the coins that were in circulation.[65] Scholars usually refer to this passage as China's first account of monetary theory, aiming to deal with the problem of "concurrent circulation of coins of different denominations, which were usually of different size and weight."[66] Surely this account has something to offer to modern economic theorists. Yet a closer look at it shows that its central concern is no less social and political than economic. The main message is to face the problem of destitution and to cherish the value of solidarity. Economic concern alone – the concern with the production,

---

[64] William G. Boltz, "The Composite Nature of Early Chinese Texts," in Martin Kern, ed., *Text and Ritual in Early China* (Seattle: University of Washington Press, 2007), pp. 50-78.

[65] 徐元誥，王樹民點校，《國語集解》（北京：中華書局，2002），頁 105-107。

[66] Lien-sheng Yang, *Money and Credit in China: A Short History* (Cambridge, MA: Harvard University Press, 1952), p. 33.

exchange and distribution of resources – does not figure prominently without connecting with other considerations, especially the notion of ritual (*li* 禮). The concern with livelihood is likewise incorporated into a mindset in which pure economic concern may not exist at all, for the "economic" was not perceived of as an independent and separable sphere. This also suggests that the idea of "economic policy" *per se* is problematic, which somewhat echoes A. H. M. Jones' argument about ancient Rome: the Roman government had no economic policy in a rudimentary sense; its major concern was to collect revenue and acquire precious metals.[67]

　　This viewpoint, too, can shed new light on the idea of the "Four Professions of the People" (*simin* 四民), which suggests that the populace can be divided into four groups based on their respective ways of making a living including officials, farmers, craftsmen, and merchants. Derk Bodde has pointed out that the source from which this idea of social classification derives is economically orientated.[68] It is documented as a reply to a ruler about how to strengthen the state,[69] arguing that in order to make the four professions undertake their business, the ruler must prohibit them from

---

67 A. H. M. Jones, "Ancient Empires and the Economy: Rome," in P. A. Brunt, ed., T*he Roman Economy: Studies in Ancient Economic and Administrative History* (Oxford, Blackwell, 1974), p. 137. For further discussion, see 傅揚，〈禮以制財──左傳、國語中的經濟論述〉,《臺大歷史史學報》，61（台北，2018），頁 260-262.
68 Derk Bodde, "The Four Social Classes," in *Chinese Thought, Society, and Science: The Intellectual and Social Background of Science and Technology in Pre-modern China* (Honolulu: University of Hawaii Press, 1991), pp. 369-375.
69 徐元誥，《國語集解》，頁 219-222。

living together without differentiation. Zhao Jing, whose views are considered to be the standard interpretation, argues that the chief concern of this proposal is to increase the efficiency of labour productivity.[70] However, this claim again turns out to be untenable if we more closely examine the passage in question. In it there is no mention of obtaining better results, be they profits or agricultural production. In fact, it does not even address how to improve the "performance" of the profession. It refers to profits, market value, and trade, yet what it describes is the nature of the profession, and the ways in which one can more solidly learn about associated skills. The paramount concern is to make sure one will stick to one's profession. I would not reject the idea that the division of the four professions may in reality (if it was ever practised) have had positive influence on productivity or the creation of wealth. This said, it is hard to agree that there is a direct link between the proposal of the separation of the four professions and the intention to gain economic benefit.

Usages of words also constitute an important topic for the study of economic discourse in early China. A case in point is the Chinese character *li* 利, often translated as "benefit" or "profit." *Li* appears quite often throughout early Chinese texts, but, as Carine Defoort has perceptively observed, due to the difference between its "emotive" and "descriptive" meanings, the roles and implications attached to *li* are varied, even contradictory.[71] This argument, indeed, reminds the reader of the need to

---

70 趙靖主編，《中國經濟思想通史》，頁47-51。
71 Carine Defoort, "The Profit That Does Not Profit: Paradoxes with *Li* in Early Chinese Texts," *Asia Major* (third series), 21:1 (2008), pp. 153-181.

examine early Chinese texts as linguistic performances or speech acts, not least when vocabularies in relation to economic ideas are concerned. With this awareness one may gain a stronger position to, among other things, distinguish what might be considered economic benefits from other kinds of *li*, and thereupon get a better grasp of the idea of "value" (both economic and non-economic) in early China.

These examples should suffice to show that the "economic" perspective alone is by no means sufficient for the understanding of references to wealth and labor seen in early Chinese texts. Rather, evidence suggests that such affairs are inseparably entangled with moral, political, and social issues. In other words, economic discourse in early China is first and foremost aimed at elaborating different views about the ideal socio-political order, whose representations and implications are awaiting us to unravel by virtue of the intellectual historian's crafts.

Conclusion

In this article I have identified some methodological problems of the "mainstream" approach in studying early Chinese economic thought, casting doubts on the anachronism and theory-driven framework, among other things, in the existing scholarship. I therefore propose an alternative approach to investigate economic ideas in early China. I argue that we should pay attention, first, to references to wealth and labor in early Chinese texts, and, then, examine the ways in which they are elaborated in relation to other matters. To a certain degree, this leads to the notion that in early China there is no such a thing as "economic thought" or "economic ideas" in and of itself. What we grasp with more confidence is discourse on economic matters, namely, wealth and labor. We thus divert our focus from economic ideas to economic discourse, and demonstrate through some examples how economic discourse figures in early Chinese thought.

Although this article is focused on early China, its proposal for the study of economic discourse can arguably be applied to other periods in Chinese history. New or renewed languages for economic life were put forward at different moments, such as the prevalence of Buddhism in the eighth century, the emergence of the market economy in the twelfth century, the appearance of a nascent consumer society in the seventeenth century, and the reconfiguration of socio-economic order in the late nineteenth century. To examine economic discourse in any given moment should allow us to have a firmer grasp of intellectual, social, and economic transitions during the period in question. This is no less real when modern China is concerned: while China today is generally considered to be an economic giant whose economic indicators are under careful study, its language for economic life, whether traditional, capitalist or communist/ materialist, together with the accompanying social and political implications, still calls for further research. The economist may be in charge of numbers for economic growth, but the realm of ideas remains the intellectual historian's battlefield.

Turning back to the issue of anachronism in the study of early societies, I wish to end this article with a remark made by Jacques Gernet in 1985:

[I]t is a fact that the Chinese state, which had at its disposal vast sources of wealth, thanks to the taxes it collected in money and in kind, and also controlled an enormous labour force, did in reality play a role, during China's long history, which can properly be called economic, and which has no parallel anywhere in the world ... If ... we uncritically apply our own categories and preconceptions to Chinese reality, we run the risk first of all of failing to understand the originality of the phenomena in question, and secondly of wrongly interpreting the facts regarding China in order to force them into our own intellectual framework.[72]

The problem of anachronism in historical interpretations of early societies will never disappear; this, however, should not stop us from reflecting upon categories we use to understand the past. With such reflection and careful textual analysis, we will be able to reconstruct the past closer to what it was, rather than how we expect it to be. This conviction, I believe, should be at the heart of any exploration of economic ideas – or, more preferably, economic discourse – in early China and beyond.

---

72 Jacques Gernet, "Introduction," in S.R. Schram, ed., *The Scope of State Power in China* (London: University of London, 1985), p. xxxi.

徵引書目

巫寶三，〈中國古代經濟分析論著述要〉，《巫寶三集》（北京：中國社會科學出版社，2003），頁116-128。

金觀濤、劉青峰，〈從經世到經濟：社會組織變化的思想史研究〉，《臺大歷史學報》，32（台北，2003），頁139-189。

姚家華、郭庠林，〈是不是把古人經濟思想現代化——與胡寄窗先生商榷〉，《學術月刊》，1964：3（上海，1964），頁57-62。

胡寄窗，〈關於目前中國經濟思想史研究的幾個問題〉，《學術月刊》，1964：1（上海，1964），頁31-40。

胡寄窗，《中國經濟思想史》，上海：上海人民出版社，1962。

胡寄窗，《政治經濟學前史》，瀋陽：遼寧人民出版社，1988。

唐凱麟、陳科華，《中國古代經濟倫理思想史》，北京：人民出版社，2004。

唐慶增，《中國經濟思想史》，上海：商務印書館，1936。

徐元誥，《國語集解》，北京：中華書局，2002。

殷衷，〈中國古代經濟思想研究〉，收入宋濤主編，《20世紀中國學術大典：經濟學》（福州：福建教育出版社，2005），頁44-46。

張守軍，《中國古代的賦稅與勞役》，北京：商務印書館，1998。

梁啓超，《中國歷史研究法》，上海：上海古籍出版社，2006。

陳國棟、羅彤華主編，《經濟脈動》，北京：中國大百科全書出版社，2005。

傅揚，〈禮以制財——左傳、國語中的經濟論述〉，《臺大歷史學報》，61（台北，2018），頁243-288。

森時彥，〈梁啓超の經濟思想〉，收入狹間直樹編，《共同研究梁啓超：西洋近代思想受容と明治日本》（東京，みすず書房，1999），頁229-254。

葉世昌，〈經濟思想史研究中的古人現代化問題——與胡寄窗同志商榷〉，《學術月刊》，1963：11（上海，1963），頁28-33。

葉世昌，《古代中國經濟思想史》，上海：復旦大學出版社，2003。

鄒進文，〈民國時期的經濟思想史研究——來自留學生博士論文的考察〉，《中國經濟史研究》，2015：3（北京，2015），頁54-65。

熊金武，〈經濟思想史上的李約瑟之謎——理解中國傳統經濟思想變遷的一個框架〉，《甘肅社會科學》，304：4（蘭州，2015），頁155-160。

趙靖，〈經濟學譯名的由來〉，《趙靖文集》（北京：北京大學出版社，2002），頁56-59。

趙靖主編，《中國經濟思想通史》，北京：北京大學出版社，2002。

賴建誠,〈梁啓超的經濟論述:綜述,回顧,省思〉,《新史學》,12:1(台北,2001),頁157-186。

嚴復著,王栻主編,《嚴復集》,北京:中華書局,1986。

礪波護、岸本美緒、杉山正明編,《中国歷史研究入門》,名古屋:名古屋大學出版社,2006。

顧德曼(Bryna Goodman),〈翻譯的鍊金術:民國早期上海的經濟學〉,收入沙培德(Peter Zarrow)、張哲嘉編,《近代中國新知識的建構:第四屆國際漢學會議論文集》(台北:中央研究院,2013),頁179-204。

Andreau, Jean. "Twenty Years after Moses I. Finley's The Ancient Economy," in Walter Scheidel and Sitta von Reden, eds., *The Ancient Economy*. Edinburgh: Edinburgh University Press, 2002, pp. 33-49.

Barbieri-Low, Anthony J. *Artisans in Early Imperial China*. Seattle: University of Washington Press, 2007.

Bodde, Derk. "The Four Social Classes," in *Chinese Thought, Society, and Science: The Intellectual and Social Background of Science and Technology in Pre-modern China*. Honolulu: University of Hawaii Press, 1991, pp. 369-375.

Boltz, William G. "The Composite Nature of Early Chinese Texts," in Martin Kern, ed., *Text and Ritual in Early China*. Seattle: University of Washington Press, 2007, pp. 50-78.

Cartledge, Paul "The Economy (Economies) of Ancient Greece," in Walter Scheidel and Sitta von Reden, eds., *The Ancient Economy* (Edinburgh: Edinburgh University Press, 2002), pp. 11-32.

Chang, James L. Y. "History of Chinese Economic Thought: Overview and Recent Works," *History of Political Economy,* 19:3 (1987), pp. 481-502.

Chen Huan-Chang, *The Economic Principles of Confucius and His School.* New York: Columbia University, 1911.

Cheng Lin and Wang Fang, "Introduction," in Cheng Lin, Terry Peach and Wang Fang, eds., *The History of Ancient Chinese Economic Thought*. New York: Routledge, 201), pp. 1-31.

Collingwood, R. G. "Economics as a Philosophical Science," *International Journal of Ethics*, 36:2 (1926), pp. 162-185.

Corry, Bernard. "Reflections on the History of Economic Thought or 'A Trip Down Memory Lane,'" in Antoine E. Murphy, and Renee Prendergast, eds., *Contributions to the History of Economic Thought: Essays in Honour of R.D.C. Black*. London, New York: Routledge, 2000, pp. 55-69.

Defoort, Carine. "The Profit That Does Not Profit: Paradoxes with Li in Early Chinese Texts," *Asia Major* (third series), 21:1 (2008), pp. 153-181.

Dray, William H. *History as Re-enactment: R.G. Collingwood's Idea of History*. Oxford: Clarendon Press, 1995.

Finley, Moses I. *The Ancient Economy*. Berkeley: University of California Press, 1999.

_____. "Aristotle and Economic Analysis," *Past & Present*, 47 (1970), pp. 3-25.

_____. "Generalizations in Ancient History," in *The Use and Abuse of History*. London: Penguin, 1990, pp. 60-74.

Freeman, Alan; Victoria Chick, and Kayatekin, Serap. "Samuelson's Ghosts: Whig History and the Reinterpretation of Economic Theory," *Cambridge Journal of Economics*, 38 (2014), pp. 519-529.

Gernet, Jacques. "Introduction," in S.R. Schram, ed., *The Scope of State Power in China*. London: University of London, 1985), pp. xxvii-xxxiv.

Godelier, Maurice. *Rationality and Irrationality in Economics*. London: Verso, 2012.

Jones, A. H. M. "Ancient Empires and the Economy: Rome," in P. A. Brunt, ed., *The Roman Economy: Studies in Ancient Economic and Administrative History*. Oxford, Blackwell, 1974, pp. 114-139.

Lloyd, G.E.R. *Adversaries and Authorities: Investigations into Ancient Greek and Chinese Science*. New York: Cambridge University Press, 1996.

Lowry, S. Todd. *The Archaeology of Economic Ideas: The Classical Greek Tradition*. Durham: Duke University Press, 1987.

Masini, Federico. *The Formation of Modern Chinese Lexicon and Its Evolution Toward a National Language: The Period from 1840 to 1898*. Berkeley: Project on Linguistic Analysis, University of California, 1993.

McClish, Mark. *The History of the Arthaśāstra: Sovereignty and Sacred Law in Ancient India*. Cambridge, UK: Cambridge University Press, 2019.

Meikle, Scott. *Aristotle's Economic Thought*. Oxford: Clarendon Press, 1995.

O'Brien, D. P. "History of Economic Thought as an Intellectual Discipline," in Antoine E. Murphy and Renee Prendergast, eds., *Contributions to the History of Economic Thought: Essays in Honour of R.D.C. Black* (London: Routledge, 2000), pp. 31-54.

Pocock, J. G. A. "The Concept of a Language and the *métier d'historien*: Some Considerations on Practice," in *Political Thought and History: Essays on Theory and Method* (Cambridge, UK: Cambridge University Press, 2009), pp. 87-105.

Roncaglia, Alessandro. *The Wealth of Ideas: A History of Economic Thought*. Cambridge, UK: Cambridge University Press, 2006.

Sahlins, Marshall. *Stone Age Economics*. New York: Routledge, 2017.

Sahlins, Marshall. "Economic Anthropology and Anthropological Economics," *Social Science Information*, 8:5 (1969), pp. 13-33.

Schofield, Malcolm. "Plato on the Economy," in *Saving the City: Philosopher-kings and Other Classical Paradigms* (London: Routledge, 1999), pp. 69-81.

Schwartz, Benjamin I. *In Search of Wealth and Power: Yen Fu and the West.* Cambridge, MA: The Belknap Press, Harvard University Press, 1964.

Skinner, Quentin. "Interpretation, Rationality and Truth," in *Visions of Politics*, 1 (Cambridge, UK: Cambridge University Press, 2002), pp. 27-56.

Snell, Daniel C. *Life in the Ancient Near East, 3100-332 B.C.E.* New Haven: Yale University Press, 1997.

Thanawala, Kishor. "Kautilya's Arthasastra: A Neglected Work in the History of Economic Thought," in B. B. Price, ed., *Ancient Economic Though* (London: Routledge, 1997), pp. 43-58.

Thompson, E. P. "History and Anthropology," in *Making History: Writings on History and Culture* (New York: New Press, 1994), pp. 200-225.

Trescott, Paul B. *Jingji Xue: The History of the Introduction of Western Economic Ideas into China, 1850-1950.* Hong Kong: Chinese University Press, 2007.

Tribe, Keith. *The Economy of the Word: Language, History, and Economics.* New York: Oxford University Press, 2015.

Vivenza, Gloria. "Roman Economic Thought," in Walter Scheidel, ed., *The Cambridge Companion to the Roman Economy* (Cambridge, UK: Cambridge University Press, 2012), pp. 25-44.

Voltaire (Williams, David ed.), *Voltaire: Political Writings.* Cambridge, UK: Cambridge University Press, 1994.

Von Glahn, Richard. *An Economic History of China: From Antiquity to the Nineteenth Century.* Cambridge, UK: Cambridge University Press, 2016.

Wagner, Rudolf G. "Notes on the History of the Chinese Term for 'Labor,'" in Michael Lackner and Natascha Vittinghoff, eds., *Mapping Meanings: The Field of New Learning in Late Qing China* (Leiden: Brill, 2004), pp. 129-142.

Weinryb, Elazar. "Historiographic Counterfactuals," in Aviezer Tucker, ed., *A Companion to the Philosophy of History and Historiography* (Chichester: Wiley-Blackwell, 2009), pp. 109-119.

Winch, Donald. "Intellectual History and the History of Economics," in Richard Whatmore and Brian Young, eds. *A Companion to Intellectual History* (Malden, MA: Wiley Blackwell, 2016), pp. 170-183.

Wrightson, Keith. *Earthly Necessities: Economic Lives in Early Modern Britain, 1470-1750.* London: Penguin, 2002.

Yang, Lien-sheng. *Money and Credit in China: A Short History.* Cambridge, MA: Harvard University Press, 1952.

如何書寫古代中國的經濟觀念

傅揚

摘要

古代史研究者經常須面對時代錯置（anachronism）的問題，觀念史和思想史家尤其如此。古代社會的「經濟」（economy）思想即為著例：既有的古代中國經濟思想史著述，多依附現代經濟學的框架，帶來時代錯置的風險。本文檢視相關著述與討論，歸納現有取徑的不足，並倡議應將重心置於文獻所見的財富和勞動議題，闡釋古人如何思考、表述它們與其它元素的關係。若然，我們的研究焦點將從重建古代「經濟思想」本身，轉移到深描經濟論述在古代思想中扮演的角色。

關鍵詞：經濟思想史、經濟論述、中國思想史、財富、勞動

《思想史》稿約

1. 舉凡歷史上有關思想、概念、價值、理念、文化創造及其反思、甚至對制度設計、音樂、藝術作品、工藝器具等之歷史理解與詮釋，都在歡迎之列。

2. 發表園地全面公開，竭誠歡迎海內外學者賜稿。

3. 本學報爲年刊，每年出版，歡迎隨時賜稿。來稿將由本學報編輯委員會初審後，再送交至少二位專家學者評審。評審人寫出審稿意見書後，再由編委會逐一討論是否採用。審查採雙匿名方式，作者與評審人之姓名互不透露。

4. 本學報兼收中（繁或簡體）英文稿，來稿請務必按照本刊〈撰稿格式〉寫作。中文論文以二萬至四萬字爲原則，英文論文以十五頁至四十頁打字稿爲原則，格式請參考 *Modern Intellectual History*。其他各類文稿，中文請勿超過一萬字，英文請勿超過十五頁。特約稿件則不在此限。

5. 請勿一稿兩投。來稿以未曾發表者爲限，會議論文請查明該會議無出版論文集計畫。本學報當儘速通知作者審查結果，然恕不退還來稿。

6. 論文中牽涉版權部分（如圖片及較長之引文），請事先取得原作者或出版者書面同意，本學報不負版權責任。

7. 來稿刊出之後，不付稿酬，一律贈送作者抽印本30本、當期學報2本。

8. 來稿請務必包含中英文篇名、投稿者之中英文姓名。論著稿請附中、英文提要各約五百字、中英文關鍵詞至多五個；中文書評請加附該書作者及書名之英譯。

9. 來稿請用真實姓名，並附工作單位、職稱、通訊地址、電話、電子郵件信箱地址與傳真號碼。

10. 投稿及聯絡電子郵件帳號：intellectual.history2013@gmail.com。

《思想史》撰稿格式

（2013/08修訂）

1. 橫式（由左至右）寫作。
2. 請用新式標點符號。「」用於平常引號，『』用於引號內之引號；《》用於書名，〈〉用於論文及篇名；英文書名用 Italic；論文篇名用＂＂；古籍之書名與篇名連用時，可省略篇名符號，如《史記・刺客列傳》。
3. 獨立引文每行低三格（楷書）；不必加引號。
4. 年代、計數，請使用阿拉伯數字。
5. 圖表照片請注明資料來源，並以阿拉伯數字編號，引用時請注明編號，勿使用＂如前圖＂、＂見右表＂等表示方法。
6. 請勿使用：＂同上＂、＂同前引書＂、＂同前書＂、＂同前揭書＂、＂同注幾引書＂，＂ibid.,＂＂Op. cit.,＂＂loc. cit.,＂＂idem＂等。
7. 引用專書或論文，請依序注明作者、書名（或篇名）、出版項。
   A. 中日文專書：作者，《書名》（出版地：出版者，年份），頁碼。
      如：余英時，《中國文化史通釋》（香港：牛津大學出版社，2010），頁1-12。
      如：林毓生，〈史華慈思想史學的意義〉，收入許紀霖等編，《史華慈論中國》（北京：新星出版社，2006），頁237-246。
   B. 引用原版或影印版古籍，請注明版本與卷頁。

如：王鳴盛，《十七史商榷》（台北：樂天出版社，1972），卷12，頁1。

　　如：王道，《王文定公遺書》（明萬曆己酉朱延禧南京刊本，臺北國家圖書館藏），卷1，頁2a。

C. 引用叢書古籍：作者，《書名》，收入《叢書名》冊數（出版地：出版者，年份），卷數，〈篇名〉，頁碼。

　　如：袁甫，《蒙齋集》，收入《景印文淵閣四庫全書》第1175冊（台北：臺灣商務印書館，1983），卷5，〈論史宅之奏〉，頁11a。

D. 中日韓文論文：作者，〈篇名〉，《期刊名稱》，卷：期（出版地，年份），頁碼。

　　如：王德權，〈「核心集團與核心區」理論的檢討〉，《政治大學歷史學報》，25（台北，2006），頁147-176，引自頁147-151。

　　如：桑兵，〈民國學界的老輩〉，《歷史研究》，2005：6（北京，2005），頁3-24，引自頁3-4。

E. 西文專書：作者—書名—出版地點—出版公司—出版年分。

　　如：Samuel P. Huntington, *Political Order in Changing Societies* (New Haven: Yale University Press, 1968), pp. 102-103.

F. 西文論文：作者—篇名—期刊卷期—年月—頁碼。

　　如：Hoyt Tillman, "A New Direction in Confucian Scholarship: Approaches to Examining the Differences between Neo-Confucianism and Tao-hsüeh," *Philosophy East and West*, 42:3 (July 1992), pp. 455-474.

G. 報紙：〈標題〉—《報紙名稱》（出版地）—年月日—版頁。

　　〈要聞：副總統嚴禁祕密結社之條件〉，《時報》（上海），2922號，1912年8月4日，3版。

"Auditorium to Present Special Holiday Program," *The China Press* (Shanghai), 4 Jul. 1930, p. 7.

H. 網路資源：作者—《網頁標題》—《網站發行機構／網站名》—發行日期／最後更新日期—網址（查詢日期）。

倪孟安等，〈學人專訪：司徒琳教授訪談錄〉，《明清研究通訊》第5期，發行日期2010/03/15，http://mingching.sinica.edu.tw/newsletter/005/interview-lynn.htm（檢閱日期：2013/07/30）。

8. 本刊之漢字拼音方式，以尊重作者所使用者爲原則。

9. 本刊爲雙匿名審稿制，故來稿不可有「拙作」一類可使審查者得知作者身分的敘述。

聯 經 出 版 公 司

《思想史》期刊　信用卡訂閱單

訂 購 人 姓 名：＿＿＿＿＿＿＿＿＿＿＿＿

訂 購 日 期：＿＿＿年＿＿＿月＿＿＿日

信 用 卡 別：□ VISA CARD　□ MASTER CARD

信 用 卡 號：＿＿＿＿＿＿＿＿＿（卡片背面簽名欄後三碼）＿＿＿必填

信用卡有效期限：＿＿＿月＿＿＿年

信 用 卡 簽 名：＿＿＿＿＿＿＿＿＿＿（與信用卡上簽名同）

聯 絡 電 話：日(O)：＿＿＿＿＿＿＿夜(H)：＿＿＿＿＿＿＿

傳 眞 號 碼：＿＿＿＿＿＿＿＿＿＿＿＿＿

聯 絡 地 址：＿＿＿＿＿＿＿＿＿＿＿＿＿

訂 購 金 額：NT$＿＿＿＿＿＿＿＿＿元整

發 票：□二聯式　□三聯式

統 一 編 號：＿＿＿＿＿＿＿＿＿＿＿＿

發 票 抬 頭：＿＿＿＿＿＿＿＿＿＿＿＿

◎若收件人或收件地不同時，請另加塡！

收 件 人 姓 名：□同上＿＿＿＿＿＿＿＿＿＿＿＿□先生　□小姐

收 件 人 地 址：□同上＿＿＿＿＿＿＿＿＿＿＿＿＿＿＿

收 件 人 電 話：□同上 日(O)：＿＿＿＿＿＿夜(H)：＿＿＿＿＿＿

※ 茲訂購下列書籍，帳款由本人信用卡帳戶支付

訂閱書名	年／期數	寄送	掛號	金額
《思想史》	訂閱＿＿＿年	□ 航空 □ 海運	□ 是 □ 否	NT$

訂閱單填妥後

1. 直接傳眞 FAX：886-2-23620137

2. 寄臺北市大安區新生南路三段94號1樓　聯經出版公司 收

　 TEL：886-2-23620308

思想史

思想史 9

2019年12月初版　　　　　　　　　　　　　　　　　定價：新臺幣600元
有著作權・翻印必究
Printed in Taiwan.

編　　著	思想史編委會		
叢書主編	沙　淑　芬		
封面設計	沈　佳　德		
編輯主任	陳　逸　華		

出　版　者	聯經出版事業股份有限公司	總編輯	胡　金　倫
地　　　址	新北市汐止區大同路一段369號1樓	總經理	陳　芝　宇
編輯部地址	新北市汐止區大同路一段369號1樓	社　長	羅　國　俊
叢書主編電話	(02)86925588轉5310	發行人	林　載　爵
台北聯經書房	台北市新生南路三段94號		
電　　　話	(02)23620308		
台中分公司	台中市北區崇德路一段198號		
暨門市電話	(04)22312023		
台中電子信箱	e-mail：linking2@ms42.hinet.net		
郵政劃撥帳戶	第0100559-3號		
郵撥電話	(02)23620308		
印　刷　者	世和印製企業有限公司		
總　經　銷	聯合發行股份有限公司		
發　行　所	新北市新店區寶橋路235巷6弄6號2樓		
電　　　話	(02)29178022		

行政院新聞局出版事業登記證局版臺業字第0130號

本書如有缺頁，破損，倒裝請寄回台北聯經書房更換。　ISBN　978-957-08-5441-1 (平裝)
聯經網址：www.linkingbooks.com.tw
電子信箱：linking@udngroup.com

國家圖書館出版品預行編目資料

思想史 9/思想史編委會編著 . 初版 . 新北市 .
聯經 . 2019年12月 . 560面 . 14.8×21公分
（思想史：9）
ISBN　978-957-08-5441-1（平裝）

1.思想史　2.文集

110.7　　　　　　　　　　　　　108020434